ALL ABOUT CHINESE TECH COMPANIES

중국 테크 기업의
모든 것

혁신이란 이름의 전쟁에서 살아남은 별들

중국
ALL ABOUT
CHINESE TECH COMPANIES
테크 기업의
모든 것

고성호 지음

알리바바
ALIBABA

텐센트
TENCENT

샤오미
XIAOMI

화웨이
HUAWEI

바이두
BAIDU

핀둬둬
PINDUODUO

바이트
댄스
BYTEDANCE

징둥
JD

디디추싱
DIDI

메이퇀
MEITUAN

좋은땅

※ 참고사항

- 이 책의 모든 내용은 글쓴이 개인 의견 및 분석이며 글쓴이의 소속을 비롯한 어떠한 특정 단체와도 관련이 없음을 사전에 양지하여 주시기 바랍니다.

- 책 내용의 환율은 2021년 평균 매매기준율 적용
  - 1 USD(미국달러) : 1145.07 원
  - 1 CNY(중국 위안화) : 177.56 원 (달러 환산율 : 0.1551)
  - 1 HKD(홍콩달러) : 147.31 원 (달러 환산율 : 0.1287)

1

올해는 한중 수교 30주년(1992~2022)이다. 30년이란 시간 동안 우리가 알던 중국이란 존재는 아직도 남아 있는 것일까?

1993년, 주재원으로 파견된 아버지를 보러 간다고 엄마 손을 꼭 붙잡고 코 찔찔대며 처음 중국에 발을 들였던 나는 한중 수교 1세대다. 1995년부터 본격적으로 중국 거주를 시작했고 국제 학교도 없던 시절인지라 현지 초등학교, 중학교를 다니며 현지 학생 기숙사에 살았다. 아무 벽도 없이(당연히 문도 없는) 그저 바닥에 구멍 몇 개 뚫어 놓은 휑한 푸세식 화장실이 또렷하게 기억난다. 거기에 친구 녀석들이랑 나란히 쭈그려 앉아 같이 오손도손(?) 변을 휘갈기며 코를 막고 낄낄대던 시절이 엊그제 같다. 지금 돌이켜 최대한 미화하여 생각해 봐도 '더럽게' 인간미 넘치는 곳이었다.

그러던 중국이 상전벽해가 됐다. 2014년부터 4년간의 칭다오 근무 기간만 해도 여전히 중국의 갈 길이 꽤 멀다고 생각했는데 2020년 중국판 실리콘밸리라는 선전으로 두 번째 해외 파견을 나왔더니 시골에서 상경한 사람처럼 생경한 느낌이었다. 선전과 칭다오라는 두 도시의 발전 수준에 따른 차이도 있겠지만 확실히 그 이상의 무언가가 느껴졌다.

선전에 와 보니 로봇이 혼자 엘리베이터를 타고 다니며 투숙 중인 호텔 방으로 음식과 택배 배달을 해 주고 있고(초인종까지 울려서 감히 인간인 나를 호출), 식당에 가서 메뉴판 달라고 하니 종업원이 약간 한심한 눈빛으로 그런 것은 없으니 테이블에 붙어 있는 QR코드 스캔해서 주문하라고 한다. 계산할 땐 아무도 현금과 카드를 사용하지 않는다. 오로지 모바일 결제뿐이다. 사람들은 알리페이, 위챗페이뿐 아니라 중국 법정화폐인 인민폐까지 디지털화해서 전자지갑에 넣고 다니고 있다. 전자상거래 플랫폼에는 없는 것이 없으며 상품을 주문하면 빠르면 반나절 만에 오고, 신선 식자재를 주문하면 가까운 마트에서 새벽 배송이 아니라 30분에서 늦어도 1시간 내로 배송이 온다. 단순히 음식 및 식자재 등만 배달해 주는 것이 아니라 온갖 잡다한 심부름을 해 준다. 그뿐만 아니라 이미 수년 전부터 원격 진료 앱을 통해 의사 진단(음성 및 영상 통화, 증상 사진 전송 등으로)과 처방약 구입까지 온라인에서 원스톱으로 가능해졌다. 차도에는 얼핏 30~40% 이상이 전기차라서 하늘은 맑고 공기는 깨끗하고 길거리엔 거의 매연이 느껴지지 않는다. 택시 및 차량 호출은 언제 어디서든 단거리, 장거리 무관하게 원하는 차종별로 즉각 온다. 도시 간 촘촘히 깔린 고속철은 KTX보다 쾌적하고 더 빠르고 자주 운행한다. 버스와 지하철에서 사람들이 코를 박고 보고 있는 숏폼 동영상 어플은 내가 봐도 중독성이 강해서 끊기 어려울 정도다. 널찍한 인도는 걷기 편하게 깔끔하게 정돈되어 있고 어딜 가나 꽃과 나무가 어우러진 조경 역시 어디 내놔도 빠지지 않는 수준이다. 게다가 사람들도 왜 이렇게 세련되고 잘 꾸미고 다니는 것일까?

겉은 그럴싸하지만 막상 어딘가 허술해서 실소를 자아냈던 대륙의 인간미는 어디로 갔단 말인가? 그간 중국에서 무슨 일이 일어난 것이며 여기는 어디고 나는 누구란 말인가?

1990년대부터 2020년대까지 띄엄띄엄 인생의 1/4 이상을 중국에서 보내고 있는 나에게 이 나라가 이런 느낌을 주리라는 생각은 예상 밖의 일이었다. 최근 1~2년 사이의 한국 사정에 어두워서 그런지 모르겠으나 언어 장벽이 없다는 가정하에 이미 중국은 한국보다 생활 측면에서 편리한 점이 한둘이 아니었다. 이건 뭔가 잘못(?)됐다는 생각이 퍼뜩 들었다. 어쩌다가 여기가 이렇게 획기적으로 변했을까에 대해 곰곰이 생각해 보니 그 끝에는 중국 민영 테크 기업이 자리 잡고 있었다.

그러나 중국에서 생활하면 몸소 체험할 수 있는 이런 드라마틱한 변화에 대해 한국에서는 잘 인지되지 않고 있다. 한국 내 중국에 대한 반감은 날이 갈수록 높아지는데 정작 한국 대중은 중국을 몰라도 너무 모르고 있는 것이 아닌가 하는 불안감과 걱정이 스멀스멀 올라왔다. 심란한 마음으로 시야를 한중 양국의 과거와 현재로 넓혀 보았다.

2
중국은 과거 한국에게 어떤 존재이자 의미였을까?

중국은 한반도에 위협적인 존재였다. 본디 역사적으로 국경이 인접한 국가 간에는 전쟁이 끊이지 않는 법이기 때문이다. 한반도 최초의 국가인 고조선은 기원전 109년 한(汉) 무제의 침공이 직접적인 원인이 되어 멸망했다. 삼국 시대 고구려·백제·신라는 수(隋)와 당(唐)의 여러 차례 침공을 받았으며, 고구려와 백제의 결정적인 멸망 원인은 나당 연합군의 공격이었다. 이후 신라 역시 수년간 당과 전쟁을 겪는다. 고려 역시 거란과 귀주대첩 등 여러 전쟁을 했으며, 몽골에 의해 고려는 거의 멸망 위기까지 겪으며 간신히 국체는 보존했으나 내정간섭을 받는 반독립 상태의 제후국으로 전락한 바 있다. 조선시대에는 왜구의 침략에 덩달아 다급해진 명(明)과 손잡은 적도 있으나, 그로부터 불과 40년도 지나지 않아서 명을 몰아내고 중국을 통일한 청(淸)의 태종 누르하치에게 인조는 남한산성에서 삼배구고두(三拜九叩头, 세 번 절하고 아홉 번 머리를 조아리는 예)를 행하는 치욕을 당했다. 이후 근대에 들어와서 쇠약해진 청은 제 코가 석 자라 일본을 비롯한 제국주의 열강의 조선 수탈에 큰 영향력을 행사하지 못했으나 이후 중국은 한국 전쟁에 개입함으로써 한국이 분단국가가 되는 데 일조했다. 유사 이래 한반도는 늘상 중국과의 크고 작은 전쟁 중이었거나 혹은 전쟁의 위협에 놓여 있었다.

그렇다면 중국은 한국에게 부정적인 영향을 끼치기만 했을까? 아니다. 역설적으로 중국은 오랜 기간 여러 방면에 걸쳐 한국의 벤치마킹 대상이었으며 특히 각종 선진 기술, 사상과 문화 측면의 종주국인 동시에 한국의 가장 중요한 교역 대상국이기도 했다.

역사적으로 보면 중국이 청나라 말기에 1차 아편전쟁(1840년)에서 영국에 처참하게 패배하고 근 100년간 제국주의 열강에게 수탈당하며 동아시아 병자(东亚病夫)라는 치욕적인 별명을 얻기 전까지만 하더라도 많은 주변국이 배우고 싶은 존재였다. 지금은 한 세기 넘도록 미국이 세계 최강국 위치를 차지하고 있어서 쉬이 망각하곤 하지만 사실은 중국은 가장 긴 시간 동안 아시아 대륙의 패권 국가였다. 시대별로 정도의 차이는 있으나 전반적으로 중국은 군사력 같은 하드파워뿐 아니라 사상, 문화와 경제를 비롯한 소프트파워까지 골고루 갖춘 명실상부한 최강국이었다. 중국의 이런 다방면의 선진성으로 인해 한국, 일본을 비롯한 동아시아 국가뿐 아니라 베트남을 대표로 하는 동남아시아 국가와 티무르 제국을 비롯한 중앙아시아의 국가도 중국에 대해 형식상 사대의 예를 취하곤 했다.

종합해 보면 한반도의 역대 왕조들은 중국과 크고 작은 전쟁을 치르면서 중국을 거대한 위협이라고 느끼고 두려워하는 동시에 그들을 배우려는 노력을 게을리하지 않았다. 삼국 시대부터 고려, 조선에 이르기까지 수(隋), 당(唐), 송(宋), 원(元), 명(明) 그리고 청(淸)으로 유학길에 올랐던 수많은 인재들의 중국 견문록을 비롯한 다양한 문헌과 중국으로부터 전해져서 아직까지 한국에 큰 영향력을 미치고 있는 유교, 불교 등의 사상, 종교와 문화가 이를 여실히 증명한다. 그런 배움의 자세가 우리의 피와 살이 되어 몇몇 짧은 시기를 제외하고 한국이 늘 자주독립을 유지할 수 있는 원동력이 되었다.

3
그렇다면 현재의 중국은 한국에게 또 어떤 존재이자 의미일까?

역사는 반복되지만, 매번 약간씩 모습을 바꾸면서 나타나기 마련이다. 과거와 불변인 점은 한반도를 통째로 들어다가 다른 대륙으로 옮기지 않는 이상 중국은 여전히 한국에게 피할 수 없는 리스크라는 것이다. 다른 점이라면 과거에는 칼과 활, 그리고 총을 앞세운 군사적 충돌이라는 직접적인 리스크를 앉고 있었다면 지금은 비교적 간접적인 리스크를 앉고 있다(그러나 항상 군사적, 물리적 충돌에 대한 대비는 유비무환이다. 최근 러시아의 우크라이나 침공과 연계된 중국의 언행을 보면 대만 혹은 제3국과의 군사적 충돌도 언제든 발발할 수 있다고 보인다).

중국 리스크는 환경, 문화, 경제, 안보, 보건 등 분야를 가리지 않고 곳 곳에 있다. 작게는 중국 어선의 쌍끌이 불법 조업으로 인한 서해안 어종 생태계 위협으로부터 심심치 않게 일어나는 김치 및 한복의 원조 논란과 같은 한국 고유 역사를 부정하는 것도 한국에게는 무시할 수 없는 역사 적, 문화적 리스크다. 또한 2017년 사드 사태로 인해 겪은 외교적 갈등과 중국에서부터 철수할 수밖에 없었던 여러 한국 기업의 뒷모습을 보며 체 험한 경제적 리스크는 한국 사회에 중국의 존재에 대해 경종을 울리기에 충분했다. 여기에 시도 때도 없이 한국으로 밀려오는 숨 막히는 미세먼 지는 이미 익숙해진 환경적 리스크이며, 중국 동부 연안에 밀집된 50기가 넘는 원전은 언제든지 한국 바다와 우리 생명을 위협할 수 있는 치명적 인 안보 및 환경적 리스크다. 여기에 여러 해에 걸쳐 한국에서 가라앉지 않고 있는 코로나19 바이러스 관련 보건위생 관련 리스크와 바이러스 발 원지를 놓고 갑론을박하는 한중 양국 누리꾼들의 서로에 대한 혐중, 혐한 표현의 악순환까지 더해져서 중국 리스크는 이미 무시할 수 없는 수준으 로 커졌다. 2022년 베이징 동계올림픽에서 불거진 한국의 반중을 넘어선 혐중 정서는 하루 이틀 사이에 갑자기 분출된 것이 아니라 그동안 쌓이고 쌓였던 것이 폭발한 것으로 볼 수 있다. (동시에 중국 현지에서도 반한 감

중국 테크 기업의 모든 것

정이 폭발적으로 치솟았다.)

과거 전쟁과 같은 직접적인 리스크가 현재는 다소 간접적으로 바뀌었다는 것 외에 현격한 차이점이 하나 더 있다면 과거에 중국은 줄곧 한국의 배움의 대상이었으나 지금은 과거 100년 이상 청나라 말기의 종이호랑이로 헤매던 모습과 신중국 설립 이래 개혁개방 이전까지 공산주의 체제로 인한 경제, 문화적 낙후성 때문에 한국은 중국에 대한 존중보다는 내심 자기도 모르게 깔보는 마음과 자세를 가지고 있다는 것이다.

바로 이 부분이 바로 우리 한국이 가장 경계해야 할 부분이며 이 책을 통해서 말하고 싶은 부분이다. 서두에 밝혔듯 1992년에 시작된 한중 수교가 어느새 30주년을 맞이했다. 30년이라는 시간 동안 한국과 중국은 서로에 대해서 얼마만큼 더 잘 알게 되었을까? 중국인의 한국에 대한 인식은 논외로 치고, 한국인의 중국에 대한 인식은 현실과 동떨어진 부분이 상당히 많다. 그 오해를 풀어야 사태의 본질을 꿰뚫을 수 있지만 비뚤어진 인식을 바로잡는 일이 결코 쉽지 않다. 1990년대부터 2020년대까지 중국을 안팎에서 지켜본 결과, 지난 30년이란 세월 동안 중국은 환골탈태의 과정을 거쳐 다시 예전 아시아의 패권 국가의 모습에 가까워졌다. 중국은 이미 한국에서 흔히들 상상하는 것 이상으로 급속도로 많은 발전을 이룩했다. 그 과정에서 중국은 과거 덩샤오핑의 도강양회(韜光养晦, 자신을 드러내지 않고 때를 기다리며 실력을 기른다) 전략에서 벗어나서, 주동작위(主动作为, 제 할 일은 주도적으로 한다)로 자세를 바꾸더니 코로나19 시대에 들어서는 무력과 독설을 앞세운 단호하고 주도적이며 고자세의 특징을 가진 전랑(战狼) 외교의 모습을 추구하고 있다. 과거 신중하기 그지 없던 중국의 모습이 이렇게 직설적이고 거칠게 바뀐 배경에는 이미 자신들이 세계의 중심으로 다시 회귀했다는 자신감이 깔려있다. 특히 경제적 측면에선 이미 미국과 비견될 정도(2021년 기준 미국의 GDP의 약 80%, 2020년에 비해 단숨에 약 10% 격차가 줄어듦)로 급격하게 도약했다는 점과 조만간 경제 규모로는 미국도 뛰어넘어 세계 최대의 경제 대국이 된다는 사실이 그들의 자신감을 증폭시키고 있다. 중국의 경제적 성공은 중국 정부의 정책적 큰 그림과 수많은 중국 민영기업의 공동 노력으로 달성된 것이다. 그러므로 중국 굴기의 실질적인 근원이자 배경인 중국 민영 테크 기업의 발자취를 따라 가보는 것은 중요한 의의가 있다.

비록 중국이 가까이 있어서 다양한 리스크에 노출되는 만큼 한국에게는 여러 가지 기회의 문도 열려있다. 역사적으로 중국으로부터 각종 문물을 받아들이면서 발전했던 머나먼 과거 이야기는 차치하더라도 비교적 최근인 1990년대만 보더라도 본격적으로 시작된 중국 경제발전 시기에 한국은 지리적 인접성을 이용하여 중국 투자 및 수출을 통해서 많은 경제적 혜택을 얻었다. 또한 문화적 유사성으로 다양한 한국 상품, 서비스 및 각종 콘텐츠가 중국에서 큰 인기를 끌기도 했다. 그 밖에도 거대한 인구와 소비력을 가진 중국 내수시장 공략을 위해 수많은 한국 기업은 중국을 치열하게 연구하면서 중국 기업과 다방면으로 경쟁 및 협력을 지속 중이다.

누차 강조하지만 중국에서 필사적으로 기회를 찾고 있는 일부 한국 기업과 달리 대다수 한국 대중은 여전히 중국 하면 떠오르는 후진적이고 부정적인 이미지 때문에 중국의 경제 발전과 테크 기업에게서 얻을 수 있는 많은 영감과 참신한 발상의 전환에 대해서 애초부터 알아볼 생각도, 의지도 갖지 않는 경우가 많다. 다양한 원인으로 악화일로를 걷고 있는 한국 내 반중 정서 역시 이런 태도에 크게 기여한다.

과거 조선 시대처럼 사대주의적 태도를 보일 필요는 전혀 없지만 새롭게 다시 부상한 중국에 대해 인정할 부분은 인정하고 배울 건 배워서 한국의 새로운 성장 자양분으로 만들 수 있는 실용적인 자세가 절실히 요구된다. 즉, 한중 양국에 짙게 드리운 상호 간의 감정적이고 혐오로 가득 찬 정치색과 감정의 색안경을 잠시 내려놓고 그들을 객관적으로 볼 필요가 있다. 속된 말로 먼저 화내면 지는 거다. 특히 한국처럼 지정학적 위치로 인해 중국 리스크를 상수로 가진 국가는 누구보다도 더 중국에 대해서 객관적이고 냉철한 판단이 필요하다. 상대방에 대한 감정적 대응이 아닌 냉철한 분석적 마인드를 유지하는 것은 누구도 아닌 한국 스스로를 위해서 필요하다.

그리고 국가 간에 아무런 갈등과 긴장이 없다면 이는 죽어있는 관계와 다를 바 없다. 우리는 이런 갈등을 혐오와 분쟁으로 몰아가기보다는 상호 간의 발전을 위한 건강한 긴장 상태로 유지하기 위해 노력을 기울여야 할 것이다. 지피지기면 백전불태라고 하지 않았던가? 지금이야말로 바로 그들의 혁신과 생존 전략에 대한 진지한 고찰이 필요한 시점이다.

이 책의 활용 안내

시작하기에 앞서 이 책을 통해 어떤 분야의 지식과 견해를 얻을 수 있을지 안내하고자 한다. 먼저 중국의 소비 경제를 굴리면서 중국인의 생활에 가장 깊게 자리하고 있는 중국의 핵심적인 테크 기업에 대한 전반적인 현황을 알 수 있다. 각 테크 기업의 창업자, 발전 과정, 생존 전략, 위험 요인, 전망을 재중 한국인의 관점에서 미시적으로 파헤치는 동시에 그들이 속해 있는 외부 환경인 중국 정부와 경제에 대한 거시적 분석 일부를 담았으므로 중국에 대한 큰 그림을 파악할 수 있다.

두 번째로 예상을 뛰어넘은 중국 테크 기업의 산업별 응용 기술의 적용 수준에 대해서 알 수 있다. 인정하고 싶진 않지만, 반도체와 디스플레이 등 일부 분야를 제외하곤 거의 전 산업 분야에 걸쳐 한국은 중국에 밀리고 있다. (2021년 기준 LCD, OLED를 모두 포함한 디스플레이 점유율 1위마저 17년 만에 중국에 내줌, 중국 41.5%/한국 33.2%) 중국은 비단 한국만 제친 것이 아니라 많은 분야에서 글로벌 선두권이다. 특히 기초 기술 분야가 아닌 응용 기술과 결합된 소비 경제 분야에서 하루가 다르게 발전하는 중국의 기술과 서비스 수준은 정말 혀를 내두를 지경이다. 어떻게든 고객의 마음을 사로잡겠다는 그들의 집념은 글로벌 탑 수준이다.

세 번째로 중국에서 가장 앞서고 있는 기업의 사업 분야, 수익 모델, 적용 기술 등을 알아보면서 한국이 벤치마킹 할 수 있는 부분을 찾을 수 있다. 중국이 한국을 따라 했던 시절이 엊그제인데 상황이 바뀌었다고 분노할 것 없이 남이 잘하는 것은 우리도 잘 배워 오면 된다. 생존은 자존심의 문제가 아니기 때문이다. 특히 중국 내수시장에서 중국 기업과 경쟁 중인 한국 기업은 여러 중국 테크 기업의 행동 방식을 파악함으로써 그들과의 경쟁에서 이길 수 있는 힌트를 찾을 수 있지 않을까 기대한다.

네 번째로 책에서 다룬 10개 기업 중 화웨이(상장계획 없음), 바이트댄스(상장 일정 미정)을 제외하고 나머지는 모두 이미 상장된 회사로서 직간접 투자가 가능한 기업이다. 기업 투자에 있어서 과거보단 미래가 중요하며, 성장 동력만큼 위험 요인도 중요하다. 중국에 살면서 해당 기업을 직접 보고 겪은 경험을 바탕 삼아, 비교적 객관적인 관점(중국과 이해관계가 없는 제삼자인 외국인)으로 장단점을 분석했으므로 이 기업들의 투자 의사 결정에 일정 부분 참고할 만한 자료의 역할을 할 것이다.

마지막으로 재중 한국인 중 중국에 10년 이상씩 오래 거주했음에도 생각보다 현지 중국 테크 기업이 제공하는 상품과 서비스에 대해 아예 관심이 없거나 잘 모르는 경우가 많다. 일단 한번 써보면 못 끊을 정도로 괜찮은 중국 상품과 서비스가 많음에도 그렇다. 그런 분들에게 이 책은 중국 소비 경제를 책임지는 중국 최고의 혁신기업이 제공하는 각종 상품 및 서비스의 〈사용설명서〉로 활용될 수 있다.

이 외에도 이 책을 통해 중국에 관심을 갖게 된 독자분들이 자신만의 활용 방법을 스스로 찾게 된다면 글쓴이로서 가장 보람찬 일이 될 것이다.

1
알리바바, 마윈 (阿里巴巴, 马云)

중국 전자상거래의 원조 기업이며 물류, 금융, 신유통 등으로 사업 분야를 확장하면서 중국의 전방위적 혁신을 촉발하고 중국경제에 거대한 영향력을 끼친 1세대 종합 인터넷 기업, 최근 알리바바를 비롯한 대부분 중국 플랫폼 기업들이 중국 내 경영 애로를 겪는 중.

2
텐센트, 마화텅 (腾讯, 马化腾)

PC 메신저인 큐큐(QQ)로 시작해서 모바일 메신저 위챗으로 중국을 또다시 평정했고 12억 명이 넘는 월간 사용자 수를 바탕으로 모든 것을 연결하려는 기업, 알리바바와 쌍벽을 이루는 기업으로 다루지 않는 분야가 없음.

3

샤오미, 레이쥔 (小米, 雷军)

대표적인 IT·전자 인터넷 기업으로 스마트폰을 비롯한 각종 전자제품을 샤오미 생태계 기업과 생산·판매 중, 세계 최강의 팬덤을 가진 기업이며 최근 AIoT와 전기차 분야 진출에 집중하는 모습.

4

화웨이, 런정페이 (华为, 任正非)

중국과 선전을 대표하는 기업이며 최근 미·중 갈등으로 전 세계에 이름을 널리 알렸지만, 그 전에 이미 통신장비 분야와 컨슈머 IT·전자기기 분야에서 엄청난 연구·개발에 자금 투입으로 압도적인 경쟁력을 보여 주고 있는 기업.

5

바이두, 리옌홍 (百度, 李彦宏)

중국을 대표하는 검색 엔진 기업으로 검색 시장의 압도적인 점유율을 보여 준 바 있고 지난 세월 다소 주춤했으나 인공지능과 자율주행 차량 플랫폼인 아폴로 개발에 사명을 걸고 제2의 도약을 준비 중.

6

바이트댄스, 장이밍 (字节跳动, 张一鸣)

틱톡이라는 초히트 어플로 숏클립 동영상 분야에서 중국 내수보다 글로벌 시장을 먼저 접수한 퍼스트 무버, 말로만 외치는 인공지능이 아닌 소름 돋는 개인별 맞춤형 추천으로 엄청난 숫자의 틱톡 중독자 양산 중.

7

메이퇀, 왕싱 (美团, 王兴)

중국 전역의 길거리를 점령한 노란 물결의 주인공이자 음식배달부터 우리가 상상할 수 있는 모든 생활 서비스를 운영 중, 상품 분야에서 알리바바가 갑이라면, 서비스 분야에는 메이퇀이 갑 중의 갑.

8

디디추싱, 청웨이 (滴滴出行, 程维)

중국 인민의 발로서 차량 호출 및 각종 모빌리티 서비스 제공기업, 모든 분야를 통틀어 가장 치열했던 보조금 전쟁의 최종 승리자로 차량 호출 시장의 독점적 지배자이지만 끊임없는 경쟁자의 시장 진입과 수익 창출에 과제가 있음.

9

징동, 류창동 (京东, 刘强东)

전자상거래 분야에서 알리바바와 다른 방식으로 착실하게 자기의 길을 걷던 기업, 자체 물류시스템 구축으로 독보적인 물류 경쟁력이 자랑이고 이를 바탕으로 징동헬스의 의약품 배송 등 신속한 물류가 필요한 여러 분야에서 더 큰 활약이 기대되는 기업.

10

핀둬둬, 황정 (拼多多, 黄峥)

중국 내 저가 상품의 활로를 열어줌으로써 알리바바와 징동을 제친 무서운 전자상거래 기업, 늘 논란의 중심에 서 있지만 트래픽에 목메던 기존 전자상거래 공식을 전부 뒤집어 버린 역발상의 대가.

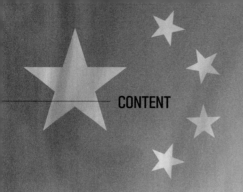

CONTENT

머리말 … 005

이 책의 활용 안내 … 014

중국 테크 기업 10개社 Preview … 016

제1부

사회 인프라형 테크 기업

알리바바, 텐센트

제1장 알리바바(ALIBABA) … 024

제2장 텐센트(TENCENT) … 099

제2부

기술 기반형 제조 테크 기업

샤오미, 화웨이

제3장 샤오미(XIAOMI) … 188

제4장 화웨이(HUAWEI) … 231

제3부 **IT 기반형 생활·콘텐츠 테크 기업**

바이두, 바이트댄스, 메이퇀, 디디추싱

제5장　바이두(BAIDU)　　　　　　　　　　… 286
제6장　바이트댄스(BYTEDANCE)　　　　　… 322
제7장　메이퇀(MEITUAN)　　　　　　　　　… 360
제8장　디디추싱(DIDI)　　　　　　　　　　… 397

제4부 **IT 기반형 유통 테크 기업**

징동, 핀둬둬

제9장　징동(JD)　　　　　　　　　　　　　… 442
제10장　핀둬둬(PDD)　　　　　　　　　　　… 486

맺음말 … 530
참고문헌 … 537

제1부

★ ★ ★ ★

사회 인프라형 테크 기업

———

알리바바, 텐센트

제1장

알리바바(ALIBABA)

알리바바, 그들이 정말 그렇게 대단한가

중국의 강호를 누비고 있는 모래알처럼 많은 기업인이 하늘처럼 떠받드는 태산북두에 해당하는 양대 문파인 두 기업이 있다. 이미 중국의 비즈니스계의 전설로 불릴 만한 이 두 기업은 바로 알리바바(阿里巴巴, Alibaba)와 텐센트(腾讯, Tencent)다.

2020년 10월 상하이 금융 서밋 연설에서 알리바바 창업자 마윈이 굳은 표정으로 중국 금융 당국의 규제 수준이 전당포 수준을 못 벗어난다고 신랄하게 비판했지만 사실 마윈의 입바른 소리는 하루 이틀의 일이 아니다. 그가 중국경제에 끼친 거대한 영향력과 업적에도 불구하고 벌써 '마윈 지우기'는 착착 진행되는 모습이다. 마윈 정도면 중국 현대 경제 발전사에서 불멸의 인물로 남을 줄 알았는데 안일한 오판이었다. 역시 중국은 아무리 오래 보아도 적응도, 예측도 쉽지 않다.

한때 중국의 'BAT'라는 이름으로 알리바바와 텐센트는 바이두(百度, Baidu)까지 한 세트로 부르곤 했었으나 그건 벌써 한참 전 이야기다. 이제는 바이두가 알리바바와 텐센트에 비하면 여러모로 부족한 면이 있다는 것은 바이두 창업자 리옌훙(李彦宏) 자신이 가장 잘 알고 있을 것이다. 이 두 기업은 각자 자신들의 전공 분야인 전자상거래와 PC 메신저로부터 출발해서 이미 중국의 사회 인프라이자 종합기능 플랫폼 그 자체로 존재하고 있다. 그들이 사회 인프라라는 것은 조금도 과장이 아니다. 대략 2015년 이후 중국에서 살아가고 있는 사람들은 뼈저리게 느끼고 있겠지만 하나하나 세기도 힘들 정도로 수많은 알리바바와 텐센트 계열의 기업들은 중국 사회에 분야를 가리지 않고 뿌리 깊게 박혀 있다.

이 중 가장 대표적인 몇 가지 기업의 핵심 서비스만 열거해 보자면 중국 국민 메신저이자 미니프로그램으로 못 하는 것이 없는 만능 슈퍼앱인 텐센트의 위챗(WeChat), 종합 전자상거래 플랫폼으로 없는 게 없는 알리바바의 타오바오·티몰(Taobao·Tmall)과 텐센트 계열의 징둥(JD.com)과 핀둬둬(PDD), 전자상거래를 비롯한 각종 물류를 책임지고 있는 알리바바 챠이냐오(Cainiao)와 징둥물류(JD Logistics), 온·오프라인 어디든지 사용가능한 결제 플랫폼인 알리바바의 알리페이(Alipay)와 텐센트의 위챗페이(WeChat Pay), 음식배달 및 종합 O2O 서비스 플랫폼인 알리바바의 어러머(Ele.me)와 텐센트가 대주주인 메이퇀(Meituan), 중국 인민의 발이 돼서 이동을 책임지고 있는 알리바바와 텐센트 지분이 모두 복잡하게 섞여 있는 디디추싱(Didi) 등을 꼽을 수 있다.

따라서 이 두 기업이 없다면 사람 간 커뮤니케이션, 각종 SNS, 동영상 및 엔터테인먼트, 모바일 게임, 이동 수단(택시, 호출 차량), 거의 모든 온라인 전자상거래와 쇼핑, 온·오프라인 결제를 포함한 각종 금융 활동, 음식배달을 포함한 각종 생활 서비스 이용, 각종 세금 및 공과금 납부, 의료 및 공공기관 예약, 택배를 비롯한 각종 물류 배송 등이 멈춘다. 이 정도면 사회가 통째로 마비된다고 보면 되니 어찌 사회 인프라가 아니라고 할 수 있는가?

무려 10억 명 이상의 일간 사용자 수(DAU, Daily Active Users)를 보유한 기업이며, 이들이 없으면 국가 통제 불가의 소요 상황까지도 올지도 모를 정도의 영향력을 발휘하고 있다. 사업적으로는 이미 무너지거나 망하려고 해도 쉽게 망할 수 없는 영역을 구축한 기업이다. 다만 중국인의 삶 속에 지나치게 깊숙이 자리 잡은 기업이라는 것이 오히려 이들의 가장 큰 리스크이다.

특히 정부가 아닌 민영기업 '주제'에 거의 모든 자금 흐름의 빅데이터를 가지고 있다는 것, 그것이 중국 정부가 지난 2020년 11월 디지털 화폐를 세계 최초로 광둥성 선전(深圳)에서 시도해 본 가장 큰 이유라고 판단된다. 자금의 흐름을 파악하고 있다는 것은 누군가의 목줄을 쥐고 있는 것과 같다. 이는 중국 정부가 보기에 민간에서 다루기엔 너무나 큰 권한이다. 알리페이와 위챗페이는 합쳐서 모든 모바일 결제의 90% 이상의 점유율을 쥐고 있다. 따라서 중국 정부는 결제를 포함한 핀테크 시장 등에서 반독점 규제 정책으로 이들 두 기업을 비롯한 몇몇 독과점 기업을 길들이기를 하고 있다. 게다가 앞서 언급한 대로 은퇴한 마윈이 지난 10월 말 중국 정부의 금융 관련 각종 규제에 대한 작심 비판을 한 상황이라 중국 정부의 불편한 심기가 알리바바의 금융 자회사이자 알리페이 운용사인 앤트그룹(蚂蚁集团)의 상장을 미뤄지게 했다.

사회 인프라이자 종합기능 플랫폼으로 두 기업 모두 다루지 않는 분야가 없으므로 결국 이 둘은 거의 모든 사업 분야에서 치열하게 경쟁 중인 적수이기도 하다. 물론 피 터지게 경쟁하다가도 제 살 깎아 먹기가 다소 과하다 싶으면 아예 인수합병으로 적과의 동침도 불사한다. 냉혹한 승부의 세계이므로 선의의 경쟁까진 아니지만 이들의 움직임이 해당 산업의 재편으로 나타나는 경우가 빈번하기에 늘 세간의 관심을 집중시킨다.

따라서 이 두 기업에 대한 이해는 중국 디지털 경제와 중국 기업 이해의 첫걸음이자 큰 비중을 차지한다. 이미 이 두 거인에 대해서 다룬 서적과 기사는 많지만, 조금이라도 다른 각도로 접근해서 다른 이야기를 해 보는 것은 그 자체로 다른 의미가 있다고 본다.

전자상거래가 촉발한 중국의 혁신, 한때 '반人반神'이었던 마윈

잘 알려진 바와 같이 알리바바의 창업자인 마윈은 1964년생으로 저장성 항저우 출신이다. 알리바바는 중국의 인터넷 시대를 상징하는 아이콘이자 전설이 되었고 알리바바 내부에서는 거의 '神'급의 반열로 올라가 있다. 최근 그 위상이 믿을 수 없을 정도로 무너져 내려가고 있긴 하지만 기존에 이룬 업적이 없었던 일이 되는 것은 아니라고 생각한다.

중국은 원래 지역별로 따로 노는 데 익숙한 나라다. 가장 큰 이유는 일단 땅이 워낙 커서 그렇다. 같은 동네 사람(동향)끼리의 유대감이 한국보다 훨씬 깊고 단단하다. 주요 도시마다 동향 모임을 갖는 사람들도 많고, 중국에서 유명한 기업가 모임도 출신 지역을 기반으로 한 경우가 대다수다. 이토록 넓은 지역의 이렇게 많은 인구가 동일한 세력권에 있는 것 자체가 사실 아주 자연스러운 일은 아니다. 중국 역사만 보더라도, 광대한 땅덩어리에서 끊임없이 통합과 분열이 반복된다. 중국이 지역별로 쪼개져서 따로 지내던 오랜 세월이 이를 방증한다.

따라서 중국에서는 단연코 으뜸은 지연이다. 중국에서 놀라웠던 것은 중국 내 같은 지역의 바로 옆 동네끼리도 사투리나 억양이 서로 완전히 다른 경우가 있다는 것이었다. 예를 들어 칭다오(靑島) 시에 속해 있는 두 행정구역인 스난취(市南区)와 스팡취(四方区)는 사투리가 그렇게 다를 수 없었다. 두 곳은 거리상 얼마 떨어져 있지도 않다. 이와 같은 수많은 유사 상황을 보았다. 한국으로 따지면 서울 서초구 토박이와 송파구 토박이가 쓰는 억양이 완전히 다르다는 것이다.

마오쩌둥도 국민당을 피해서 중국 내에서 수천 km의 대장정 시에 말이 안 통해서 여러 통역원을 데리고 다녔다는 것은 유명하다. 실제 녹음된 마오쩌둥의 육성 발음을 들어 보면 그의 후난(湖南) 사투리는 외국인이 거의 알아듣기 힘들다. 공식 연설에서 저 정도니 사석에서는 더 심했을 것이다.

이렇게 서로 간에 말이 잘 안 통하니, 당연히 말 잘 통하는 같은 지역 출신들끼리 뭉칠 수밖에 없는 구조였다. 사실 중국어에는 북경어(北京话, Mandarin)와 광둥어(广东话, Cantonese)만 있는 것이 절대 아니다. 표준어(普通话, Mandarin Chinese; Standard Chinese; Standard Mandarin 등으로 번역)로 지정된 북경 지역의 언어는 전 중국 내의 원활한 의사소통을 위해서 모든 지역의 의무교육 과정에 강제로 집어넣은 공용어다. 중국은 모르긴 몰라도 세부적으로 나눠보면 수천 가지 이상의 방언이 존재할 것으로 추측된다. 중국 푸젠성 남부와 타이완 등에서 사용되는 민난어(閩南语, Southern Fujian Dialect)도 표준어만 구사하는 사람에게는 아예 외국어로 들린다.

　말이 서로 안 통할 정도로 지역색이 짙다 보니 상인들도 상대가 누구냐에 따라서 판매 가격도 자연스레 달라진다는 것이다. 자기가 들여온 가격이 8위안 정도라면 정말 친한 동네 형제(兄弟)에겐 10위안, 덜 친한 동네 사람에겐 15위안, 동네 사람에겐 30위안, 완전 외지인에겐 50위안, 그리고 외국인에게 100위안 이런 식이다. 유비가 물건을 판다면 최측근 관우, 장비에겐 10위안, 애매한 간·손·미(간옹, 손건, 미축)에겐 15위안, 오나라 노숙에겐 50위안, 필생의 맞수인 조조에겐 기필코 100위안을 받지 않았을까?

　예전에 중국에 가면 기본적으로 물건 값을 반으로 깎거나 '0'을 하나 빼고 가격 협상을 시작하란 말을 들어봤는가? 실제로 칭다오 거주 시절 수석이나 돌 조각품 등을 파는 예술품 골동 시장에 가면 뒷자리에 '0' 하나 빼는 건 기본이요, 종종 '0'을 두 개씩 빼고 흥정하는 부모님의 모습이 아직도 생생하다. 인간의 기본적인 DNA가 본디 익숙한 사람을 아끼고 모르는 사람은 배척한다지만 중국은 예전부터 그 정도가 무척 심했다.

　이런 전근대적인 상습관이 전자상거래의 정착으로 서서히 허물어지더니 전 국민의 모바일 인터넷화로 거의 한 방에 날아간 것이다. 진시황이 6개국을 무너뜨리고 전 중원을 평정하고 사상, 법률 체계, 한자와 계측 단위 등을 일원화시켜서 이후의 통일 제국의 기틀을 마련했고, 마오쩌둥은 신중국 설립 후 내부 원활한 의사소통을 위해 북경 지역의 언어를 표준어로 지정해서 중국 내부 언어의 벽을 허물고자 노력했다.

그리고 마윈은 전자상거래로 중국의 상거래 법칙을 통일시켜 버리고 그 중국 내 수많은 지역으로 파편화되어 있던 유통 시장을 단숨에 단일 시장으로 만들었다. 물론 마윈이 애당초에 그걸 의도하고 한 것은 아니지만 결과적으로는 그렇게 되었다.

다른 지역 사람한텐 비싼 값에 파는 게 논리적으로 너무나 당연하고 흥정을 좋아하는 중국인으로선 모두에게 같은 가격으로 저렴하게 판매하는 전자상거래 사이트에 올라온 제품들을 도무지 믿을 수가 없었다.

또한 유통업의 관점에서 보면 오프라인 거래에서 결제와 물류는 쌍둥이처럼 이뤄지는 것이었다. 즉, 한 손으론 돈을 건네며 한 손으로 물건 받아오는 것이 당연한 시스템이었으나 온라인으로 바뀌면서 결제 따로, 물류 따로, 물건과 돈의 동시 교환이 불가능해졌기 때문이다. 전자상거래 시장에서 구매자가 돈을 먼저 줄지, 판매자가 물건을 먼저 줄지 영원히 해결되지 않을 수수께끼로 남을 수도 있었다. 이런 진퇴양난의 상황을 알리바바는 미국의 페이팔에서 에스크로 결제 시스템을 베껴서 가져와 대박을 터트렸다. 이 결제 시스템은 결국 금융업의 기초로서 다양한 핀테크 산업으로 발전할 수 있었고 동시에 전자상거래에 필수로 수반되는 물류 시스템은 하루가 다르게 발전해갔다.

즉, 전사상거래로부터 시작된 중국 혁신의 시작은 1) 지역별로 나뉘었던 유통 소비시장의 통일, 2) 간편 결제로 시작된 금융 핀테크의 폭발적인 성장, 3) 단순히 빠른 배송을 넘어서 예측 배송 및 무인 배송 시스템까지 갖춰지고 있는 물류 업계의 커다란 발전을 가져왔고 4) 또한 전자상거래는 모바일 인터넷 보급을 촉진했으며 5) 보급된 스마트폰을 가지고 중국에서는 온갖 새로운 비즈니스가 꿈틀대기 시작했으며, 6) 스마트폰 보유

자가 많으면 많을수록 수많은 모바일 비즈니스에서 트래픽(流量, 사용자) 확보가 수월해지는 선순환이 일어났다.

중국에서 최근 5년간 유니콘 스타트업 중에 모바일 관련 비즈니스가 아닌 업종을 찾아보기 어려울 정도다. 즉, 전자상거래의 촉발로부터 중국 혁신 경제의 꿈틀댐이 시작됐다고 비약을 하고 싶을 정도로 그 영향이 대단했다. 그래서 이 촉발의 진원지인 알리바바가 대단한 것이며, 알리바바의 창업자인 마윈이 오랜 기간 중국 최고 부자이자 반인반신(특히 재신)의 지위를 유지할 수 있었다.

알리바바 전자상거래 입문 Class 101

가장 기초가 되는 알리바바 그룹의 전자상거래 업종 구분과 특징만 간단하게 언급하고 시작한다. 이는 알리바바 전자상거래 이해의 기초 중의 기초라고 할 수 있다.

○ 알리바바의 B2B(Business to Business) 전자상거래 플랫폼은 두 가지로 나뉨, B2B 온라인 도매 시장이라고 이해 가능

 1) 중국 내에서 주로 중국 기업끼리 내수용으로 운영되는 1688 닷컴
   https://www.1688.com/

 2) 글로벌로 전 세계 기업 대상으로 운영되는 알리바바 닷컴
   https://www.alibaba.com/

알리바바 닷컴에서는 주로 중국에서 해외로의 수출, 수입 거래가 많이 이뤄진다. 해외에서 중국의 제조상, 공급자, 수출자를 찾기 위해서 많이 찾는다. 물론 한국 기업도 공급자로 당연히 등록할 수 있다.

기업이 기업고객 대상으로 하는 플랫폼으로서 각종 완제품, 부품과 원자재 등을 판매한다. 아우르지 않는 업종이 없을 정도로 모든 산업 분야의 제품들이 갖춰져 있다. 가격이 전반적으로 저렴하나 도매 방식으로 판매되어 MOQ(최소 구매 수량)이 비교적 많다. 품목별로 상이하지만 MOQ 10개는 보통이고 1,000~10,000개까지도 흔하게 찾을 수 있다. 낱개 단위로 팔긴 하는데 가격이 좀 올라간다. 얼핏 보면 다 거기서 거기 같지만 1688은 중국 내수용, 알리바바닷컴은 글로벌로 엄연히 구분되어 운영된다.

○ C2C 플랫폼 역시 중국 내수와 글로벌로 나뉨

  1) 중국 국내에서 내수용으로 운영되는 것은 타오바오(淘宝)

    https://taobao.com/

  2) 글로벌로 운영되는 것은 알리익스프레스

    https://aliexpress.com/

    (접속하는 아이피에 따라서 자동으로 해당 국가 언어로 나오기도 함)

개인 간의 거래 플랫폼으로서 판매자로서 입점이 쉽고 무료 수수료 정책으로 운영비용도 가볍다. 소량 구매가 가능하며 B2B만큼은 아니지만, 가격도 전반적으로 상당히 저렴한 편이다. 개인 간의 거래이고 가격도 저렴한 만큼 짝퉁 상품 문제도 자주 논쟁거리가 됐었다. 지금도 짝퉁이 없진 않으나 과거보단 훨씬 좋아졌다.

한국에서 타오바오 직구라고 한다면 당연히 알리익스프레스를 통해서 구매하는 것으로 이해하면 된다. 상품 종류는 중국 내수용인 타오바오가 훨씬 많은 것 같은 느낌이다.

○ B2C 플랫폼도 내수용과 글로벌로 구분

　1) 티몰(天猫/톈마오/Tmall)은 중국 내수용 플랫폼

　　https://www.Tmall.com/

　2) 티몰 글로벌(天猫国际/톈마오궈지/Tmall Global)은 해외 기업도 입
　　점할 수 있는 글로벌 플랫폼

　　https://www.Tmall.hk/

위에 플랫폼과 차이점은 티몰의 글로벌 버전은 해외 소비자가 중국 티몰에 등록된 제품을 구매한다기보단 중국 소비자들이 해외 브랜드 직구용으로 사용된다는 것이다.

개인이 아닌 기업만 입점 가능한 전자상거래 플랫폼으로서 가격은 B2B, C2C보다 대체로 높은 편이지만 주로 브랜드몰 및 플래그십 스토어로 활용되며 상품에 대한 신뢰도가 높다. 티몰(톈마오)과 티몰 글로벌(톈마오궈지), 모두 고양이가 메인 로고다.

이 여러 가지 B2B, C2C, B2C 분야 중 알리바바가 최초로 플랫폼 비즈니스를 도입한 분야는 B2B 전자상거래 분야다. 즉, 중국 내 생산이 가능한 공급자와 해외시장의 수요자를 연결해 주는 양면 시장을 만들고 관리한 것이 바로 알리바바 닷컴의 시작이었다. 이 플랫폼은 크게 성공하면서 알

리바바의 이름을 처음으로 널리 떨친다.

만만디 알리바바 vs 조급한 eBay, 중국 전자상거래 대전

알리바바닷컴으로 B2B 분야에서 크게 성공한 알리바바는 2003년에 타오바오라는 C2C 오픈마켓을 열고 당시 점유율 1위였던 미국의 이베이와 점유율 진검승부를 펼쳤다. 결론부터 이야기하자면 알리바바의 타오바오가 최종적으로 승리를 거두고 이베이는 엉엉 울면서 중국 시장을 철수한다.

마윈이 자신은 장강(앙쯔강)의 악어이므로 바다가 아닌 여기 중국 내에서 싸운다면 미국산 상어(이베이)도 이길 수 있다는 말은 과연 허언이 아니었다. 장강의 악어인 알리바바는 미국산 상어 이베이를 어떻게 무찔렀을까? 중국 토종 알리바바와 미국 이베이의 C2C 플랫폼 전쟁의 승리 요인 가운데 가장 큰 공을 세운 것이 바로 알리페이(支付宝, Alipay)라고 하는 에스크로 결제 서비스였다. 당시 중국은 현금 거래를 주로 하며 신용카드 보급률이 매우 낮은 상황이었고 온라인 거래에 대한 불신도 매우 컸다. 따리서 익명의 거래 상대방보다는 믿을 만한 알리바바가 중간에서 상품 대금을 가지고 있다가 구매자가 상품을 받아 보고 문제없다고 확인하면 대금을 알리바바가 판매자에게 돈을 지급하는 방식이다. 아이러니한 것은 이 방식의 원조는 당시 타오바오의 경쟁사였던 이베이의 페이팔이었다. 물론 중국 정부는 이베이 같은 외국 기업에게 유사 금융업에 해당하는 에스크로 서비스를 허용하지 않았다. 먼저 개발해 놓고도 사용하지 못하는 이베이도 답답했으리라는 것은 말할 필요도 없다.

애당초 알리바바 역시 금융 기업이 아니었으므로 처음부터 의심 많은 중국 소비자들의 신뢰를 얻는 것도 쉬운 일은 아니었다. 알리페이 출시 후 2005년 2월에 알리바바는 알리페이의 전액 보상이라는 캠페인으로 결제 안전성을 호소하기도 했다. 즉, 알리페이를 사용하다가 손실 입으면 전액을 보상하겠다는 슬로건이었다. 당시는 신용카드나 은행카드를 사용자가 분실하면 사용자가 경찰에 직접 피해 신고 및 설명의 의무가 있었다. 그러나 알리페이는 사용자 저변 확대를 위해서 모든 사용자 책임을 다 떠안겠다고 호언장담을 하고 나선 것이다.

두 번째 성공 요인으로 타오바오의 무료 수수료 정책을 꼽을 수 있다. 중국에서 크게 성장한 기업의 기본 덕목 중 하나라고 할 수 있는 점은 바로 정말 긴 호흡으로 판을 크게 짠다는 것이다. 수익 여부와 무관하게 일단 사용자와 충분한 트래픽을 확보할 때까지 절대 서두르지 않는다. 이럴 땐 중국은 만만디(慢慢地)의 나라라는 말이 너무나 잘 어울린다.

당시 수익 모델 없는 비즈니스에 대해서 큰 우려가 있었음에도 이미 트래픽의 중요성을 파악하고 있던 마윈의 안목을 엿볼 수 있다. 무료 수수료 정책으로 인해서 공급자나 구매자 모두 타오바오 밖을 떠나서 거래할 필요를 못 느꼈고 양측의 참가자들은 모두 플랫폼에 안착했다. 이에 반해 이베이는 한 때 중국 내 C2C 분야 시장점유율 90%까지 차지했던 기업이지만 타오바오의 수수료 완전 무료화 정책과는 달리 높은 점유율을 바탕으로 수수료 부과 정책을 펼쳤다. 마윈 입장에서 봤을 때 이베이는 그 짧은 사이를 못 참고 돈 몇 푼에 목숨을 스스로 포기한 셈이다.

세 번째로 타오바오는 철저하게 소비자 관점에서 전자상거래의 규칙을 설정하였다. 타오바오를 써보면 확실히 판매자에게 유리한 구조라기보다는 소비자들이 구매하기 편리한 측면이 있다.

1) 소비자 위주의 구매 후기(판매 후기는 없다) 2) 후기 쓴 후 다시 작성 가능한 후기의 후기, 3) 친 소비자 성향의 반품 및 환불 정책, 4) 알리왕왕이라는 당시 혁신적인 판매자와 실시간 1:1 채팅 기능(한국에선 심지어 지금도 일부 판매자의 문의처는 이메일 또는 온라인 게시판 밖에 없어서 답변이 빠르면 하루, 심지어 일주일까지 걸리기도 한다) 5) 소비자는 타오바오 내에서 원하는 온라인 상점을 팔로우하며 해당 상점의 새로운 상품 소식을 알람 및 피드로 수신(이는 작은 '팬덤 경제'로서 소비자와 판매자 양측에게 모두 유리)

이런 기능은 칼자루를 소비자 손에 쥐여 준 측면이 크다. 만약 1:1 채팅창에 실시간 답변 안 하면 고객은 보통 다른 곳에서 구매하는 경우가 많기에 늘 판매자들은 어플 내의 채팅창을 예의 주시한다. 주말이나 밤늦게 연락해도 거의 빠른 답변인 경우가 많다. 또한 타오바오에서 판매 후 구매자에게 좋은 피드백을 받기 위해서 채팅창에서 '친친'거리면서(亲亲, 고객님 정도로 이해) 각종 아양을 부리는 판매자들을 보면서 '아이고, 이 친구들도 먹고살기 힘드네' 하면서 긍정적 구매 후기를 남긴 적이 여러 차례 있다. 이런 치열한 경쟁의 틈비구니에서 잡초같이 살아남은 수많은 기업이 바로 타오바오의 경쟁력이다.

마지막으로 전자상거래 플랫폼이 성공하기 위해서는 대규모 양질의 공급자가 필수적인데, 타오바오는 당시에 이미 B2B 플랫폼인 알리바바닷컴 운영에서 100만 개가 넘는 다수의 중국 내 공급자를 보유하고 있었기에 상대적으로 다른 플랫폼에 비해서 우월한 지위를 유지할 수 있었다.

중국 테크 기업의 모든 것

품질과 가격 경쟁력을 갖춘 공급자는 많은 소비자를 끌어오고 이는 더 많은 훌륭한 공급자를 불러오는 선순환을 일으킨다. 이런 여러 가지가 바로 타오바오가 이베이를 무찌른 주요 성공 비결이라 할 수 있겠다.

타오바오, 짝퉁과 원치 않던 동행 그리고 티몰의 등장

○ C2C 오픈마켓 타오바오의 골칫거리: 짝퉁, 위조품의 범람

타오바오는 C2C 오픈마켓으로 순수 개인 혹은 개인 사업자들이 삼삼오오 모여 물건을 파는 플랫폼이다. 쉽게 온라인 벼룩시장이라고 이해해도 좋다. 참고로 중국인 직원의 신분증이 있다면 한국인도 얼마든지 타오바오를 이용해서 제품 판매에는 지장이 없다. 알리바바에서 판매자들에게 판매, 입점 수수료도 안 받고 개개인들이 판매할 수 있는 벼룩 장터를 만들어 준 셈이다. 이런 오픈마켓의 장점은 상품 종류가 어마어마하게 다양하다는 거지만 단점은 상품 품질이 복불복이라는 점이다. 개인 간의 거래가 주종이다 보니 각종 사건 사고 등이 끊이질 않는다. 그중에 가장 대표적인 것이 짝퉁 제품의 문제다.

판매 사진에는 정품 사진을 올려놓고 실제로는 짝퉁을 보내는 경우가 상당수 있다. 문제는 이걸 구분할 수 있는 소비자도 있고 구분 못 하는 소비자도 있다 보니 똑같은 제품의 구매평도 가지가지다. 보고 있으면 정말 가관이다.

어떤 인기 제품은 구매평이 무려 수십만 개가 넘는 것도 있는데 이는 남들의 실제 구매평을 신경 쓰는 중국 소비자 입장에서는 최고의 레퍼런스다. 많이 팔렸다는 것은 가격과 성능 모두 만족스럽다는 것을 의미하기 때문이다. 그리고 타오바오에서는 판매량 기준으로 제품 정렬이 가능해서 판매자는 더욱 이를 중시한다.

일부 얌체 판매자들은 배송지 수신처를 보고 북·상·광·심(베이징, 상하이, 광저우, 선전) 같은 대도시 구매자들에게는 진품을, 3~5선 도시 이하의 지방 소도시나 농촌지역에는 짝퉁을 보내는 전략까지 동원한다. 대도시 구매자들은 진짜와 가짜를 구분할 수 있지만 다른 지역은 못 할 것이라는 기가 막힌 통찰력에 어이가 없을 따름이다. 중국에 오래 살다 보면 이런 혼란스러움이 타오바오의 매력으로 느껴질 때도 있다. '일단 다른 걸 다 떠나서 값이 너무 착하잖아'라는 생각이 들기 때문이다. 물론 이제 가성비 제왕의 타이틀은 이제 핀둬둬(拼多多)에게 넘겨줘야 할 듯하지만 말이다.

○ 짝퉁 Free, 신뢰도 높은 B2C 티몰(텐마오)의 등장

진흙탕 속에서 아름다운 연꽃이 수줍게 피듯이, 이런 불법이 판치는 혼란한 짝퉁 시장에서도 비즈니스 기회가 발굴되는 법이다. 타오바오의 짝퉁에 대한 약점을 찌르고 들어온 것이 바로 자사 직영상품에 한해 100% 정품을 보증하는 징동닷컴이었다. 정품을 내세운 징동을 비롯한 여러 경쟁 전자상거래 플랫폼의 부상으로 2008년 알리바바는 기업형 상점인 B2C 티몰을 설립한다. 티몰은 사실 짝퉁 척결 말고도 여러 비장한 각오를 다지면서 탄생했다. 이는 크게 4가지 정도로 정리할 수 있다. 1) 타오바오 설립 후 6년간 30억 위안의 누적 적자 해소를 위한 수익 실현 (3대 수익 모델 구현, 광고·입점·판매수수료), 2) 신뢰도 높은 기업형 상점으로 짝통 상품 척결, 3) 알리바바 쇼핑몰의 이미지 및 신뢰도 상승, 4) 플랫폼 내의 평균 객단가 상승 등이다.

티몰에는 일단 개인사업자(个体户라고도 한다)는 입점 자체가 불가능하다. 정식으로 법인사업자등록증(法人营业执照 법인영업집조), 브랜드의 권리를 받은 권리증(授权证书 수권 증서), 중국 상표등록증, 특허권 등이 필요하고 그 외에도 은행 계좌 개설허가증, 법인 대표 신분증, 상점 운영 책임자 신분증과 각종 허가 증명서 (화장품 위생허가, 식품 유통 허가) 등의 공식 서류가 필요하다. 따라서 입점 자체가 쉽지 않다. 입주기업 연회비도 약 3만 위안부터 시작되고, 입점 보증금도 있고 품목별로 다르지만, 판매액에 대한 수수료도 약 5% 정도를 티몰에 지급해야 한다. 이렇게 입점 자체가 타오바오에 비해서 훨씬 까다로운 만큼 티몰에서는 짝퉁의 비율이 훨씬 낮다고 평가된다. 따라서 티몰 상점의 신뢰도는 타오바오보다 크게 좋다.

티몰의 등장과 알리바바의 자체적인 짝퉁 정화 노력으로 짝퉁 문제는 점점 수면 아래로 가라앉았다. 물론 이 자체적 정화 노력이 나중에 핀둬둬라는 신생 전자상거래 플랫폼의 빠른 발전을 가져온 계기가 되기도 한다.

수수료 없는 타오바오의 생존 전략 및 티몰과 은밀한 관계

○ 타오바오의 '착한 척'에 속지 말 것

앞서 본 것과 같이 타오바오가 이베이와 건곤일척의 전자상거래 대전에서 '수수료 무료' 작전으로 ebay를 중국에서 신속하게 몰아낸 것까지는 아주 좋았다. 문제는 그 다음이었다. 알리바바는 타오바오 제품에 대한 등록, 판매, 입점 수수료 무료 정책을 끝까지 고수하겠다고 공식발표까지 한 상황이었기 때문이다. 전부 공짜로 제공해 주겠다는 타오바오는 무엇으로 먹고 살아야 한단 말인가? 즉, 입점 및 거래 수수료 없이 도대체 오픈 마켓인 타오바오는 어떻게 수익을 창출하는 것일까? 사실 타오바오도 그걸 못 찾아서(혹은 안 찾아서) 2003년에서 2008년까지 6년 이상 30억 위안 이상 적자를 보았다. 하지만 2009년부터는 한시도 빠짐없이 큰 수익을 내고 있다.

어떻게? 앞서 언급한 하늘에서 내려온 고양이(天猫), 티몰을 통해서다. 위에서 살펴본 대로 타오바오에는 거래 수수료 무료 및 결제 편의 제공으로 인해 각종 제품을 팔려는 공급자들이 몰린다. 소비자들도 소비자 친화적인 쇼핑 환경 및 타오바오에는 없는 물건이 없다는 생각(실제로 거의 없는 게 없다)으로 점점 타오바오로 몰린다. 그러면 그럴수록 더 많은 공급자가 자신들의 제품을 올리고 싶어 한다. 공급과 수요의 선순환이 꼬리에 꼬리를 물면서 사용자 트래픽 폭증과 함께 전자상거래 플랫폼이 대규모로 성장하는 것이다.

알리바바는 타오바오가 다른 전자상거래 플랫폼들을 다 집어삼키고 거대 1등 플랫폼이 될 때까지 참는다. 그것이 알리바바의 크게 보고 천천히 가는 만만디 클래스다. 알리바바는 그렇게 타오바오가 수억 명의 소비자와 수백만 개에 달하는 상점이 입주한 거대 전자상거래 플랫폼이 되기를 기다린 것이다. 수많은 판매자가 다양한 상품을 올리다 보니 특정 제품을 검색했을 때 어느 판매자의 제품은 가장 상단에 나오고, 또 어떤 판매자의 제품은 한 30페이지쯤 뒤에 나오기도 한다. 원래 이 검색 기본 결괏값은 소비자들의 구매평, 판매량, 판매자 신용등급 등의 종합 평가로 나오지만, 타오바오는 특정 기업의 제품이 앞에 나올 수 있도록 특정 위치의 포스팅을 경매로 판매한다.

판매자들의 노출(?) 경쟁이 화끈하고 치열해야 광고가 잘 팔린다. 알리바바 전자상거래 플랫폼에서 고객들에게 노출되지 않은 제품들은 절대 팔릴 수 없는 구조를 갖고 있으므로 광고 수수료가 바로 타오바오·티몰의 주요 비즈니스 수익 모델이다. 즈통처(直通车)라고 하는 타오바오 경매 광고는 매년 계속 방식이 약간씩 변화 중이지만 큰 줄기는 같다.

타오바오의 모바일 어플에서 특정 키워드를 검색하면 (예를 들어 手机壳, 스마트폰 케이스) 검색 결과 화면에서 예를 들어 1번째, 7번째, 11번째 검색 결과 노출 포스팅은 특정 스마트폰 케이스 판매자의 유료 광고물인 셈이다. 스폰서 광고일 경우 회색의 희미한 글씨로 광고(广告, AD) 표시가 살짝 붙은 형태로 나오는데 주의 깊게 보지 않는 이상 소비자들이 눈치채긴 쉽지 않다.

검색어 광고는 경매이므로 인기 있는 검색어인 스마트폰 케이스, 티셔츠, 바지, 운동화, 충전기, 노트북, 스마트폰, 청소기 등 일상생활에 많이 쓰이는 제품 키워드에 대한 광고는 상당히 비싸다. 즉, 판매자가 자신들의 제품을 최대한 많이 노출해서 소비자들이 보고 구매할 수 있게끔 트래픽을 사게끔 만드는 것이다.

○ 잔인한 타오바오 검색 결과, 그리고 개인 판매자의 눈물

여기서 한 가지 매우 중요한 것은 분명히 타오바오 어플에서 검색했는데 제품 섬네일에 빨간 아이콘이 붙은 티몰 제품이 온통 검색 결과 상위권을 차지한다는 것이다. 정식 통계는 없고 검색어마다 상당히 차이가 있지만 타오바오에서 검색하면 상위 90% 이상의 검색 결과가 타오바오 제품이 아닌 티몰 제품으로 나오는 듯하다. 즉, 개인 상점이 등록한 타오바오 제품이 아니라 기업형 상점이 등록한 티몰 제품이 검색된다는 것이다. 알리바바는 그야말로 티몰에 등록된 제품에게 트래픽을 전부 몰아주고 있다는 뜻이다.

아니, 어째서 이런 일이? 왜긴 왜일까, '알리바바님'께서 보시기에 C2C인 타오바오는 영세 개인 판매자에게 입점·판매 수수료를 아무것도 받지 못하는데, B2C인 티몰에서는 기업형 판매자에게 입점·판매·광고 수수료 등을 거하게 받아내고 있어서 그렇다. 알리바바도 돈(광고비)만 받아먹기 민망하니 트래픽 몰아주기로 화끈하게 보상하는 것이다.

간단하게 얘기해서 타오바오는 각종 구매자가 '물반 고기반' 가득 차 있는 양식 낚시터이고, 티몰은 잘 조성된 양식 낚시터를 활용해서 '사람을 낚는 어부'라고 보면 된다. 즉, 판매자가 구매자를 낚을 수 있도록 낚시터 입장료, 낚싯대 대여, 자릿값, 갯지렁이 등 미끼값 등을 징수하는 것이다. 그게 티몰이 걷는 입점·판매·광고 수수료다. 어찌 보면 알리바바는 이 타오바오라고 하는 양식 낚시터를 완벽하게 만들기 위해서 각종 수수료를 무료로 하면서 6년간 이를 악물고 누적 적자를 버텼다고 보아도 크게 틀린 말은 아닐 것이다. 이제는 재주는 타오바오가 넘고, 돈은 티몰이 걷는 셈이다.

중요한 것은 분명히 티몰 어플이 아닌 타오바오 어플로 접속해서 제품을 검색해도 티몰 제품을 따로 모아서 볼 수는 있으나 티몰 제품이 아닌 것을 따로 볼 수는 없다. 타오바오 어플인데 타오바오 제품만 골라 볼 수가 없다.

무료로 타오바오 입점한 판매자들 말고 많은 돈을 내고 입점한 티몰 상품을 띄워 주겠다는 알리바바의 강력한 의지를 읽을 수 있다. 이런 행위 뒤편에는 타오바오에만 등록된 개인 상점들의 상품은 티몰 제품에 대한 트래픽 몰아주기로 인해서 철저히 소외 및 버림받는 셈이다. 그래서 개인 상점들은 타오바오에 무료로 입점하고, 판매 수수료 없다고 좋아할 게 전혀 없다. 왜냐면 판매가 거의 안 되니까 말이다. 소비자에게 노출이 많이 되어야 팔릴 기회가 생기는데 알리바바는 그 기회를 원천적으로 차단해 놓고 있다. 영세한 개인 상점들은 그저 웃지요. 수많은 개인 상점들이 괜히 핀둬둬로 전부 갈아탄 게 아니다. 모든 것에 이유가 있다.

굿캅, 배드캅을 연기하는 타오바오와 티몰의 이원화된 수익 구조는 알리바바 전자상거래 왕국의 핵심 비즈니스 모델임이 틀림없다. 그러나 이런 특이한 구조는 2015년쯤부터 혜성같이 등장해서 고작 5년 만에 징동, 알리바바를 다 제쳐 버리고 이용자 수 1위에 등극한 핀둬둬에 대응하는 데 쩔쩔맬 수밖에 없는 아이러니함을 가져왔다.

그렇다고 타오바오는 핀둬둬를 타기팅한 별도의 저가 제품 전자상거래 어플을 대놓고 밀어줄 수도 없다(사실 이미 알리바바는 핀둬둬 제압용으로 '타오바오 특가판[淘宝特价板]'을 내놨음). 왜냐면 해당 저가 제품 어플로 트래픽을 몰아줄 경우, 기존 타오바오 트래픽의 감소를 가져올 수밖에 없기 때문이다. 타오바오 트래픽의 감소는 무조건 티몰 상점의 수익 악화로 나타난다. 티몰 상점의 수익 악화는 알리바바의 핵심 이익의 침해다.

그래서 알리바바는 핀둬둬 때문에 그야말로 머리 아픈 진퇴양난의 상황이다. 이것도 살펴볼 만한 이야기가 될 것이다. 나중에 핀둬둬 편에서 보겠지만 전자상거래의 최강자인 알리바바를 사정없이 공격하여 성과를 이뤄 내고 있는 신흥 강자인 핀둬둬도 대단한 기업이다. 2020년 기준 핀둬둬의 사용자 수는 7.88억 명으로 처음으로 알리바바 그룹(리테일 분야 한정)의 7.79억 명을 추월했다. 단, 2021년에 알리바바 그룹이 다시 소폭 앞선 것으로 나타났다.

참고로 최근 알리바바는 2022년 1월, 11년 만에 분리했던 타오바오와 티몰을 다시 합친다고 발표했다. 그간 높은 입점비용과 문턱으로 티몰에 입점하지 못했던 중소영세 상점에게 혜택을 주어서 성장시키겠다는 목표를 설정했다. 과연 이 결정으로 시장 주도권을 되찾아 올 수 있을지 귀추가 주목된다.

티몰 입점 방식 구분 그리고 티몰과 아마존 비즈니스 모델 차이

○ 티몰 입점 방식 구분

티몰 입점 방식은 크게 1) 직접 입점 2) 간접 입점 총 2가지가 있다. 직접 운영 방식을 살펴보면 플래그십 스토어(旗舰店)라는 해당 브랜드만 판매할 수 있는 브랜드 공식몰이 있다. 예를 들자면 한국 아모레퍼시픽 플래그십 스토어는 아모레퍼시픽 계열의 제품만 판매하는 온라인 상점이다. 다른 직접 운영 방식으로는 전문숍(专营店)이 있다. 이는 여러 브랜드를 모아 놓은 종합몰 방식이다. 마치 올리브영처럼 여러 화장품 브랜드를 같이 파는 개념으로 이해하면 된다. 이 방식은 제품 홍보 효과는 좋지만 보증금, 수수료 등의 고정투자 비용이 단점이다.

간접 입점은 전매점(专卖店)으로 이미 개설된 타인의 전문숍(专营店)에 브랜드 수권서를 주고 입점하여 테스트 마케팅을 해 보는 것이다. 장점은 고정 비용 등이 적게 든다는 것이지만 단점은 이미 여러 브랜드가 입점하였으므로 홍보 효과는 크지 않을 수 있다는 것이다.

매년 다소 변동이 있지만 2021년 기준으로 티몰 글로벌 플래그십 스토어의 입점 보증금은 5만 위안(약 885만 원), 전문숍(专营店)은 10만 위안(약 1,770만 원)이다. 아무래도 한 가지 브랜드만 할 수 있는 플래그십 스토어보다 다양한 브랜드 판매가 가능한 전문숍의 가격이 더 비싸다. 최근 코로나19 이후 각각 15만 위안과 50만 위안에서 큰 폭의 할인을 하고 있다.

그리고 티몰 글로벌에 입점하는 최대 장점은 한국의 화장품, 식품을 중국에 정식으로 수출 및 통관 시에 반드시 갖춰야 하는 화장품 위생허가와 식품유통 허가 등이 모두 불요하다는 것이다. 이는 해외 직배송 체계로 중국 소비자에게 배송되기 때문에 가능하다. (혹은 보세 창고 보관 후 배송)

중국 내수용 티몰 입점은 중국 법인이 있어야 할 뿐만 아니라 상기한 각종 허가증을 모두 보유해야만 가능하다. 그래서 많은 기업이 티몰 글로벌에 먼저 입점해서 인지도를 쌓는 동시에 각종 위생허가를 취득하여 티몰에 입점하는 방식으로 중국 진출을 도모하고 있다.

그리고 또 한 가지는 티몰에 입점하면 3개월의 운영 심사 시간이 있는데 매출이 저조할 시에 티몰에서 퇴출 압박을 받게 된다. 이를 대비해서 Tmall Partner라고 하는 TP사와의 협력을 하는 사례가 많이 있다. TP사는 여러 브랜드를 티몰에서 운영한 경험과 자원을 가지고 있어서 브랜드의 정착에 도움이 되지만 TP사를 활용하는 비용 역시 만만치 않아서 옥석 가리기가 필요하다.

어쨌든 중국 소비재 기업이라면 티몰 입점은 온라인 마케팅의 가장 입문코스이자 보편적인 방법으로 여겨지지만 최근에는 알리바바 계열, 징동 계열, 핀둬둬 계열을 비롯한 각종 전자상거래 플랫폼 외에도 더우인, 콰이서우, 샤오홍슈 등의 다양한 SNS 채널이 생겨서 더욱 기업의 머리를 아프게 하고 있다.

다양한 실제 중국 진출 사례와 보고 들은 개인적인 경험에서 보면 중국에 진출코자 하는 한국 기업에게는 한국에서의 인지도가 바로 최고의 가치다. 중국 현지 소비자를 타깃으로 새롭게 만든 생소한 한국 브랜드나 제품은 중국에서 잘 안 먹히는 경우가 많다. 따라서 한국에서 잘 팔리는 브랜드와 제품을 만드는 것이 중국 수출에 가장 중요한 기본기라는 점을 잊으면 안 된다.

○ 티몰과 아마존, 서로 다른 비즈니스 모델

티몰의 3대 수익 모델은 이미 언급한 1) 입점 기업 연회비 및 보증금 수수료, 2) 거래 대금에 대한 평균 5%에 달하는 판매 수수료, 3) 각종 검색 키워드 노출 결괏값에 대한 광고료이다.

누차 강조한 대로 사실상 타오바오는 수익이 없다. 그럼에도 불구하고 타오바오는 여전히 매우 중요하다. 타오바오를 통해서 여전히 수많은 소비자 트래픽이 들어오기 때문이다.

그리고 이 비용들은 품목 카테고리별로 다 상이하므로 입점 시에 반드시 최신 정보를 알아보는 것이 좋다. 티몰 입점은 알리바바가 돈을 버는 것만큼 기업 입장에서는 돈을 지출해야 해서 타오바오 입점 대비 부담이 크지만, 위에서 살펴본 대로 타오바오에만 공짜로 등록해서 상품 판매하는 시대는 이제 거의 갔다고 봐도 무방하다. 팔고 싶어도 타오바오에서 타오바오 제품을 검색 결과에 잘 띄워 주지 않기 때문이다.

이렇게 트래픽을 미끼로 광고를 주로 팔아먹는 타오바오·티몰 방식은 미국 아마존이 단순히 거래 대금의 수수료 2%를 떼어 가는 것과 완전히 다르다. 아마존은 자신들의 제품이 어디서 검색되든 크게 개의치 않는다. 특히 구글 등의 여타 검색 사이트를 통해 제품을 검색해서 들어와도 그 경로를 전혀 막지 않는다. 왜냐면 상품이 팔리는 게 중요하지 어떻게 고객들이 상품을 찾아 들어왔는지는 아마존에게 중요한 문제가 아니기 때문이다. 따라서 아마존은 아마존 내에서의 검색 결과에 대해서도 종합적인 판단으로 검색 결과 값을 보여 줄 뿐 인위적인 조정을 가하지 않는다. 다만, 해당 물건이 각종 민원, 불만 및 부정적 구매 후기가 많이 달리는 경우에는 내부 협의를 거쳐 해당 제품을 검색 결과에서 삭제시켜버리는 등의 강력한 조치로 입점 제품의 품질 관리를 하고 있다.

최근 몇 년간 한국에서 손꼽는 스타트업의 간판스타 쿠팡이 보여 준 트래픽의 모습이 바로 초창기 타오바오의 적자를 무릅쓴 공격적 사용자 확보 방식과 매우 유사하다. 저렴한 가격과 양질의 제품을 보유한 공급자들과 빠른 배송과 싼 가격을 원하는 소비자들의 선순환으로 점점 더 많은 공급자와 소비자가 쿠팡이라는 플랫폼에 몰리는 선순환을 만들어 낸다.

물론 조금 더 세부적으로 들어가면 쿠팡은 점점 오픈마켓에서 사업 방식으로 변경하는 추세에 풀필먼트까지 갖추고 있어서 알리바바보단 징동 쪽에 더 가까워지고 있고, 미국에서 찾자면 아마존 워너비로 보이긴 하지만 일단 트래픽 자체에 집중하는 모습은 초창기 타오바오와 다를 바 없다는 뜻이다.

차이냐오, 배송은 일절 안 하는 알리바바의 물류 플랫폼

○ 배송량 폭증, 허둥대는 물류 그리고 소비자 울화통

이번엔 알리바바 그룹의 물류 시스템 구축 현황을 살펴보자. 전자상거래와 물류는 동전의 양면과도 같이 밀접한 관계가 있다. 전자상거래에 구입한 물건은 배송을 통해서만 소비자에게 전달될 수 있으므로 온라인 쇼핑은 물류 및 배송으로서 종결된다. 이런 점을 미뤄 봤을 때 전자상거래 플랫폼에게 있어서 물류의 중요성은 아무리 강조해도 지나치지 않다.

게다가 제품의 가격, 품질, 디자인 등이 모두 마음에 들었음에도 물류 서비스로 인해서 좋지 않은 구매 후기가 달리는 경우는 빈번하다. 그러나 제품이 마음에 들지 않았음에도 불구하고 신속한 배송과 친절한 서비스로 인해 최종적으로 좋은 구매평을 남기는 경우는 흔치 않다. 즉, 물류는 잘하면 경쟁력이지만 어지간히 잘해선 그저 본전치기 정도, 못하면 쇼핑 경험에 악영향을 끼치는 리스크가 높은 항목이다(적어도 중국에서는 징동물류나 순펑물류 정도의 퍼포먼스를 보여줘야 잘 하는 물류로 인정받는다).

앞서 살펴본 바와 같이 알리바바의 전자상거래 플랫폼은 급성장했지만, 그에 반해 물류 업계의 배송 역량은 전자상거래의 발전 속도를 따라가지 못했다. 신속하게 배달되어야 할 물품들이 창고에 산더미처럼 쌓이는 현상으로 인해 택배 배송이 지연되어 고객 불만이 폭증하는 현상이 빈번하게 일어났다.

여기에 2009년부터 시작된 알리바바의 쐉스이(双十一, 11. 11., 미국 블랙프라이데이를 능가하는 중국 쇼핑 대축제)가 2011년에 당시로선 놀라운 수치인 52억 위안의 매출액을 달성했으나 당시 2,200만 건의 택배 물량이 창고 마비(爆倉, 직역 시 창고 폭발)로 제때 처리되지 못해 평소 2~4일 걸리던 대부분의 배송이 7일에서 30일까지 지연되어 소비자들의 엄청난 원성을 샀다.

물류시스템에 골머리를 앓던 알리바바와 달리, 경쟁사인 징동은 2007년부터 많은 금액을 투자해서 자체 물류시스템을 갖추기 시작하여 2017년에는 소형, 대형, 냉동, B2B, 수출입 그리고 제삼자 물류 등을 모두 자체적으로 해결하며 판매량의 90% 이상을 24시간 이내에 배송할 수 있는 핵심 역량을 갖춰가고 있었다. 특히 징동은 자신들이 물건을 직접 사입해서 배송까지 책임지는 비즈니스 모델을 운영 중이었으므로 자체 창고에서 소비자에게 직배송까지 가능했다. 징동은 물류 배송이 안정적이지만 자회사 징동물류(京东物流)가 창고 운영 관련 부동산 비용 및 택배 배송 인건비 등 각종 운영비로 인해 연속 13년간 적자를 면치 못했었다(단, 2020년 기준으로 흑자 전환).

알리바바도 후진적인 물류 상황을 더 이상 지켜볼 수만은 없었으므로 마윈은 2011년 알리바바 전자상거래 발전의 가장 큰 장애물은 바로 낙후된 물류 시스템이라고 밝히고 이에 대한 다방면의 개선 작업을 시사했다.

○ 알리바바 물류 시스템이 왜 자꾸 문제가 되는가

주지하다시피 우선 타오바오는 온갖 개인 사업자들이 바글대는 오픈마켓이다. 이 각각의 소규모 개인 사업자들은 당연히 자체 물류 처리 능력이 없으므로 자사 사무실이나 공장 근처에 있는 로컬 물류회사와 계약을 해서 판매된 제품을 배송하는 경우가 대부분이었다. 문제는 각 로컬 물류회사마다 배송 능력의 편차가 크다는 것이다. 그러다 보니 어떤 물류회사는 평균 1~2일 내로 중국 내 배송 건을 처리하는 반면에 어떤 곳은 평균 3~4일 혹은 심지어 더 늦는 경우도 자주 발생한다. 게다가 쌍스이(광군절)처럼 평소에 수십 배, 심지어 수백 배로 물류가 폭증하는 특정 시기에는 각각의 로컬 물류회사들끼리는 서로 정보 공유도 안 되고 어느 물류 창고에 어느 정도 잼(과부하)이 걸려있는지 정보 파악도 안 되므로 창고 마비(爆仓) 현상을 피할 수가 없었다.

2013년 알리바바는 이 물류 문제를 해결하기 위해서 중국의 4대 물류 기업인 선통(申通), 위엔통(圆通), 중통(中通), 윈다(韵达)와 우선 합작으로 차이냐오(菜鸟)라는 물류 네트워크 플랫폼을 만들었다. (나중에 1개 사를 추가되어 총 5개 물류회사의 조합인 사통일달[四通一达]이 됨) 참고로 차이냐오는 중국어로 직역하면 신참, 햇병아리, 풋내기라는 뜻이다. 물류 사업의 풋내기로서 겸손하게 새로 시작한다는 뜻으로 이해가 된다.

물류 네트워크 플랫폼에 먼저 상기 사통일달의 5개 물류 기업을 태우고 차차 창고 업체, 제삼자 물류서비스 기업 등 물류 관련 각종 분야의 기업을 불러 모았다. 그렇게 해서 2021년 기준 차이냐오 물류 플랫폼에는 약 4,000여 개의 물류회사, 130여 개의 물류거점, 180,000여 개의 배송 거점, 4만여 개의 픽업 센터 등으로 이뤄져 있다. 주목해야 할 점은 차이냐오는 물류 플랫폼 기업이며 자체적으로 물류 사업을 하지 않는다는 점이다. (실제 물건 옮기는 데에는 손가락 하나 까딱하지 않음)

물류 플랫폼인데 물류 사업은 안 한다니? 자체 물류 사업을 하지 않는 물류 플랫폼 기업이라는 것이 잘 이해가 안 될 수 있는데 배운 게 도둑질이라더니 알리바바 그룹이 타오바오와 티몰을 통해서 보여 준 플랫폼 비즈니스 모델을 적용했다고 보면 이해가 쉽다. 즉, 소비자와 판매자가 타오바오라는 전자상거래 플랫폼에서 만났듯이 이번에는 판매자와 물류회사가 차이냐오라는 물류 플랫폼에서 만나게 한 것이다. 타오바오·티몰이 스스로 제품을 만들어서 파는 것이 아니듯이 차이냐오도 스스로 배송을 하지는 하지 않는다. 타오바오와 티몰에서 판매된 제품은 더 이상 검증이 안 된 로컬 물류회사에게 맡길 필요가 없으며 주문이 접수되면 판매자와 구매자의 위치에 따라 600만여 개의 배송 경로 중 최적의 경로와 최적의 물류사가 배정된다.

즉, 차이냐오는 물류회사 배정, 상품 분류, 창고 관리, 최적 배송 경로 확인 같은 물류 과정을 담당하고 실제 운송은 5대 물류회사를 비롯한 수천 개의 기업이 도맡는다. 결론적으로 차이냐오는 물류 데이터를 관리하는 IT 기업이라고도 할 수 있다.

마윈은 차이냐오와 관련 '우리는 택배(물류) 기업의 일감을 빼앗을 생각이 없고 앞으로도 택배 사업을 자체적으로 운영하지 않을 것'이라고 언급한 바 있고, 차이냐오 통원홍(童文红) 총재도 '우리는 물류 IT 플랫폼으로서 화물 차량을 구매하지도, 택배 기사를 고용하지도 않을 것'이라고 명확히 밝힌 바 있다.

차이냐오는 평상시 처리해야 하는 물량 외에 솽스이 11. 11. 같은 특수 이벤트에 따른 물류 창고 마비 문제를 해야 하기 위해서 행사 준비 전 과정에 빅데이터 분석을 적용한다. 행사 준비 단계에서는 전년도의 데이터를 베이스로 분석 모델을 만들어서 사전 예측을 수행하여 창고 배정, 재고 관리, 운송 경로 등을 미리 설정해 놓는다. 그리고 타오바오와 티몰 소비자들의 최근 구매 내역과 쇼핑 카트에 담긴 상품 빅데이터를 취합 및 분석해서 최단 거리 창고에 해당 제품들을 전진 배치하는 등의 조처를 한다. 차이냐오가 사용하는 데이터는 구체적으로 1) 전자상거래 플랫폼 내에 있는 소비자 정보 (배송지, 선호 서비스, 구매 예상 제품 등) 2) 판매자의 정보 (발송지, 발송 소요 시간, 판매자 평가, 선호 물류회사 등) 3) 차이냐오 플랫폼에 있는 물류회사의 데이터는 물론 (실시간 택배 정보, 위치 추적 등) 4) 공공기관의 날씨 및 교통 데이터까지 활용하고 있다.

차이냐오를 통한 알리바바 물류의 극적인 발전은 수치상으로도 쉽게 확인된다. 차이냐오 플랫폼을 통해서 2018년 쌍스이에는 판매된 10.42억 개의 상품은 일주일 기간 내에 모두 배송했고 첫 1억 개 상품 배송의 평균 소요 시간은 2.6일이었다. 10.42억 개의 상품은 대략 2006년 중국 전체의 배송량에 해당한다. 2019년 쌍스이에는 12.92억 개의 상품을 배송했으며 첫 1억 개 배송 평균 시간은 약 0.33일로 1년 사이에도 괄목할 만한 발전을 보여 주었다. 2020년 쌍스이 기간(11. 1. 0시부터 11. 11. 24시까지)에는 무려 약 23.21억 개의 상품 발송이 차이냐오를 통해 이뤄졌다. 2021년의 배송건수에 대한 정확한 수치 통계는 찾기 어려웠지만 총 판매액 5,403억 위안(약 838억 USD)로 2020년에 비해서 8.45% 증가했으므로 배송 건수도 증가 했을 것으로 추측할 수 있다.

차이냐오를 비롯한 주요 물류 플랫폼 기업은 해가 갈수록 늘어 가는 물류량 처리를 위해서 IoT, 클라우드 컴퓨팅, 빅데이터, 블록체인, AI를 비롯해 로봇 및 기타 자동화 장비에 많은 투자를 하면서 인프라를 확보하는 데 노력을 기울이고 있다. 이런 노력에 힘입어 알리바바의 물류가 과거에 비해서 큰 발전이 이뤄진 것은 부인할 수 없는 사실이지만 알리바바의 물류에 대한 불만은 존재한다.

사실 차이냐오 물류 플랫폼 정도면 여러 차례 써본 사람으로서 그렇게 나

쁘진 않지만, 경쟁사인 징동물류가 말도 안 되게 훌륭하다. 소비자들이 징동에서 물건 사는 이유는 여러 가지가 있지만 그중에서 엄청나게 빠른 배송을 빼놓을 수가 없다. 징동의 기가 막힌 배송은 징동 편에서 다뤄 본다.

알리바바 금융제국과 제국의 주춧돌인 알리페이

전자상거래와 물류에 이어서 알리바바 그룹의 금융 플랫폼을 살펴본다. 타오바오가 이베이와 벌인 혈투에서 알리바바의 승리에 혁혁한 전공을 세운, 2004년에 시작된 알리페이(支付宝, Alipay, 즈푸바오)가 바로 금융 플랫폼의 출발점이다.

알리페이는 그저 알리바바 결제 서비스의 명칭일 뿐이고, 알리페이를 포함한 금융 플랫폼 전체를 운영하는 기업은 알리바바의 자회사인 앤트그룹(蚂蚁集团, Ant Group)이다. 마윈은 힘없는 개미도 세상을 바꿀 수 있는 걸 보여 주고자 개미를 따서 이름을 지었다고 한다.

앤트그룹의 주요 금융 사업은 크게 1) 결제 시스템: 알리페이(支付宝, Alipay) 2) 자산운용: 위어바오(余额宝, Yu'ebao) 3) 파이낸싱: 마이화베이(蚂蚁花呗, Ant Check Later)와 마이지에베이(蚂蚁借呗, Ant Cash Now) 4) 신용평가: 즈마신용(芝麻信用, Sesame Credit) 5) 인터넷 은행: 마이뱅크(网商银行, MYbank) 6) 보험: 마이보험(蚂蚁保险) 등으로 구분되지만 그 외도 사실 잡다하게 훨씬 더 많다. 초창기에 단순히 에스크로 서비스나 해 주던 결제 서비스의 사업 범위가 이렇게 넓어졌다는 데에 놀라움이 느껴질 뿐 아니라 엄청난 시가총액을 가진 회사로 성장했다는 것에 더욱

입을 다물 수 없다.

알리바바 결제 서비스의 다양한 응용 사례를 보고 얼마나 많은 중국을 비롯한 국내외 기업이 불나방처럼 결제 시장에 미친 듯이 달려들었던가? 알리페이가 생겨난 2004년으로부터 근 20년이 가까워지는 2022년에도 미련을 못 버리고 새롭게 생겨나는 각종 'XX페이' 서비스를 보고 있노라면 마윈의 사업 선구안이 감탄스럽다.

○ 알리바바 금융 플랫폼 시작: 알리페이(支付宝, Alipay)

알리페이는 에스크로 서비스로서 판매자와 구매자 사이에서 거래 대금을 잠시 '안전하게' 보관하고 있다가 제품의 이상이 없음이 확인되면 판매자에게 그대로 송금하는 역할을 하고 있다. 예를 들어 100위안을 받아서 100위안이 고스란히 나가게 되는데 미국의 페이팔부터 중국의 알리페이와 위챗페이, 그리고 한국의 카카오페이, 네이버페이, 삼성페이를 비롯한 온갖 핀테크·테크핀 업체들이 어째서 자신들의 결제 서비스를 제발 써달라고 쿠폰과 혜택을 쏟아 내는 것이며, 왜 그렇게 결제 시장을 잡으려고 노력할까? 알리페이의 수익 창출하는 다양한 비즈니스 모델을 살펴보자

첫 번째로 보통 에스크로 서비스를 통해서 구매자의 자금이 실제로 판매사의 통장으로 들어가기까지는 전사상거래 플랫폼마다 나르시만 대략 빠르면 1~2일, 늦으면 1~2달이다. 게다가 구매자의 제품 확인이나 구매 확정이 늦게 될 경우는 결제 주기가 더욱 길어지기 마련이다. 나만 해도 혹시 쓰다가 이상이 생길 수도 있다는 마음에 괜히 구매 확정을 먼저 누르는 건 꺼리게 돼서 자동적으로 구매 확정이 될 때까지 미루는 일이 다반사다.

이 같은 사람이 한 둘이겠는가, 그런 식으로 묶인 자금이 알리페이 안에

평균적으로 1,000억 위안이라고 치면 연간 2%의 이자만 쳐도 연간 약 20억 위안의 이자 소득이 발생한다. 그러나 이 알리바바의 이런 돈 잔치는 중단된 상황이다. 이유는 2019년 중국 금융 당국에서 소비자가 맡긴 돈, 즉 지불준비금을 시중 은행에 맡겨서 이자 수익을 얻는 것을 금지했기 때문이다. 그러나 이가 없으면 잇몸으로, 정부에서 정책이 있으면 민간에서 대책이 있듯(上有政策, 下有対策) 알리페이의 위어바오는 머니마켓 펀드(MMF)로서 이 지불준비금 규정에서 자유로우므로 알리페이에선 적극적으로 소비자들을 위어바오로 몰고 있다. 위어바오는 밑에서 추가로 기술한다.

두 번째로 알리바바는 알리페이 계정에 자금을 출납시킬 때 수수료를 부과하고 있다. 알리페이 지갑이라는 개념이 있어서 알리페이 계정에 돈을 넣어놓으면 온라인 결제나 오프라인에서 조금 더 편리하게 결제를 할 수 있다. 그런데 여기에 알리페이로 돈을 넣는 건 무료지만, 나중에 다시 이 돈은 본인의 은행 계좌로 옮기거나 알리페이 계정에서 신용카드 결제 금액 갚는 경우 평균적으로 0.1%의 수수료가 부과된다. 수수료 0.1%가 적다면 적을 수 있지만 중국 전체 모바일 결제의 50% 내외를 차지하는 알리페이의 규모를 생각하면 이 역시 큰 수입원이다. (기업 회원과 개인 회원에게 부과하는 수수료 체계는 다르다)

세 번째로 알리페이 어플에다가 맞춤형 광고를 싣는 방식으로 수익 창출하고 있다. 사용자가 타오바오를 비롯한 전자상거래 사이트와 실제 어떤 오프라인 매장에서 언제, 무엇에, 얼마만큼 썼는지 알기 때문에 정확한 타기팅 광고가 가능해서 효과가 좋으므로 광고 수익도 높다. 사용자가 과거에 사용했던 내역과 관심 있는 것을 기반으로 관련된 상품, 서비스 위주로 추천해 줄 가능성이 매우 높기 때문이다.

네 번째는 알리페이 어플 내에서 생활 편의 서비스로 알리페이 사용자들을 연결함으로써 그 사이에서 간접적인 수익을 창출하고 있다. 알리페이 어플에는 비행기, 철도, 영화, 호텔 등의 예약 서비스, 스마트폰 요금 충전, 외식 및 음식배달 등으로 이어지는 다양한 생활 O2O 기능을 사용할 수 있는데 그 기업은 알리바바가 지분을 가지고 있으므로 수익은 알리바바에게도 돌아온다.

사실 알리페이의 수익 모델은 수익을 낸다는 자체도 중요하지만, 알리페이는 알리바바 금융제국의 초석이 된다는 사실이 훨씬 더 중요하다. 알리바바는 알리페이를 통해서 중국 소비자들의 일거수일투족, 그들이 얼마나 여유 자금이 있고, 어디를 가서 무엇을 사고, 무엇을 먹고, 무엇을 좋아하는지 다 알 수 있게 되니까 말이다.

○ 알리페이의 확장, 온·오프라인 모바일 결제시장 통일

2004년에 알리페이가 출시되고, 2005년부터 알리페이의 인터페이스를 개방하면서 다른 여타 전자상거래의 결제 수단으로 자리 잡기 시작했으며 2009년부터는 PC 결제에서 모바일 결제로 확장했다. 2010년에 온라인 결제에서 QR코드를 매개체로 한 오프라인 결제로 범위가 넓어지면서 중국 내 수많은 기업, 가맹점, 개인으로까지 활용 범위가 무궁무진하게 확장되었다.

처음에 언급한 대로 마윈은 전자상거래를 발전시켜 파편화된 중국 유통 시장을 하나로 합쳤고 14억 인구의 결제 수단까지 사실상 통일해 버렸다. 참고로 2014~15년경에는 알리페이 모바일 결제의 선두주자로 점유율이 무려 80%를 상회했으나, 근 몇 년간 후발 주자인 위챗페이에게 점유율을 많이 빼앗겨서 2021년에는 50% 약간 넘는 수준이다.

결제 시장점유율 확대와 더불어 보안과 결제 방식에 관한 연구·개발을 통해 2017년 안면인식 결제 서비스를 도입하고, 2018년에는 블록체인을 활용해 국제 송금을 실현했다. 그리고 클라우드와 에지(Edge) 컴퓨팅을 결합해서 분산식 정보처리 센터를 건립하고 AI, 빅데이터 기술 기반의 금융 보안 시스템까지 구축해서 운용 자금, 운용 경력, 운용 기술까지 전 세계 핀테크 선도기업의 위치를 확고히 하고 있다.

집에 빳빳한 위안화 새 지폐가 얼마 정도 있는데, 가끔 그 종이 지폐를 만져볼 때마다 감회가 새롭다. 왜냐면 이젠 더 이상 전혀 쓸 일이 없기 때문이다. 2020년에 중국 선전으로 발령받고 온 이후로 신용카드는 회사 일로 사용한 것뿐이고 현금은 단 1회도 사용하지 않았다. 중국 거주 기간 내내 정말 현금을 단 한 번도 안 썼다. 현금을 쓸 필요성을 느껴본 적이 없어서 자연스럽게 한 번도 안 쓴 셈이다. 예전에 중국에서 100위안짜리 현금 낼 때마다 받아 보는 사람이 지폐를 어찌나 만지고 재미면서 보랏빛 UV 광선에 비춰 보고, 지폐 감식기에 넣어 보는 등 각종 조사를 많이 하는지 그 앞에서 조사 결과를 기다려 본 사람은 그 답답함을 알 것이다. 그런데 지금은 그냥 QR코드 스캔 후 금액 찍어서 완료 누르면 끝, 혹은 나의 결제 QR코드를 보여 주면 알아서 상대방이 스캔하고 바로 결제 끝이다. 그 결제의 편리함은 이루 말할 수가 없다. 중국에선 지갑을 들고 다닐 필요가 없게 된 것이다. 알리페이의 결제와 관련된 기능만으로도 이렇게 많은 수익을 창출하고 있는데, 이는 알리페이가 이를 토대로 앞으로 만들어 나가는 금융 플랫폼에 비교하면 지금까지는 서막 단계에 불과했다.

그들의 발자취를 살펴보기 전에 결론부터 귀띔하자면 현재 알리페이를 운영하는 알리바바의 자회사인 앤트그룹은 이미 전 세계 최고 자산 가치의 핀테크 기업이다. 그것도 무려 5년째 세계 1위를 지키고 있다. 현재 상장 추진 중에 있고 만일 상장된다면 역대 최고 금액의 기업 공개(IPO)가 될 것이라는 데에는 시장의 이견이 없었다. 기업 가치는 한때 한화로 2,500억 USD(약 286조 원) 정도까지 추산되었으며 상장 시 자금 조달 목표는 350억 USD(약 40조 원) 정도를 목표로 하고 있었다. 그도 그럴 것이 알리페이는 2019년 한 해 사용자가 10억 명을 돌파하고 결제액이 110조 위안(약 1경 9,470조 원)에 달하는 세계 최대 온라인 결제 플랫폼으로 자리 잡았다. 이미 전통적 글로벌 금융그룹인 씨티은행이나 HSBC은행 등과 비교에도 뒤지지 않는다.

그러나 최근 마윈과 중국 정부의 사이를 보면 역대 최고 금액으로 기업 공개를 하긴 커녕 앤트그룹이 존속할 수 있을지 여부가 불투명하다. 각종 새로운 규제로 앤트그룹을 속박하고 있기 때문이다. 물론 앤트그룹이 위기를 겪고 있다고는 하지만 일반인들이 중국 최고의 재벌 그룹을 걱정할 필요는 없다.

거물이 된 앤트그룹, '혁신과 고리대금업' 사이

○ 자산 운용·재테크: 위어바오(余额宝)

앤트그룹은 2013년에 머니마켓 펀드(MMF)인 위어바오 서비스를 론칭하면서부터 진정한 금융 플랫폼으로 거듭났다. 즉, 기존의 결제 서비스인 알리페이에 자산 운용 서비스를 더한 것이며 이 양대 금융 서비스를 바탕으로 계속 확장해서 앤트그룹은 지금 전 세계 최고 가치의 핀테크 기업으로 등극했다.

위어(余額)는 중국어로 남은 금액 혹은 잔액이라는 뜻으로 알리페이 지갑에 충전된 금액을 그냥 놀리면 아까우니 알리페이에서 마련한 각종 재테크 상품에 투자할 수 있게끔 만들어 준 서비스다. 본 서비스를 론칭하면서 앤트그룹은 장기적인 안목으로 큰 그림을 그리기 시작했다. 즉, 파격적인 조건으로 손해 볼 각오를 하고 트래픽과 사용자를 증가시키는 데 영혼을 끌어모았다.

2020년 중국 인터넷 금융과학기술 플랫폼 경영 상황
(단위: 만 명, 억 위안)

회사명	이용 고객 수	지불시장 점유율	자산관리 규모	대출 잔액	보험료 수입	영업 수입	순이익
Ant Group(蚂蚁金融)	83,863	55%	40,986	21,356	518	725	219.2
Tencent FinTech (腾讯金融)	99,635	38.9%	8,010	2,912	미공개	563	-
JDD(京东数科)	5,545	0.7%	-	2,612	4.8	103	-6.8
LU.com(陆金所)	214	-	3,742	5,194	-	237	72

출처 : 각 기업 연말 재무 보고서, KOTRA 해외시장뉴스 재인용

2013년 출시 당시 중국 내 은행이자 상한선이 약 3%대였으나 위어바오는 무려 두 배에 달하는 수익률 6%의 투자 상품을 내놓았고(2014년 1월 최고 수익률은 무려 6.7%까지 기록), 투자 금액의 하한선도 두지 않았다. 투자금은 1위안보다 적어도 무방하지만 일 상한선은 설정됐다. 즉, 잠시 갈 곳 없는 중국인들의 자투리 돈들이 위어바오로 마구 쏟아져 들어오게 된 것이다. 지금까지 어느 중국은행이나 증권사도 시도하지 않았던 온라인 잔돈 금융의 시작이었다. 당연히 혁신이라면 혁신적인 발상이라 할

수 있다. 게다가 이 돈은 단순한 몇 번의 클릭만으로 각종 재테크 상품에 투자가 되므로 금융 상품 투자에 대한 문턱은 거의 완전히 없어진 셈이었다. 위어바오는 알리페이라는 모바일 인터넷 특성에 맞춰 만든 MMF 상품이므로 증권사에서 보통 수행하는 펀드 상품의 구매, 환매 등의 절차를 모두 없애버리는 것에 집중했기에 가입이 매우 편리했다.

당시 개인 계정의 하루 추가 투자 한도는 2만 위안이며, 총투자금액은 10만 위안으로 제한된 것은 위어바오가 투기로 번질 수 있는 최소한의 제동 장치였다. 위어바오에 들어간 자금은 주로 알리바바가 지분을 가지고 있는 톈훙 펀드(天弘基金)에서 운용하고 있으며 투자 포트폴리오의 90% 정도는 원금 손실 가능성이 매우 낮은 안정적인 은행 금융 상품에 투자하고 나머지는 채권 투자(7%), 보험 상품 투자(2%) 및 기타 투자(1%)로 구성되어 있었다.

또한 위어바오에 들어 있는 금액은 기존 알리페이와 동일하게 사용 가능케 하여 편의성을 더욱 높였다. 즉, 타오바오와 티몰 등 각종 온라인 전자상거래 플랫폼과 오프라인 매장에서 결제 대금으로 사용 가능하고, 타 은행으로 송금도 가능했으며 공과금 납부 역시 문제없었다. 투자한 금액은 수시로 증액, 전부 또는 부분 환매, 본인 명의 은행 계좌로 송금 가능했고 이 과정은 스마트폰 상에서 몇 번의 터치만으로 끝나게끔 편리하게 만들어졌다.

잠시 딴 길로 새자면 중국에서는 현지인들도 어떤 기관(금융, 행정, 의료 기관 등)을 찾아가서 뭘 신청하고 기다리는 것에 대해서 전반적으로 불만이 많다. 확실히 많이 나아졌지만, 중국에서 최첨단을 달린다는 선전에서조차도 여전히 어디에 뭘 접수하러 가면 대기 줄은 왜 이렇게 길고,

응대 직원들 또 왜 이렇게 불친절하며, 분명히 유선상으로 확인했을 때 필요 없다던 서류는 또 왜 갑자기 달라고 하는지 등등의 일련의 핑퐁 과정이 현지인에게도 매우 쉽지 않다. 그러니 언어와 문화도 익숙하지 않은 외국인에게는 그 스트레스는 거의 재앙 수준에 가깝다. 그런데 지금으로부터 무려 8년 전에 은행에서 줄 서고 관련 서류 제출하고 대면으로 응대 직원과 마주치는 스트레스 하나도 없이 스마트폰 어플 터치 몇 번으로 금융 상품에 가입하고 내 맘대로 수시로 넣다 뺐다 쓸 수 있고 이자도 은행에 두 배라니, 대박을 터뜨리지 않을 수가 없는 서비스였던 셈이다.

이렇게 이자가 높다는 것 외에 귀찮고 짜증 나는 은행이나 증권사에 갈 필요 없는 편리함의 측면에서 위어바오는 중국인들의 정신줄을 놓게 만들어 버렸다. 매일 아침 일어나자마자 위어바오에 얼마큼 돈이 늘어났는지 확인하는 게 하루의 시작일 정도로 한동안 중국에서 선풍적인 인기를 끌었다. 작은 퍼센트지만 금액이 매일매일 쌓아가는 것을 보면서 중국인의 재테크에 대한 커다란 인식 변화를 가져왔다는 점에서 혁신적인 서비스라고 평가받는다.

위어바오는 지금도 3억 명 이상의 사용자와 한화 300조 원 이상의 자금을 운용하고 있지만, 전 세계적인 경제 침체와 통화 완화로 인한 저금리 현상 등으로 최근에는 은행 이자와의 큰 차이는 없으므로 처음 출시 당시만큼 신규 고객 및 신규 자금 유입량이 많다거나 이슈가 된다는 등의 과거에 비해 투자 매력은 떨어졌다는 것이 시장의 전반적인 평가다. 사실 처음에 이용자 확보를 위해 특별히 많은 이자율을 지급했으나 지금은 그럴 필요가 없어졌으니 당연한 결과다. 위어바오는 외국인 신분증(예를 들면 여권)으로는 신분증 통과가 안 돼서 가입이 불가하다. 2022년 기준 외국인은 여전히 가입이 불가능하다.

○ 파이낸싱(대부업): 마이화베이(蚂蚁花呗)와 마이지에베이(蚂蚁借呗)

1. 마이화베이(蚂蚁花呗, Ant Check Later)

재테크 금융 서비스 외에 또한 동시에 앤트그룹은 마이화베이라는 소비성 할부 결제 기능의 가상 신용카드 서비스를 출시했다.

마이화베이(蚂蚁花呗), 일단 쓰고 나중에 결제하라는 뜻으로 신용카드 보급률이 높지 않은 중국에서 중국인들은 마치 이를 한국에서 신용카드를 사용하는 느낌으로 쓴다. (화베이의 중국어 표현은 花呗, 중국어도 화[花]는 '쓰다'라는 뜻이며, 베이[呗]는 '~해 버리지 뭐'라는 어감을 주는 어조사이므로 전체적으로 '아 몰라 그냥 써봐'라는 느낌을 준다. '질러라!'처럼 소비를 부추기는 느낌도 난다) 즉, 개인의 신용평가를 통해서 특정 상품이나 서비스의 비용을 나중으로 미뤄서 할부로 갚을 수 있도록 하는 서비스다. 개인 신용도에 따라서 500~50,000위안까지 신용대출을 받을 수 있다. 물론 대출 기간이 길어지면 당연히 그에 따른 이자를 내면 된다. 이자 부담은 있으나 이 소비 장려성 소액 대출로 인해 일반 소비자의 자금 회전에 큰 가속도가 붙었다.

실제로 매년 열리는 알리바바의 솽스이(11. 11., 광군절) 행사에서 화베이 신용대출을 통해서 결제한 비율이 총결제액의 20% 정도를 차지할 정도로 소비자 결제액 증가에 크게 기여하고 있다.

2. 마이지에베이(蚂蚁借呗, Ant Cash Now)

화베이가 쇼핑이나 서비스 구매에 사용되는 소액 신용카드 느낌이라면, 마이지에베이는 소액 현금 신용대출 서비스다. 한국에서 신용카드와 거의 한 세트로 같이 제공되는 서비스가 바로 현금서비스인데, 이와 유사하다고 보면 된다. (지에[借]는 빌리다는 뜻으로 화베이와 마찬가지로 번역하면 어서 '빌려 봐'라는 권유하는 느낌이다) 이 역시 무담보 신용 현금 대출로서 앤트그룹에서 개인 고객 대상 서비스이며 알리바바의 전자상거래 및 알리페이 지급결제 플랫폼에서 누적된 빅데이터를 신용평가에 활용함으로써 리스크를 효과적으로 관리할 수 있는 점이 가장 특징이다.

그리고 감히 이 앤트그룹을 금융 '플랫폼'이라고 부를 수 있었던 이유는, 돈을 빌려 줘서 돈놀이 혹은 돈 불리고 싶은 재테크 희망자들과 돈 빌리고 싶은 사람들 한데 모아서 운영하기 때문이다.

즉, 다시 한번 정리하자면 재테크 희망자인 위어바오 사용자들은 자금의 공급자, 화베이·지에베이 사용자들은 자금의 수요자라고 보면 된다. 알리바바의 앤트그룹은 이 둘을 한데 묶어서 운영하는 금융 플랫폼이다. 자금의 수요자와 공급자를 효율적으로 묶어 준 건 좋았으나 상당히 높은 이자로 인해서 결국 이 사업은 고리대금업이 아닌가 하는 의심이 슬그머니 들기 시작한다.

알리바바의 소름 돋는 신용평가 플랫폼, 즈마신용

○ 신용평가: 알리바바의 즈마신용(芝麻信用, Sesame Credit)

앞에서 살펴본 마이화베이(蚂蚁花呗)와 마이지에베이(蚂蚁借呗) 모두 무담보 신용대출로서 담보를 근거로 꼼꼼히 대출을 실행하는 기존의 중국의 시중 은행과는 대출 방식이 많이 다르다. 따라서 자금 임대인 입장에서 가장 중요한 것은 자금 임차인이지 어떤 사람인지, 평소에 어떻게 소비하고 저축하고 살아가는지에 대한 정보가 반드시 필요하다. 그것을 해결해 주는 빅데이터 플랫폼이 바로 즈마신용이다.

즈마신용은 소비자 및 중소기업에 대한 신용 평가 점수를 산출하기 위해 온·오프라인 데이터로 개개인의 신용도를 채점하는 중국 최초 신용평가 대행사로 이해할 수 있다. 즈마신용의 신용평가 시스템은 알리바바의 앤트그룹을 비롯한 각종 금융 대출 기관, 상점 등에 고객의 신용도를 평가 도구로 제공되며 이는 주택담보 대출, 모바일 비용 결제, 차량 구입 대출 등 계약에 사용될 수 있다. 기존의 전통 신용평가 시스템과의 차이점은 즈마신용의 평가 시스템은 은행 대출과 신용카드 사용 경력이 없는, 신용 기록이 거의 없는 사람들에게 초점을 맞추고 있다는 점이다.

알리바바가 어떤 회사인가, 긴 시간 동안 여러 전자상거래 플랫폼으로 잔뼈가 굵어서 마음만 먹으면 일반 소비자들이 어떤 소비적 삶을 살고 있는지 한눈에 훤히 들여다볼 수 있는 회사다. 알리페이는 전자상거래에서만 쓰이는 게 아니라 오프라인에서도 빈번하게 사용된다. (알리바바는 당연히 소비자 정보를 무차별적으로 수집하지 않는다고 공식적으로는 주장한다.) 알리바바는 알리페이 내역을 통해서 대출을 희망하는 고객들이 어떤 전자상거래 플랫폼에서 어떤 물건을, 언제, 얼마에 샀는지, 매달 평균 총 쇼핑액이 얼마인지와 오프라인 결제 내역 등을 분석 및 수집하여 평소에 식사 한 끼당 얼마를 지출하는지, 어떤 음식을 좋아하는지, 어떤 브랜드의 휴대폰을 사용하고, 통신비는 얼마나 쓰는지, 어떤 의류 브랜드를 좋아하는지, 어느 도시를 여행했는지, 누구와 어떤 인맥 관계를 가지고 있는

지까지 다 파악이 가능하다. 나의 금융 정보를 누군가가 완벽하게 파악하고 있다면 저절로 소름이 돋을 수밖에 없다.

한국이나 미국, 유럽 등 선진국에서는 개인정보 보호법에 의거해서 이런 개인정보의 수집이 많은 제약을 받는 상황이고, 중국에서도 알리바바와 텐센트 등 8개의 민영 회사가 2015년 중국 중앙은행인 인민은행으로부터 《개인 신용관리 업무 준비 작업의 완료에 관한 통지》에서 신용조회업 허가를 받은 바 있으며 공식적으로 허가 범위 내에서만 정보 취득이 가능하며 정보의 개별 주체의 사전 동의하에만 해당 정보가 수집될 수 있겠지만 실제로 어느 정도까지 지켜지는지 확인은 불가하다.

여기에 중국 사회 전반적인 분위기상 개인정보에 대한 민감도가 여타 국가에 비해서 상당히 저조한 측면까지 더하면 우리의 상상보다 더 많은 개인정보가 기업에게 이용되고 있을 가능성이 매우 농후하다. 중국에서 스마트폰으로 스팸 문자 메시지가 얼마나 많이 오는지만 생각해 봐도 감이 온다. 실제로 중국 사람들에게 알리바바(혹은 텐센트)에서 당신의 소비 내역 등 온갖 개인 정보를 다 알 수 있지 않을까 하는 질문을 해 보면 그런 위험성은 인지하고 있지만 그렇다고 알리페이 같은 모바일 결제를 안 쓰면서 중국에서 살아 갈 수 있는지 오히려 반문을 하면 참 답변이 궁색하다.

2021년 9월 중국의 새로운 〈데이터 보안법〉이 시행이 시작되어 개인정보 빅데이터 관련해 여러 플랫폼 기업(알리바바, 텐센트, 디디추싱, 메이탄 등)들의 많은 변화가 예상된다. 중국이 무서운 점은 일단 관련 법령을 만들어 놓고 언제든지 먹잇감으로 삼을지 정무적 판단을 한다는 것이다. 기업이 새로운 법을 안 지켜도 바로 잡아가진 않지만 뭔가 중국 정부의 마음에 안 들면 언제든지 잡아갈 준비를 해 놓는 것이다.

○ 즈마신용의 평가 기준

공식적으로 앤트그룹의 즈마신용은 소비자의 신용평가를 하면서 총 5가지의 기준을 준용한다고 밝히고 있다. 이 내역은 계속 변경되고 있는데 2022년 기준 다음 5가지로 신용점수를 도출한다. 즈마신용 점수는 350점~950점까지 있는데 350~550점은 '신용 낮음', 600~650 '신용 양호', 700~950점은 '신용 매우 좋음'으로 분류된다.

1) 신용기록(守约记录): 생활 속 사회적 약속 이행 이력 (소액대출 상환, 버스·지하철 합법 이용, 공유 자전거·배터리 반납 여부 등) 2) 행동습관(行为积累): 각종 온·오프라인 쇼핑 등의 소비 행위, 수도 전기 등 공과금 납부, 벌금 이력 등 3) 신분증명(身份证明): 신분증, 학력, 취업 정보(회사, 경력, 연수입 등), 운전면허 등의 개인 정보 등 4) 자산증명(资产证明): 주택 등 고정자산, 보유 차량, 은행 예금 및 알리페이 계좌 잔액 등 유동자산 등 5) 인맥관계(人脉关系): 사회적 관계 및 가족, 친구, 지인들 숫자 및 그들의 소비 습관 등, 이 5가지 중 신분증명이나 자산증명 등은 사용자가 직접 적어야 하고, 일부는 즈마신용에서 자동으로 계산한다. 정보 수집 과정의 논란은 있다고 쳐도 결과론적으로는 앤트그룹은 이 즈마신용에서 나오는 신용평가 점수 + 알파(정확한 산정법은 잘 밝혀지지 않았다)로 고객들에게 소액 대출을 승인 중에 있고, 알리바바의 인터넷 은행인 마이뱅크(MYbank)의 부실채권 비율은 실제로 중국 주요 시중 은행(공상, 건설, 중국은행 등)의 1.8~1.9%대에 비해서 1% 내외를 기록하며 훨씬 양호한 수준을 기록하고 있다. 이 모든 것은 알리바바 그룹 내의 전자상거래 플랫폼에

서 얻은 소비 패턴, 결제 대금 등의 빅데이터와 즈마신용의 힘이다.

다시 살짝 이야기를 샛길로 빠지자면, 최근 몇 년간 중국은 신용사회 건설이라는 명목 하에 중국 인민들의 행동 방향으로 정부가 원하는 방향으로 조정하고 있다는 의심의 눈초리를 끊임없이 받고 있다. 중국 내 모든 사람의 사회신용 점수를 계량화해서 관리하겠다는 목표를 가지고 있는데 바로 알리바바와 텐센트에서 이미 정부의 정책에 보조를 맞추고 있다는 느낌을 강하게 받는다. 참고로 저 중국은행의 신용조회업 허가 규정은 중국이 2020년까지 개인과 기업에 대한 데이터베이스(DB)를 구축해 전면적인 사회신용평가 시스템을 실시하기 위한 첫 단계 조치라고 알려져 있다.

실제로 2020년도 되기 전부터도 중국에서는 악덕 채무로 인한 사회신용제 하의 신용불량자가 되면 항공권, 고속철 구매 금지, 출국 금지, 기업 임원으로 임용 금지, 대출 금지, 자녀 사립학교 등록 금지 등의 무려 169가지의 무시무시한 벌칙 제약을 받게 된다. 실제로 한 아버지의 대출 연체로 신용불량자가 되자 그 아들의 명문대 입학이 취소되는 사태가 벌어져서 중국 SNS인 웨이보에서 한바탕 난리가 난 적이 있다.

여기 선전에서는 한 해에 3차례 지하철 무임승차 사실이 적발될 경우 사회 신용제의 블랙리스트에 넣는다고 발표한 바 있다. 통계에 따르면 2018년도에 블랙리스트에 등재되어서 항공권 구매제한을 받는 사람이 무려 1,700만여 명, 고속철 구매제한을 받는 사람은 400만여 명으로 중국에서는 사회신용제 관련 벌칙이 시행되고 있다. 이 사람들은 신용불량의 멍에를 짊어지고 이동의 자유까지 반쯤 박탈당한 상태로 살아가고 있다.

상벌 차원의 반대급부로 우수 납세 기업, 납세자 및 각종 사회신용 우수자(최근에는 헌혈 장려 차원에서 헌혈을 많이 하면 사회신용 점수가 상승

된다고 함)가 레드리스트에 등재가 되면 행정기관 전용통로, 무담보 신용 대출, 사무실 무담보 신용 임대, 대중교통 할인 우대 및 각종 생활 편의 보증금(호텔, 공용 자전거, 공용 배터리 등)의 면제 혜택이 따른다.

중국의 빅브라더는 역시 무섭다는 생각이 든다. 게다가 이미 막강했던 중국의 통제 및 감시 능력은 코로나19 이후로 점점 더욱 효과적이고 철저해졌다. 코로나19 방역이 좋은 핑계긴 하지만 이제는 선전을 비롯한 거의 모든 도시에서는 지역별 개인 건강코드를 제시하지 않으면 지하철, 고속철, 항공기 이용은 물론이고 일반적인 건물에도 출입할 수가 없을 정도다. 즉, 스마트폰이 없는 사람과 건강코드를 발급받지 못한 사람은 거의 이동의 자유가 없는 셈이다.

마이뱅크, 시중 은행을 능가하는 뛰어난 인터넷 은행

1992년 마윈이 하이보 번역사에서 근무할 당시 3만 위안을 빌리기 위해 3개월의 시간을 허비한 적이 있다. 집에 가지고 있던 모든 세금계산서(发票)를 제출하고, 저당을 잡혔는데도 여전히 은행으로부터 돈을 빌리지 못했다. 그 당시의 기억으로 마윈은 '지금 여력이 부족한 영세기업에게 도움을 줄 수 있는 은행은 없을까'라고 고민했으며, 영세기업 대출에 특화한 인터넷 전문은행 설립을 꿈꿨다.

그런 기억을 가지고 있는 마윈의 앤트그룹은 2014년 9월에 인터넷 은행인 마이뱅크(MYbank, 网商银行) 설립을 추진한다. 한국 최초가 K-bank고 두 번째가 카카오뱅크인데 둘 다 2017년에 운영이 시작된 것을 생각하면 이미 중국은 3년이나 먼저 설립이 된 것이다.

이 중국 최초의 민영 인터넷 은행인 마이뱅크는 매출 100만 위안 이하의 영세기업과 자영업자에게 무담보로 소액 신용대출을 진행하기 시작한다. 이미 개인한테도 마이화베이와 마이지에베이로 소액 대출을 실행 중이었으므로 기업에 소액대출을 내주는 것이 특별히 더 어려운 일은 아니었을 것이다. 그렇게 마이뱅크는 2014년~2019년도까지 400여 개의 금융기관과 협력하여 약 1,800만 개사의 영세기업(小微企业, 샤오웨이 기업, 소기업과 자영업자)에게 무려 3조 위안(한화 약 530조 원)의 유동성을 공급한다.

중국 영세기업 숫자가 약 9,000만 개사인 것을 생각하면 20%의 영세기업이 대출받은 셈이고 이 중 약 80%는 타 금융 기관 대출 이력이 없는 기업이다. 한국도 마찬가지지만 중국 국유은행에서는 담보 없이는 대출받을 수가 없기 때문이었는데, 대부분 영세기업은 국유은행에서 자금 대출은 거의 생각지도 않았다. 앤트그룹의 무담보 대출이 얼마만큼 그들에게 가뭄에 단비가 됐을지는 상상이 가지 않을 정도다.

마윈의 변하지 않는 비전 중의 하나가 중국 사회에 도움이 되는 기업이 되자는 생각과 영세 중소기업이 자립할 수 있도록 도와주자는 의협심이다. 참고로 마윈은 김용(金庸)의 무협지 광이라서 협객(侠客) 정신을 특히 중시한다. 스스로 지은 별호는 〈소오강호〉에 나오는 독고구검의 대가 풍청양이다. 알리바바의 9가지의 핵심 가치관은 심지어 '독고구검'으로 표현된다, 참고로 자신의 사무실 명칭은 〈사조영웅전〉에 등장하는 복숭아꽃이 만개하는 섬인 '도화도(桃花岛)'이고, 회의실은 〈의천도룡기〉에 나오는 무림고수들의 비무 장소인 '광명정(光明顶)'이다. 그래서 중국 내의 제일가는 상업 대협이 되는 것이 그의 꿈이었다. 이런 마니아적 기질을 상업적으로 완벽하게 승화시켰다. 그러나 이 모두 거의 일장춘몽이 되었지만 말이다.

의협심이 중요하긴 하겠지만 그렇다고 뼛속까지 비즈니스맨인 그가 그래도 밑지는 장사를 할 리는 없다. 무담보 대출을 내주려면 무엇이 필요할까? 소비성 소액 대출인 마이화베이를 다룰 때도 언급했지만 바로 대출을 받으려고 하는 개인 혹은 기업의 사업 현황, 성장 잠재력, 자산, 신용도, 리스크 등의 자금 상환능력에 대한 종합적 평가일 것이다.

해당 기업이 티몰, 타오바오 혹은 알리바바닷컴에서 활동한 내역과 알리페이의 사용 내역 역시 중요한 평가 항목이다. 따라서 마이뱅크는 대출을 희망하는 기업 운영자의 즈마신용의 신용평가점수뿐 아니라 해당 기업이 전자상거래 플랫폼에서 기록한 매출액, 판매량, 불량률, 반품률, 구매평을 통한 고객만족도, 재고 부담률, 현금 회전율 등 다양한 항목에 대해서 다각적이고 정밀한 평가 시스템을 구축하였다.

이를 위해서 앤트그룹은 클라우드 컴퓨팅 기반 3,000개의 리스크 관리 솔루션과 10만여 개 항목으로 구성된 입체적인 리스크 평가 체계를 구축한 바 있다. 또한, 성실하게 대출을 상환하지 않는 기업에 대해서는 알리바바의 각종 전자상거래 플랫폼에 입점을 제한시켜서 부실채권 발생률을 더욱 낮췄다.

이런 기업평가 시스템은 기존 국유은행의 심사 수준을 한참 뛰어넘는 것이다. 국유은행은 담보 없는 기업에게는 대출 문턱 자체가 매우 높을뿐더러, 1년에 1~2번씩 찾아와서 대출을 희망하는 기업에게 소득 증빙과 담보를 근거로 대출 심사를 한다. 그런데 이는 실시간 데이터가 반영이 안

된 자료일 뿐 아니라, 기업이 제출할 수 있는 자료라는 것은 한계가 있어서 다각적인 측면에서 자세하게 기업의 자금 상환능력을 점검하기는 어렵다. 이렇게 불확실성이 크다 보니 오히려 은행으로서는 부실채권이 발생할 것을 감안하여 대출금리가 높게 나가고 대출 문턱은 점점 높아지는 악순환이 일어난다.

이런 점을 생각해 보면 마이뱅크가 국유은행을 압도하는 경쟁력을 가지고 많은 영세기업의 지지를 받았다는 것은 너무나 자명한 결과다. 또한 마이뱅크는 '310 대출 모델'을 개발해서 소상공인, 농민의 무담보 대출에 대해서 빠르고 신속하고 정확한 대출을 제공했다. '310'이라는 것은 모바일 대출 신청은 3분 이내 소요, 심사 승인 시간 1분 미만이며 대출 과정에서 은행원 0명이 개입한다는 뜻이다. 즉, 시스템에 의해서 바로 대출 여부와 대출 실행까지 무인으로 실행된다고 볼 수 있다.

최첨단 AI 및 빅데이터에 기반을 둔 리스크 관리 기술의 활용으로서 위에서 언급한 것과 같이 이렇게 실행된 대출의 부실 대출 비율(NPL 비율)은 약 1%에 불과하다. 그뿐만 아니라 위에서 본 대로 많은 대출 상품에서 은행원이 개입하지 않으므로 인건비 절감 등의 운영비용 축소와 AI 및 빅데이터 활용을 바탕으로 국유은행들보다 훨씬 높은 순이자이윤을 기록하고 있다.

그 외에도 영세기업을 위한 인터넷 은행이라는 명성에 걸맞게 코로나19 사태와 관련해서는 어려움을 겪고 있는 소상공인들에게는 대출을 확대하고, 결제에 어려움을 겪고 있는 기업에게는 결제 날짜를 늦춰 주고 이자율까지 낮춰 주는 등의 사회적 책임을 다하는 행보를 보이고 있다. 이 정도면 알리바바의 금융제국에 대한 맛보기는 충분할 것으로 생각된다. 괜히 중국 정부에서 경계의 눈초리로 봐 왔던 것이 아니라는 생각이 든다. 알리바바를 벤치마킹한 텐센트와 징동의 금융사업도 앤트그룹과 결정적으로 큰 차이는 없다.

위험 요인: 앤트그룹에 콕 박힌 미운털

○ 알리바바와 앤트그룹의 최대 리스크

앤트그룹의 금융 플랫폼 형성 과정과 그 안에서 나름대로 고정관념을 깨뜨리는 혁신적 움직임을 보면 대단하다는 생각이 절로 들기 마련이지만 그만큼 기존 국유은행이나 증권사 등에서는 예금과 고객을 빼앗아가는 앤트그룹의 행보를 달갑게 보지 않았을 것을 알 수 있다. 또한 기존 전통 은행들을 포함한 금융 업계에서는 앤트그룹의 사업 방식에 대해서 커다란 불만을 갖고 있었다. 왜냐면 기존 은행들은 자기자본비율 등의 여러 규제가 엄격하게 적용되지만, 앤트그룹은 오직 혁신 첨단 산업이란 이유로 본질은 금융업에 가까웠음에도 불구하고 각종 금융 규제에서 자유로웠기 때문이다.

앤트그룹은 전체 여신(내출)액의 2% 이내를 자체 자금으로 충당할 뿐이었고, 주로 고객들에게 빌려준 소액대출 증서를 가지고 자산유동화증권 등으로 전환해서 이를 담보로 은행으로부터 대출을 받는 방식으로 자본금의 100배 이상으로 뻥 튀겨서 운용 자금 규모를 늘려 나갔다. 대출 이자율은 하루 0.03~0.04%로 연간 금리로는 환산했을 경우 15% 이상의 고금리 대출인 셈이었다.

따라서 기존 금융권에서는 앤트그룹을 결국 규제만 피해 가는 고리대금업이라고 비난의 수위를 높이고 중국 정부에서 이들은 규제해야 한다고 강력하게 주장했다. 그러나 중국 당국은 앤트그룹이 한창 성장할 당시 금융 업계의 적당한 경쟁은 금융개혁 및 시장금리 안정화 등에 있어서 유리하다고 판단하여 앤트그룹을 그대로 두고 많은 규제를 가하지 않았다.

그러나 처음에 이야기한 대로 알리바바와 앤트그룹의 덩치가 이제는 너무나 커지고 지나치게 잘 나가고 있다. 2021년 기준으로 중국인 약 10억 명 이상이 알리페이로 결제를 하고, 앤트그룹의 대출을 받은 개인은 약 5억 명, 중소기업은 2천만 개사 정도다.

전자상거래와 금융 서비스 및 결제 시장에서 축적된 빅데이터로 알리바바는 사회 인프라 기업이라고 해도 될 정도로 안 건드리는 분야가 없다. 마침내 중국의 소비와 금융을 중국 공산당이 아닌, 일개 민간인에 불과한 마윈이 주무르는 상황 비슷하게 된 것이다. 물론 마윈도 공산당원이긴 하지만 공산당의 정체성을 대표한다고 보기는 어렵다. 이렇게 중국 당국의 경계심이 커진 상황이므로 점점 각종 규제의 압박을 세게 느끼던 마윈이 작정하고 중국 정부의 금융 규제 및 정책에 대해서 비판 수위를 높였으니, 중국 정부에서는 이제는 이미 준비하고 날카롭게 갈아 놓은 규제의 칼을 빼 들지 않을 수가 없었다. 마윈이 어떤 마음으로 그랬을지는 어느 정도 짐작은 가지만 만들어 놓은 새장을 박차고 나가려는 새를 가만히 두는 새장 주인은 없을 것이다.

마윈의 금융 당국에 대한 공개 비판 후 중국 정부는 공식적으로 마윈과 앤트그룹의 최고 경영진을 불러서 야단을 쳤다. 언론에는 면담의 형태로 보도되었으나 이는 중국 정부가 일반적으로 잘못을 저지른 인사를 불러서 놓고 혼을 내는 초치의 형식이었다(约谈, 웨탄). 아울러 원래 2020년 11월 초에 예정되어 있던 앤트그룹 상장을 무기한 연기시켰고 중국 금융 당국은 곧바로 '플랫폼 경제 영역 반독점 지침' 초안을 내놓고 알리바바와 텐센트 등의 중국 거대 기업에 대한 본격적인 통제에 나섰다.

온라인 소액대출 사업에 대해서도 자기 자본 확충, 1인당 대출 액수 제한 등 더 이상 앤트그룹이 피해 갈 수 없는 규제들을 내놓았다. 규정을 맞추려면 앤트그룹의 금융 사업은 대폭 축소될 수밖에 없다고 보인다.

2020년 12월에는 중국 당국은 앤트그룹에게 결제 분야 외 금융 분야에 있어서는 금융지주회사를 세우라고 요구했다. 정식 금융업으로 등록하기 위해선 자기 자본금을 현재보다 훨씬 더 많이 마련해야 하지만 앤트그룹에게는 쉽지 않은 상황이다. 여기에 2021년 4월에는 182억 위안(약 28억 USD)의 반독점 벌금을 부과 받았으며, 설상가상으로 2022년 2월 중국 당국은 대형 국영 기업과 은행들에 앤트그룹과의 금융 거래 등 제반 관계에 대해 조사하고 보고할 것을 지시했다. 본 조사에는 중국의 회계감사 기구인 심계서(审计署)와 금융 감독기구인 중국은행보험감독관리위원회(中国银行保险监督管理委员会) 등 기업 관련 규제 기관이 모두 동원됐다. 현지 언론에서는 이번 조사가 앤트그룹에 대한 전례 없이 광범위하고 철저한 조사라고 보고했다. 앤트그룹의 수난은 여전히 끝날 기미가 보이지 않는다.

○ 모바일 결제 패권 회수를 노리는 중국 디지털 화폐

이에 앞서 2020년 10월 선전에서는 중국 정부는 중국 인민은행과 공동으로 시민들 5만 명을 추첨으로 선정해서 당첨자들에게 각 200위안씩 총

1,000만 위안의 디지털 화폐를 유통하는 테스트를 했다. 당첨자들은 디지털 화폐 어플을 통해서 당첨금을 지급받고, 선전시 로후구(深圳市罗湖区)의 3,000여 개의 상업시설에서 사용했다. 이는 중국 금융 당국이 중국 최초, 아니 세계 최초로 정부에서 공식적으로 진행한 디지털 화폐 공개 실험이었다. 아직 정식 유통 단계는 아니지만 선전에서 시범 테스트한 중국 디지털 화폐의 특징을 살펴보자. 디지털 화폐는 법적으로 부여된 강제 통용력이 있으므로 중국 모든 이는 결제 수단으로 거절할 수 없고, 유통 방식은 중국 중앙은행인 중국 인민은행에서 시중 은행으로 유통되는 이원화 방식으로 개인은 시중 은행에 위안화를 지급하고 디지털 화폐로 교환하는 방식을 취했다.

또한 디지털 전자지갑 어플이 별도로 있어서 그 안에 저장된 상태로 사용되어 네트워크의 연결이 불요하다. 또한 현금처럼 익명성이 보장되는 형태긴 하지만 궁극적으로 당국이 불법 거래를 의심할 시에는 자금을 추적할 수 있다. 아울러 중국 금융 당국은 디지털 화폐를 통해서 앞으로 양적 완화 정책 등으로 시장에 유입시킨 자금이 어떻게 돌아가고 있는지 실시간 모니터링이 가능해서 통화 정책의 효과가 어떤지 판단할 수 있다. 기존 화폐 제조 및 관리 비용이 절감되며 자금 세탁 및 범죄 행위 등의 불법 거래가 억제될 것으로 기대하고 있다. 세계 최초의 디지털 화폐로서 향후 국제 표준을 선도할 가능성이 커지며, 위안화 국제화 확산에도 희망을 걸고 있다.

그리고 공식적으로 거론되지는 않지만 디지털 화폐 시범 테스트의 가장 큰 이유 중의 하나는 알리바바와 텐센트가 90% 이상 차지하고 있는 민간 주도 디지털 결제 시스템 패러다임을 다시 중국 정부에서 회수하고 금융 당국의 입맛에 맞게끔 재편하겠다는 의도가 있을 것이다. 또한 디지털 화폐가 상용화되면 간단한 전자 결제가 보편화되어 알리바바와 텐센트에게 주도권을 빼앗긴 시중 은행과 증권사 등 전통적 금융 업계의 경쟁력이 자연스럽게 높아질 것으로 예상된다. 중국 정부가 이미 이 정도까지 준비를 마쳤고 언제든지 중국 전체로 전면 실시를 할 수 있으니 알리바바와 텐센트도 마음의 준비를 하고 정부 정책에 알아서 잘 협조하라는 메시지로 읽힌다. 이렇게 각종 금융 규제와 디지털 화폐 등으로 압박이 들어오면 알리바바와 앤트그룹의 입지는 당연히 줄어들 수밖에 없다. 지금도 중국 인구 10억 명에게서 실시간으로 수집되고 있는 전자상거래 상의 소비 명세와 온·오프라인 결제 정보의 빅데이터를 잃게 되는 것이 알리바바와 텐센트 같은 금융 플랫폼을 운영하고 있는 기업에게 가장 두렵고 피하고 싶은 시나리오 중 하나다.

위에서 누차 이야기한 모든 금융 혁신의 출발점이 바로 빅데이터이기 때문이다. 4차 산업혁명 시대의 빅데이터는 석유, 연료, 에너지원과 같다. 그것을 잃어버리면 성장 엔진이 멈출 수밖에 없다. 이것이 현재 알리바바가 가지고 있는 가장 큰 리스크라고 보인다.

알리바바의 신유통, 뉴리테일

앞서 살펴본 알리바바는 전자상거래, 금융(결제) 플랫폼을 통해서 소비자들이 무엇을 어떻게 소비하며 살아가는지에 대해서 엄청난 빅데이터를 가지고 있다. 또한 물류 플랫폼을 통해서 어디에서 어디로 어떻게 보내야 가장 효율적인지에 대한 방대한 빅데이터도 켜켜이 쌓아 놓은 상태다. 이런 다양한 빅데이터를 가지고 알리바바는 유통 분야에서 또 다른 발전을 거듭하고 있다. 그것이 바로 신유통(新零售) 플랫폼이다.

2012년 무렵 알리바바의 타오바오, 티몰을 비롯한 여러 전자상거래 플랫폼이 폭발적인 성장세를 보이는 동시에 전통적 오프라인 상점과 유통망들의 점유율을 빠른 속도로 뺏어 오면서 전 중국을 당장이라도 씹어 먹을 듯한 엄청난 기세를 자랑한 시절이 있었다. 그 해 중국 CCTV의 '중국 올해의 기업가' 시상식에서 당시 오프라인 유통업계를 대표할 수 있는 부동산 재벌인 완다그룹(万达集团)의 왕젠린(王健林)과 마윈이 동시에 상을 받는 자리가 있었다.

중국 최고의 부자의 타이틀도 가졌던 왕젠린은 아무리 전자상거래가 편리하고 관련 기술이 발전해도 전통 유통은 결코 사라지지 않을 것이라고 주장했고, 이에 맞서서 전통 유통은 사라지진 않겠지만 그래도 기본적으로 전자상거래가 전통 유통을 대체할 것이라고 마윈은 받아쳤다. 서로가 주장을 굽히지 않자 왕젠린은 그럼 10년 후인 2022년에 전자상거래가 전체 중국 유통 시장에서 50% 이상의 점유율을 차지하면 1억 위안을 마윈에게 줄 것이며, 아니면 마윈이 자신에게 1억 위안을 달라는 유명한 '1억 위안 내기(一亿赌局)'가 시작됐다.

2014년에 전자상거래 거래액은 전년대비 무려 57.6%나 증가하면서 성장세의 정점을 찍고 2015년까지도 32.9% 성장률을 보였으나 그 이후로 점점 성장세가 줄어들고 2019년에는 동기 대비 고작 6.7%밖에 증가하지 않았다.

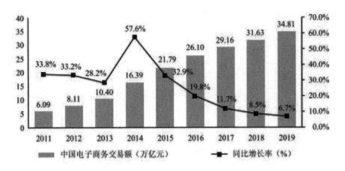

중국 전자상거래 교역액 및 성장률 @中상무부 통계 KOTRA 재인용

2020년 기준으로 전체 유통 시장에서 전자상거래의 점유율은 24.9%에 머물러 있다. 따라서 2022년까지 50%는커녕 30% 달성도 어려워 보인다. 2021년의 중국 전자상거래는 전체 상품 매출의 24.5%를 차지하며 전년 점유율에 비해서 오히려 소폭 감소하기도 했다. 따라서 이 내기는 거의 왕젠린의 승리가 확실해 보인다. 마윈에게 1억 위안이 큰돈은 아니겠지만 내기에 진다는 것은 자존심 상하는 일이다. 하지만 이 과정에서 마윈이 얻은 교훈은 1억 위안 이상의 의미를 지닐 것으로 생각된다. 즉, 온라인이 중요한 것은 사실이지만 결코 사람들은 오프라인 쇼핑을 멈추지 않으리라는 것을 말이다. 그리고 그것이 알라바바 신유통의 시작점이었다.

2016년 초에 히미센셩(盒马鲜生)을 성공적으로 론칭시킨 알리바바의 마윈은 2016년 10월 13일, 알리바바 윈치 대회(압사라 콘퍼런스) 개막식에서 처음으로 신유통, 신제조, 신금융, 신기술, 신에너지, 다섯 가지 '신(新)'을 이야기하면서 신유통에 대해서 '다가올 미래에 전자상거래는 없다, 오직 신유통만 있을 것이다.'라고 공식적으로 밝힌 바 있다.

사실 신유통이라는 것은 새로운 것이 없는 개념이다. 왜냐면 신유통의 개념은 늘 존재했기 때문이다. 종래 철도라는 교통수단의 발명으로 우편업이 발달하면서 원거리 택배 거래가 가능해진 것도 신유통이고, 자동차의 보편화로 교외에 저렴한 곳을 큰 면적으로 마련하여 운영하는 대형 슈퍼마켓의 유통 방식 또한 당시로서는 신유통이라고 할 수 있고, IT 발전 및 인터넷 발명으로 아마존, 알리바바, 쿠팡 등의 전자상거래 방식 또한 당연히 신유통이다.

따라서 신유통은 언제나 있었고, 어디에나 있었다. 기존의 방식보다 유통의 효율을 제고하면 모두 다 신유통이라고 할 만하다. 각 기업마다 자사의 기존 사업 현황, 기술력 및 미래 비전에 따라 신유통의 전략은 다를 수밖에 없다. 알리바바의 신유통도 여러 가지 분야가 있겠지만 중요한 포인트만 논의한다.

지금까지 살펴본 것과 같이 알리바바는 전자상거래, 즉 온라인 업계의 최강자다. 마윈이 2016년도 정식으로 신유통 개념을 들고 나오기 전까지 실제로 알리바바는 줄곧 온라인 사업 역량을 집중하는 모습을 보여 주었다. 신유통 개념을 들고나온 것은 바로 온라인의 성장세가 둔화하면서 그 이유와 돌파구가 필요했기 때문이다.

신유통 시험에서 알리바바가 제출한 답안지, 허마센성

소비자들은 통상적으로 유통 채널을 통해서 제품에 대한 정보를 얻고, 상응하는 금액 결제를 하며, 물건을 손에 넣는다. 조선시대 종로 육의전 시장에서도, 한국 지방의 5일장에서도, 강남 백화점에서도, 동네 구멍가게에서도, 네이버 오픈마켓이나 쿠팡 같은 온라인 전자상거래에서도, AR·VR 최신 기술이 적용된 체험형 팝업스토어에서도 이 간단한 원칙은 변하지 않는다.

그럼 정보, 자금, 물류에 대해서 온·오프라인 채널 비교를 해 보자. 결론부터 말하자면 온라인의 장점이 오프라인의 단점이며, 오프라인의 장점은 온라인의 단점이다. 그래서 신유통에서는 반드시 이 두 가지의 결합이 필요하다.

1) 정보 수집

먼저 정보 수집 차원에선 온라인은 빠르고, 완전하고, 저렴하다. 클릭이나 터치 한 번에 가격순, 구매 만족도, 거리순, 브랜드별, 카테고리별 등으로 모든 물건이 순식간에 정렬된다. 즉, 정보 탐색에 있어서 매우 효율적이다. 오프라인에서는 이런 정보를 취득하기 위해선 매장을 하나하나 찾아다니면서 정보를 취득해야 한다. 정보 획득 자체가 느리고, 불완전하고, 비용이 든다. 그러나 직접 제품을 만져 보고 상태를 보고, 체험할 수 있다는 점에서 온라인과는 비교할 수 없는 압도적 우위를 가진다.

2) 자금 결제

두 번째로 자금 결제 차원에서 온라인의 장점은 편리하다는 것이다. 특히 중국에선 신용카드 결제를 거의 건너뛰고 바로 모바일 결제 시대로 진입하면서 온라인 결제의 편의성이 크게 제고되었다. 그러나 온라인 결제는 오프라인의 결제에 비해서 신뢰성이 떨어진다. 특히 온라인 결제의 경우 자금 결제와 물류(배송)의 동시 교환이 불가하다. 서로 상대방의 얼굴

중국 테크 기업의 모든 것

을 보고 거래하면서 비롯되는 오프라인의 신뢰감과 이로부터 오는 안정성은 온라인이 따라올 수 없는 장점이다. 물론 오프라인에서도 정보가 부족하고 어리숙하면 얼마든지 판매자에게 당할 수 있지만 말이다.

3) 물류 차원

마지막으로 물류 차원에서 살펴본다. 온라인 물류의 장점은 물건이 마치 발이라도 달린 듯이 사람을 쫓아다니는 구조이므로 판매자와 소비자의 거리 제약 없이 지역적 한계를 뛰어넘을 수 있다는 것이다. 이에 반해 오프라인에서는 사람들이 물건을 쫓아다녀야 하므로 소비자의 행동반경 내에서만 구매가 가능하다. 그렇지만 오프라인의 가장 큰 장점은 제품 획득의 즉각성에 있다. 구매와 동시에 바로 제품에 대해 사용이 가능하다는 것이다. 특히 음식이나 식품 전반에서 빠름에 대한 요구는 온라인 채널에게 잘 풀리지 않는 숙원사업 같은 것이었다.

그렇다면 온라인과 오프라인의 장점을 어떻게 결합할 것인가? 이것이 알리바바를 비롯한 수많은 전자상거래 플랫폼과 완다(万达)와 다룬파(大润发) 등을 비롯한 오프라인 쇼핑센터, 대형마트 등의 고민이었다. 결론은 온라인 위주의 기업은 오프라인의 바다를 향해, 오프라인 위주의 기업은 온라인의 바다를 향하는 '대항해 시대'가 열린 셈이다. 미지의 세계를 향해 떠나는 항해 기술로는 4차 산업혁명의 기반이 되는 5G, AI, 빅데이터, 클라우드, IoT 등의 최신 기술이 총동원된다.

그렇게 해서 알리바바가 세상을 향해서 신유통의 이름으로 내놓은 답변은 바로 오프라인 슈퍼마켓의 탈(?)을 쓰고 있는 신선상품 전자상거래 플랫폼인 허마셴성(盒马鲜生)과 중국 전역에 산재한 소규모 매장(동네 슈퍼 혹은 구멍가게)을 지원하는 링서우퉁(零售通) 전략이다. 그들의 답안지인 허마셴셩부터 살펴보자.

○ 허마셴셩(盒马鲜生)의 시작 및 콘셉트

2016년 초 상하이에서 중국 최초로 허마셴셩이 오픈했다. 알리바바 신유통(新零售)의 상징적인 기업이다. 허마셴셩에 따르면 스스로의 업태를 신선 제품 배송 신유통 슈퍼마켓이라고 적시하고 있다. 설립 당시부터 일단 주력제품 분야로 신선 제품을 맨 앞 단에 적어 놓은 것부터 놀랍다.

신선 제품은 각종 야채, 과일, 고기, 해산물 등으로서 규격화된 공장 제품이 아니므로 제품 표준화가 어렵고, 식품이므로 신선도, 상태 유지 및 유통기한 관리가 까다로우며, 물류도 단순 배송 외에도 콜드체인 구축의 비용 등으로 전자상거래 업종으로는 적합하지 않다는 것이 지금까지 유통업계의 일반적인 견해였기 때문이다.

따라서 신선 제품을 위주로 하는 전자상거래 플랫폼을 지향하는 허마셴셩은 시작부터 발상의 전환이다. 이렇게 까다로운 조건을 만족시켜야 하는 신선 제품을 성공적으로 전자상거래 플랫폼에 안착시키기 위해서는 반드시 오프라인 매장에서부터 시작해야 된다는 것이 허마셴셩의 창립자 겸 CEO인 허우이(侯毅)의 생각이있다.

2015년 알리바바 그룹의 CEO 장용(张勇, 마윈의 후임 接班人)은 허우이에게 허마셴셩의 사업 구상에 동의하면서 허마셴셩 1호점에 대해서 4가지 주문을 했다.

1) 전체 매출에서 온라인의 매출이 오프라인의 매출보다 클 것 2) 매일 온라인 주문 건수가 최소 5,000건 이상 3) 콜드체인 물류 구축은 큰 비용

이 소요되므로 반경 3km 내 30분 내 배송 한정 4) 최종적으로 오프라인 매장으로부터 온라인 매출을 유도. 이 4가지 주문 사항에 대해서 곱씹어 보면 허마셴성이 기존 슈퍼마켓과 무엇이 다른지, 왜 독특한 운영 방식을 취하고 있는지 감이 온다. 매장 자체는 기존의 오프라인 슈퍼마켓과 차이가 없어 보일 수 있지만 궁극적으로 지향하고 있는 것은 전자상거래, 다시 말해 온라인 매출 확대라는 것이 4가지 지시사항에 명확하게 나타나 있다.

장용은 만일 허마셴성이 일정 기간 내에 이 요구사항을 충족 못 하면 기존 수많은 슈퍼마켓과 차이가 없고 존재 의미도 없으므로 폐점할 것이지만 만일 성공한다면 이는 새로운 비즈니스 모델로서 중국 전역으로 복제해서 확대할 계획이었다. 허우이는 장용의 기대에 부응하여 상기 4가지 요구를 만족시켰으며, 상하이에서 첫 오픈한 허마 매장은 2022년 기준 중국 전역 300여 개 매장에서 운영되고 있다. 역세권이나 숲세권이라는 부동산 용어처럼 중국에서는 허세권(盒区房 반경 3km 내에 허마셴성 매장이 존재)이라는 말이 있을 만큼 중국에서 뿌리를 내리고 새로운 비즈니스 모델로서 성공했다는 평가를 받고 있다. 그러나 최근에는 허마셴성을 벤치마킹하여서 30분 내 즉각 배송하는 플랫폼이 너무 많이 늘어나서 큰 차별점이 없어진 것으로 보이기도 한다.

허마셴성 생존 전략: 효율성과 유통 3요소로 심층 분석

앞서 살펴본 대로 알리바바 그룹의 CEO인 장용은 허우이에게 왜 그렇게 오프라인 고객들을 온라인으로 몰아야 한다고 신신당부를 하면서 달성 못 하면 매장을 바로 없애 버리겠다고 협박했을까? 답은 간단하다. 오프라인 점포의 평당 매출액을 최대한 증가시켜 유통 효율을 최대치로 끌어올려야 한다는 뜻이다.

1. 평당 매출액 = 오프라인 매출액/점포면적

이것이 기존 일반적인 슈퍼마켓의 평당 매출액 계산 공식이다. 오프라인 매출액 1,000만 원/점포 면적이 100평이면 1평당 10만 원의 매출을 올리는 것. 그런데 매출액이 오프라인과 더불어 온라인에서도 동시에 발생한다면 평당 매출액은 급상승한다.

2. 평당 매출액 = (오프라인+온라인) 매출액/점포 면적

이것이 온·오프라인을 결합해서 운영하는 허마셴성의 평당 매출액 계산 공식이다. 만일 장용의 요구대로 온라인 매출이 오프라인 매출보다 많다면, 곧바로 평당 매출액은 기존 슈퍼마켓 대비 최소 2배 이상으로 수직으로 상승한다.

(오프라인 1,000만 원 + 온라인 1,000만 원)/100평이면, 1평당 매출액이 20만 원이 된다. 일부 허마셴성 매장은 이미 온라인 매출액이 오프라인 매출에 2배 이상으로 온·오프라인 매출 비중이 2:1이 되어 전통 슈퍼마켓보다 평당 매출액이 3~5배까지 많이 나오고 있다.

(오프라인 1,000만 원 + 온라인 2,000만 원)/100평이면, 1평당 매출액이 30만 원이다. 허마셴성이 부리는 모든 신유통의 재주넘기는 궁극적으로는 모두 온라인 매출을 늘리기 위한 방편이다.

심지어 오프라인 매장의 존재 자체가 온라인 매출 증대를 위함이라고 봐도 좋을 지경이며, 조금 더 강하게 말하면 오프라인 매장은 온라인 구매를 돕기 위한 체험형 매장이라고도 할 수 있을 정도다. 이 전제를 머릿속에 입력하고 나면 허마의 행동방식이 훤히 잡힌다. 과연 그들은 어떤 재주를 부리는 중일까?

○ 허마센셩 생존 전략, 유통 3요소로 심층 분석

1. 정보 제공

가장 먼저 주목해야 할 것은 허마는 다양한 비즈니스 모델이 결합한 혼종이라는 사실이다. 비록 다양하고 복잡해 보이지만 일관된 방향성을 띠고 있다. 대형 슈퍼마켓인가 싶으면 동네 채소 과일 가게 같기도 하고, 즉석으로 조리 가능한 해산물 음식점(그로서란트)도 겸하고 있고, 해산물 외 다양한 요리 현장 취식 및 외식 배달도 겸하고 있다. 또 가장 중요한 것은 허마센셩 어플을 통해 온라인 전자상거래 플랫폼을 운영하고 있다.

정신을 차리고 보지 않으면 왜 이리 이것저것 다 끌어다가 짬뽕식 운영을 하고 있는지 중간에 길을 잃기 쉽다. 달을 보라고 했는데 손가락만 쳐다 보면 그렇게 된다. 이 비즈니스 모델들은 일관된 방향성을 띠고 오프라인 고객들 앞에서 보란 듯이 손가락으로 허마센셩 어플을 똑똑히 가리키고 있다. '고객님'들께서 우리 허마센셩의 오프라인 점포에 오시는 것은 대환영이지만, 혹시라도 바쁘시거나 방문하기 귀찮으시다면 어플을 통해 온라인으로 구매하셔도 된다고 끊임없는 안심과 확신을 심어 주고 있는 것이다.

대표적인 사례를 보자. 여기 선전(深圳)에도 20개 이상의 허마 매장이 있다. 2014년 첫 해외 파견지인 칭다오 근무 당시에는 허마를 가본 적이 없어서(아직 허마가 존재하지 않았던 시기) 2020년에 선전으로 다시 부임했을 때 허마가 과연 어떤 매장인지 몹시 궁금했다. 그런데 막상 실제로 가보니 기존 신선 제품을 취급하는 슈퍼마켓과 큰 차이를 느끼진 못했다. 다만, 한 가지 특이한 점이 있다면 해산물 수조에 다양한 어패류와 킹크랩, 랍스터, 새우 등 갑각류가 아주 싱싱하게 살아서 움직이고 있었고 바로 근처에 바로 해산물을 잡아서 소액의 조리비를 받고 즉석에서 잡아서 요리해 주는 카운터, 조리실과 별도의 식사 장소가 있었다. 한국 노량진 수산 시장에서 수조에서 활어를 바로 건져다가 즉석에서 회 쳐 주고 매운탕 끓여 주는 바로 그 시스템이었다. 차이점이 있다면 해산물의 가격이 모두 LCD로 표기되어 재래시장에서처럼 피곤한 가격 흥정을 할 필요가 없었다.

그렇다. 허마에 대해서 잘 모르는 초심자도 매장에 오자마자 쉽게 발견할 수 있는 큰 특징은 바로 현장에서 직접 고른 해산물로 즉석조리 및 식사가 가능하다는 것이다. 최근 한국에서도 그로서리(Grocery, 식료품)와 레스토랑(Restaurant, 식당)이 결합된 매장이라는 그로서란트(Grocerant)가 그리 낯선 비즈니스 모델은 아니다. 한국의 전통적인 정육 식당도 그로서란트라고 할 수 있고 고급 백화점을 비롯한 각종 대형 마트에서도 다양한 콘셉트의 그로서란트가 성업 중이다. 다만 허마셴성의 접근법은 기존에 우리가 흔히 볼수 있는 그로서란트와는 결이 아주 다르다.

현장 즉석요리를 통해서 고객들에게 허마의 해산물은 가격이 저렴하고, 신선하며, 맛도 좋아서 믿을 만하다는 것을 직접 증명하며 몸소 느끼게 해 준다. 사실 해산물은 딱히 요리라고 할 것도 없다. 그냥 찌기만 해도 신선하고 살만 실하다면 맛없기도 힘들다. 고객들은 해산물을 직접 골라 보고, 요리를 맛보는 체험을 통해서 허마센성 점포와 상품에 대한 신뢰도가 자연스럽게 올라간다. 해산물 현장 즉석요리 서비스는 오프라인 점포의 매출 증대라는 단순한 '더하기'식의 계산에서 내놓은 서비스가 아니다. 온라인 판매만 진행할 때는 절대로 쉽게 얻을 수 없는 고객의 체험을 오프라인 매장을 통해서 충족시켜서 향후 매장에 오지 않아도 온라인으로 구매할 수 있게끔 하는 만드는 '곱하기'식의 계산법으로 도출된 서비스다. 허마가 그로서란트 운영을 통해서 얻는 직접적인 매출액 증대는 부수적인 효과에 불과할 것으로 보인다. 즉, 고객에게 학습 효과를 주기 위한 교육용 서비스라고도 할 수 있겠다.

또한 점포마다 다르긴 하지만 식사 장소(Dining Area)를 해산물 코너의 수조가 보이는 곳으로 배치해 놓아서 직접 해산물을 고르는 고객 외에 온라인으로 들어온 해산물 주문을 정해진 시간 내로 배송하기 위해 집화 담당 직원이 부지런히 물고기나 조개 등을 건져서 포장하는 모습을 볼 수도 있다. 고객 입장에선 자신처럼 직접 방문해서 먹는 사람 말고도 '해산물을 실제로 온라인으로 주문하는 사람이 많구나' 하는 강력한 확신도 갖게 한다. 눈에 보이는 걸 무슨 수로 안 믿겠는가?

이 모든 것은 자연스럽게 오프라인 고객을 향후 잠재적인 온라인 고객으로 만든다. 이게 다 허마센성 입장에서는 소비자에게 제공하는 정보의 일환일 뿐이다. 이런 큰 그림에도 불구하고 허마에서는 표준화시키기 어려운 신선 제품의 특성을 감안하여 고객은 무조건, 무이유 반품이 가능한 정책을 시행하고 있다. 상품을 받아 보자마자 배송원에게 바로 반품도 가능하다(비록 정책은 이러하지만 실제로 배송원들은 배송품을 문 앞에 두고 초인종만 울리고 가는 경우도 있으며 받자마자 모든 제품의 상태를 즉시 다 파악하기는 어려운 부분도 존재함). 고객들이 신선 제품에 대한 온라인 주문에 대한 우려, 거부감과 위험성을 줄여서 더 많은 온라인 주문을 유도한다. 물론 이는 신선 제품 품질 관리의 자신감에서 비롯되는 것이다.

이것이 허마가 굳이 슈퍼마켓에다가 어렵사리 음식점 결합해서 같이 오픈한 이유다. 참고로 2015년에 허마셴셩 오픈을 위한 영업집조(사업자 등록) 신청 과정에서 중국에선 한 번도 슈퍼마켓과 결합된 음식점이란 개념 자체가 없었기 때문에 중국 상하이의 관련 당국에서도 적잖이 당황했으나 결국 나름 파격적으로 음식점과 슈퍼마켓이 융합된 업태를 승인했다고 한다.

그럼 다른 비즈니스 모델들은 왜 그렇게 갖다가 붙여놨을까? 이는 구매 및 이용 빈도와 관련이 있다고 보인다. 그로서란트 모델을 포함해서 각 비즈니스 모델별로 고객이 오프라인 점포에 대략적인 월 최대 방문 가능한 횟수를 생각해 보자.

대형 슈퍼마켓에서 주로 한꺼번에 많은 양의 장을 보는 사람이라면 일주일 1번, 약 월 4회 이용할 수 있고, 집 근처에 작은 채소 과일 가게에서 조금씩 장을 보는 사람이라면 하루 1번, 약 월 30회 이용할 수 있다. 또한 일반 음식점이라면 하루 2끼, 약 월 60회 이용할 수 있으며, 외식 배달이라고 치면 아침, 브런치, 점심, 점저, 저녁, 야식 등 한 달에 최대 몇 회 이용 가능할지는 계산이 쉽지 않지만, 월 60회보다는 더 많을 수 있다는 건 알 수 있다. 이렇게 다양한 서비스를 제공하면서 이용 빈도를 높이는 전략은 오프라인 매장의 매출 증대는 물론이고 이용 경험 누적으로 인한 허마센성에 대한 친숙함, 신뢰도 향상으로 온라인 매출을 견인하는 역할을 하고 있다.

다시 한번 강조하지만 모든 길이 로마로 통하듯이, 허마센성의 모든 것은 결국 온라인 구매 유도로 귀결된다. 알리바바의 태생적 전자상거래적 DNA를 생각하면 당연한 결과다. 원래 사람은 잘하는 걸 계속 잘하고 싶어 한다.

2. 자금 결제

이번엔 유통 3요소 중 자금 결제 부분을 허마에서 어떻게 설계했는지 보자. 2016년 상하이에서 오픈한 허마센성은 알리바바에서 직접 뛰어든 오프라인 유통 점포라는 것 그 자체도 상당한 이슈를 가져왔지만, 실제 방문 고객들의 황당한 경험으로 또 한 번 큰 이슈를 불러왔다. 무슨 일인고 하니 허마센성에서는 고객들의 현금 결제를 거부한 것이다. 단순히 현금 결제만 거부한 것이 아니라 신용카드도 거부하고 이미 많이 보급된 알리페이, 위챗페이조차 받지 않았다.

위챗페이는 경쟁사인 텐센트가 운영사니까 그럴 수 있다고 쳐도 알리바바 계열사가 알리페이까지 거부를? 사람들은 알리바바에서 신유통을 하겠다더니 실성을 한 게 아닐까 생각했다. 허마에서 유일한 결제 방법은 허마센성 어플을 통한 모바일 결제였다. 어플을 통해서 결제할 경우 당연히 각종 은행카드, 신용카드, 알리페이 등의 사용이 가능했다. 그러나 이런 제한적인 결제 방식으로 인해서 상하이에서 허마센성의 오픈 첫날 5,600명이 고객이 고작 100,000위안(약 한화 1,770만 원)이 조금 넘는 매출액을 올려 주고 돌아갔다.

사람들은 허마의 이런 식의 결제 방식에 대해서 도무지 이해할 수 없었다. 이제는 예상했겠지만, 현금과 각종 오프라인 결제를 막아버린 결정은 고객들은 온라인으로 유도하기 위해서였다. 이 때문에 허마가 초창기에 자리를 잡을 때까지 매출 손실이 상당했으나 아직까지도 이 원칙은 한 번도 변한 적이 없다. 한 마디로 허마센셩의 어플을 사용하지 않는 사람은 고객으로 인정하지 않겠다고 선언한 것과 다름없다.

매장 설립 초창기에는 별도로 안내 데스크를 만들어서 어플 설치와 결제 방법을 알려 주기도 했지만 어플로 고객들에게 결제를 하라고 습관을 들이는 것은 결코 쉬운 일이 아니었다. 특히 나이 든 고객들은 어플 사용을 꺼려서 방문율이 초창기는 상당히 낮았다. 그러나 허마센셩의 제품 품질, 가격, 신뢰도에 대한 평가가 입소문을 타면서 상승하자 자녀들에게 부탁하거나 현장의 회원서비스 센터에서 도움을 받아서 허마 어플에 대한 만반에 준비를 하고 다시 매장을 찾게 되었다. 그렇게 매장에서 키오스크를 통한 어플 결제도 해 보고, 추후에는 주문을 어려워하던 어르신들도 온라인 구매에 뛰어들었다.

3. 물류 배송

물류 배송 정책 역시 결국은 고객들의 온라인 구매를 최대한 이끌어 내기 위한 또 하나의 재주 부리기라고 볼 수 있다. 허마의 온라인 구매 시 배송 가능 범위는 매장의 반경 3km 이내에 있는 주소로서 주문 후 30분 내 배송 완료가 원칙이다.

여기서 중요한 것은 반경 3km가 아니라 30분이라는 배송 시간이다. 사람들은 보통 심리적으로 30분 정도가 딱히 원래 일정을 방해받지 않고 기다릴 수 있는 마지노선이라고 한다. 30분을 넘어선 시간에 있어서는 사람들이 보통 각자 계획이 있으므로 그 이상을 기다리게 하면 대기 시간의 장벽으로 인해서 주문을 꺼릴 수 있다. 집에서 급히 저녁을 준비해야 하거나, 퇴근길에 뭘 해 먹을지 고민하면서 허마에서 온라인 주문으로 식자재 혹은 음식을 손쉽게 시켜먹는 모습이 허마가 그리는 이상적인 그림이다.

이에 따라 허마는 30분 배송 원칙을 지키기 위해서 사전에 꼼꼼한 준비를 한 고민의 흔적이 역력하다. 우선 30분 중에 10분을 집화, 포장 및 배송 준비로 할애하고, 나머지 20분을 실제 배송에 사용한다. 10분 만에 집화, 포장까지 할 수 있는 것은 주문이 들어오면 구역별 상품집화원이 구매 목록 및 배송 정보 등이 담긴 QR코드가 달린 보냉팩에 상품을 넣고, 허마 매장의 천장에 걸린 컨베이어 벨트에 매달면 자동으로 물류 배송하는 매장 뒤편의 창고로 전달이 되는 시스템을 구축해 놓았기에 가능한 일이다.

실제 매장에서 보면 이 집화원들이 엄청 바쁘게 이리저리 뛰어다니는 것을 볼 수 있다. 포장된 후에 배송원이 20분 내로 배송을 하기 위해 반경 3km 이내, 즉 대략 28㎢의 면적이 도출된 것이다. 그 외에 상기한 대로 신선 제품 배송 시 시간이 길어지면 상온에서는 상품이 상할 수 있으므로 20분 내로 도달할 수 있는 범위까지만 배송하는 것으로 결정되었다. 콜드 체인 구축은 급격한 비용 상승을 가져오기에 처음부터 배제되었다.

○ 기본기 다지기를 위한 관련 빅데이터 활용

허마셴셩의 슈퍼마켓으로서 기본적인 역량은 굳이 열거할 필요가 없을 것 같다. 생산자로부터 상품을 직접 소싱해서 품질과 가격을 동시에 만족시킨다든지, 각종 인증을 받은 업체로부터 고기를 공급받아서 안정성을 보장한다든지, 자체 브랜드를 통해서 고품질의 신선 제품을 고객들에게 어필한다든지, 제품 QR코드를 찍으면 제품의 상세정보 확인이 된다는 등의 일들은 사실 지금까지 살아남아서 유통업에 종사하고 있는 기업이라면 누구나 다 하고 있는 기본적인 역량이 되어 버렸다.

다만 허마가 신유통이라는 이름하에 온·오프라인을 통합이라는 쇼핑 경험을 이끌어 내는 기저에는 알리바바가 지원하는 IT 관련 기술들이 있다. 허마는 공급망, 물류, 상품, 회원 시스템 등을 디지털화해서 실시간으로 관리 중이며 타오바오나 티몰 등의 전자상거래 플랫폼과 마찬가지로 소비자들의 구매 패턴 등에 관한 빅데이터를 수집 및 분석 중이다. 수집 및 분석된 데이터는 유통 체인 시스템 효율화에 반영되며, 향후 맞춤형 고객 서비스로 제공된다. 빅데이터 분석을 통해 요일별로 각종 품목들의 온·오프라인 판매량 예측이 가능해져서 효율적인 제품 준비 및 재고 관리를 하고 있다.

지금까지 전자상거래 플랫폼에서만 가능했던 심층 고객 분석이 드디어 오프라인 매장에서도 어느 정도 실현이 가능해진 것이다. 전자상거래에서의 고객 분석이란 것은 고객 정보(성별, 나이, 주소 등)는 기본이고 해당 고객의 품목별 유입량(방문 횟수), 구매전환율, 객단가, 재구매율 등의 정보를 포함하며 평균 접속 시각, 방문 후 미문 시간, 특정 상품에 대한 클릭 횟수, 검색 키워드, 장바구니에 담았던 제품, 작성한 구매 후기 등 일반적으로 생각하기 힘든 부분까지 분석을 진행하고 있다. 한 마디로 전자상거래 플랫폼에서는 나의 일거수일투족이 전부 분석 대상이 된다. 분석 후에 나온 실시간으로 나오는 결론은 공급망 관리, 물류, 상품, 고객, 마케팅, 홍보, 재고 관리 등 모든 분야에서 반영된다.

오프라인 점포들도 이런 전자상거래 플랫폼에서 수행 가능한 고객 분석을 몹시 부러워하고 똑같이 따라 하고 싶었지만 여러 기술적인 문제로 실현을 하지 못하고 있었는데, 허마셴셩이 이 난제에 대해서 오프라인과 온라인이 가진 장점의 결합이라는 모범 답안을 제시한 셈이다. 모범 답안이 나왔으니 당연히 베끼기가 성행할 수밖에 없었다. 허마셴셩의 성공 후 수많은 슈퍼마켓을 비롯한 유통업계에서 허마의 모델을 가져다가 적용했으나 망하는 곳이 속출했다. 본질을 파악하고 창의적으로 베껴야 하는데 눈에 보이는 것만 베끼다가 보니 '로뎅'이 '오뎅'이 되고, 결국 '덴부라'가 정답인 줄 알고 답안을 제출한 셈이다. 카피캣도 아무나 하는 게 아니다. 카피캣으로 성공하려면 원본에 대한 진지한 고찰이 필요하다.

알리바바의 오프라인 진격: 링셔우퉁, 티몰 매점

알리바바가 허마셴셩을 통해 그동안 전자상거래의 손길이 닿지 않았던 신선 제품에 대한 공략이 큰 성공을 거두고 있었다. 이로서 알리바바 전자상거래의 영토가 한 단계가 더 확장된 셈이었다. 하지만 알리바바는 히딩크 감독처럼 '아임 스틸 헝그리'하다.

중국 내 지역별 전자상거래 점유율 통계를 보면 동부 지역의 1~2선 도시에서 전자상거래는 이제 많이 보편화되어서 이미 사용할 만한 사람들은 많이 진입한 상황이다. 동기 대비 증가율도 그다지 높지 않다. 그렇다면 추가로 공략해야 하는 대상은 중국 중부, 동북, 서부 지역이며, 그중에서도 지역마다 모세 혈관처럼 뻗어 있는 소규모 매점상을 공략하기로 한다.

한국에서도 지난 10년간 전자상거래가 급속도로 발전 및 성숙해지는 과정에서 전반적인 오프라인 유통업계의 상황이 다 좋지 않았지만 유일하게 편의점 시장만큼은 가파르게 성장했다. 2011년 시장 규모 10조 원, 전국 편의점 수는 21,000여 개에서 10년 만인 2020년에는 시장 규모 25조 원을 상회하고, 편의점 수도 44,000여 개로 두 배 이상 증가했다. 편의점의 성장 배경에는 다양한 이유가 있지만 단 하나만 꼽자면 전국에 구석구석에 퍼져 있는 편의점은 소비자와 가장 가깝기 때문이다. 가까우면 즉각성이 높아진다. 즉, 가까운 게 경쟁력 그 자체다. 집에서 밥 먹고 나서 갑자기 간절히 콜라 한 잔이 너무 마시고 싶은데 쿠팡으로 로켓 배송을 할까 아니면 당장 집 앞 편의점 달려가서 캔 뚜껑을 땡기고 바로 벌컥벌컥 마실까? 편의점 콜라 가격이 약간 비싸지만 그런 건 문제가 되지 않는다. 이 짧은 예시로 전자상거래 시대임에도 편의점이 성장할 수밖에 없었던 이유가 설명이 가능하다.

중국이라고 다를 바 없다. 중국에도 각 지역마다 구석구석 소규모 매점(소위 말하는 동네 마트, 구멍가게로 이해하면 편하다)이 운영되고 있고 주로 담배, 음료, 술, 잡지, 빙과류, 스낵류와 간장, 소금, 식초 등의 유통기한이 긴 식자재 등을 주로 판매한다. 그런데 이렇게 길거리에서 간이 부스로 운영되거나, 상가 한 칸 귀퉁이에 소규모로 운영되고 있는 이런 매점들은 소비자들과 가깝다는 장점에도 불구하고 전반적으로 경영 상황이 악화되고 있었다.

가장 큰 이유는 프랜차이즈 편의점, 대형마트, 전자상거래 플랫폼에게 계속 동네 고객들을 빼앗기고 있다는 것이다. 우선 고객들과의 가깝다는 장점은 세븐일레븐이나 패밀리마트 같은 유명 프랜차이즈 편의점에게 밀렸다. 중국 유명 프랜차이즈 편의점은 전국에 10,000개 이상의 매장을 가지고 있어서 매대 진열, 매장관리, 공급망, 품질관리가 일괄적으로 잘 이뤄진다.

또한 공급 가능 상품 종류도 수천 가지가 되어서 소규모 매점은 상대가 안 된다. 프랜차이즈 편의점에서는 소규모 매점에서 살 수 있는 모든 것 외에도 훨씬 더 많은 제품을 만나볼 수 있었다. 이렇게 가격적인 면과 선택 가능한 품목에 있어서 소규모 매점은 대형 슈퍼마켓이나 전자상거래 플랫폼에 비교조차 되지 않았다. 경영 상황이 어려워지지 않을 수가 없는 구조다.

이런 상황에서 알리바바는 링셔우통(零售通)이라는 원스톱 플랫폼으로 이런 소규모 매점들의 구매, 물류, 마케팅을 지원하는 전략적 제휴를 맺기 시작했다. (참고로 텐마오 샤오디엔[天猫小店]은 링셔우통 전략의 일환으로 기존의 소규모 매점 간판을 텐마오 샤오디엔으로 새롭게 달고 내부 인테리어 및 매대 배치 등을 전체적으로 완전히 다시 짜는 가맹점 영업 방식이다. 인테리어 비용 등은 점주 부담)

링셔우통 서비스에 가입한 중국 전역의 소규모 매점들은 링셔우통 어플을 통해서 세븐일레븐 같은 유명 프랜차이즈 편의점보다 더 많은 상품 종류를 싼 가격으로 주문할 수 있게 된다. 어플에 주소를 넣고 대금을 결제하면 알리바바의 차이냐오(菜鸟) 물류 체인망을 활용해서 가게 앞으로 편리하게 배송되었다. 필요할 경우 결제 효율을 높이기 위한 스마트 포스기 설치와 모바일페이 세팅 등도 지원한다.

더욱 중요한 것은 링셔우통 서비스에 가입을 하면 매장마다 링셔우통 지역 파트너가 배정이 돼서 제품 구매, 매대 진열, 베스트 셀링 제품 추천을 지원한다. 이때 링셔우퉁 지역 파트너들이 추천해 주는 공급 제품과 매대 진열은 최근 링셔우퉁 플랫폼에서 잘 팔리는 제품이거나 가게 반경 1km 이내에 있는 소비자 빅데이터 분석에 따라 잘 팔릴 것으로 예상되는 제품이다. 즉, 알리바바 그룹 산하의 타오바오, 티몰 등의 전자상거래 플랫폼에서 배송 주소별로 분석된 빅데이터와 알리페이로 결제된 내역 등으로 정보가 수집 및 분석되어 제공된다.

일부 프랜차이즈 편의점도 이런 맞춤형 서비스 노력을 하지만 저 정도로 상세하게 하진 못하며, 또한 제공 가능한 SKU의 한계가 있어서 설사 안다고 해도 공급이 어려울 수 있지만 알리바바의 SKU는 사실상 제한이 없다.

예를 들어 이들 가게의 1km 반경 내에서 온라인 전자상거래 플랫폼을 통해 유아용품의 구매 건이 많았다면 링셔우퉁의 지역 파트너는 해당 매점에 분유, 기저귀 등을 매대에 진열할 것을 추천해 주는 식이다. 이런 추천은 당연히 기존의 가게 주인의 감과 느낌에 따른 상품 주문보다 판매가 빨라서 재고 관리도 용이할뿐더러 자금 회전율이 높아져서 수익성도 개선되었다.

중국 전역에 약 680만 개의 소규모 매점이 분포되어 있는데 이미 130만 개 이상의 가게가 링셔우퉁에 가입했다. 2019년 기준으로 알리바바 공개 정보에 의하면 17개성, 186개 도시, 총 4,200명의 지역 파트너가 활동 중이라고 한다. 대형마트, 프랜차이즈 편의점, 전자상거래에 의해 코너로 몰리던 동네 구멍가게들이 알리바바 그룹의 도움으로 공급망, 물류, 빅데이터를 통해서 새롭게 태어나는 계기가 되고 있다. 다만 최근에는 이런 링셔우퉁의 20년, 21년의 증가 통계 등은 잘 발표되지 않는 것으로 미루어 볼 때 최근에는 확장세가 좀 줄어든 것으로 짐작된다.

알리바바 그룹의 역시 전자상거래의 손길이 닿지 않는 지역의 소규모 매점을 지원하는 것을 성장의 새로운 돌파구로 삼겠다는 뜻을 분명하게 밝혔다. 알리바바 그룹의 부총재이자 링셔우퉁사업부 총경리인 린샤오하이(林小海)는 링셔우퉁의 미래에 대해서 이렇게 말했다. '소규모 매점이 한 달에 1,000명의 고정적 유입량(고객)이 있다고 가정하고, 전국에 600만 개의 이런 가게가 있다면 이들이 거느리고 접촉할 수 있는 잠재적 고객이 6억 명이다. 게다가 이들이 주로 어르신, 아이들로서 전자상거래로 끌어오지 못한 고객들이다.' 최종적으로 알리바바의 링셔우퉁 서비스는 모든 동네 구멍가게로 하여금 각 가정의 비상 저장고로 변신하게끔 노력하고 있다.

평소 저장고는 당연히 소비자 집안의 냉장고와 수납함이다. 대형 마트나 전자상거래를 통해서 식자재들을 많이 쌓아두고 살 수도 있지만 그렇게 되면 제때 먹지 못해서 버리게 되는 경우도 생겨서 사람들은 식자재를 집에 많이 쌓아두고 싶어 하진 않는다. 게다가 각 가정의 창고에는 공간적 한계가 있으므로 근처 가까운 곳에 아무 때나 필요한 물건을 가지러 갈 수 있는 창고를 하나 만들어 주는 것이 알리바바가 동네 구멍가게를 지원하는 그림이다. 이 정도면 알리바바의 신유통이 무엇인지 감이 올 것으로 생각한다. 여기까지 중국 종합 인터넷 기업인 알리바바 그룹의 전자상거래, 물류, 금융, 유통 분야를 살펴보았다.

2022년 공시에 따르면 2021년 알리바바 그룹 매출액은 7,173억 위안(약 1,112억 USD, 전년 대비 +40.7%), 순이익 150.6억 위안(약 23억 USD, 전년 대비 +0.8%)을 기록했다. 알리바바 그룹의 중국 내수 리테일 관련 누적 구매고객 수는 2020년 7.79억 명에서 2021년 8.82억 명으로 1억 명 이상 증가했다. 리테일 분야를 포함한 알리바바 생태계 전체 중국 내 연간 구매고객은 9.8억 명이었으며 해외 고객 3억 명까지 더하면 글로벌 고객은 12.8억 명 이상이다.

이어서 알리바바와 쌍벽을 이루는 텐센트를 알아보자.

제2장

텐센트(TENCENT)

중국 국민 메신저 운영사인 텐센트의 무한변신

텐센트(腾讯, Tencent)는 중국 비즈니즈 무림계의 태산북두 중 한 축을 맡은 만큼 결코 알리바바에서 비해서 밀리지 않는다. 알리바바와 텐센트는 발전 방향이 전체적으로는 비슷한 것 같으면서도 또 실행 방법에서는 또 매우 다르다. 그것은 최고경영자 스타일과 각 기업의 태생적 환경에 따른 차이일 것이다.

알리바바가 전자상거래로 시작했다면, 텐센트는 PC 메신저로 시작해서 그 안에서 다양한 게임, 뉴스, 음악 등의 각종 엔터테인먼트 서비스를 제공하면서 수익을 창출했고 아주 시의적절한 시기에 모바일 메신저 서비스인 위챗을 출시하면서 전 중국인들의 스마트폰의 필수 어플로 등극했다. PC 시절에 모든 서비스를 다 스스로 제공하려고 했던 것과 달리 모바일로 넘어오면서 문호를 개방해서 각종 서비스의 플랫폼이 되었다. 커뮤니케이션을 위한 메신저와 SNS 기능을 비롯한 캐시카우인 게임, 동영상, 음악, 소설 등의 각종 엔터테인먼트 서비스, 지분 투자를 통한 전자상거래 플랫폼, 생활에 필요한 각종 O2O 사업, 알리바바 신유통에 대항하는 스마트 유통 서비스, 여기에 알리바바에 버금가는 핀테크 사업과 클라우드, AI 등의 신규 사업과 각종 신규 스타트업에 거액을 투자하는 벤처캐피털 분야까지 손이 미치지 않는 분야가 별로 없을 정도로 광범위한 포트폴리오를 구성하고 있다.

텐센트는 위챗(微信, 웨이신, WeChat)으로 시작해서 위챗으로 끝난다고 봐도 무방할 정도로 텐센트 사업의 구심점에는 위챗이 자리 잡고 있다. 업계 종사자들이나 중국에 관심이 있는 사람은 알겠지만 한국의 IT기업의 양대 산맥인 네이버·카카오 모두 중국의 텐센트·알리바바를 벤치마킹 대상으로 삼은 지 꽤 오래됐다. 텐센트가 여러 한국 기업을 벤치마킹하던 때가 고작 10년도 안 된 과거인데 그 짧은 사이에 이렇게 세상이 뒤집혔다. 왜 그런지는 텐센트 편을 읽어 보고 나면 이해가 될 것이다.

마화텅 그리고 큐큐 메신저의 카피캣 시절

텐센트는 1998년 11월 설립되어 1999년 2월 큐큐(QQ)라는 PC용 메신저 서비스를 시작으로 성장한 IT 회사다. 지금은 너무 다양한 사업을 영위하고 있지만 그들의 태생적 DNA를 파악하기 위해선 반드시 큐큐 메신저로부터 시작해야 한다. 1990년대 말에서 2000년 초반에 태동한 대부분의 1세대 중국 IT 기업이 그러하듯 해외의 유명한 서비스를 베껴서 가져오는 카피캣으로 시작했다.

창업자 마화텅(马化腾)은 1971년생으로 광둥성 출신으로 텐센트를 중국 최고의 기업으로 만든 지금도 굳이 먼저 나설 필요 없고 잘하는 게 있으면 효율적으로 재창조하는 것이 유리하다는 말을 자주 한다. 즉, 마화텅은 퍼스트 무버(First mover)보다는 패스트 팔로워(Fast fallower) 전략을 천성적으로 좋아한다. 사실 무언가를 새롭게 만드는 일은 너무 어렵고 힘(돈)도 많이 들지만 그것을 응용해서 조금 더 나은 방향으로 만드는 것은 보다 수월하긴 하다. 성공만 할 수 있다면 모방 전략도 훌륭한 전략이다. 실제로 텐센트는 모방으로 시작해서 모방에 자신만의 양념을 쳐서 오리지널보다 더 뛰어난 것을 만드는 데에는 도가 튼 기업이다. 물론 이를 위해서 오리지널에 대한 끝도 없는 고찰과 더 나은 서비스에 대한 연구가 선행된다는 것은 말할 필요도 없다.

텐센트가 중국으로 처음 가져온 것은 이스라엘의 미라빌리스라는 회사가 개발한 ICQ(I Seek you, 너를 찾는다는 뜻)라는 PC 메신저였다. 이 프로그램은 미국 AOL(American Online)에 인수되면서 미국을 비롯한 전 세계에서 많이 사용됐다. 텐센트는 자신들이 개발한 메신저의 이름을 OICQ라고 지었다. 원래 ICQ 앞에다가 'Open'을 붙여서 나름대로 이름의 차별점(?)을 두었지만 이렇게 누가 봐도 베껴왔다는 느낌으로 지을 필요는 전혀 없었을 텐데 무슨 생각인진 참 알 수 없다. 당시에 ICQ가 중국에서 높은 인지도를 갖고 있어서 후광 효과를 볼 수 있는 것도 아니었는데 말이다. 비록 별생각 없이 이름은 거의 그대로 가져왔지만 여러 가지 개선점은 있었다.

우선 원조 ICQ는 채팅 기록이 로컬 컴퓨터에 저장되는 시스템이었으나 대부분 당시 중국 접속자들은 대부분 본인 소유 컴퓨터가 없이 PC카폐(PC방)이나 회사에서 사용했으므로 예전의 메시지와 친구 목록을 다시 볼 수 없는 불편함을 겪었다. 따라서 이를 중국 실정에 맞게 중앙 서버에 저장해서 사용자 경험을 크게 개선하는 등 지속적인 사용자 친화적 행보를 보였다. 이렇게 출시 2개월인 1999년 4월에 20만 명, 출시 9개월인 10월에 100만 명, 출시 첫해 말에는 130만 명을 달성해 메신저 시장점유율 80%를 차지했다. 그리고 2년 만에 4,000만 명을 돌파하여 중국 국민 메신저로 거듭났다. 당연히 예상되는 것처럼 미국 ICQ의 모회사인 AOL로부터 상표권 침해를 중단하라는 요구를 받고 지금의 이름인 큐큐(QQ)로 메신저 서비스 이름을 변경한다. 큐큐는 텐센트의 메인 캐릭터인 펭귄을 상징으로 하는 귀여운 이미지의 'Cute Cute'이라는 뜻도 된다. 이제야 입에도 발음도 잘 붙고 의미도 좋다. 참고로 텅쉰의 영어 이름인 텐센트는 문자 메시지 1통에 10센트 정도라는 사실에 착안해서 지었다고 한다. 당연히 중국 발음인 텅쉰과 이름도 비슷해야 하고, 원래 메시징 서비스로 출발한 의미도 반영하는 한편으로 우리 회사는 고작 '땡전 한 닢'이라는 느낌으로 겸손함과 재미도 갖추고 기억도 하기도 좋아서 상당히 좋은 네이밍이라고 생각하는데 처음의 OICQ은 비몽사몽 자다가 갑자기 넷째 발가락으로 끄적거리면서 지은 듯하다. 약 20년이라는 시간이 지나고 중국, 아니 글로벌 IT 거인이 된 텐센트를 보면서, 자사의 메인 서비스를 넹넹하는 중요한 일도 별생각 없이 결정했던 시절이 있었구나 하면서 놀라게 된다. 현존 최절정 무림 고수의 가장 비리비리했던 시절의 이야기다.

○ 큐큐(QQ) 메신저의 시련과 성장

2001년에는 많은 메신저 회원을 무기로 중국 통신사인 차이나 모바일

(중국이동, 中国移动)에게 협력을 제안하여 큐큐 사용자와 차이나 모바일 스마트폰 가입자 간의 단문 메시지(SMS) 교환이 가능하도록 제휴를 맺었다. 결과적으로 2001년 3월 동안 큐큐를 통해서 3,000만 건의 메시지가 전송되었고 1건당 0.1위안을 과금했다. 차이나모바일과 텐센트는 이를 15:85를 나눠서 텐센트는 처음으로 그해 처음으로 흑자를 냈다. 그러나 이게 수익이 난다는 것을 깨달은 차이나 모바일에서는 추후에 스스로 SMS 기능을 개발하고 텐센트와 제휴를 일방적으로 종료한다. 그 외에는 아직 뾰족한 수익 모델이 없던 텐센트는 이 조치에 상당한 내상을 입었다. 이 쓰디쓴 교훈에서 남의 고객은 결코 내 고객이 아니며 내 고객은 자신만의 서비스로 확실히 붙잡아야 한다는 것을 깨달은 것으로 보인다. 이 사건이 어찌 보면 큐큐 운영 시절에 모든 서비스를 누구의 도움도 받지 않고 스스로 다해야 한다는 강박 관념의 시작으로 추측된다.

교훈은 교훈이고, 텐센트는 점점 더 빠른 속도로 늘어나는 가입자 수의 수많은 데이터를 감당하기 위한 서버 증설 및 관리 자금, 서비스 기능 개선과 개발을 위한 인건비 압박에 시달리고 있었다. 일반적인 투자자 물색은 물론이고 텐센트가 입주해 있던 건물주한테까지도 지속적으로 투자하라고 권유할 지경이었으니 자금 압박이 얼마나 심했는지 알 수 있다. 그러다가 알리바바 마윈이 창업 초기 소프트뱅크의 손정의(孫正义)를 만났듯, 텐센트는 남아공 최대의 미디어 그룹인 내스퍼스(Naspers)의 CEO 쿠스 베커(Koos Bekker)를 만난다. 당시 내스퍼스는 중국 인터넷 기업에 투자하기 위해서 중국 현지 PC 카페에서 사람들이 무엇을 하고 있는지 조사를 해 보니 중국 전역 어디서나 OICQ라는 메신저를 쓰고 있었고, 명함에 전화번호와 함께 OICQ ID를 적어놓는 점이 인상 깊었다고 전한다.

따라서 쿠스 베커는 텐센트의 향후 잠재성장력에 주목하여 2001년도에 약 3,000만 USD를 투자해서 거의 절반에 가까운 46.5%의 지분을 인수한다. 그 이후 다른 투자자 유입으로 30%대로 지분율은 줄었으나 그 물량을 대부분 아직까지 가지고 있다. 창업자인 마화텅의 지분이 10%도 안 되므로 무려 그에 3배 이상을 갖고 있는 셈이지만 경영권 전반의 간섭을 하지 않고 있다. 지금 텐센트의 시가총액은 전년 동기 대비 크게 떨어졌으나 2022년 초 기준 약 4.3조 HKD(약 5,500억 USD)이다. 무려 수천 배의 수익률에 달하는 잭팟을 터뜨린 셈이다.

비록 2001년도 텐센트는 내스퍼스의 투자로 숨통이 트였지만 자체 수익을 창출하는 비즈니스 모델이 없다면 어차피 조만간 투자금은 바닥날 터, 이 자금난을 극복하기 위해서 끊임없이 고민하던 중 2002년경 텐센트는 한국의 싸이월드에 주목했다. 지금은 이미 사망선고를 받았다가 2022년에 이르러 부활하느니 마느니 하는 한물간 추억의 이름이지만 싸이월드 역시 1999년 전후로 설립 후 2001년 미니홈피 프로젝트를 시작했고 경쟁사인 프리챌의 유료화 전환으로 썰물처럼 빠진 고객층을 흡수했었다. 그 후로 사용자가 폭증하면서 2002년부터 본격적으로 흥하기 시작했던 한국의 토종 SNS 서비스다. 싸이월드 하면 미니홈피고, 미니홈피 하면 도토리다. 싸이월드 세계관에서 친구이자 상호 팔로잉 개념인 '일촌'의 미니홈피를 한 번씩 돌아다니고 나면(일명 '파도타기') 하루 일과를 다한 듯 뿌듯하던 그런 시절이 있었다.

남들에게 보여 주기 위한 미니홈피에 자신의 아바타와 룸, 스킨 꾸미기 그리고 배경음악 등을 설정하기 위해서는 싸이월드 세계의 온라인 화폐인 도토리가 필요했으므로 사람들은 한 10일쯤 굶은 다람쥐처럼 도토리를 사재기기 시작했다. 그 도토리 판매가 바로 싸이월드의 비즈니스 모델이었다. 당시 한국의 싸이월드 열풍은 중국을 비롯한 여러 해외 국가까지 알려질 정도로 대단했으며, 당시 10대~30대 중에서 싸이월드를 안 하는 사람은 찾아보기 힘들 정도였다. 한국 싸이월드 총 가입자 수가 3,000만 명이 넘었으니 굳이 더 설명할 필요는 없을 듯하다. 전 국민을 '싸이질'에 빠져들게 만든 그런 한국 토종 SNS의 황금 시절이었다. 잘만 됐으면 2004년에서야 설립된 미국산 페이스북(2021년 메타로 사명 변경)을 적어도 한국 시장에서는 뿌리를 못 내리게 할 수도 있었는데, 싸이월드는 생각날 때마다 아쉬움이 많이 드는 서비스다.

2003년 1월 텐센트는 이 싸이월드의 아바타 꾸미기용 도토리 비즈니스 모델을 가져가서 큐큐 메신저에 큐큐쇼(QQshow, QQ秀)를 론칭한다. 중국이나 한국이나 사람 본성이라는 게 크게 다르지 않았다. 특히 보여 주기와 체면치레를 중시하는 중국 문화에서는 자신을 대표하는 아바타를 꾸미기 위해서 많은 캐시 아이템을 구매했다. 아바타의 패션(옷) 꾸미기 뿐만 아니라 다양한 소품을 비롯해서 남들에게 선물도 살 수 있게끔 만들어졌다.

스티브 잡스가 신제품 발표 시마다 주야장천 외쳐대던 '여기에 한가지 더(one more thing)'에 세계가 열광했다면, 마화텅은 조용히 뒤에서 자신들의 서비스에다가 지속적인 원모싱을 적용 중이었다. 단순히 예쁜 패션 아이템들만 꾸밀 수 있도록 출시하는 것이 아니라, 실제 패션 브랜드와의 공식 콜라보를 진행했다. 즉, 브랜드의 옷을 실제로 사서 입듯 큐큐 사용자의 아바타에 똑같이 입히는 식이었다. 요즘 뜨고 있는 제페토, 로블록스 등의 메타버스 내에서 사람들이 자신들의 아바타에 실제 명품 브랜드의 옷을 사서 걸

치는 것과 조금도 다르지 않다. 역시 하늘 아래 새로운 것은 없다.

워낙 큐큐의 사용자가 많다 보니 패션 브랜드들도 서로 자신들의 신상품이나 인기 상품들을 큐큐쇼에 입점시키기 위해 많은 광고비를 냈다. (이런 업그레이드는 나중에 초창기가 아닌 업그레이드되던 큐큐쇼에 적용) 결과적으로 출시 6개월 만에 500만 명이 큐큐쇼를 이용하고 아이템 구입에 평균적으로 5위안의 현금 결제를 했다.

반년 만에 매출액 2,500만 위안을 달성한 셈이다. 드디어 차이나모바일 같은 통신사에 의지하지 않고서도 수익 창출을 냈다는 데에서 싸이월드 도토리 벤치마킹 사건은 텐센트 내에서도 일대 큰 전환점으로 여겨진다. 그 외에도 이 큐큐쇼의 성공은 텐센트에게 큐큐는 단순 메신저로서 기능하기보다는 종합 SNS로서의 발전이 필요하고 또 충분히 가능하다는 사실을 일깨워 주었다. 이 연결 본능이 텐센트의 가장 기저에 깔린 태생적 DNA라고 할 수 있다. 텐센트의 모든 사업에 출발점이자 핵심 역량이 '연결'에 있다는 사실은 텐센트를 공부하고 파면 팔수록 깊게 느껴진다.

텐센트 큐큐 vs MSN, PC 메신저 전쟁

2000년 초반 장강의 악어인 알리바바가 전자상거래 분야에서 바다의 상어인 이베이와 피 터지게 싸우고 있을 동안, 텐센트도 메신저 시장에서 마이크로소프트(MS)와 힘겨루기가 한창이었다.

한국에서도 싸이월드 유행 당시 PC 메신저는 MSN과 네이트온이 양분하고 있었다. 마찬가지로 마이크로소프트는 중국에도 MSN R&D센터를 설립하고 중국 시장에 공을 들이는 중이었다. 그러나 텐센트가 초창기에 시장점유율을 이미 한창 높인 터라 MSN 시장점유율은 사실 10% 내외에 머물러서 점유율만 보았을 때는 텐센트가 크게 우려할 상황은 아니었다. 다만 당시 MSN은 윈도우 기반으로 끼워 팔기 식으로 강제로 적용되었기 때문에 비즈니스 환경에서의 사용률이 매우 높은 편이었으며 큐큐의 아바타 꾸미기 서비스는 뭔가 아이들이나 대학생들이 쓰는 것으로 인식되는 경향이 있었다. 따라서 텐센트는 MSN을 미리 최대 위협으로 상정하고 이를 극복하고자 여러 가지 개선책을 내놓는다. 우선 텐센트는 다운로드 속도 및 사용 편의 개선에 큰 공을 들였다. 흔히들 중국은 만만디의 나라라고 알고 있는데 그건 나와 관련 없는 남의 일을 처리할 때 그렇다는 것이고, 나와 관련된 것은 만만디랑은 거리가 멀다. 그럴 때의 민첩함은 상상을 초월한다.

이런 사용자 요구를 잘 알고 있는 텐센트 입장에서는 MSN과 달리 메신저 서비스 집중한 정돈된 화면과 사용자 친화적 인터페이스를 구현했다. 이는 윈도우 내에서 다양한 프로그램들을 패키지 형태로 강제로 다운로드 및 설치해야 했던 MSN보다 훨씬 다운로드가 빠르고 또 사용이 간편했다.

그와 관련해서 추가적으로 사용자의 쾌적한 사용을 위해 인터넷 환경에 맞게 소프트웨어 용량을 최대한 줄이고, 오프라인에서도 메시지 전송이 가능하도록 업그레이드했고, 다양한 대화 이모티콘 추가 등 수많은 세부 사항에 대해서 끊임없이 사용자 의견들을 반영하고 새롭게 개선하는 노력을 멈추지 않았다.

이와 더불어 텐센트는 비즈니스 환경에서 필요한 대용량 파일을 쉽게 보낼 수 있도록 하는 데 주안점을 두었다. 당시 중국 인터넷 접속은 불안정해서 중간에 끊기는 일이 자주 발생해서 끊어지면 또 처음부터 다시 보내야 했다. 텐센트는 이 점은 보완하여 중간에 접속이 끊기더라도 중간부터 이어서 보낼 수 있는 기술을 개발했다. 또 큐큐에 사진 등을 저장할 수 있는 클라우드 서비스를 내놔서 기존 사용자들의 스마트폰 용량을 절약할 수 있도록 해 주었다.

이런 세부적인 강점은 상대적으로 사용자 피드백이 느린 MSN에 비해서 중국 사용자들에게 크게 어필했다. 이에 비해서 MSN 역시 비슷한 수준의 업그레이드를 지향했으나 의사 결정 및 자원 투입은 큐큐에 비해 형편없었다.

사실 MSN의 운영사인 마이크로소프트라고 이런 텐센트 큐큐의 재빠른 변신과 사용자 경험의 개선을 몰랐던 것은 결코 아니다. 다만 텐센트가 큐큐에 사활을 걸고 있어서 큐큐에 대한 자원 투입이라든지 의사결정이 매우 신속했던 것과 달리, MSN China는 마이크로소프트의 사업 부분에 있어서 단지 작은 부분에 불과했다. 즉, 마이크로소프트에게 MSN은 최강의 효자 상품인 윈도우 OS에 끼워 파는 번들 프로그램 정도로 인식되고 있었던 것이다. 따라서 MSN China는 마이크로소프트라는 거대한 글로벌 기업의 저 밑바닥에 있는 일개 조직일 뿐이었다. 그들이 큐큐를 따라서, 혹은 큐큐를 대응코자 무언가를 하려고 하면, MSN의 아시아 태평양 지역 본부, MSN의 해외사업 본부, MSN의 사업본부, 마지막으로 마이크로소프트 본부의 승인 차례로 받아야 했다. 이러니 어찌 신속 대응이 가능하겠는가? 게다가 자원투입 역시 전혀 텐센트만큼 적극적이지 못했다.

알리바바의 타오바오가 판매 수수료 무료 및 알리페이라는 강력한 카운터와 스트레이트 펀치로 이베이를 완전히 저승으로 보냈지만, 텐센트는 위에서 언급한 수없이 많은 속사포 같은 원투 잽을 날려서 마이크로소프트의 MSN을 하늘나라로 고이 보내드렸다. 2010년 10월 마이크로소프트는 도저히 회복할 수 없는 낮은 점유율로 사실상 백기를 들고 MSN 블로그 서비스를 정지했다. 그러자 큐큐는 MSN 블로그 사용자들이 큐큐로 넘어갈 수 있는 이미그레이션 툴을 제공하고 그 사용자들까지 접수한다. 그렇게 PC 메신저 대전은 한 때 미국의 ICQ 카피캣으로 불리던 큐큐의 완벽한 승리로 끝났다.

모바일 인터넷의 보급으로 인해서 PC의 큐큐에서 스마트폰의 위챗으로 사용자들이 대부분 넘어가긴 했지만 아직도 큐큐를 쓰는 중국 사용자들은 상당히 많다. 2021년 기준 위챗의 월간 사용자 수(MAU, Monthly Active Users)는 약 12억 명 이상이고, 큐큐는 약 7.7억 명, 모바일 큐큐는 약 6.9억 명이다. 통계상으로 봐도 여전히 중국인 절반 이상은 큐큐를 사용 중이다.

큐큐 메신저는 경쟁자를 모두 물리치고 중국 내 메시징 서비스의 독점적 위치에 올라서면서 위에서 언급한 큐큐쇼 등의 아바타 꾸미기 SNS 비즈니스 모델 외에 게임, 동영상, 음악, 문학(소설) 등 여러 산업 분야와 종합포털 사이트인 텅쉰왕(qq.com)을 오픈하면서 뉴스 미디어까지 진출한다.

텐센트의 캐시카우, 거대한 게임 왕국

2003년 초 큐큐쇼의 성공으로 인한 매출액 증대를 똑똑히 확인한 텐센트는 다른 여러 가지 추가 수익 모델을 찾던 중 당시 게임 산업의 빠른 성장세에 주목하게 된다. 그리고 같은 해 게임 산업에 진출해서 수익을 창출하겠다는 목표를 세운다.

게임 산업의 구조를 살펴보면 크게 개발사와 유통사(배급사)로 나뉜다. 영화 산업과 큰 줄기는 같다고 보면 된다. 텐센트도 게임 업계에 진출하면서 게임을 자체 개발을 할 것인지 아니면 게임 유통을 할 것인지 사내에서도 논란이 일었다. 일단 마화텅이 내린 결론은 텐센트도 자체 게임 개발이 가능하지만 아무래도 경험이 적은 상황에서는 리스크가 크니, 우선은 해외에서 성공하고 검증받은 유명 게임들을 중국으로 들여와서 유통하는 퍼블리싱 쪽으로 방향을 잡고 진행하되 자체 개발 준비를 병행하자는 것이었다. 그러다 보니 해외로 눈을 돌리게 되고 가장 먼저 들어온 것이 바로 가까운 한국의 게임 산업이었다.

싸이월드라는 SNS 분야를 비롯해서 게임 분야에서도 텐센트가 당시에 한국을 벤치마킹하던 것은 결코 우연이 아니다. 한국은 이미 1990년대 후반부터 미국 블리자드사의 스타크래프트 열풍과 함께 전국에 퍼진 PC방 문화와 e스포츠 흥행으로 젊은 세대의 게임 수용도가 상당히 높았다. 당시에 청소년 사이에선 스타크래프트 온라인 접속 프로그램인 '배틀넷' 점수가 학교 시험 성적표보다 더 중요한 지표였고 임요환, 홍진호, 박정석, 이윤열 등 1세대 e스포츠 스타들이 청소년들의 우상인 시절이었다. 바로 내가 당시 그 청소년이었고 취미가 온게임넷 시청이었으니 당시의 분위기를 잘 안다. 집집마다 인터넷 광케이블의 보급으로 인한 훌륭한 IT 인프라(지금도 그렇지만 당시에도 전 세계에서 가장 빠른 인터넷 속도 자랑), e스포츠와 PC방 폭발적인 인기 등 양질의 IT 토양에서 3대 N사인 넷마블, 넥슨, 엔씨소프트 외에도 스마일게이트, 컴투스 등의 한국 토종 게임 회사들이 성장할 수 있었고, 이들은 앞다투어 새로운 게임들을 개발해서 출시했다. 그러니 텐센트도 가장 가까운 지역인 한국의 게임 산업에 눈이 갈수밖에 없는 상황이었고 실제로 수많은 한국 게임 기업에게 러브콜을 보내기도 한다.

2003년 텐센트는 우선 텅쉰왕(qq.com 큐큐닷컴)이라는 주로 각 분야별 실시간 뉴스와 엔터테인먼트, 스포츠, 패션 등의 다양한 콘텐츠를 제공하는 종합 포털 사이트를 운영하면서 여기에 한 섹션으로 큐큐 게임(qqgame.qq.com)을 개설하고 온라인 게임 서비스를 제공한다. 예전, 네이버 포털에서 같이 제공하던, 한게임 서비스와 유사하다고 생각하면 된다. 큐큐 게임이라는 온라인 게임 플랫폼에서 가장 먼저 배급한 게임이바로 한국의 3D 온라인 게임인 '세피로스'(한국 게임 개발사 이매직)였다. 2003년 당시 기사를 찾아보면 계약금 60만 USD, 로열티 30% 조건으로 수출 계약을 맺었고 기사 말미에는 텐센트는 한국 기업이 개발한 세피로스를 통해 게임 사업에 첫발을 내딛게 된 만큼 텐센트 회원들을 바탕으로 전폭적인 마케팅 활동을 펼칠 것이라고 되어 있다. 지금 텐센트 게임의 위상과 게임 관련 억도 아닌 조(兆) 단위의 매출액 규모를 생각하면 참으로 격세지감이다.

지금의 텐센트의 메인 게임 사이트는 큐큐 게임은 아니고 텐센트 게임(腾讯游戏, http://game.qq.com/)이다. 그 이후에도 큐큐·텐센트 게임에서 대 히트를 친 한국 게임으로는 스마일게이트의 '크로스파이어', 넥슨의 '던전 앤 파이터' '피파온라인', 엔씨소프트의 '블레이드앤소울' 등이 있다. 그리고 최근에는 크래프톤(구 블루홀)의 '배틀그라운드'도 중국 게임 시장에서 크게 성공했다. 이들은 모두 텐센트 큐큐 메신저와 큐큐/텐센트 게임이라는 플랫폼으로 중국에서 안정적으로 자리를 잡고 큰 매출을 올렸다.

2008년 이후에는 한국 게임뿐만 아니라 글로벌 시장에서 잘 나가는 게임들까지 중국에 들여오기 시작한다. 이와 더불어 지금까지 여러 게임 유통을 통해서 쌓은 자금력을 바탕으로 한국과 글로벌 게임 기업의 지분을 공격적으로 사들인다. 다만 특징적인 것은 지분을 얼마를 인수하건 해당 회사의 경영 방식에 대해서는 일절 간섭하지 않는다는 것이다. 텐센트에서는 이런 방식을 '소유는 하되, 간섭은 하지 않는다'고 표현한다.

텐센트는 현재 주요 업무 중에 하나를 벤처캐피털이라고 말해도 무방할 정도로 수많은 기업에게 투자하고 있는 상황이며(게다가 투자를 매우 잘해서 투자 성공률이 업계 평균보다 높다), 여기선 게임 분야와 관련된 굵직한 것들만 몇 가지 살펴본다.

2009년부터는 라이엇(Riot) 사의 지분을 야금야금 가져가더니, 2011년에는 50%를 넘어 2015년 결국 지분 100%를 전부 텐센트가 사들인다. 당연히 라이엇의 최대 히트작인 리그오브레전드(League of Legends, 약칭 롤, 중문명: 英雄联盟)를 중국에 수입 및 유통한다.

2011년에는 당시 작은 게임사에 불과했던 에픽게임즈의 지분 48%를 취득한 바 있으며, 2018년에는 에픽게임즈에서 개발 및 유통해서 대박을 친 포트나이트(Fortnite, 중문명: 堡垒之夜)를 중국에 배급한다.

2013년에는 워크래프트, 스타크래프트, 월드오브워크래프트(WOW), 콜오브듀티 등으로 너무나 유명한 액티비전 블리자드의 지분을 5% 정도 사들이고, 2014년에는 한국 넷마블에 5,300억 원을 투자하여 지분 28%를 취득하여 3대 주주가 된다.

2016년에는 클래시 오브 클랜(Clash of Clan, 중문명: 部落冲突)과 클래시 로열(Clash Royale, 중문명: 部落冲突, 皇室战争) 등으로 유명한 핀란드의 슈퍼셀(Supercell)까지 약 85%의 지분을 인수해서 최대 주주가 되었다.

이렇게 해외 유명 게임 기업의 지분 확보 및 관련 게임의 중국 유통과 동시에 텐센트는 원래 하려고 했던 자체 게임 개발에도 박차를 가한다. 사실 박차를 가한다는 표현을 써도 될까 싶을 정도로 텐센트의 초창기 자체 게임 개발 과정을 보면 헛웃음이 나온다. 해외 유명 게임을 들여오는 중국에 유통하는 건 판권을 구입해서 유통하는 것이지만 텐센트의 초창기의 자체 개발한 게임은 아예 해외 유명 게임들을 대놓고 카피하는 수준이었기 때문이다.

2004년 텐센트에서 처음으로 제작한 게임은 큐큐탕(QQtang, QQ堂, qqtang.qq.com)이라는 게임인데, 캐릭터들이 지도 위에서 이리저리 돌아다니면서 폭탄을 설치해 놓고 그 폭탄으로 상대방을 제거하는 게임이다. 벌써 출시한 지 18년째인데 2022년 기준으로 여전히 서비스 중이다. 이 게임은 텐센트에서 제작했다는 말이 무색할 정도로 한국 넥슨의 크레이지 아케이드를 카피해서 만든 게임이며, 한국도 딱히 할 말이 없는 건 넥슨 역시 일본 허드슨사의 봄버맨 콘셉트를 그대로 가져왔기 때문이다.

물론 조금씩 주요 캐릭터와 게임 설정은 달리해서 가져왔지만 큰 줄기가 같다는 것은 한 번만 플레이해 보면 알 수 있다. 또한 큐큐 스피드(QQ飞车, speed.qq.com) 또한 넥슨의 카트라이더를 카피해서 만든 게임이며, 넥슨 역시 닌텐도의 마리오 카트를 참고해서 만들었다는 것은 이미 널리 알려진 사실이다. 텐센트는 어차피 카피해 온 것에 대해서 그저 원본보다 더 잘 만들면 될 뿐이라고 생각하며 개의치 않는다. 법적으로 문제가 생기면 또 모를까 말이다. 2006년 넥슨이 실제로 큐큐탕에 대해서 텐센트의 표절에 대해서 손해를 입었다는 소송을 제기했으나 별 소득 없이 소송은 마무리된 바 있다.

카피는 했으나 소송 등의 법적 제재는 피해 갔으므로 큐큐탕이나 큐큐스피드 등으로 자체 개발한 게임 역시 꽤나 많은 돈을 벌어들인다. 게다가 비록 카피할지언정 계속 새로운 기능 개발, 업데이트, 게임 및 서버 운영 등에 대한 노하우는 쌓여 갔다. 그러나 그렇게 쌓여가는 노하우 속에서도 텐센트의 핏속에 흐르는 복제 DNA가 어디 사라질까? 내가 복제인지 복제가 나인지 구분조차 모호해져 간다. 과연 호접지몽으로 유명한 철학자 장자(庄子)를 배출한 중국답다.

2015년 11월에는 공전의 히트를 친 왕저롱야오(王者荣耀 왕자영요, Arena Game, 한국명 펜다스톰 https://pvp.qq.com/)라는 게임을 자체 개발해서 유통한다. 그런데 이 게임도 뭔가 익숙하다.

그렇다. 라이엇의 역대급 명작 리그오브레전드, 속칭 롤과 너무 비슷하다. 2015년 11월이면 텐센트가 이미 지분 100%를 가지고 있어서 라이엇의 모회사다. 아무리 '소유하되 간섭하지 않기' 작전이라지만 자회사의 역대급 히트 게임을 이렇게 거의 완전히 베끼듯이 가져와서 중국에 유통하고 매출액 1위까지 차지하는 텐센트의 모습을 보면서 역시 돈 앞에서는 피도 눈물도 없나는 걸 느낀다. 물론 라이엇 입장에서도 좀 어이가 없었겠지만, '모회사께서 그렇게 하겠시겠다'는데 당연히 어떠한 법적 제재나 움직임 없이 받아들였다.

그렇게 왕저롱야오는 2016년에 서서히 중국 시장에서 무르익어 가더니 급기야 2017년에 전 세계에서 가장 인기 있는 모바일 게임이 되었다. 이 왕저롱야오가 얼마나 선풍적인 인기를 끌었는지 한국에서도 일부 젊은이

중국 테크 기업의 모든 것

들이 PC방에서 며칠 동안 안 자고 게임을 하다가 급사하는 일이 발생했듯 중국에서도 왕저롱야오를 즐기다가 죽은 사람이 상당수 나왔다. 따라서 중국 인민일보에서도 이에 대한 비판기사를 내고 중국 정부도 이 게임을 규제하려는 움직임을 보이자 텐센트의 주가 폭락하는(당시 약 17조 원 증발) 상황이 나타난다. 그러자 2017년 7월 2일 텐센트 측에서 게임 시간 제한령을 내려서 7월 4일부터 12세 이하 미성년자는 매일 1시간 이하 접속, 9시 이후 로그인 금지, 12세 이상의 미성년자는 2시간 이하 접속 시간 초과자는 강제 로그아웃하는 조처를 한다. 이런 셀프 셧다운에 추가로 실명제 인증까지 더해서 미성년자 여부를 확인하는 더 강력한 조치까지 취한다. 성인들도 10시간 이상 플레이하면 15분 동안 강제로 로그아웃이 되는 기능까지 만들 정도였으니 왕저롱야오의 인기가 대단할 따름이다. 지금 보면 이런 규제는 그저 장난에 불과했다. (참고로 2021년 중국 정부는 18세 미만 청소년을 대상으로 금·토·일 휴일에만 하루 1시간씩 게임 접속이 가능한 규제를 발표했다. 해당 규제에 따르면 중국 청소년은 휴일 오후 8시부터 9시까지 총 1시간만 온라인 게임을 즐길 수 있다. 즉, 이 규제는 사실상 청소년 게임 금지법이라고도 볼 수 있다.)

코로나19 전에도 동시 접속자 수가 6,000~7,000만 명 정도였는데, 코로나19로 인한 집콕 시간 장기화로 최대 1.5억 명이 2020년 춘절 기간에 접속한 것으로 나왔다. 월간 사용자 수도 아니고, 연간 사용자 수도 아니고 동시 접속자 수가 1.5억 명, 한국 인구 3배라니 잘 상상이 되지 않는다. 이렇게 텐센트는 글로벌 유명 게임 유통 및 자체 개발 게임 두 가지 영역에서 모두 압도적 성공 신화를 썼다.

지금 중국에서는 텐센트는 모바일 게임 점유율 50% 이상으로 2위인 넷이즈(网易, 왕이) 15.8%의 3배 이상의 압도적 시장 지배자이며, 글로벌로 범위를 넓혀도 이미 전 세계 1위의 게임 개발사 및 유통사가 되었다. 텐센트의 전략 자체도 좋았고 실행 방식도 좋았겠지만 어쨌든 큐큐 게임의 성공은 또 큐큐 메신저를 떨어뜨리고 말하는 것 자체가 불가능하다. 이미 대부분 중국 사람들은 큐큐 아이디를 가지고 있었으며 큐큐 게임에서 제공하는 모든 온라인 게임은 추가적인 어떠한 절차도 없이 큐큐 메신저에서 로그인한 상태라면 바로 실행할 수 있었다. 큐큐 아이디를 눌러보면 이 사용자가 큐큐 내에서 어떤 게임을 했고, 글로벌 순위가 얼마고 최근에 한 게임이 무엇인지 등의 정보를 볼 수 있다. 거의 큐큐 아이디 하나만 있으면 대부분의 게임은 프리패스를 가졌다고 보아도 무방할 정도다.

결국 텐센트는 큐큐로 흥해서 큐큐를 무기로 게임 분야까지 안착, 아니 안착 정도가 아니라 글로벌 게임업계를 평정했다고 할 수 있다. 누가 고작 PC 메신저가 추후에 이렇게 거대한 파급 효과를 낼 수 있을지 상상이나 했을까. 다시 한번 내스퍼스의 CEO 쿠스 베커의 탁월한 투자 감각에 무릎을 치게 한다.

PC에서 모바일로 이동하는 대항해 시대, 위챗의 탄생

뭐니 뭐니 해도 텐센트의 역대급 전환점은 PC 메신저에서 모바일 메신저로 성공적으로 전환했다는 것이다. 즉, 큐큐(QQ)에서 위챗(微信, WeChat, 웨이신)으로의 전환이 시의적절했을 뿐 아니라 순조로웠다. 한국의 싸이월드, 네이트온은 같이 'SK'라는 대기업의 큰 우산 아래 PC 시절

나란히 한국의 SNS와 메신저를 장악하고 있었는데 모바일로의 전환 타이밍을 놓치고 전환 과정 또한 순탄치 않아서 둘 다 역사의 뒤안길로 사라져 버렸다.

텐센트는 큰 기업 규모에도 불구하고 스타트업 같은 민첩함과 과감함으로 모바일 메신저를 적시에 출시하고 업그레이드해가면서 이를 바탕으로 다양한 사업 포트폴리오를 구성, 이제는 글로벌 최정상의 기업으로 성장한 것을 생각하면 싸이월드와 네이트온의 무덤행(네이트온은 2022년까지는 공식적으로는 아직 살아 있고, 싸이월드도 지속적으로 부활 관련 기사가 나온다)은 개인적으로 또 국가적으로도 매우 안타까운 일이다. 이제 한국은 토종 SNS는 없고 페이스북, 인스타그램, 트위터, 유튜브, 틱톡 등 미국과 중국 SNS에 점령당해서, 쉽게 말해 SNS 반 식민지로 전락했다. 그나마 카카오톡과 네이버가 커뮤니케이션 방면에서 카카오톡(Kakaotalk)과 라인(Line)으로 선방하고 있지만 이 두 기업의 주요 사업 분야를 SNS 영역이라고 칭하기엔 좀 아쉬운 부분이 있다.

미국에서 2007년 아이폰을 발매하고 스마트폰 시대로 접어들면서 세상이 확실히 바뀌기 시작했다. 사람들은 언제 어디서나 모바일로 인터넷을 접속할 수 있게 되었다. 그리고 이 바람은 중국에도 어김없이 불어 닥쳤다. 중국에서는 초창기에 애플과 삼성 등의 외국 브랜드의 점유율이 높았으나 상대적으로 가격이 높아서 보급이 늦었으나 나중엔 자국 브랜드인 샤오미(小米, Xiaomi), 화웨이(华为, Huawei) 그리고 후발주자인 오포(OPPO), 비보(VIVO) 등의 저렴한 스마트폰들이 급속도로 보급되기 시작했다. 미국에서 아이폰이 출시된 지 2년 만인 2009년엔 중국 내 모바일 인터넷 이용자가 3억 명을 넘어섰다.

이런 상황에도 불구하고 세상 물정 어두웠던 차이나모바일(中国移动), 차이나유니콤(中国联通) 등의 국영 통신사에 장악된 통신업계는 여전히 비싼 통화료와 문자 메시지 비용을 청구하고 있었다. 그리고 이에 대한 소비자들의 불만은 서서히 커져가는 상황이었다. 당시 큐큐 메일 시스템을 담당하고 있던 장샤오롱(张小龙)은 미국의 무료 메신저인 킥(Kik)을 벤치마킹해서 비슷한 서비스를 내놓자고 마화텅에게 제안한다. 마화텅 역시 이에 대한 적극적인 동의하고 당시 모바일 인터넷 사업본부의 복수의 팀(당시 2개 팀)에게 모바일 메신저 주문을 맡긴다. 이는 텐센트 특유의 사내 경마제도(竞马)로 자원 중복 투입 걱정 같은 것은 저 멀리 갖다 버리고 무조건 완성도 높은 상품을 개발해서 선보이는 팀이 이기는 시스템이다.

그리고 개발된 상품은 텐센트 내에서 실제로 다양한 테스트를 거쳐서 최종 승자가 선발된다. 그렇게 위챗팀이 사내 경마에서 계속 이겨버리자 텐센트 전 임직원들은 위챗 베타판을 사용하고 추가 피드백을 제시하여 불과 개발이 시작된 지 2개월인 2011년 2월에 위챗이 세상이 나오게 된다. 정말 엄청난 속도가 아닐 수 없다.

당시 위챗의 경쟁상대는 이미 먼저 출시된 샤오미의 미랴오(米聊)였다. 미랴오와의 경쟁에서 이기기 위해서 큐큐 메신저 시절 쌓았던 수십 갑자의 메신저 운영 내공을 통째로 끌어올린다. 미랴오에서 이미 하고 있던 인터넷 음성 통화 기능은 물론, 사진 공유 기능, 문자 메시지 대신에 음성을 녹음해서 올리는 기능, 주변의 모르는 이웃 추가하는 기능, 흔들기 기능(흔들어서 동시에 흔든 사람과 연결, 재미용) 등을 차근차근 추가해 나갔다.

이런 여러 가지 잡기 외에 위챗은 누구와도 견줄 수 없는 최강의 필살기가 있었으니 바로 큐큐(QQ) 찬스였다. 위챗이 막 태어나고 꼬물대면서 이제 막 뒤집기를 할까 말까 한 2011년경에는 이미 큐큐 메신저 누적 가입자 수는 10억을 훌쩍 넘은 상태였고, 당시 동시 접속자는 무려 1.4억 명을 돌파했고 2012년엔 동시 접속자 수가 1.7억 명을 돌파했다. 당시의 큐큐는 싸울 수 있는 상대라기보단 그저 모두의 경쟁 기피 대상 1호였다.

큐큐가 누군가의 사업 영역에 발 담그기 시작하면 원래 있던 분야의 주도 기업에게는 거의 사망 신고였다. 특히 게임 분야에선 큐큐가 유사한 게임을 만들어서 큐큐 메신저에서 바로 플레이할 수 있도록 풀어 버리면 정말 원래 게임 기업은 바로 사망각이었다. 그만큼 방대한 사용자를 거느리고 있는 큐큐는 그야말로 모두에게 공포 그 자체였다.

큐큐라는 업계의 최상위 포식자를 뒷배로 둔 아기공룡 둘리, 아니 아기 위챗은 '호잇호잇' 하고 큐큐 아이디로 위챗을 로그인을 할 수 있게끔 만들고, 또 '호잇호잇' 하면서 큐큐의 친구 목록을 그대로 위챗에서 사용할 수 있게끔 마법을 부렸다. 이건 경쟁자 입장에서 보면 도저히 극복할 수

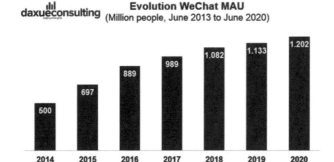

WeChat 월간 사용자 수 12억 명 위엄 @daxueconsulting

없는 치트키였던 셈이다. 마치 자전거 경주에 오토바이 타고 나타나서 풀 액셀을 밟고 질주하는 격이었다. 그 결과 위챗은 매일 10만 명 이상씩 신규 사용자들 끌어모았다.

그렇게 위챗은 2012년 3월, 출시 후 1년이 약간 넘은 시점에서 사용자수 1억 명을 돌파했고, 그로부터 고작 반년 만인 같은 해 9월 2억 명을 넘어섰고, 또다시 4개월 만인 2013년 1월에 3억 명을 돌파했다. 갈수록 락인 효과(Lock-in)와 네트워크 효과로 인해 가입자 증가가 가속도가 붙는 것을 볼 수 있다. 참고로 출시된 지 10년이 넘은 2022년 기준 위챗의 월간 사용자 수는 12억 명이 훨씬 넘는다(약 12.5억 명 정도). 중국 내의 스마트폰 보급 수량과 거의 유사하다고 볼 수 있다. 위챗이 없다는 건 중국에서의 생활하지 않는다는 것과 별다른 뜻이 아니다.

기존에 10억 명이 넘는 큐큐 메신저를 10년 이상 운영하면서 익힌 기술력, 경험과 내공으로 텐센트는 엄청난 속도로 늘어나는 사용자들은 전부 큰 문제 없이 시스템으로 수용했다. 이는 남들이 결코 단기간에 쫓아올수 없는 경쟁력이므로 아까 경쟁자로 예시로 든 샤오미의 미랴오 같은 경우 메신저 운영 미숙으로 인해 동시 접속자 수에 대한 최대 서버 용량 준비 및 관리 실패 등으로 여러 차례 서버가 다운되고 특정 지역에서는 접속 자체가 안 되는 등 운영상의 헛발질이 계속됐다. 이런 운영상 실수의 연속에 추가적으로 미랴오는 딱 메신저의 역할만 했었고 위챗은 메신저를 넘어선 SNS 기능으로 끊임없는 진화를 거듭하였으므로 적자생존의 법칙으로 인해 얼마 가지 않아 샤오미도 자사 메신저인 미랴오의 관 뚜껑을 구슬피 닫을 수밖에 없었다. 그 외 알리바바와 기타 몇몇 기업이 위챗의 아성을 넘보면서 자사의 메신저 겸 SNS 서비스를 내놓은 적이 있지만 아무도 텐센트의 벽을 뚫지 못하고 큐큐와 위챗은 중국 내 모바일 커뮤니케이션 시장을 통째로 집어 삼켜버렸다.

중국의 12억 인구와 가장 밀접한 기업이 된 텐센트, 과정은 어려웠으나 결실은 달콤한 것이었다. 위챗의 무서운 점은 단순히 메신저로 끝난 것이 아니라 거기가 출발점이었다는 것이며 위챗으로 바탕으로 수많은 기능과 비즈니스를 결합해서 슈퍼앱으로 발전했다는 데에 있다. 도대체 위챗의 무슨 기능들이 그렇게 특별한가? 다음 편부터 위챗을 슈퍼앱으로 만들어준 핵심 기능을 한번 살펴보자.

다음 편으로 넘어가기 전에 아쉬움에 한마디만 더 덧붙이자면 한국에서도 네이트온이 PC 메신저에서 조금만 더 빨리 모바일로 치고 나갔으면 카카오톡은 이미 엄청난 인지도와 사용자 수를 확보해 놓은 네이트온을 절대로 이길 수가 없었을 텐데 지금 돌이켜 생각하면 너무나 좋은 비즈니스 기회를 허공으로 날려버린 셈이다. 네이트온이 모바일화하는 데 가장 큰 걸림돌 중 하나 바로 모기업인 SK에서 통신사업을 영위했었다는 데 있다. 최대 메신저인 네이트온을 모바일화하면 휴대폰 SMS 문자 수익이 줄면 얼마나 준다고 버티다가 그 좋은 메신저를 홀라당 태워먹었는지 안타까울 따름이다.

이런 점에서 아마존 CEO 제프 베조스는 참 대단한 사람임이 분명하다. 다들 알다시피 아마존은 원래 종이책의 인터넷 판매로 시작한 회사이므로 전자책 판매를 시작하면 통상적으로 카니발라이제이션(신·구 서비스 간의 경합, 자기 시장 잠식)을 가능성을 걱정할 수밖에 없었다. 그러나 그는 지금까지 종이책 판매를 담당하던 간부를 디지털 전자책 분야로 인사배치를 하고 이렇게 소리쳤다. '당신이 이제부터 할 일은 지금까지 해온 사업을 싹 다 말아먹는 일이다. 종이책 파는 사람들의 일자리를 전부 빼앗을 각오로 몰두해라.' 역시 당시 SK와는 차원이 다른 클래스의 경영 전략이다.

위챗을 슈퍼앱으로 만든 7가지 'SUPER' 기능

중국 검색 사이트인 바이두 백과에 가서 위챗(微信, WeChat/웨이신)을 치면 연도별로 무슨 기능을 추가했는지에 연대기적 한두 줄씩의 간략한 설명이 나온다. 위챗은 2011년 버전 1.0서부터 2021년 버전 8.0까지 수많은 기능을 추가하면서 업그레이드되어 왔다.

음성 통화, 영상 통화, 사진·영상·명함·프로필 공유 기능, 문자 메시지를 대체 가능한 음성 메시지 녹음(중국에선 매우 많이 쓰는데 한국에선 이상하게 거의 안 씀), 스마트폰 흔들어서 주변 위챗 사용자 찾기, 바닷가에 표류병 던져서 낯선 사람과의 랜덤하게 연결되는 게임적 요소, 여러 명과 멀티 음성 통화, 영어를 포함한 다국어 지원, 채팅창 내에서 각종 외국어 자동 번역 기능, 위챗 PC 버전 출시 등 다양한 업그레이드는 사용자 경험을 극대화하고 편의를 높였다는 점에서 중요하지만(게다가 필요성을 자각한 후에는 엄청난 개발 속도로 상용화 및 출시), 뒤에서 이야기할 기능들에 비하면 이런 메신저 위주의 추가적인 기능은 그 무게감이 다소 떨어진다. 그리고 이 정도는 한국의 카카오톡도 기본적으로 대부분 지원하는 기능이다. 그러니 딱히 대단한 건 아니라고 할 수 있다. 순수 메신저 기능으로만 보면 위챗보다 카카오톡이 오히려 나은 부분도 있긴 하다.

위챗의 몇 가지 핵심 기능들은 한국의 대표 모바일 메신저인 카카오톡도 지금까지 제대로 구현하지 못하고 있다. 혹은 기능은 명목상 갖췄어도 고객의 반응 혹은 사용자 경험을 위챗만큼 못 끌어내고 있다. 이런 배경에는 기술적, 법적, 사용자 특성 등 다양한 이슈가 얽혀 있겠지만 한국 이용자로서 안타까움을 금할 길이 없다.

개인적으로 생각하기에 위챗을 슈퍼앱으로 만든 진정한 탈 메신저급 주요 기능은 다음과 같다.

1) 소셜(SNS) 기능, 모멘트(朋友圈, Moment)
2) 위챗 공식계정(公众号, Official Accounts, 공중하오)
3) 위챗페이(微信支付, WeChatPay), QR코드(二维码) 스캔서비스
4) 생활 O2O 플랫폼
5) 홍빠오(红包, 세뱃돈 혹은 금일봉) 기능
6) 미니프로그램(小程序, Mini Program)
7) 위챗 내 검색기능, 숏클립 영상, 라이브 방송 및 기타.

1번부터 한국의 대표 메신저인 카카오톡과 비교해 보면 2012년, 태어난 지 1년이 조금 지난 위챗은 원래 있던 단순 메신저 서비스에서 한 단계 더 나아간 SNS 서비스를 출시한다. 그것이 바로 모멘트(중국명은 朋友圈 펑여우취엔, '친구들끼리, 혹은 친구 서클' 정도로 번역할 수 있겠으나 깔끔한 번역이 안 돼서 위챗 한글 버전에는 모멘트로 명시됨) 서비스다.

간단히 '카카오스토리(카스)'라고 하면 쉽게 이해는 되는데 사실 위챗의 모멘트랑 적절한 비교라기엔 다소 부족하다. 그렇다고 페이스북이라고 하

기엔 페이스북 메신저는 한국에서 카카오톡만큼 활성화되지 않았다. 물론 한국 10대 사이에서 페이스북 메신저(페메)가 카카오톡보다 더 많이 쓰이긴 하지만 그건, 중국 10대들이 큐큐 메신저를 위챗보다 많이 쓰는 것과 비슷한 현상으로 보인다. (어른들과의 차별화, Young한 느낌이랄까) 그래서 한국에는 위챗 모멘트에 해당하는 서비스라고 할 수 있는 것이 없다.

군이 유니콘처럼 상상으로 만들어 내자면 카카오톡과 페이스북이 합쳐져서 같은 어플에서 구현된다고 보는 편이 제일 합당해 보인다. 위챗의 모멘트와 비교했을 때 카스 실패의 원인 중의 하나는 어플 분리에서 나오는 접속의 번잡함이 크다고 본다. 어플도 따로 깔아야 하고 카카오톡이랑 왔다 갔다 해야 하는 등 로그인도 상당히 번거롭다. 위챗 모멘트는 카스와는 달리 위챗 어플 내에서 클릭 두 번이면 바로 들어갈 수 있다. 물론 이런 기술적인 문제 말고도 광고 피드의 지나친 범람 등 카카오스토리의 운영 미숙으로 인해 사용자의 경험에 다소 악영향을 끼친 부분도 있다. 앞에서부터 누누이 지켜본 텐센트의 경쟁자 격퇴사를 반추해 보면 텐센트는 결국 사용자 친화적인 환경을 만드는 것을 항상 최우선으로 생각했다. 모멘트 역시 그 치열한 고민을 바탕으로 나온 결과였다. 텐센트는 경쟁사와 똑같은 내용을 구현한다고 해도 그 구현 방법에 따라 결과는 천양지차라는 것을 너무 잘 알고 있었다.

위챗의 모멘트는 페이스북과 마찬가지로 텍스트와 이미지 그리고 영상을 타임라인으로 올려서 친구들과 공유하는 기능이다. 나의 타임라인을 공유하듯이 당연히 친구들의 타임라인을 통해서 친구들이 무슨 글, 사진, 영상 등을 올렸는지 파악할 수 있고 그 위에 댓글이나 하트(좋아요)를 누를 수 있다. 그럼 상대방에서 알람이 간다. 그리고 다양한 외부 사이트의 링크를 가져와서 똑같이 텍스트, 이미지, 영상 등을 친구들과 공유할 수 있다. 위챗의 모멘트에는 뭔가 엄청나게 특별한 것이 있을 것을 기대했다면 조금 실망스러울 수 있겠다. 사실 다른 SNS인 페이스북이나 트위터라고 다 별것 있나, 사실 내가 최근 무슨 일을 했고 어떤 생각을 하고 있는지 알리고 싶은 것은 인지상정이다. 위챗 모멘트는 위챗 사용자 대상으로 그 멍석을 깔아 줬을 뿐이다. 편리하고 쉬운 방식으로 말이다.

모멘트 서비스는 향후 단순한 개인들의 일상다반사를 공유하는 플랫폼뿐 아니라 지인 대상 각종 마케팅 및 홍보 플랫폼으로 사용된다는 사실이 중요하다. 국가와 지역을 불문하고 유사한 경향을 보이지만 중국에서는 특히 지인 추천 및 지인 마케팅이 매우 중요하다. 다만 최근에는 몇몇 사람들이 위챗 모멘트를 통한 무분별한 광고를 너무 많이 하는 경우가 있어서 보기에 피곤한 때도 있다. 물론 이런 경우에는 해당 친구의 모멘트 숨기기를 하거나 차단해 버릴 수도 있다. 그리고 지인들이 올리는 광고 외에 은근슬쩍 위챗에서 광고비를 받고 올리는 모멘트를 가장한 광고들도 올라가서 모멘트는 위챗의 주요한 광고 플랫폼으로도 쓰인다. 페이스북이나 인스타그램과 동일한 피드 광고로 보면 된다. 물론 귀퉁이에 아주 작게 광고라는 문구는 들어가 있다. 대부분 광고가 그러하듯 위챗의 자체 광고 피드도 보는 사람을 피로감을 주곤 한다.

위챗 모멘트와 다른 여타 SNS의 가장 큰 특징 중의 하나는 상당히 폐쇄적이라는 것이다(이 역시 큐큐랑은 좀 다르다). 위챗 내에서는 상대방의 친구 수락 동의 없인 상대방에게 먼저 대화를 걸 수도 없고, 상대방의 모멘트도 볼 수 없다. 카카오톡이 상대방 동의 없이 아이디 검색(혹은 스마트폰 번호 저장)만으로 친구 추가 및 대화를 거는 것이 가능한 것에 비하면 상당히 사생활 보호에 철저하다. 그뿐 아니라 위챗 모멘트 게시물에도 나의 친구들이 댓글을 단 것만 볼 수 있고, 친구가 아닌 사람의 댓글은 하나도 볼 수가 없다. 친구들의 게시물에 댓글이 없어도 진짜 댓글이 있는지 없는지는 그 글을 올린 친구 말고는 정확히 알 수 없다. 상당히 사생활 보호 측면에서 신박한 시스템이다. 사실 중국에는 원조 SNS로 중국판 트위터인 시나 웨이보(新浪微博, 마이크로 블로그라는 뜻이며, 시나 외에도 몇 개 회사가 유사 서비스를 제공)가 2009년부터 서비스를 개시하고 2011년 이후로 크게 유행했었다. 지금은 위챗 모멘트, 샤오홍슈 및 더우인 등 다른 SNS 플랫폼의 영향으로 많이 시들해져서 웨이보의 성장률도 답보 상태다. 마치 미국 트위터의 상황과 크게 다르지 않다.

사진 위주의 샤오홍슈(小红书, 인스타그램과 유사)나 동영상 위주의 더우인(抖音, TikTok 숏클립 동영상 플랫폼)이 최근 급성장하면서 점유율이 올라오고 있긴 하나 두 플랫폼의 콘텐츠는 친구들에게만 공개되는 게시물이 아니라는 점에서 폐쇄적인 위챗 모멘트와 본질적으로 큰 차이가 난다. 따라서 일반 대중을 대상으로 보여 주기 위한 극적인 효과가 있는 사진과 숏클립 동영상은 만드는 것이 몹시 어려운 것은 아니지만 그렇다고 아무나 할 수 있는 일도 아니다. 반드시 시간, 경험과 기술이 필요하다. 그래서 주로 사진과 영상이 주가 되는 새로운 플랫폼들은 일반 사용자 입장에선 주도적으로 포스팅을 한다기보다는 누군가 올린 포스팅을 보는 용도로 쓰인다. 결론은 아직까진 위챗 모멘트가 일반 대중들이 뭔가 포스팅(개인용도 혹은 광고 마케팅 불문)을 하기엔 가장 만만한 플랫폼이라는 것이다. 그러다 보니 위챗의 모멘트는 여전히 일반인들이 가장 많이 쓰는 SNS라고 할 수 있다.

위챗 공식계정, C2C→B2C 업그레이드로 기업 활용성 극대화

○ 위챗 공식계정: 공중하오(公众号, AKA Official Accounts)

그리고 2012년에는 위챗은 또 하나의 중요한 SNS 서비스를 오픈한다. 그것은 바로 위챗의 공식계정(公众号, 공중하오)이다. 즉, 공인(유명인), 정부 기관, 미디어 및 각종 기업 등이 대외적으로 자신을 홍보할 수 있고 대중들과 소통할 수 있는 플랫폼을 만든 것이다.

기존의 개인 대 개인의 메시징 서비스(C2C)에서 기업 대 개인 간의 커뮤니케이션 서비스(B2C)로 한 단계 진화한 것이다. 위챗의 중대 전환점이라고 할 수 있다. 공식계정은 위챗 내에서도 워낙 중요한 위치를 차지하고 있는 터라 텐센트에서도 수정에 수정을 거듭하여 지금은 공식계정 외에 이를 기반으로 미니프로그램이라는 것이 새롭게 만들어졌다. 지금도 활발하게 사용되는 공식계정의 기본 골격을 보자면 구독형과 서비스형으로 나뉜다.

구독형은 공식계정의 주체가 팔로워들에게 하루에 1회씩 뉴스레터 혹은 기타 문장의 형식으로 읽을 만한 콘텐츠 혹은 뉴스를 제공할 수 있다. 그 주제가 뭐든 간에 허위 사실이나 사회에 해로운 정보가 아니라면 구독자에게 전달할 수 있고 구독자는 이를 아까 언급한 모멘트에 올릴 수도 있고 친구에게 개별적으로 채팅으로 전달할 수도 있고 단체채팅방으로 공유도 가능하다.

서비스형은 기업의 홈페이지를 간략하게 위챗 내에서 구현했다고 생각하면 된다. 기업 및 제품 소개는 물론 판매, 주문 및 서비스 예약 등이 가능하며 팔로워들에게 월 4회까지 푸쉬형 알람 메시지가 가능하다. 이 서비스형 공식계정이 추후 탄생하는 위챗 미니프로그램의 모태가 된다.

두 가지 형태 모두 특정 기관에서 대중들과 공식적으로 소통하기 위한 통로이므로 '공식'이란 타이틀이 붙었고 따라서 이 무게감은 상당한 편이다. '공식'이기 때문에 위챗의 반드시 공식 인증을 받아야 하며 이로 인해 도용이 원칙적으로는 불가능 하다. 또한 공식계정이 위챗의 규칙을 어길 경우 위챗에서는 이 계정을 정지시킬 수 있다. 공신력이라는 권위가 부여된 만큼 책임도 따르는 법이다.

구독형은 개인 사용자도 신청이 가능하므로 콘텐츠 제작 능력이 뛰어난 이들은 이런 구독형 계정으로 유명인(왕홍)으로 발돋움하기도 한다. 그러나 서비스형은 개인 신청은 불가능하며 기업이나 단체만 가능하다. 이 공식계정 서비스를 군이 한국에 비교하자면 카카오톡 채널(구 카카오톡 플러스)과 비슷하다. 운영·관리 측면에서 위챗이 조금 더 잘 정리된 측면이 있다.

먼저 공식계정 관리 측면에서 보자면 위챗에서 관리가 더 엄격하게 하고 있으므로 특정 브랜드나 공인의 공식계정을 위챗에서는 찾기가 상당히 수월한 편인 데(검색 후 보통 가장 위에 있는 것을 고르면 됨) 반해 카카오톡 채널에서는 도대체 어느 것이 기업에서 정식으로 운영 중인 공식 세정인지 찾기가 다소 어렵다.

2020년 이전만 해도 카카오톡 채널은 관리 상태가 다소 미흡하여 특정 브랜드를 치면 어느 것이 공식계정인지 알 수가 없었지만, 지금은 그나마 브랜드 검색 결과는 많이 정리된 편이다. 그러나 연예인 등 공인들의 공식계정의 관리 상태는 여전히 개선이 필요해 보인다(유명 연예인을 치면 정말 수없이 많은 채널이 검색된다). 이에 반해 위챗은 기업 공식계정뿐 아니라 연예인 등 공인의 공식계정 관리 역시 비교적 깔끔한 편이다.

○ 위챗 공식계정은 이제 중국 기업 스마트 리테일 도구로 발전

앞서 다룬 바와 같이 기존 위챗이 개인 간의 C2C 커뮤니케이션 위주였다면 위챗 공식계정은 이를 기업과 개인 간 B2C로 한 단계 수준을 업그레이드시켰다는 데에 있다. '아무리 작은 상점이라도 자기만의 브랜드가 있다'라는 것이 위챗 공식계정이 초기 주창했던 캐치프레이즈였고 2019년 말까지 2021년까지 위챗에 등록된 공식계정은 무려 2,000만 개에 달한다. 이 숫자는 거의 모든 중국 현지 기업과 개인 사업자가 다 들어와 있다고 할 정도로 중국 비즈니스에서 온라인 마케팅의 기본 중의 기본이라고 여겨진다. 또한 절반 이상의 위챗 사용자가 매일 10~30분 정도 구독형 위챗 공식계정의 소식을 열람할 정도로 이미 일상적인 소통 및 미디어 채널이 되었다.

앞서 살펴본 구독형과 서비스형 공식계정은 다양한 기업이 브랜드를 선전하고, 사용자를 끌어오는 방식을 바꿨고 모든 기업에게 비교적 평등한 기회와 저렴한 비용으로 높은 효율로서 고객과의 직접적인 연결을 지원하고 있다. 위챗 공식계정은 이미 그 자체로 많은 콘텐츠를 담고 소통 채널로 쓰이지만, 미니프로그램으로 한 단계 더 진화하면서 상상 이상의 역할을 해내고 있다. 비록 앞으로 다룰 미니프로그램 출시 이후 공식계정의 중요성은 상대적으로 축소되기는 했으나 여전히 수많은 기업이 고객들과 소통하는 중요한 플랫폼임에는 틀림이 없다.

따라서 이 공식계정을 통해서 기업 규모와 무관하게, 기업 혹은 개인 사업자인지와 무관하게 우수한 콘텐츠와 서비스로 팔로워(팬, 粉丝)를 모집하고 소통할 수 있다. 즉, 자신들만의 팬클럽 운영이 가능해진 것이라고도 할 수 있다. 이 자신들의 팔로워(팬)을 운영하는지에 따라서 기업의 성패가 갈린다고 할 수 있을 정도로 그 중요성이 커졌다.

카카오톡 채널은 쇼핑 주문 내역, 고지서 청구 등의 알람 메시지나 마케팅 등의 광고·홍보 수단으로 쓰이는 경우가 대다수이며 아직은 위챗의 공식계정처럼 적극적인 소통이나 서비스 단계로 진화하진 못했다. 비록 2021년까지는 카카오톡 채널로 본격적인 B2C 마케팅을 하겠다는 기업은 많이 보지 못한 거 같지만 2022년부터는 카카오톡에서도 이제 본격적으로 이 채널을 활용하여 각 기업이 고객과 소통하도록 지원하고 있다. 실제로 카카오는 이 서비스를 '세상의 비즈니스를 완성하는 카카오톡 채널'이라고 홈페이지에 소개하며 B2C에 주안점을 주었다는 것을 확실히 명시했다.

텐센트 위챗페이, 알리바바에게 회심의 반격

○ 위챗페이(WeChat Pay), QR코드 및 위치기반 서비스 적용(LBS)

2013년에 텐센트는 알리바바의 알리페이기 80% 이상 넘게 거의 독차지하고 있던 모바일 결제 시장에서 출사표를 던지고 정식으로 위챗페이 서비스를 론칭한다. 알리바바가 전자상거래의 거래 행위자들의 편의와 안전을 위해서 개발한 알리페이가 온·오프라인 결제 시장을 독식하던 선두주자라면, 텐센트의 위챗페이는 위챗이라는 거대 플랫폼을 이용한 후발주자였다. 후발주자지만 거대한 몸집의 빠른 속도를 가지고 있는 존재였다. 게다가 이 후발주자는 후발 전문(패스트 팔로워 전략을 좋아하는 마화팅)이다. 알리페이가 하던 일들은 당연히 다 갖다 쓰고 거기에 새로운 기능을 쉴 새 없이 갖다 붙인다. 2013년 출발 당시에는 보잘것없는 점유율이었으나, 7년이 지난 2020년에는 무려 40%에 육박하는 점유율을 차지하고 기존 알리바바의 결제 서비스인 알리페이의 점유율을 상당히 많이 뜯어 먹었다.

또한 2013년에 위챗페이의 출시와 더불어 위챗에 QR코드 스캔 기능이 추가된다. 원래 QR코드(Quick Response)는 일본 덴소 웨이브사에서 1994년에 개발한 코드인데 특허권을 행사하지 않아서 누구나 사용할 수 있는 상황이었다. 기존 바코드보다 작은 정사각형 형태임에도 불구하고 훨씬 더 많은 데이터를 넣을 수 있는 큰 장점이 있다. 바코드는 1차원적 가로 배열에 최대 20자 정도의 숫자 정보만 가능하지만, QR코드는 2차원적 가로세로 배열로 숫자 최대 7,089자, 문자 최대 4,296자, 한자 최대 1,817자까지 기록이 가능하다. 따라서 QR코드에는 인터넷 주소, 사진 및 동영상 정보, 지도 정보 등 사용자가 원하는 많은 정보를 담을 수 있다. 일본이나 한국 등지에서는 마케팅, 광고 등의 분야에서 주로 활용되어 지면이나 광고판의 물리적 한계를 QR코드로 연계해서 추가 정보를 제공하는 방식으로 사용되는 사례가 많았다. 물론 그 외에도 활용 사례는 무궁무진하다.

그러나 뭐니 뭐니 해도 QR코드가 진정으로 꽃을 활짝 피운 곳은 중국이다. 중국에서 QR코드의 가장 광범위한 활용 범위는 바로 모바일 결제 수단이다. 특히 오프라인에서 판매자와 구매자 사이에서 신속한 결제를 하기 위해선 빠른 정보 교환의 매개체가 필요한데 QR코드가 바로 그 용도로 사용되는 것이다. 판매자는 자신의 위챗페이 계좌와 연결되는 QR코드를 인쇄하여 계산대에 상시 준비하고, 이와 동시에 구매자의 결제 QR코드를 스캔해서 금액을 수령하는 QR코드 리더기도 준비해 놓는다. 중국의 카드결제 수단인 POS기 보급률은 선진국에 비하면 상당히 낮은 편이었고, 신용 및 체크카드의 보급율도 낮은 편이었기 때문에 QR코드를 통한 오프라인 결제는 급속도로 전 중국에 퍼져나갔다.

중국의 허름한 노점상이나 거지들도 들고 다니는 QR코드가 바로 자신들의 모바일 계좌(주로 알리페이와 위챗페이)와 연동된 것이라서, 그 QR코드를 스캔하면 금액 입력란이 나온다. 그 칸에 상대방에게 보내려는 금액만큼의 숫자를 입력하고 확인 버튼을 누르고 결제 비밀번호(숫자, 지문인식 혹은 안면인식 등)를 입력하면 내 모바일 가상 계좌에서 바로 돈이 상대방 모바일 가상 계좌로 들어간다.

중국에선 하루에도 수없이 QR코드를 마주친다. 지하철, 버스, 택시를 비롯한 교통수단은 물론 모든 결제 수단, 각종 인증 수단에 항상 QR코드가 등장한다. 다만 QR코드는 누구나 자유롭게 제작할 수 있는 만큼 피할 수 없는 보안 문제를 가지고 있다. 악의적인 마음을 가진 누군가가 바이러스, 랜섬웨어 등의 악성코드나 유해한 사이트를 전파하게 시키기에 쉽기 때문이며 실제로도 그런 사례기 발생하기 때문이다. 따라서 아무 데나 붙어 있는 QR코드를 무턱대고 스캔했다가는 저런 위험에 노출될 수 있다는 것이므로 사용자들의 주의가 필요하다. 그러나 이런 보안상의 위험에도 불구하고 편리하다는 커다란 장점 때문에 오늘도 중국에서는 수많은 QR코드가 등장했다가 사라지기를 반복한다.

텐센트는 위챗페이, QR코드 스캔 기능과 더불어 추가적인 위치기반 서비스(LBS)를 시작했다. 물론 예전에도 주변의 위챗 친구 찾기 같은 서비스로 LBS를 활용하고 있었지만, 이번에는 비즈니스용으로 활용할 수 있도록 구현했다는 점이 중요하다. 즉, 특정 상점에서 자신들의 주소 위치를 설정해 놓은 후 일반 사용자들이 자신의 위치를 공개하면 그 주변 지역에 있는 상점들의 할인 쿠폰이나 각종 이벤트 등의 소식을 받아 볼 수 있게 했으며, 또 해당 상점으로 찾아가는 내비게이션 서비스까지 제공하게 되었다.

이것들은 모두 텐센트의 스마트 유통에서 다시 알아본다. 위챗의 모든 기능은 언제든지 비즈니스용으로 전환해서 사용 가능하다는 사실이 가장 소름 돋는 장점이다. 모든 걸 연결하게 한다는 텐센트의 말은 결코 허언이 아니다.

○ 위챗페이, 스마트 유통 도구로의 발전

2013년 8월, 위챗 버전 5.0으로 업그레이드 시에 정식으로 출시한 이 모바일 결제 서비스는 사람들 생활에 큰 변화를 수반하고 각종 유통상에게도 무한한 비즈니스 기회를 제공했다.

QR코드 스캔 및 결제 시스템을 도입해서 오프라인 거래 효율을 크게 상승시켰고, 그 결제 내용은 위챗 사용자 정보와 연동되어 유통상은 고객 정보에 대한 자산을 쌓아갈 수 있었다. 이를 통해서 오프라인 고객 정보에 대한 디지털화에 대한 오랜 염원이 생각보다 간단한 방법으로 해결되기 시작한 것이다. 따라서 온라인 매장 외에 오프라인 매장도 기업이 고객 정보라는 소중한 디지털 자산을 축적할 수 있는 중요한 근원이 되었다. 즉, 위챗페이를 통해서 사용자와 상품, 사용자와 상점의 연결이 과거와 비교할 수 없이 완전해진 것이다.

기초적인 활용 예시로 중국의 어느 상점에서 위챗페이로 결제하면 사용자는 그 해당 상점 공식계정(공중하오)의 팔로워가 되기도 한다(물론 사용자의 동의가 필요). 그러면 해당 상점은 소비자의 위챗 정보와 구매했던 내역 등을 바탕으로 향후 각종 마케팅 정보 및 할인 정보를 소비자의 위챗 메신저로 보낼 수 있다. 그렇게 위챗페이로 결제하는 순간, 소비자는 디지털 DB화되어서 해당 상점의 데이터베이스에 저장이 된다. 소비자가 이 상점에서 더 많이 구매하면 할수록 맞춤형 홍보가 소비자에게 전송되는 경향을 띤다.

위챗페이는 결코 단순히 결제 수단으로만 끝나는 것이 아니다. 그 결제의 연결고리로부터 기업은 '나'라는 고객에 대해서 집요하게 팔고 들기 시작해서 어떻게든 나를 다시 자신들의 제품과 서비스에 지갑을 열게 하는 것이다.

위챗의 생활 O2O 플랫폼, 슈퍼앱의 기틀 마련

○ 생활 O2O 플랫폼

2013년에도 그랬지만 2014년에도 위챗에는 많은 변화가 일어난다. 위챗에서는 결제 수단인 위챗페이 활성화 노력과 동시에 폐쇄적으로 운영하던 큐큐 메신저 시절과 달리 위챗의 문호를 활짝 개방한다. 위챗페이를 다른 어플이나 플랫폼에서도 쓸 수 있게끔 개방했을 뿐 아니라, 위챗 자체를 제삼자 서비스 제공 파트너들에게 개방했다. 가장 먼저 택시 호출 등이 가능한 모빌리티 서비스인 디디다처(현재 디디추싱의 전신)의 서비스를 위챗에 담는 것으로 시작으로 정식으로 '위챗 스마트 라이프(微信智慧生活)' 서비스를 발표하면서 전 생활 O2O 분야에 위챗을 활용한 솔루션 방안을 제시한다.

바로 위챗이라는 전 중국이 사용하는 국민 메신저 겸 국민 SNS 플랫폼에 들어온 생활 서비스들은 대략 다음과 같다. 하단 리스트는 2021년 기준이며 리스트가 기니까 숨을 깊게 들이쉬고 보자. (2013년 서비스 초창기에는 당연히 이보다 서비스 범위가 작았다.) 해당 리스트는 수시로 바뀐다.

- 모바일 통신비 납부
- 재테크·모바일 결제·신용카드 업무 등의 금융 플랫폼
- 수도·전기·가스등 생활 공과금 납부
- 병원 등 의료 서비스 예약 및 방역 관련 뉴스 서비스
- 도시 기반 공공서비스(방역 관련 QR코드, 각종 사회보험 및 주택 공적금 서비스, 교통법규 관련 각종 서비스, 기상정보 서비스
- 철도·항공 등 이동 서비스
- 각종 세금 납부 관련 행정서비스)
- 공익(자선 기부) 등

상기 서비스는 텐센트에서 비교적 중요한 내용이라고 판단하여 위챗이 자체적으로 제공하는 생활 서비스들이다. 즉 텐센트 인하우스 제공 서비스 목록이다. 그 외에도 다음 항목이 있다.

- 호텔·항공·기차표 등 티켓 및 여행서비스 (同城旅行, 통청뤼싱)

- 영화 티켓 (猫眼电影, 마오옌뎬잉)

- 택시 및 전용차 호출 등의 모빌리티 서비스 (滴滴出行, 디디추싱)

- 온라인 쇼핑 (京东购物, 징동거우우 / 拼多多, 핀둬둬)

- 공동구매 (美团团购, 메이퇀퇀거우)

- 여성 패션 및 쇼핑 (蘑菇街女装, 모구지에뉘좡)

- 깜짝 세일 (唯品会特卖, 웨이핀훼이터마이)

- 음식배달 (美团外卖, 메이퇀와이마이)

- 중고 장터 (转转二手, 좐좐얼서우), 부동산 (贝壳, 베이커)

이런 것들은 각 분야에서 가장 영향력 있는 제삼자의 서비스 플랫폼으로 대신하고 있다. 위챗 자체 서비스와 제삼자 서비스 파트너의 콘텐츠가 좀 겹치기도 하는데 위챗에선 크게 개의치는 않는 듯하다.

이 제삼자 제공 서비스는 계속해서 내용도 바뀔뿐더러 종종 서비스 제공 파트너가 바뀌는 일도 있다. 왜냐하면 이들은 예를 들어 쇼핑이면 쇼핑(징동이나 핀둬둬), 배달이면 배달(메이퇀 등), 당연히 해당 분야에서 큰 영향력이 있는 서비스 제공 파트너인 동시에 텐센트가 전략적으로 지분 투자를 한 기업이기 때문이다. 해당 서비스 세공사의 시장 시위가 흔들리거나 협력 파트너의 지배 구조(혹은 투자 지분)가 바뀌면 이들은 교체되기도 한다. 늘 바뀌듯이 2022년 4월 기준으로 이 목록에 텐센트 혜택 모음(腾讯惠聚)라는 새로운 항목이 추가됐다. 이는 텐센트 공식 브랜드 상점을 표방하고 있으며 특징으로는 유명 브랜드 제품을 할인해서 판매 중이며(텐센트 공식몰이므로 가품 걱정 없이), 또 다른 특징으로는 명품 카테고리가 별도로 분리되어 버버리, 지방시, 발렌티노, 페라가모, 펜디, 프라다, 로로피아나, 쇼파드 등의 시즌별 화보와 신상을 볼 수 있으며 해당 아이템의 사진을 클릭하면 브랜드 별 미니프로그램으로 연동되어 바로 구매할 수 있도록 마련됐다. 전자상거래 분야는 지분을 보유 중인 징둥과 핀둬둬에게 넘겼던 과거 행보와 달리 스스로 다시 전자상거래에 뛰어들었다는 점이 주목할 만하다.

○ 위챗과 제삼자 협력 파트너의 win-win 구조

이들 서비스는 위챗페이에 들어가면 바로 한 번의 클릭만으로 이동할 수 있게끔 설계되어 있다. 이렇게 위챗페이 첫 페이지에 별다른 검색의 노고 없이 자동 노출되는 분야별 협력 파트너들은 매우 큰 이익을 보고 있다.

먼저 월간 사용자 수(MAU)가 12억 명이 넘는 위챗의 소비자 대상으로 광고와 노출 효과를 통해 엄청난 사용자 트래픽을 얻을 수 있다. 이것만으로도 이미 금전적으로 환산하기 힘들 정도의 효과다. 당연히 이는 인한 시장점유율 방어 및 확대로 이어진다.

둘째는 마케팅 및 홍보비용과 시간의 절감이며 이는 당연히 협력 파트너들의 영업이익 등에도 큰 도움을 줄 수밖에 없는 구조다. 동시에 위챗에서 첫 페이지에 세울 정도로 보증하는 협력사이므로 소비자의 신뢰도도 더욱 커질 수밖에 없다.

셋째, 대부분의 B2C 어플은 고객들의 개인정보, 즉 인증과 결제에 필요한 아이디와 신원 확인 등을 필요로 하는데 위챗에서 협력 파트너를 클릭해서 타고 넘어가면 이런 인증을 다시 할 필요가 없다. 이미 위챗에서 가지고 있는 모든 개인정보를 넘겨주기 때문에 귀하의 정보 제공에 동의한 다는 것에 '예'만 누른다면 귀찮은 아이디 등록, 신분증 및 스마트폰 인증 등 일련의 모든 절차가 생략가능하다.

마지막으로 소비자들은 이미 위챗에서 형성된 인맥 네트워크를 협력 파트너의 어플에서도 사용할 수 있다. 중국에는 공동구매나 친구에게 공유하면 쿠폰 등을 주는 어플이 많으므로 이 부분도 상당히 중요하다고 볼 수 있다. 물론 이런 외부 제삼자 파트너와의 협업 방식은 당연히 위챗에게도 여러 가지 도움을 준다.

먼저 일단 날이 갈수록 다양해지고 늘어 가는 각종 모바일 서비스를 절대로 텐센트에서 전부 커버할 수 없으므로 외부 파트너를 이용해서 위챗의 락인(Lock-in) 효과를 극대화하겠다는 것이다. 밑에서 다루겠지만 위챗이 최종적으로 지향하는 연결 대마왕 슈퍼앱으로의 발전은 반드시 외부 협력 파트너와 미니프로그램 없이는 불가능하다. 둘째는 첫 페이지에 노출되는 모든 외부 파트너에 텐센트는 10~25% 정도의 지분 투자를 해놨기 때문에 협력 파트너사가 잘 될수록 텐센트에게도 배당 이익이 돌아오는 선순환 구조이다.

위챗 홍빠오, 돈 봉투는 이렇게 뿌리는 겁니다

○ 홍빠오(红包, 세뱃돈 혹은 금일봉) 기능

위챗페이의 점유율 확대에 매우 큰 기여를 한 홍빠오 마케팅, 2015년은 위챗페이의 디지털 홍빠오 마케팅에 전 중국 사람들이 열광하면서 시작됐다. 사실 디지털 홍빠오는 이미 2014년에 텐센트가 개발하여 텐센트 사내에서부터 사용되기 시작했고 위챗페이와 연동되어 상대방과 채팅을 통해 나눠주는 시스템으로 구현되었다. 즉, 주는 사람이 주고 싶은 금액을 적어서 상대방에게 그냥 보낼 수도 있고, 단체방에 올릴 수도 있다.

여러 명이 있는 방에 올릴 땐 각각 얼마를 주겠다고 설정할 수도 있고 아니면 받는 사람 명수만 입력하고 총액을 랜덤으로 나눠 받게 할 수도 있다. 딱 순전히 기능만 놓고 봤을 때는 위챗페이 내의 나의 지갑(계좌)에서 타 이용자의 위챗 지갑으로 금액이 이동하는, 우리가 이해하는 온라인 뱅킹으로 하는 계좌 이체와 전혀 다를 것이 없다. 그런데 이를 구현하는 인터페이스, 겉모양 그리고 주는 방식이 색다를 뿐이다. 일단 정말 빨강 봉투로 발송이 되며 봉투에 메시지 작성도 가능하다. 그리고 위에 얘기한 대로 랜덤 추첨으로 받아 보는 금액이 결정되기 때문에 받는 재미, 보내는 재미, 그리고 열어 봐야 금액을 알 수 있다는 설렘(좋게 말해 설렘, 달리 말해 중국 사람이 좋아하는 두근두근한 도박 감성)을 동반한 게임적 요소가 크다.

바로 이런 재미로 인해서 위챗의 디지털 홍빠오는 2014년부터 급속도로 퍼지기 시작했다. 하지만 국민 메신저인 위챗의 위상에 비교하자면 찻잔 속에 태풍 정도에 그치는 듯했다. 그러나 바로 2015년 춘절 기간에 위챗페이는 알리바바 마윈이 '진주만의 기습'이라고 명명할 정도로 디지털 홍빠오를 활용한 엄청난 역습에 성공하여 모바일페이 시장점유율을 크게 가져간다.

중국에는 매년 춘지에(春节, 춘절·설날)에 가족들이 상봉하여 다 같이 보는 춘절연환만회(春节联欢晚会, CCTV Spring Festival Gala Evening)라는 TV 프로그램이 있다. 당대 중국 내 최고의 가수, 연예인이 출연해서 단막극, 스탠딩 코미디, 노래, 만담(相声) 등의 각종 프로그램을 진행한다. 일본의 홍백가합전(红白歌合战)과도 비슷한 듯하다. 줄여서 춘만(春晚)이라고도 하는데 이는 1979년부터 지금까지 이어지고 2014년에는 국가 프로젝트로까지 지정될 정도이니 중국 사람들에게 그 프로그램의 위상은 대단한 것이다.

한국에서 설날에 아이들한테 세뱃돈을 주는 풍습이 있는 것처럼, 중국도 또한 홍빠오를 나눠주는 습관이 있다. 텐센트는 바로 이 대단한 전통과 높은 시청률을 가지고 있는 TV 프로그램과 홍빠오 주는 습관을 절묘하게 엮어 버리는 대형 마케팅 프로젝트를 진행한 것이다.

(참고로 홍빠오는 원래 붉은 봉투라는 뜻이며 봉투 안엔 당연히 돈이 있다. 단순히 세뱃돈으로 번역할 수 없는 이유는 설날에만 주는 것이 아니라 결혼 등의 경사에도 전달하는 돈을 홍빠오라고 하기 때문이다. 또한 손위 어른이 손아래 친척들에게만 주는 것이 아니라 기업 대표나 임원들이 밑에 직원들에게도 준다. 굳이 번역을 하자면 금일봉이라는 말이 더 맞는 거 같다.)

물론 이 춘만 프로그램 내에서 진행한 '홍빠오 받아 가세요(领红包)' 캠페인은 단지 도화선일 뿐이었고 텐센트는 이 프로젝트의 성공을 위해서 사전에 여러 가지 준비를 한다.

먼저 지금까지 디지털 홍빠오의 역할은 그저 단순한 개인 간의 호의, 개인 간의 행위에 불과했다면 이를 기업의 마케팅 및 판촉 활동으로 바꿔 버릴 준비를 한 것이다. 방송 전에 텐센트는 잠재 광고주 기업에게 협업 의사를 타진한 후 참가 의향을 밝힌 기업을 대상으로 전체 소요 예산과 마케팅 방법을 논의했다. 대규모의 참가비가 드는 만큼 주로 브랜드를 보유한 대형 기업 참가를 확정했다.

○ 홍빠오 마케팅의 비즈니스 모델: 공짜는 늘 공짜가 아니다

디지털 홍빠오 비즈니스 모델은 다음과 같다. 춘만 프로그램의 메인 MC가 프로그램 중간중간에 현장의 관중들과 시청자를 향해서 '지금 스마트폰을 흔들어서 홍빠오를 받아 가세요'라고 구성지게 외치면, 위챗의 모멘트나 공식계정 등의 SNS상 사전 광고를 확인한 시청자와 TV를 보면서 이를 확인한 시청자 모두 위챗의 특정 링크와 연결된 디지털 홍빠오 수령 화면을 보면서 미친 듯이 스마트폰을 흔든다. 실제 당시 동영상을 보면 약간 뭐랄까 돈에 환장한 광란의 축제 같다.

게다가 위챗에는 이미 스마트폰 흔들기로 랜덤 사용자 찾기 등의 서비스를 내놓은 적이 있어서 중국 사람들에게는 스마트폰 흔들기는 별 거부감이 없는 상태였다. 이렇게 스마트폰을 흔들다 보면 철컥철컥 슬롯머신 당기는 듯한 효과음(이건 분명히 노린 것 같다)이 나면서 정말 디지털 홍빠오가 도착했다는 화면이 표시되고 얼마가 수령되었다는 표시가 나타난다. 하지만 바로 돈이 지급된다고 생각했다면 그건 오산이다. 일단 홍빠오가 왔다고 할 때부터 어느 기업(혹은 어느 브랜드)에서 당신에게 홍빠오를 보냈다는 광고로부터 시작해서 이를 확인하고 실제로 내 위챗 계좌로 돈을 받으려면 해당 기업의 위챗 공식계정을 팔로우해야 한다든지, 기업의 마케팅 브로셔 등을 타 단체 채팅방에 전송을 해야 한다든지, 모멘트에 공유해야 한다든지 이런저런 조건들이 달린 상태로 오는 것이다.

사실 실제로 받아 보는 금액 자체는 푼돈에 불과하지만(프로그램 내내 팔 빠지게 흔들어 봐야 평균 5~10위안이 될런가) 일단 뭔가 복권 긁는 기분과 가족들끼리 모인 축제 분위기에 더해서 실제로 돈 안 놓고 돈 먹기라는 생각에 사람들은 춘절만회 프로그램이 방영되는 내내 팔에 쥐가 나도록 스마트폰을 흔들었다. 실제로 그다음 날 수많은 이들이 팔 근육통을 호소했다.

위챗 공식발표에 따르면 2015년 춘만 방영 날인 섣달그믐에 발송된 홍빠오 발송 횟수는 10.1억 회, 저녁 8시부터 다음 날 새벽 00:48분까지 춘절만회 위챗 스마트폰 흔들기 페이지에서 스마트폰 흔든 횟수는 무려 110억 회, 22시 34분에 최고점을 찍어서 중국 각 지역에서 스마트폰을 1분당 8.1억 회를 흔들었다고 한다. 인구수로 밀어붙이는 정말 이 경이로운 수치에 전율이 돋을 뿐이다.

이를 바탕으로 2014년까지 위챗페이 사용자 수가 2,000만 명에 불과했다면 2015년에 10배가 늘어난 2억 명으로 늘어났다. 또한 위에서 언급한 대로 캠페인 참가 기업도 홍빠오 발송으로 인지도 및 광고 효과 제고와 더불어 위챗 내의 공식계정의 팔로워가 기하급수적으로 늘어났기 때문에 위챗 플랫폼에 대한 신뢰도와 충성도가 한층 제고되었다. 디지털 홍빠오로서 스마트폰을 흔든 사용자에게 주는 돈은 광고주 기업이 TV, 인터넷 및 SNS에서의 광고선전비를 지급하는 것과 동일하다. 늘 강조하지만 같은 내용이라도 언제 어디서 어떻게 하는 것은 이렇게 효과의 레벨이 다르다.

벌써 이로부터 7~8년이 지난 지금, 중국 내에서 홍빠오 마케팅은 상당히 보편화돼서 크게 새로운 것도 없다고 느껴지고 (물론 한국 사람들은 아직도 많이 모르는 것 같지만) 단순한 발상의 전환에 불과하다고 볼 수 있으나 이는 콜럼버스의 달걀과도 같다. 누구나 할 수 있지만 막상 누가

하기 전까진 아무도 생각 못 한 일을 텐센트가 한 것이다. 그래서 알리바바 마윈이 2015년에 텐센트에 뼈를 너무나 세게 맞고, 장탄식을 내뱉으며 이건 거의 '진주만의 기습'이라고 표현한 것이다.

그래서 이를 벅벅 갈았던 2016년 춘만의 공식 협업 파트너는 알리바바가 기를 쓰고 차지한다. 지난번 경이로운 효과를 확인한 다수의 기업이 홍빠오 프로젝트에 참가하면서 더욱 열기는 고조되고, 이듬해인 2016년 섣달그믐에 홍빠오 교환 횟수는 텐센트에서만 23.4억 회로, 전년 대비 약 6배가 증가했다고 한다.

2015년에 텐센트가 처음 쏘아 올린 홍빠오 마케팅은 이미 중국에선 마케팅의 클래식 반열이 올라서 매년 춘절뿐 아니라 다양한 시기에 다양한 방법으로 운영되고 있다. 이제는 단순하게 홍빠오로 금액 발송뿐 아니라 홍빠오 안에 해당 브랜드의 할인 쿠폰을 발송한다든지, 자신의 위챗 모멘트에 기업 광고물을 올리거나 단체장에 공유 몇 회를 하라든지 등의 다양한 미션들을 부과하면서 홍빠오를 뿌리는 식이다.

이제는 홍빠오 발송 자체가 신기한 일이 아니라 기업이 어떤 식으로 홍빠오를 뿌릴지 여러 기업의 재미있는 신박한 아이디어의 각축장이자 헬리콥터 돈 살포식의 축제(광고)가 된 것이다. 중국 기업의 돈을 향한 집념에 경배를 보낼 수밖에 없다. TV 프로그램도 같이 적극적으로 발전해서 중국 중앙TV(CCTV)의 춘만 외에 지역별 춘만에서도 저마다 모두 홍빠오 행사를 여러 기업과 진행한다. 또한 방송 화면에 다음 스마트폰 흔들어서 홍빠오 받기까지 '02:58' 전 같은 카운트다운 안내 자막을 끊임없이 내보내서 시청자가 채널을 못 돌리도록 고정시키기도 했다. 방송국 입장에선 시청률도 올라가고 홍빠오 광고 효과도 제고되고 일석이조였다.

위챗과 타 메신저들과 넘사벽 차이를 만든 미니프로그램

○ 미니프로그램(小程序, Mini Program) 소개

이미 앞서 살펴봤던 위챗의 변신과 업그레이드 과정만 해도 텐센트라는 기업에 대해서 살짝 소름이 돋았는데 2016년에 발표한 미니프로그램은 그야말로 화룡점정이다. 위에서 공식계정 서비스를 설명하면서 위챗이 기존 C2C 분야의 메시징 서비스에서 B2C 분야까지 발전하고 있는 모습을 확인했다. B2C까지 영역을 확장하면서 텐센트가 새롭게 서비스를 시작한 미니프로그램이 모바일 생태계에 커다란 변화를 몰고 오는 중이다.

미니프로그램이라는 것은 위챗 내에서 구동되는 어플리케이션이다(즉, 앱인앱이라고 할 수 있다). 용량이 적고 간편하게 사용된다고 해서 위챗에서는 이를 미니프로그램이라고 명명했다. 특정한 분야가 정해진 건 아니고 누구나 등록할 수 있고 무슨 내용이든지 탑재할 수 있다. 결론부터 이야기하자면 미니프로그램으로 인해서 위챗은 자신만의 경계선이 사라졌다고도 할 수 있다. 즉, 메신저라는 제약에서부터 벗어나서, 무엇이든 될 수 있고 무엇이든 할 수 있는 슈퍼앱이 됐다고 할 수 있다. 극단적으로 이야기하자면, 스마트폰에 오직 위챗만 깔려있다면 거의 무엇이든지 할 수 있다는 뜻이다.

위챗 미니프로그램의 이해를 돕기 위해서 잠깐 스마트폰의 어플리케이션(어플) 마켓을 살펴본다. 애플이 만든 스마트폰 운영체계(Operating System, OS)인 iOS에서 작동하는 어플은 오직 애플의 어플 마켓인 앱스토어에서만 구매할 수 있다. 첫 아이폰 출시 당시 애플은 앱스토어에 다른 휴대폰 사업자의 참여를 허락하지 않았다. 따라서 삼성, 엘지, 노키아 등 대부분의 휴대폰 제조사들은 자의 반 타의 반으로 구글이 전 세계에 공개용(공개 소스)으로 만든 스마트폰 운영체계인 안드로이드 OS에 탑승할 수밖에 없었다.

구글은 이 안드로이드 어플 마켓을 플레이 스토어라고 명명했다. 그래서 지금 전 세계의 어플 시장은 크게 애플 진영과 비 애플인 구글의 안드로이드 진영으로 양분되어 있는 것이다. 애플이 아무리 큰 회사라지만 애플 외에는 대부분 안드로이드에 참여 중이므로 시장점유율은 약 2:8~3:7 정도로 안드로이드 마켓의 점유율이 당연히 훨씬 높다. (최근 미·중 분쟁으로 중국은 탈 안드로이드 경향을 띠고 자체 어플 마켓을 운영하는 곳이 증가 추세) 그런데 중국에서는 애플의 앱스토어는 그나마 정상적으로 운영되지만, 구글이 정상적으로 활동하지 못하고 있으므로 중국 안드로이드 어플 마켓은 그야말로 중국 기업의 각축전이 펼쳐지고 있다.

텐센트(应用宝, 잉용바오), 바이두, 360 모바일 어시스턴트 등의 중국 IT 기업이 만든 어플 마켓과 차이나 유니콤, 차이나 모바일 같은 중국 통신사와 화웨이, 샤오미, 오보, 비보 등의 중국 휴대폰 제조사가 자체적으로 운영하는 어플 마켓 등 사분오열된 혼란스러운 시장 상황이며 어느 마켓도 압도적인 점유율을 갖고 있지 못하는 상황이다. 그런데 위챗은 지금 저 혼란한 중국 내 혼란한 어플 상황을 깔끔하게 정리해 나가고 있고 더 나아가 중국 내 어플 생태계의 패러다임까지 바꾸고 있다는 평가를 받고 있다. 바로 미니프로그램 하나로 말이다.

위챗 어플 하단의 메인 메뉴인 친구들 주소록 옆에 붙어 있는 '검색(중국판 发现, 영문판에선 Discover)' 탭을 누르면 맨 밑에 미니프로그램(小程序, Mini Programs)이라는 항목이 있다. 미니프로그램의 검색창에 희망하는 기업명이나 관련 키워드를 넣으면 관련 미니프로그램이 '짠'하고 나타난다. 다시 미니프로그램을 터치하면 해당 브랜드의 어플을 내려받아서 여는 것과 같은 유사한 효과가 나타난다. 기업 정보, 회원 가입, 상품 검색, 예약 및 주문, 1:1 채팅 등 우리가 일반적인 어플에서 생각할 수 있는 거의 모든 것들이 미니프로그램 내에서 구현된다. 대중교통 탑승, 상점 내 결제 같은 건 일도 아니다. 그리고 내 위치에 따라서 근처 오프라인 매장 등에서 운영하는 미니프로그램이 자동으로 추천되기도 한다. 해당 미니프로그램을 누르면 매장에 대한 주문, 예약, 판매 등이 모두 가능하다. 또한 업종별로도 찾아볼 수 있다.

○ 미니프로그램 장단점, 미니프로그램이 재편하는 어플 생태계

미니프로그램이 어떻게 기존의 애플의 iOS와 구글의 안드로이드 기반의 어플 생태계를 어떻게 위협하고 있는지 살펴보자. 미니프로그램이 많이 쓰이는 이유는 너무나 자명하다. 이를 사용하는 소비자와 공급자(어플 개발자)에게 모두에게 골고루 혜택을 주고 있기 때문이다.

먼저 소비자 입장에서는 외식이나 쇼핑할 때마다 필요한 어플을 하나하나 다운로드하여서 관리하기 어렵다. 한 달에 몇 번 쓰지도 않는데 스마트폰 용량을 차지하는 것도 성가신 일이다. 필요할 때 잠깐 불러왔다가 사라지는 미니프로그램은 그런 걱정이 없다. 그리고 미니프로그램은 위챗 기반으로 돌아가므로 스마트폰의 종류나 운영체계와 상관없이 위챗만 있다면 늘 서비스를 이용할 수 있다. 또한 위챗에서 타고 넘어간 미니프로그램에서는 내 개인정보를 귀찮게 여러 번 요구하지도 않아서 제품과 서비스에 대한 구매가 수월하다.

공급자 입장은 미니프로그램을 통하면 이미 언급한 대로 위챗의 사용자 트래픽 확보, 마케팅 홍보비용 및 시간 절약, 사용자 정보 확보 등에 큰 도움을 받을 수 있고 마지막 결정적인 장점은 애플과 구글이 어플 유료 구입 혹은 인앱 결제 시 개발자한테 떼어 가는 30%가량의 상당한 수수료도 존재하지 않는다.

한국에서도 매년 애플과 구글에서 30%의 수수료를 떼어 가는 것이 적당한 것인지에 대한 논쟁 관련 기사가 매년 뜨는 것을 생각해 보면 중국도 다르지 않은 것이다. 더구나 공급자는 미니프로그램을 제작해서 공급하면 서버, 클라우드, 호스팅 등 운영비용도 들어가지 않는다. 이 모든 것을 전부 위챗에서 부담해 준다(텐센트는 이미 대규모 클라우드 사업을 운영하는 만큼 이 정도는 가볍게 처리할 수 있다). 그리고 개발된 어플을 위한 별도의 홍보비용도 들어가지 않는다. 사실 어떤 기업이 개별적인 독자 어플을 만들어서 유지하고 홍보하는 것은 생각보다 많은 자금이 든다. 어플 종류와 크기에 따라서 다르지만 매달 어플을 유지하기 위해서 서버 및 클라우드 비용 등이 약 1~4만 위안(한화 약 177~708만 원) 정도가 소요된다. 어플 홍보 전문 마케팅 대행사마다 다르겠지만 어플 홍보를 위해선 B2C 어플의 경우 모객 되는 사용자당 3~20위안까지, B2B 어플의 경우 사용자당 100위안 이상이 소요될 정도로 홍보비가 상당하게 들어간다. 이런 부분까지 고려하면 미니프로그램은 공급자 입장에서 더할 나위가 없이 좋은 도구다.

물론 미니프로그램이라고 장점만 있는 것은 아니다. 먼저 서버 및 호스팅 운영 등 잡다한 부대비용을 전부 위챗에서 부담하는 대신에 미니프로그램의 용량은 10MB를 넘길 수 없다. 크고 구동이 무거운 어플은 애초부터 미니프로그램으로 만들 수 없다. 또한 미니프로그램은 고객들 대상으로 알람 등의 푸시 기능을 구현할 수 없다. 푸시 기능은 여전히 기존 위챗의 공식계정으로만 가능하다는 단점이 있다. 그리고 미니프로그램도 2021년 기준 이미 600만 개에 이를 만큼 많아졌기 때문에 그 안에서 경쟁도 점점 치열해진다는 것도 인지해야 한다. 하지만 그럼에도 불구하고 장점이 훨씬 많으므로 하루에도 수십 개의 미니프로그램이 생기고 있다고 봐야 할 것이다.

2016년 시작된 위챗 내 미니프로그램 수는 2018년까지 230만 개를 돌파했으며, 위챗 외에서 다른 플랫폼에서 작동되는 미니프로그램까지 합산하면 2020년까지 500만 개가 넘는 것으로 추산되고 있다. 2020년 4월 기준으로 월간 사용자가 100만 명이 넘는 위챗 미니프로그램은 1,200개 이상으로 전년 동기 대비 789개에서 50% 이상 증가했다. 또한 미니프로그램의 월간 사용자 수도 2021년 기준 약 9억 명으로 전년 대비(6.8억명)에 비해서 30% 이상 증가했다.

수치상으로 보았을 때 고작 3년이라는 시간 동안 무려 10년 이상 운영된 애플과 구글 스토어에 등록된 어플 수량을 뛰어넘어 버렸다. 이런 추세가 계속되고 위챗의 미니프로그램 등이 중국에서 완전히 정착하게 된다면 현재 애플과 안드로이드 진영으로 양분된 글로벌 어플 시장은 흐름은 매우 달라질 것으로 예상된다.

○ 미니프로그램 관련 텐센트 vs 애플

이런 미니프로그램을 통해서 소비자와 공급자 그리고 위챗(웨이신)이 이득을 보았다면 손해 보는 자가 누구일까? 당연히 기존 어플 마켓을 잡고 흔들면서 엄청난 수수료를 떼 가던 애플과 구글이다. 구글은 현재 중국 비즈니스를 운영 못 하고 있으므로 논외로 치고 애플은 텐센트의 자체 어플 마켓이라고 할 수 있는 미니프로그램에 강력한 항의 표시를 하고 이를 문제 삼았다. 그 조치의 일환으로 위챗에다가 위챗페이 기능을 차단하고 애플의 인앱 결제 기능을 적용(그래야 애플이 30% 수수료 먹을 수 있음) 하지 않으면 애플의 앱스토어에서 위챗을 삭제하겠다고 통보했다.

구체적으로는 위챗에서 팁 주기(打賞) 기능을 막아버린 것이다. 이는 위에서 언급한 위챗 구독형 공식계정(공중하오)에서 좋은 콘텐츠를 제작한 크리에이터들에게 사용자(독자)들이 자발적으로 건네는 팁이다. 위챗 플랫폼이니 당연히 팁의 송금이나 결제는 위챗페이로 이뤄졌는데 이를 애플이 막아버린 것이다.

애플은 미국, 아니 글로벌 IT 업계의 갑 오브 갑, 슈퍼갑 기업이다. 만일 '갑'이라는 상상의 존재가 실물 형태로 존재한다면 그건 바로 애플일 것이다. 아이폰 출시 이후 엄청난 충성심으로 가득한 고객들을 거느리며 하드웨어 판매와 함께 어플 생태계에서 천문학적 수익을 올리던 애플은 지금까지 누구에게도 고개를 숙여본 적이 없으므로 텐센트에게도 고개를 빳빳이 들고 협박을 가한 것이다. 물론 수수료를 받아서 수익률 증가에도 그 배경이 있겠지만 위챗페이와 경쟁하는 모바일 결제 수단인 애플페이를 염두에 둔 행보라고 해석되기도 한다.

'하하하', 애플의 이런 위협 앞에서 텐센트는 아마 속으로 웃었을 것이다. 다른 곳에선 모르겠지만 감히 내 안방에서 나를 도발하다니 뜨거운 맛을 보여 주리라. 오히려 텐센트는 아이폰의 위챗 어플(애플용 iOS 버전)을 메신저 기능만 남기고 모든 기능을 삭제해 버리는 초강수로 대응했다.

그러자 중국의 아이폰 사용자들은 졸지에 어리둥절, 애플둥절한(?) 반 원시인 상태로 전락해 버린다. 갑자기 위챗의 메시징 서비스 외 수많은 기능을 잃어버렸기 때문이다. 물론 알리페이나 애플페이 등의 다른 지불 방법 등으로 극복할 수는 있었으나 어쨌거나 불편해진 중국 사용자들은 자국의 위챗보다는 애플이 과도한 이득을 얻기 위해서 위챗을 압박한다는 비난의 화살을 돌렸다.

결국 애플은 체면을 구기고 꼬리를 말고 텐센트와의 협상을 통해 위챗페이 기능을 원상 복구하는 평화 협정에 들어갔다. 중국에선 애플 없이 살 수는 있지만, 위챗 없이 살 순 없다는 사실을 전 세계가 똑똑히 목도한 상징적인 장면이었다. 천하의 애플도 중국 앞에선 갑의 위치를 유지하기 어려웠다.

○ 텐센트 스마트 유통의 '절대 반지'인가

위챗페이의 기초 위에서 미니프로그램의 탄생과 폭발적인 성장은 유통업계의 C2B 연결을 향한 또 하나의 큰 발전이었다. 미니프로그램은 유통기업에게 온라인과 오프라인 매장의 진정한 통합을 가져왔기 때문이다. 2016년 초 텐센트 위챗팀은 구독형 및 서비스형 공식계정의 기존 기능 외에 어떻게 하면 이 공식계정을 마치 독립된 어플처럼 많은 기능을 넣을 수 있을지 고민한다. 쓰고 잊어버리는 콘셉트(Use and Forget)는 사용자들의 디지털 사용 습관에서 힌트를 얻었고 이를 통해 아주 가볍고 편리한 미니프로그램을 출시한다.

유통 기업에게는 이 미니프로그램이 커다란 비즈니스 기회를 창출할 수 있는 공간이 되었다. 즉, 미니프로그램을 이용해서 자사 공식 사이트,

온라인 쇼핑몰을 비롯한 기업별 맞춤형 기능 개발, 온·오프라인 매장의 직접적 연결을 가능케 만들었다. 미니프로그램은 단순히 유통 채널로만 역할 하는 것이 아니라, 상점과 고객의 직접적인 연결을 지원하여 고객 정보를 디지털화하고 기업이 자체적으로 고객 풀을 운영할 수 있게끔 한다. 지금까지 온라인 전자상거래 플랫폼의 문제점은 특정 기업이 만약 대리상을 통해서 온라인 매장과 오프라인 매장을 동시 운영한다고 했을 때 각 채널의 고객, 데이터, 서비스, 체험 등을 하나로 융합시켜서 관리하기가 쉽지 않다는 것이다.

첫 번째 이유는 두 채널(온라인+오프라인)은 어느 정도 서로의 점유율을 빼앗을 수밖에 없는 제로섬 구도이므로 완전한 정보 공유 자체가 어렵다. 두 번째는 온라인 매장은 타오바오, 티몰, 징동 등의 전자상거래 플랫폼에서 일차적으로 가공된 고객 정보를 획득하므로 가공되지 않는 날 것 그대로의 고객 정보를 얻기 어려웠으며 더욱이 오프라인 매장은 기본적인 고객 정보의 디지털화도 실현하기 어려운 상황이었다. 이런 상황에서 온·오프라인 양쪽 채널의 고객 디지털 정보의 통합은 요원한 소망일 수밖에 없었다.

그런데 미니프로그램이 이 문제의 많은 부분을 해결해 주었다. 미니프로그램은 '탈중심화'된 상점의 독립된 운영 거점으로서 기업 맞춤형 기능 개발을 지원하고, 민첩한 업그레이드를 통한 지속적인 추가 기능 개발이 가능하다. 거의 모든 중국 사람이 사용하는 위챗의 온라인 연결 능력과 위챗페이, 매장 내 QR코드 스캔 등으로 오프라인 고객의 유입을 온라인으로 연결하며 서비스와 매장 내 체험의 상호보완을 이뤄 내는 것이다. 알리바바의 허마셴셩이 오프라인 유입 고객을 필사적으로 온라인 유입으로 연결하려고 하는 행보와 정확하게 일치한다.

* 참고로 탈중심화라는 것은 티몰, 타오바오 등 각종 전자상거래 플랫폼
들의 도움을 받지 않고서도 개별 기업이 자체적으로 고객 정보의 디지털
화시켜서 관리하라는 뜻이다. 텐센트는 예전부터 전자상거래에서 알리바
바에게 밀리는 상황이므로 전자상거래 플랫폼의 단점을 우회적 지적하여
위챗 미니프로그램의 우수성을 지속해서 강조하는 중이다. 최근에 한국에
서도 네이버, 11번가 등의 온라인 오픈마켓이나 전자상거래 플랫폼 외에
기업에서 자체적으로 운영하는 자사몰이 뜨고 있는 것과도 연관이 있다.

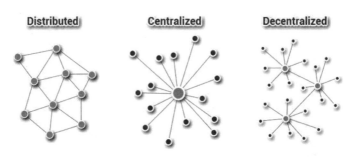

스마트 유통에서 '탈중심화(去中心化, Decentralized)'는 거대 플랫폼에 의지하지 말고
각 기업이 자기 고객은 스스로 관리하자는 뜻으로 해석 @google

텐센트는 모든 개별 기업과 상점들이 자신만의 고객 풀(혹은 데이터베
이스)을 보유하여 스스로 그 고객들에게 자신들의 상품과 서비스를 마케
팅할 수 있는 역량을 키워가게끔 만드는 것을 목표로 하고 있다. 실제로
많은 기업이 이미 위챗페이, 공식계정, 미니프로그램이라는 위챗의 삼각
편대를 통해서 스마트 유통의 역량을 키워나가고 있다.

중국 테크 기업의 모든 것

실제로 중국 내의 여러 리서치 기관의 연구 결과에 의하면 중국 오프라인 매장 중 84%가 넘는 대다수 매장에서 이미 온라인 채널과 동시에 운영되고 있는 것을 알 수 있다. 이런 오프라인 매장의 다른 온라인 채널을 위챗에서 제공해 주고 있다고 생각하면 이해가 잘 될 것이다.

○ 미니프로그램이면 만사형통인가

이렇게 어플 생태계를 재편할 정도로 위력적이고, 또한 스마트 유통에 필수적인 미니프로그램만 만들면 중국 시장에서 만사형통인가? 아쉽게도 전혀 그렇지 않다. 모두가 하는 만큼 경쟁도 치열하고 그만큼 기본 중의 기본이 되어버렸기 때문이다. 어렵사리 미니프로그램을 만들어서 위챗에 정식으로 등록해도 또 각종 비용 지출과 다방면의 수고를 투입하지 않으면 결국 헛수고가 될 수밖에 없는 이유가 여러 가지 있다. 미니프로그램에 대한 망테크는 거의 전부 미니프로그램의 이해 부족에 기인한다.

우선 홍보 및 광고가 부족할 경우, 아무도 당신의 미니프로그램을 찾지 않는다. 이것이 누군가의 미니프로그램이 망할 수밖에 없는 가장 흔하고 직접적인 원인이다. 미니프로그램만 만들어 놓으면 무조건 주문량이 폭발할 것이라는 맹목적인 믿음이 주범이다. 위에서 언급한 대로 위챗 미니프로그램은 탈중심화의 선봉장이다. 탈중심화라고 하는 것은 중국에선 타오바오·티몰·징동, 한국에선 네이버·11번가 등 전자상거래 플랫폼 혹은 포털사이트의 막대한 트래픽의 도움을 '굽신굽신(즉, 광고비 지급으로)' 받아서 제품과 서비스를 파는 것이 아니라, 명실상부한 트래픽의 '자주 독립군'으로 알아서 스스로 성장하겠다는 뜻이다.

따라서 아무런 홍보와 광고 없이 미니프로그램을 이용하는 고객이 있다는 게 오히려 이상한 것이다. 따라서 온·오프라인 매장은 미니프로그램을 노출할 수 있는 각종 이벤트나 사람들을 불러 모을 수 있는 매력 발산(?)으로 고객들을 직접적으로 자기가 모아야 한다는 뜻이다. 아니, 위챗이 월간 사용자 12억 명인데 왜 내 미니프로그램에 트래픽이 하나도 없단 말인가 하고 묻는다면, '그 12억 명의 사용자들이 당신의 미니프로그램을 모르는데 어떻게 찾아간단 말인가?' 알아야 찾아가지. 청첩장도 안 주고 결혼식 오라는 꼴이다. 모르는 결혼식을 어떻게 간단 말인가?

위챗 12억 명의 사용자의 트래픽은 거대한 물고기 양식장이라고 할 수 있고, 각 상점은 어부다. 어부가 물고기를 낚거나 잡으려면 각종 어획 도구와 미끼 그리고 낚시 실력이 필요하다. 그것이 바로 미니프로그램과 미니프로그램에 딸린 각종 판촉 기교들이다. 밑밥을 깔고, 낚싯대를 던지고, 물고기가 미끼를 물면 조였다 풀었다 하면서 물고기를 잡아야지 양식장 앞에서 멀뚱거린다고 고기가 낚일 리 없는 것이다.

두 번째로 미니프로그램을 어떻게 접근하는지 몰라서 제대로 활용하지 못하는 경우도 많다. 위챗 어플 내에서 미니프로그램에 접속할 수 있는 경로는 60가지가 넘는다. 그중에서 가장 많이 쓰이는 것들은 'WeChat의 Discover(발견) 검색' 탭에서 들어가기, '내 부근의 미니프로그램'에서 들어가기, 채팅 탭을 위에서 아래로 드래그하면 최근 사용 및 즐겨찾기 한 미니프로그램이 나온다. 그 외에도 QR코드 스캔, 위챗 검색 등으로 미니프로그램에 접근할 수 있다. 이런 접근법을 숙지해야만 사용자의 관점에서 어떻게 미니프로그램을 찾을지 이해하고 접근을 설계할 수 있는 것이다. 그리고 접속 경로만 알아서는 안 된다.

훨씬 더 중요한 것은 사용자들이 미니프로그램에 쉽게 접근할 수 있도록 만들어야 한다. 따라서 오프라인에서는 각종 주문, 깜짝 세일(시간 한정 세일, 물량 한정 세일), 공동구매 혹은 경품 추천을 통해서 미니프로그램으로 유도해야 하고, 온라인에서는 위챗을 통해서 개인 및 단체방에 미니프로그램 링크 공유, 모멘트를 통한 공유 유도가 필요한 것이다. 업종별로 다르지만 가장 흔한 예시가 중국 식당에 테이블마다 부착되어 있는 미니프로그램 혹은 공중계정으로 링크되는 QR코드다. 이를 통해서 사용자가 자연스레 나의 미니프로그램에 접속할 수 있게끔 설계가 필요하다. 또한 제품 포장이나 택배 박스 등에 QR코드를 붙여서 최대한 많은 사람에게 노출하는 것도 필요하다.

세 번째로 미니프로그램 자체의 경쟁력과 콘텐츠가 없으면 또 말짱 꽝이다. 앞서 이야기한 각고의 노력을 통하여 고객들을 내 미니프로그램으로 모아도 정작 미니프로그램이 너무 후지거나 쓸모가 없다면 소용이 없다. 우선 첫인상을 결정하는 미니프로그램 첫 페이지나 화면 구성이 너무 촌스럽고 보기 좋지 않거나 없어 보이면 고객들은 또 발걸음을 돌린다. 그리고 미니프로그램에서 뭔가 깜짝 세일, 특별 감사전 등의 판촉 활동이 없거나 고객들을 유혹할 만한 것들이 없으면 고객들은 점차 발걸음이 뜸해진다.

네 번째로 미니프로그램을 딱 한 번 사용하고 자주 사용할 유인이 없어도 마찬가지다. 즉, 어렵게 고객들을 각종 이벤트를 통해서 모았더라도 반짝 이벤트 외에 추가로 고객들에게 제공할 수 있는 무언가를 만들어 내지 않으면 2차 구매로 이어지지 않고 해당 고객들은 다시 찾아오지 않는 것이다.

미니프로그램은 위챗 내의 너무 방대한 분야의 도구이자 시스템으로 자리 잡아서 이를 전부 다 다루기 위해선 책 한 권으로도 모자랄 것 같다.

실제로 위챗의 미니프로그램 제작, 운영, 마케팅 및 판촉, 활용법 관련 서적만 해도 중국 현지 서점 내에는 여러 권이 있다. 따라서 이 정도로 마무리를 지어야 진도가 나갈 수 있을 것 같다. 결론을 내려 보자면 미니프로그램은 아주 훌륭한 스마트 유통 도구이기는 하지만 이를 어떻게 활용할지는 기업의 시장에 대한 이해도와 다방면의 갖은 노력에 달려있다. 세상에 쉬운 것이 하나도 없다.

위챗의 기타 기능: 위챗 검색, 숏클립 영상, 라이브 방송, 뉴스 등

○ 위챗 내 검색 (搜一搜)

텐센트는 바이두(百度, Baidu)를 비롯한 알리바바, 바이트댄스(字节跳动, Bytedance) 등과의 검색엔진 경쟁에서 시장점유율 확보를 위해서 위챗 내에서도 검색기능을 추가했다. 위챗 내에서 예를 들어 어떤 기업이나 인물, 사건을 검색하면 그것에 관련 위챗의 공식계정 등만 나오는 것이 아니라 각종 백과사전, 모멘트 소식, 뉴스, 동영상, 신문, 정보, 글, 미니프로그램이 검색된다.

시실상 중국 검색시장 1위를 차지하고 있는 바이두 검색도 별로고, 텐센트 위챗 검색은 조금 더 별로다. 중국에서는 어디서 뭘 검색해서 속 시원하게 내가 하는 결과가 나오는 경우를 별로 보질 못했다. 바이두(百度), 소우거우(搜狗), 텐센트 위챗 검색은 각자 검색 능력도 별로 시원치 않은데, 웃긴 건 경쟁 검색 엔진과 관련된 검색 결과도 공유가 안 된다. 그러니 가뜩이나 빈약하고 별 상관없는 내용만 잔뜩 나오는 검색 결과가 더욱 궁색해 보인다.

이건 개인적인 경험이므로 다를 순 있지만 하여간 중국 검색 엔진 시장은 개선 여지가 많아 보인다. 바이두가 그나마 제일 낫긴 하지만 역시 개선이 많이 필요하다. 그래도 대안이 없으니 검색 시에는 바이두를 비롯해서 이것저것 다양한 검색 결과를 기웃기웃하는 수밖에 없다. 위챗 어플 내 검색기능은 현재 카카오톡에서도 구현되고 있는 기능이다.

○ 숏클립 동영상(视频号)

바이트댄스의 더우인(抖音, 틱톡, TikTok) 급성장과 더불어서 위챗 내에서도 숏클립 영상을 내보내기 시작했다. 모멘트 바로 아래에 영상을 볼 수 있는 란을 만들어서 위챗 내의 영상 시청을 가능케 했고, 체류 시간을 증대시키고 바이트댄스에게 대항하는 중이다. 인터페이스는 더우인과 유사하다.

(关注) 내가 팔로우하는 대상의 영상을 볼 수 있고, (朋友) 내 위챗 친구가 좋아요 한 영상을 볼 수 있으며, (推荐) 위챗 AI에서 추천하는 영상을 볼 수 있다.

위챗에서 열심히 노력 중이지만 아직은 더우인을 따라잡기에는 좀 힘들어 보인다. 그러나 늘 강조하지만, 월간 활성 사용자 수 12억의 위엄은 경쟁자에게 큰 압박을 느끼게 한다. 친구가 특정 영상에 '좋아요'를 누르면 해당 친구의 프로필 사진이 위챗 메뉴에 뜬다.

○ 라이브 방송 및 내 부근 (直播和附近)

최근 라이브 방송에 대한 관심과 이를 활용한 각종 플랫폼이 흥행에 성공하자, 위챗 내에서도 아예 라이브 방송 플랫폼을 만들어 버렸다. 중요한 것은 단지 라이브 커머스(판매)가 아닌 온갖 카테고리의 라이브 방송이 다 있다는 것이다.

추천 방송(推荐) 채널은 AI가 자동으로 방송을 추천하며, 같은 동네(同城) 채널을 누르면 내 위치 부근에 있는 라이브 방송이 뜨고, 얼짱 미모(颜值) 채널에선 선남선녀들의 얼굴·몸매 자랑 방송을 볼 수 있고 재능·기예(才艺) 채널에서는 춤, 노래, 악기 연주 실력 등을 볼 수 있다. 그 외 쇼핑 방송(购物), 게임 방송(游戏), 뉴스 방송(新闻), 교육 방송(教学) 등의 다양한 분야의 라이브 방송을 하고 있다. 그리고 부근에 있는 사람을 찾아서 랜덤으로 말을 걸 수 있는 기능도 있다.

○ 위챗의 그 외 기타 기능

그 외 쇼핑이나 미니프로그램은 이미 살펴보았으니 굳이 또 볼 필요는 없을 듯하다. 쇼핑을 누르면 텐센트가 지분을 소유하고 있는 징동으로 연결되고, 미니프로그램을 누르면 내 부근의 미니프로그램, 미니프로그램으로 주문했던 내역과 내가 즐겨 찾는 미니프로그램이 나온다. 그리고 내가 최근에 사용한 미니프로그램도 같이 나와서 쉽게 찾을 수 있다.

'看一看'을 누르면 각종 신문과 뉴스, 그리고 관련 동영상이 뜨고 마지막으로 게임을 누르면 각종 텐센트에서 제공하는 모바일 게임을 전부 즐길 수 있다. 게임들은 대부분 미니프로그램으로 연동되어 있어서 별도의 어플을 내려받을 필요도 없이 바로 실행할 수 있다. 정말 위챗은 없는 게 없다. 욕심쟁이가 분명하다.

○ 텐센트의 구심점인 위챗 최종 정리

위에서 살펴본 바와 같이 SNS 모멘트, 공식계정(공중하오), 위챗페이·QR코드 결제·위치기반 서비스, 생활 O2O 플랫폼, 홍빠오 기능, 미니프로그램, 검색 기능, 숏클립 동영상 및 라이브 방송 플랫폼 등 이런 것들이 중국의 국민 메신저인 위챗이 가지고 있는 강력한 무기들이라고 할 수 있다. 그리고 끊임없이 세상의 변화에 따라서 이것저것 추가하고 있다. 이 정도면 그냥 메신저가 아니라 거의 슈퍼앱 표현하는 게 아주 얼토당토 않은 얘기는 아니라고 생각된다.

텐센트 서두에서 얘기했다시피 한국 사람끼리는 위챗이 자꾸 한국의 카카오톡이라고 하는데 틀린 말은 아니지만 사실 이미 위챗은 이미 카카오톡보다 더 많은 기능을 구현하고 있다. 한국의 일반 사람들만 모를 뿐 텐센트가 특히 비즈니스 분야에서 훨씬 앞으로 치고 나간 것은 카카오톡도 이는 충분히 인정하는 부분이며 한참 전부터 텐센트의 위챗을 벤치마킹 대상으로 삼고 위챗의 각종 비즈니스 모델을 유사 및 확대 적용하기 위해서 다양한 노력을 하고 있다. 생각보다 한국에 각종 규제가 많아서 빠르게 진행되고 있지는 않지만 말이다.

위챗을 쓰다가 카카오톡을 보면 몇 년째 커다란 변화가 없는 그 잔잔하고 평화로운 모습을 느낄 때가 많았는데 2021년 초에 출시한 카카오 지갑 등에 각종 인증서와 운전면허증을 넣을 수 있는 업데이트를 보면서 이건 좀 위챗이랑은 다른 색다른 모습이라고 생각되어 정말 오랜만에 변화의 움직임을 느꼈다.

텐센트의 스마트 유통이란?

○ 알리바바와 텐센트의 새로운 유통 경쟁

알리바바는 신유통(新零售, New Retail)이라 하고, 텐센트는 스마트 유통(智慧零售, Smart Retail 또는 스마트 리테일)이라 한다. 그 둘의 차이는 무엇일까? 당연히 각각 다른 기업에서 내세우는 새로운 방식의 유통 산업이니 차이가 없을 리 없다. 그러나 실행 방식의 차이는 있을지언정 본질은 같다고 보인다. 두 가지 모두 기존의 온라인 중심 유통 방식의 단점을 보완하여 더 높은 효율로 유통 서비스를 제공해서 품목이 무엇이든 간에 최대한 더 많이 팔아 보자는 것이다. 이 두 기업이 공통적으로 집중하는 분야를 크게 4가지 정도로 분류해보면 다음과 같다.

- 사람·상품·채널(人·货·场)의 디지털화
- 온라인과 오프라인의 장점 결합
- 효율적인 공급망 및 고객 관리
- 각종 빅데이터 활용 등

결국 알리바바의 신유통이나 텐센트의 스마트 유통이나 지향점은 대체로 동일하다. 다만 두 기업의 가장 큰 차이점은 새로운 유통의 실행 주체가 누구냐는 것이다.

알리바바는 '너희들이 신유통이 무엇인지 모를까봐 내가 직접 나왔다'고 외치며 앞서 다뤄 본 허마셴성 및 신유통(新零售)·톈마오 샤오뎬(天猫小店) 등 다양한 신유통 서비스를 직접 운영하는 중이다. 텐센트는 '너희들이 스마트 유통을 잘할 수 있도록 내가 멍석은 깔아줄게'라고 외치면서 기업 고객들에게 스마트 유통에 필요한 각종 도구를 제공하고 있다. 쉽게 이야기해서 알리바바는 직접 실행, 텐센트는 간접 지원으로 구분하면 어느 정도 맞다고 보인다.

텐센트는 징동(京东), 핀둬둬(拼多多)를 비롯한 전자상거래와 대형마트 브랜드인 다룬파(大润发), 중국 최대 슈퍼마켓 체인인 용후이 마트(永辉)의 지분을 약 10~20% 정도로 각각 인수하면서 혹시 직접 유통에 뛰어드는지 세간의 관심을 불러일으켰지만, 텐센트는 이 분야에서도 역시 '소유하되 간섭하지 않기' 전략을 구사 중으로 지분이 있어도 경영 간섭은 거의 하지 않는다.

○ 텐센트 스마트 유통의 7대 필살기(도구) 소개

여기서 중국 비즈니스 무림계의 태산북두를 맡고 있는 텐센트 문파가 유통업계에 제공하고자 하는 7대 필살기(혹은 도구)를 소개한다. 이 7대 필살기는 '스마트 유통의 기초적 능력' 관련하여 텐센트가 직접 자신들이 오랜 세월 동안 끊임없이 연구하고 연마해온 것들이라고 밝혔다. 만약 기업이 이것들을 제대로 조합해서 활용하면 스마트 유통인 C2B 방식으로의 전환이 가능하다고 주장한다.

(C2B란? 기업에서 고객으로 향하는 일방적 관계가 아니라 고객에서 기업으로 연결되는 역방향, 그리고 양자를 통합한 쌍방향이다. 고객이 원하는 상품 정보를 기업에게 제공해서 새로운 제품과 서비스를 만드는 등 인터넷 시대를 선도하는 전략으로 등장)

7대 필살기(도구)는 다음과 같다.

1. 위챗 공식계정 (公众号, 공중하오)

2. 위챗페이 (微信支付, 위챗페이)

3. 위챗 미니프로그램 (小程序)

4. 기업위챗 (企业微信)

5. 종합 엔터테인먼트 IP (泛娱乐IP)

6. 텐센트 클라우드 (腾讯云)

7. 텐센트 광고 (腾讯广告)

이것들은 크게 1~4번 위챗(웨이신) 관련군과 5~7번 비(非) 위챗 관련군으로 나뉜다. 1~4번은 위챗 생태계의 연결 능력을 최대한 활용하여 기업들로 하여금 빠르고 쉽고 민첩하게 더 많은 소비자들과 접촉할 수 있도록 지원한다. 중요한 것은 1~4번이 각기 쓰이는 것이 아니라 모두 같이 결합된 콤보(?) 형태로 쓰인다는 것이다. 예를 들어 다음과 같은 순서로 관리된다.

- 위챗 공식계정 → 위챗 미니프로그램 연계
- 위챗 미니프로그램 → 위챗페이로 결제 연계
- 수집된 고객 정보 → 추후 기업위챗으로 연계 관리

그리고 5~7번은 텐센트 본사의 중·후방(middle·back) 데스크에서 제공하는 서비스로서 이미 텐센트가 대외적으로 개방한 디지털 능력과 콘텐츠를 제공하여 기업·상점·유통상이 고객들과 다양한 방식으로 안정적이며 감성적으로 접촉할 수 있도록 도와준다. 이미 1~3번은 텐센트 위챗의 핵심 기능을 얘기하면서 전부 다뤘던 내용이므로 4~7번의 스마트 유통 관련된 부분만 중점적으로 짚고 넘어가도록 한다.

스마트 유통 도구: 기업위챗, 종합 엔터IP, 텐센트 클라우드·광고

○ 기업위챗(企业微信): 기업 웨이신 (AKA Wecom)

2016년 탄생한 기업위챗은 초창기에는 기업 조직의 내부 소통용으로만 사용되었으나 점차 업그레이드를 통해서 기업위챗과 일반 개인용 위챗과 연결 기능이 강화되어 외부의 개별적인 고객들에 대한 정교한 관리 기능이 지속적으로 추가된다.

기업위챗의 고객과의 대외 연결 접점을 중점적으로 보자면, 일반적인 개인용 위챗과 사실상 큰 차이는 없다. 따라서 기업위챗도 개인 계정 운영, 모멘트(朋友圈) 운영, 단체 채팅방(客户群) 운영, 미니프로그램 연결 등을 통해서 고객과 소통한다. 기업위챗은 고객과 판촉 사원과 기업 간의 소통을 원활하게 지원하며 판촉 사원들이 신속하고 전문적으로 고객을 관리하게끔 지원하며, 기업은 더욱 안정적으로 판촉 사원들을 관리할 수 있는 환경을 조성해 주어서 기업의 개별적인 고객 풀을 안정적인 시스템으로 운영할 수 있게 만들어 주는 것이다.

기업위챗은 다양한 기능이 있지만 고객과의 대외적 커뮤니케이션 측면에서 △고객 관리, △고객 커뮤니케이션, △마케팅 홍보, △데이터 관리 총 4가지의 큰 축으로 구성되어 있다고 볼 수 있다.

이와 관련해서 매우 중요한 점은 기업위챗 시스템에선 해당 판촉 사원이 퇴사한다고 해서 이 판촉 사원이 가지고 있던 모든 고객들의 커넥션을 잃어버리는 것이 아니다. 과거에는 유사한 상황이 많이 발생하여 기업의 영업 손실이 매우 컸던 시절이 있었다. 따라서 기업위챗은 기존 고객들과의 연결을 그대로 유지하기 위해서 특정 판촉 사원이 퇴사한다고 해도 다른 판촉 사원이 이를 인계받아서 그대로 판촉 활동을 벌일 수 있도록 업그레이드되어 왔다.

텐센트에 따르면 2019년 기준 중국의 250만 개 이상의 기업이 기업위챗을 운영 중이며 이 기업위챗에 6,000만 명 이상의 활성화된 고객을 관리하는 중이다. 산업군은 딱히 제약이 없다. 의료서비스, 보험, 자동차, 은행, 에너지, 중공업, 물류, 미용, 생활소비재, 가구, 사치품 등 거의 모든 업종에서 활용 중이다.

기업위챗은 단순한 효율적인 도구를 넘어서서 이미 그 자체로 텐센트에서 주창하는 스마트 유통이라는 이름 하에 고객을 관리하는 거대한 플랫폼이 되었다고 볼 수 있다. 여러 번 살펴봤지만 유통의 3대 구성요소는 상품-채널-사람이다. 텐센트가 생각하기에 스마트 유통 시대에 가장 어려운 것은 상품과 채널의 디지털화가 아니라 바로 사람의 디지털화다.

- 위챗 공식계정
- 위챗페이
- 미니프로그램
- 기업위챗

이 4가지 모두 각 기업·개인상점·유통상이 고객(온·오프라인 유입 고객 불문)을 디지털화 시키기에 가장 최적화된 위챗 생태계 내의 도구이며, 텐센트는 이것들을 활용해서 고객 정보를 디지털화한 후 각 기업이 다른 이의 도움 없이 직접적으로 활용해야 한다고 주장한다. 물론 텐센트의 여러 가지 툴은 강력한 기능을 갖고 있지만, 기업이 이 텐센트에 의지하면 의지할수록 텐센트 역시 돈을 버는 구조이므로 텐센트는 당연히 기업을 자신들의 플랫폼인 위챗으로 끌어들이기 위해 갖은 노력을 하고 있다.

기업위챗이 실질적으로 어떻게 운용되는지는 밑의 실제 운용 사례에서 자세히 살펴보기로 하자. 중국어가 되는 분들이라면 텐센트의 기업위챗 공식 홈페이지에서 내용을 추가로 얻어갈 수 있다. (기업위챗(企业微信), https://work.weixin.qq.com/)

한국에서도 기업위챗을 벤치마킹한 카카오워크(kakaowork)가 론칭되어 현재 잘 운영 중인 것으로 아는데 얼마나 잘 되고 있는지는 실제 사용 경험이 없어서 언급이 조심스럽다. (한국이 벤치마킹한 게 맞는지 의문이 들 수 있는데, 텐센트의 기업위챗 Since 2016, 카카오 워크 Since 2020) 여러 번 강조했고 한국에선 믿기 어렵겠지만 이미 카카오톡은 진즉에 위챗이 갔던 길을 그대로 따라 걸어가고 있다.

○ 텐센트 종합 엔터테인먼트 IP(泛娱乐IP) 범위
 - 게임(game.qq.com 텐센트 게임)
 - 애니메이션(ac.qq.com 텐센트 애니메이션)
 - 소설(yunqi.qq.com, book.qq.com, ebook.qq.com, dushu.qq.com 등 다양한 종류 플랫폼)
 - 동영상(v.qq.com 텐센트 동영상, 그 외 텐센트 지분 투자한 영상 플

랫폼 다수)

　- 음악(tencentmusic.com, y.qq.com 텐센트 뮤직그룹, 큐큐 음악)

　총 5가지 중점 영역이다. 앞서 텐센트의 명실상부 글로벌 정점을 찍고 있는 게임 왕국에 대해서만 살펴보았지만 텐센트는 그 외 다양한 애니메이션, 소설, 동영상, 음악 분야에서도 이미 큰 두각을 나타내고 업계에서 시장 주도자의 지위를 가지고 있다. 이미 언급했다시피 큐큐 시절부터 텐센트가 진입하는 분야는 늘 초토화됐었다. 실제로 저 5개 산업 분야는 텐센트의 진출로 쓰나미 저리 가라 할 정도로 업계 재편이 일어났다. (혹시 잘 안되는 분야 있으면 거금으로 해당 분야 선도기업 인수합병으로 결국은 원하는 대로 집어삼킴. 다만 숏폼 동영상 플랫폼인 더우인을 운영하는 바이트댄스는 텐센트가 거액으로 인수를 제안했으나 거절함)

　이 다섯 가지의 디지털화된 각종 콘텐츠는 다양한 연령대와 다양한 선호를 가진 사용자들을 커버할 수 있으며 소비자들의 감성적인 면을 자극하여 기업 및 유통상을 지원할 수 있다. 게임을 비롯한 이 다섯 가지 엔터테인먼트 영역은 텐센트가 최대 시장점유율을 갖고 있는 분야이므로 유통업계에서 이 영역 내의 소설, 게임, 드라마, 영화를 비롯한 콘텐츠, 콘텐츠에 등장하는 각종 캐릭터 그리고 가요, 영화 OST 등의 각종 음원 등을 활용할 수 있는 것은 엄청난 무기로 사용될 수 있다.

　2018년에 단행한 텐센트의 조직 개편 내용을 보면 플랫폼 및 콘텐츠 사업부(PCG)가 생기면서 기존에 텐센트 조직 내에서 여기저기 흩어져 있던 종합 엔터테인먼트 관련 부서를 한 곳으로 집중한다. 신문·뉴스, 롱·숏 클립 동영상, 영화, 애니메이션, 정보 관련, 소셜 플랫폼 등의 사업팀이 플랫폼 및 콘텐츠 사업부(PCG) 깃발 아래로 다 집합한 것이다. 기업과 유통상에게 이런 종합 엔터테인먼트 IP는 점점 더 중요한 디지털 마케팅 수단이 되어 가고 있다. 상품의 가격과 기능 같은 기본적인 니즈의 충족을 말할 필요도 없는 시대가 되었고 소비자에게 더 많은 감성적 체험과 독특한 경험을 제공할 필요가 생기는 중이기 때문이다.

○ 텐센트 클라우드 (腾讯云, https://cloud.tencent.com/)

알리바바가 매년 쐉스이(11. 11., 광군절) 행사 같은 특별 이벤트에서 엄청나게 폭증하는 서버 부담에 대비해서 넉넉한 서버를 갖춰 놓고 이를 바탕으로 평소에 여유 있는 서버 용량으로 클라우드 서비스를 개시한 측면이 있고 텐센트 역시 큐큐와 위챗의 다양한 네트워킹 서비스를 제공하면서 안정적인 서버 운영에 필요한 엄청난 용량의 서버와 운영 기술 및 노하우로 기업을 위한 클라우드 서비스를 제공할 수 있었다. 2019년 기준 텐센트는 전 세계 100만 대가 넘는 서버 장비를 갖추고 있으며 초당 대역폭은 이미 100T까지 증대된 상태다.

7대 도구 중에서 텐센트의 클라우드는 기업의 스마트 유통을 직접적으로 지원한다기보다는 관련 IT 기반을 제공한다. 특히 알리바바의 업무와 비교했을 때 C2B 형태의 연결에 텐센트가 강점이 있는 분야이다. 이유는 쉽게 예상할 수 있듯이 위챗과 큐큐를 통하여 수많은 사용자에게 손쉽게 접촉할 수 있는 비즈니스 환경을 가지고 있기 때문이다.

스마트 유통은 기본적으로 온라인과 오프라인의 결합이 필요하므로 온라인 및 디지털화 측면에서 클라우드의 서비스를 제공하겠다는 텐센트의 의지를 엿볼 수 있다.

2020년 기준 텐센트 클라우드에는 8천 개가 넘는 고객사를 보유하고 있으며 전 산업 업계 대상으로 클라우드 서버만 지원하는 것이 아니라 컴퓨팅, 저장공간, 서버, 데이터베이스, 도메인, 네트워크, 빅데이터, 인공지능, 동영상, 게임 등 300여 가지 이상의 솔루션을 제공 중이다. IT 관련 분야별, 그리고 업종별로 정리가 되어서 희망하는 내용의 서비스를 받아 보게끔 서비스가 구성되어 있다.

알리바바 클라우드 서비스에 이어 중국 내 2위의 시장점유율을 가지고 있다. 간단히 아마존 웹 서비스를 그대로 벤치마킹하고 있다고 보면 된다. 비록 두 기업은 중국 내에서는 1~2위를 다투지만 글로벌 시장에선 모두 아마존과 마이크로소프트, 구글 앞에서 아주 겸손해진다.

○ 텐센트 광고 (腾讯广告, https://e.qq.com/ads/)

마지막으로 종합 엔터테인먼트 IP와 가장 밀접하게 결합되어 있는 것이 바로 텐센트 광고 서비스다. 텐센트 광고는 유통상에게 소비자들에 대한 다양한 접촉 방식을 제공하고 빅데이터에 기초한 통찰과 분석을 제공한다.

텐센트에서 광고 업무 자체는 이미 10년 이상 운영되어 왔다. 2015년 텐센트 조직 내에 큐큐 스페이스, 큐큐 음악 등의 광고 업무를 담당하던 광디엔통(广点通)과 위챗 광고를 합병하여 소셜 네트워크 광고사업부가 만들어졌다. 그러다가 2018년에 소셜 네트워크 광고사업부와 네트워크 미디어 사업 광고부가 기업발전사업부(CDG) 밑으로 합병되어 비로소 텐센트 광고로 다시 태어났다.

오랫동안 누적되어 온 소셜 네트워크, 각종 동영상, 정보 및 기타 풍부한 미디어 자원이 통합되어 각종 마케팅에 활용될 준비가 된 것이다. 텐센트 조직 내 광고 업무의 일원화 과정을 통해서 기업 고객에 대한 서비스, 조직 내부 소통 효율 및 중복 업무 감소 등이 이뤄졌다. 통합된 이후로 텐센트 광고는 기업들이 위챗의 미니프로그램, 소셜 네트워크, 공식계정, 기업위챗 등의 접점을 통해서 모든 유통상이 소비자와 직접적으로 소통할 수 있고, 직접적으로 소비자들을 경영할 수 있는 기회를 제공하고 있다.

텐센트가 가지고 있는 플랫폼에서 진행할 수 있는 모든 마케팅 광고 활동은 전부 텐센트 광고에서 맡은 업무라고 생각하면 된다. 위챗의 모멘트 내 피드 광고, 공식계정 관련 포스팅, 위챗 검색어 광고, 미니프로그램 광고, 큐큐 스페이스, 큐큐 음악, 큐큐 동영상, 포털사이트인 텅쉰왕을 비롯한 각종 텐센트의 유관 사이트에 올릴 수 있는 모든 형태의 광고를 지칭하는 것이다.

여기서 또 중요한 것은 위챗과 큐큐를 통해서 이미 텐센트 플랫폼 사용자들의 정보가 상당히 구체적으로 채워진 상태이므로 기업의 정확한 타깃 광고도 가능하다. 사용자의 지역, 성별, 나이 등의 인구통계학적 통계는 물론 결혼 여부, 자주 사용하는 어플, 특정 상권 사용을 비롯하여 위에서 한 번 언급했던 위치 기반 광고(LBS)까지 여러 가지 세부 내역으로 필터링하여 마이크로 맞춤형 광고를 진행할 수도 있다. 그 외에도 텐센트의 종합 엔터테인먼트 IP와도 연계하여 콜라보레이션 마케팅도 비교적 규모가 큰 기업이 자주 활용하고 있는 텐센트 광고의 형태이다.

이상 텐센트가 기업 고객들을 어떻게 도울 수 있는지, 그들이 깔아 놓은 멍석에 대해서 살펴보았다. 이렇게만 도구들만 보면 잘 이해가 안 될 수 있으니 실제 텐센트 7대 도구를 활용한 예시를 보는 편이 이해에 도움이 된다. 앞으로 이런 스마트 유통 도구를 이용한 스마트 유통의 예시에 대해서 보자.

텐센트 스마트 유통도구 활용 예시

○ 외식 업계(식당) 사례

중국에서 텐센트 위챗의 '존엄'은 여기저기서 다양하게 느낄 수 있지만 그래도 실생활에서 자주 체험하는 것은 역시 밥 먹으러 갔을 때 식당에서다. 중국에는 식당마다 각 테이블이나 좌석에 QR코드 스티커가 부착되어 있고 주문은 해당 QR코드를 스캔으로 시작한다. 즉, 위챗 어플의 핵심 기능 중 하나인 위챗스캔(微信扫码)으로 주문을 해야 한다. 테이블 위의 코드를 스캔하면 해당 음식점의 위챗 공식계정과 연결되고, 이를 팔로우 하면 각종 회원 우대혜택 안내해 주고 더불어 바로 미니프로그램 링크 전송, 주문 및 결제가 되고 '나'라는 주문자는 디지털화된 고객으로서 DB화, 영구박제화된다.

물론 식당 내의 종업원을 부를 수도 있으나 막상 종업원을 불러도 주문은 여기를 QR코드를 스캔해서 하시라는 안내를 받게 된다. (실물 메뉴판이 아예 없는 식당도 꽤 많다.) 왜냐면 미니프로그램으로 주문을 해야 내가 이 매장의 고객으로서 데이터화가 되기 때문이다. 그래서 자꾸 스마트폰으로 주문하시라고 고객을 권유 및 압박한다.

보통 인기 메뉴, 추천 메뉴, 특별 메뉴, 음식 종류, 음료 종류 등으로 되어 있는 경우가 많으며 메뉴 선택 후 곧바로 위챗페이로 결제 연동이 된다. 그러면 따로 종업원과 얘기하지 않아도 알아서 나의 좌석 번호로 주문한 음식을 서빙을 해 준다.

나름 여러 최신 IT 기술을 익히 듣고 봐온 터라 무엇을 봐도 큰 감흥이 있는 사람이 아닌데 중국 선전 와서 이런 '비대면' 음식 주문 방식에 처음엔 약간 당황했다. 한국에서 한 번도 해 본 적이 없던 터라 더욱 그러했다. 하지만 자꾸 해 보니까 매우 편하다. 뭔가 시대에 뒤처진 사람이 된 느낌을 받은 건 색다른 경험이었다.

이렇게 미니프로그램으로 통해서 주문 및 결제하게 되면 자동으로 '나'라는 고객은 위챗 정보와 내가 주문한 음식을 기초로 식당 이용 고객으로서 디지털화되어 저장된다. 이 식당은 '나'에게 내가 먹었던 음식의 가격 할인 마케팅이나 비슷한 메뉴를 추천하는 등의 홍보 메시지를 전송하곤 한다. 혹은 오늘은 무료 배달 행사를 하고 있으니 '날도 덥고 외출하기 귀찮다면 우리 식당의 미니프로그램으로 배달을 시켜 먹지 않겠니?'라는 식의 연락도 오곤 한다. 이런 식으로 오프라인으로 유입됐던 고객을 데이터베이스화하여 관리하고 각종 판촉 및 온라인 구매를 유도하는 것이다. 즉, 외식업계는 한 번이라도 자신의 매출을 올려줬던 고객에 대해서 언제든지 맞춤형 마케팅 정보를 보내줄 만반의 채비를 갖추고 있다.

한국은 어떠한가? 살아오면서 지금까지 어떤 식당으로부터도 이런 맞춤형 홍보를 받아 본 경험이 없는 것 같다. 상기 활용 예시는 외식업계를 비롯한 여러 유통업계에서 아주 기초적인 예시일 따름이고 앞에서 알아본 바와 같이 2021년 기준으로 미니프로그램의 숫자는 무려 600만 개가 넘고 월간 사용자 수는 9억 명 이상이다.

즉, 온갖 다양한 기업이 가지가지 방법으로 이미 미니프로그램을 활용하고 있다고 볼 수 있다.

○ 패션업계를 비롯한 對고객업무, 기업위챗 활용 예시

패션의류 업계의 판촉 사원을 관리하는 기업위챗을 보자. 일단 미니프로그램의 쇼핑몰(온·오프라인 불문)을 통해서 의류를 구매한 고객들은 온·오프라인 매장의 판촉 사원에게 위챗 친구승인 요청을 받곤 한다. '안녕하세요, 고객님 저희 위챗 친구 해요. 앞으로 잘해드릴게요.' 친구 요청의 사유는 대개 제품 사용과 관련 교환, 환불, 품질 문제 등의 각종 문제가 있을 것을 대비하여 자문 역할을 해 준다거나 혹은 해당 브랜드에서 새로운 제품 출시 됐을 시 VIP 할인 안내 제공을 위한 소통 차원에서 고객의 위챗 아이디를 추가하면 대부분 고객의 경우 친구 요청을 승인한다.

이런 경우 판촉 사원은 보통 기업위챗을 사용 중이며, 개인위챗과 달리 기업위챗은 위챗 친구 숫자의 상한이 없으므로 적게는 수백 명, 많게는 수천 명까지도 추가 할 수 있다. 판촉 사원은 각기 다른 고객들의 특징에 따라 여러 가지 단체채팅방 등을 운영할 수 있으며, 고객별 맞춤형 정보 등을 제공한다.

또한 그렇게 여러 고객들과 만들어진 네트워크의 모멘트(朋友圈)에는 각 패션 브랜드의 신상품 소식, 전문적인 코디네이터의 패션 조언, 각종 할인 행사 등의 홍보 자료를 수시로 내놓고 각종 이벤트 활동을 벌이기도 한다. 이렇게 판촉 사원이 기업위챗을 통해서 고객들에게 마케팅 활동을 벌일 때 기업 본사의 백데스크에서는 끊임없이 고품질의 디지털 패션 화보, 제품의 디지털 안내 책자, 브랜드 홍보 자료 및 각종 데이터베이스 등을 작성해서 판촉 사원들이 언제든지 사용 할 수 있도록 준비해 준다.

즉, 본사에서는 판촉 사원이 쓸 수 있는 마케팅 총알을 열심히 준비해 주고 판촉 사원은 고객을 향해 일발 장전 및 난사하는 것이다. 기업 본사는 기업위챗을 통해 해당 판촉 사원의 고객 접촉 이력이 전부 파악이 가능하다.

특정 판촉 사원이 관리하는 고객 수, 고객으로부터 얼마만큼의 매출액이 발생했는지, 고객과 연락을 주고받은 횟수, 고객의 미니프로그램, 공식 계정의 방문 횟수, 단체채팅방에 참가 중인 고객 수 및 증감 현황 등, 이런 온갖 세부적인 정보들이 다 수집이 되는 것이다. 심지어 기업에서는 맞춤형으로 직원이 보는 첫 화면에다가 인별 매출액 목표액을 명시해 놓고 몇 프로 달성이라는 창을 가장 크게 띄워 놓기도 한다. 이렇게 하면 판촉 사원들은 매일 같이 볼 수밖에 없는 실적 수치에 괴로운 기분일지도 모른다. 기업으로서는 더할 나위 없이 좋은 툴이긴 하지만 사실 판촉 사원 입장에서 그 압박이란 어떨지 쉽게 상상이 간다.

상기한 패션의류 업계뿐만 아니라 고객과의 접점이 필요한 기업은 이런 기업위챗 툴을 통해서 판촉 사원에게 각종 자료를 주고 관리, 압박하면서 최대한의 매출을 끌어내고 있다.

○ 음료업계 스마트 유통 활용예시, 향표표(香飄飄)

중국에 향표표(香飄飄, 쌍피아오피아오)라는 음료 기업이 있다. 2005년에 설립된 이 기업은 밀크티와 과일차 위주의 음료를 제조, 판매 이번 응용 사례에선 기업이 종합 엔터테인먼트 IP(왕저롱야오 게임 콜라보), 미니프로그램, 제품 고유의 QR코드, 코드 스캔 기능 등을 어떻게 활용했는지 살펴본다.

중국 내 음료 시장에서는 지역별, 연령대별 소비 패턴, 선호하는 구매 방식, 선호하는 맛 등이 계속 변화하고 있으므로 하나의 제품으로 전체 시장을 공략하거나 접수하기 점점 어려워지고 있다.

따라서 음료 관련 브랜드 기업은 점점 더 광범위한 소비자 데이터가 필요하고 이를 바탕으로 다양한 그룹의 니즈를 충족시켜야 하는 필요성이 있었다. 또한 밀크티, 과일차 음료 시장의 경쟁이 갈수록 치열해지는 상황에서 각 기업은 경쟁력을 유지하기 위해선 어떤 소비자들이 자신들의 음료수를 구매하고 있는지 파악할 필요를 느꼈고 그와 더불어 소비자에 대한 직접적인 연결을 통해서 시장을 장악하는 주도권을 가져오기 희망했다.

이를 위해선 실제 소비자들에 대한 데이터 확보가 반드시 필요하다. 향표표 브랜드는 비록 자신들이 직접 각종 밀크티와 과일음료 종류를 생산하지만 자신들이 제품이 최종적으로 누구한테 팔리는지에 대한 정보를 파악할 수가 없었다. 해당 기업은 그저 자신들이 직접적으로 납품하는 각종 대형 마트와 자신들의 제품을 가져가는 대리상 등의 공식적 유통 채널에 대한 정보만 가지고 있을 뿐이었다. 이런 상황에서 어떻게 하면 소비자와 직접적으로 연결할 방법이 있을지 고민하던 중 음료수처럼 소비자에게 직접 팔리는 제품은 그 자체가 소비자와의 매개체가 될 수 있는 사실에 착안한다.

따라서 향표표는 텐센트와 협업으로 Meco라는 과일차 음료에 각기 다른 QR코드를 심어서 출하하기로 한다. 그리고 중국 국민게임인 텐센트의 왕저롱야오(王者荣耀, 왕자영요, 2020년 일평균 접속자 1억 명 이상, 여성 사용자 51% 이상)와 콜라보레이션을 진행한다. 향표표의 제품을 많이 소비하는 중에서 젊은 여성 비율이 비교적 높다는 것을 파악하고 진행한 이벤트인데 결론부터 말하자면 행사를 진행한 달에 해당 제품의 재구매 횟수가 무려 200배가 증가한다.

큰 폭 매출의 증대도 괄목할 만한 성과지만, 향표표 입장에서 더욱 값진 성과는 구매 고객들을 직접적으로 자신들의 데이터베이스에 디지털화해서 누적시킬 수 있었다는 것이다. 소비자들이 음료의 QR코드를 스캔해서 미니프로그램으로 연결될 때 그 고객의 개인정보는 고스란히 향표표에게 전달이 된다.

이벤트 비즈니스 모델은 다음과 같다. 언급한 대로 음료 구매자만 스캔할 수 있도록 제품 고유의 QR코드를 제품 포장지 안에 숨겨놓고 포장지를 뜯어서 QR코드 스캔(위챗 스캔) 시 향표표 미니프로그램으로 연동이 된다.

일반적인 경품이라면 홍빠오(돈)이나 음료 할인 쿠폰이나 상품 자체를 주는 것인데 향표표는 왕저롱야오 플레이어들의 기대에 맞도록 게임 내에서 각종 캐릭터들에게 입힐 수 있는 스킨, 개성화된 역할, 특수효과 등이 적용된 게임용 사이버 경품을 지급한 것이다.

어찌 보면 이 별거 아닌 경품은 게임 이용자들에게 엄청난 어필이 되었다. 특히 게임 내에서 쉽게 얻을 수 없는 희귀 아이템(일명 레어템)들을 이 이벤트를 통해 획득할 수 있었으므로 흡입력 자체가 대단했다. 이렇게 음료와 게임의 경계를 드나드는 마케팅 활동을 통해서 향표표는 한 무더기의 새로운 고객들을 끌어들였다. 그리고 한 번 구매했던 소비자들은 맛 때문에 혹은 게임의 각종 아이템 때문에 계속해서 재구매를 하는 상황이 된 것이다. 오죽하면 재구매율이 평소에 비해서 200배가 증가했을지를 생각해 보게 된다. 이를 통해서 향표표는 자신들의 제품에 관심이 있는 소비자들을 대량으로 유치해서 언제든지 추가 마케팅을 진행할 수 있는 접점을 만든 것이다.

2019년 1월 향표표가 왕저롱야오와 콜라보레이션을 했을 당시 일 평균 30만 명이 넘는 소비자가 Meco 음료의 QR코드 스캔을 통해 향표표의 고객 풀에 자발적으로 첨벙첨벙 다이빙해서 들어왔다. 정말 엄청난 성과라고밖에는 달리 표현할 방법이 없다.

　정리하자면 텐센트와의 협업을 통해서 향표표는 크게 3가지 비즈니스 기회를 발굴했다. 첫 번째는 개인 프라이버시가 지켜지는 전제로 소비자 집단의 속성(인구 통계적), 선호, 소비 원인 및 구매 빈도 등에 대한 정보를 파악할 수 있었다. 이를 통해서 상품에 대한 연구·개발, 상품 운용 및 소비자와의 소통 방향에 대한 큰 그림을 그릴 수 있었다. 만일 왕자영요 이벤트 때문에 들어온 소비자라면 향후에 게임 관련 유사 이벤트로 추가적인 홍보 시 최우선 대상 고객군이며, 상품 자체로 들어온 소비자라면 상품 관련 할인 혜택이나 신제품 소식에 대한 홍보를 확대하자는 식이다. 이렇게 다양한 고객들에 대해서 더 많은 라벨링을 통해서 향후에 정밀한 고객 운영이 가능하다.

　두 번째로는 음료의 독자적인 QR코드로 인해 실제 향표표의 제품들은 어떻게 유통되는지 궤적 파악이 가능했다. 어느 지역에서 누구에게 팔렸는지 알 수 있었으므로 유통 채널에 대한 효율적인 관리 실현이 가능해진 것이다. 그리고 마지막으로는 당연히 매출액 증대를 통한 기업 이익 실현이겠다.

　이 향표표의 성공 사례 외에도 다양한 생활소비재 분야에서 제품에 독자적 QR코드를 심어서 기업이 소비자들과 직접적으로 연결하려는 시도가 많이 이뤄지고 있다.

○ 대형마트 스마트 유통 사례, 월마트(沃尔玛)

중국 월마트와 텐센트의 협업 사례로 어떤 식으로 텐센트의 스마트 유통 도구들을 활용했는지 살펴본다. 미리 결론부터 말하자면 이번 월마트 사례에서는 위챗 공식계정, 위챗페이, 미니프로그램 등의 텐센트의 스마트 유통 도구가 활용됐다.

1996년 중국 선전에 진출한 월마트는 현재 400개 이상의 중국 매장을 운영 중이며 지난 24년간 중국 내 가장 성공적인 대형 슈퍼마켓 기업 중의 하나다. 월마트의 성공은 당연히 각종 정보의 디지털화와 무관하지 않다. 지금까지 월마트의 디지털화는 주로 공급망 관리 효율 제고 등의 상품과 채널의 관계, 그리고 상품 중심의 디지털화에 집중되어 왔다. 그러나 최신의 트렌드는 위에서 계속 강조한 것과 같이 유통 3대 요소 중 상품과 채널보다는 사람(고객) 중심의 디지털화에 있다. 따라서 월마트도 이를 적용하기 위해서 텐센트와 협업을 개시한다.

유통업 자체가 본디 소비자의 행위 변화에 대해서 가장 민감한 업종이며 월마트가 느끼기에 소비자의 성격 자체가 급속도로 변하고 있다고 파악했다. 소비자의 구매행위는 점점 시기와 장소를 가리지 않는 수시 구매에 가까워지고 있었고, 온·오프라인의 구매 채널 구분도 점점 희미해지고 있었으므로 어떤 기업이 디지털 기술을 이용해서 소비자를 이해하는 동시에 관련된 니즈를 충족시킬 수 있다면 반드시 업계에서 앞으로 치고 나갈 수 있을 것으로 판단했다.

월마트의 고객 디지털화의 첫걸음은 2018년 4월에 위챗에서 '스캔 구매(扫码购)'라는 미니프로그램을 출시한 것이었다. 반년도 안 되는 시간 동안 월마트의 '스캔 구매'는 유통업계 최초로 1,000만 명대의 사용자를 거느린 미니프로그램으로 등극한다. 사실 미니프로그램으로 소비자들을 연결하는 데 있어서 일등 공신은 기존에 월마트가 운영하고 있던 위챗의 공식계정이다. 공식계정에서 푸시(알람)를 통해서 미니프로그램의 출시를 알렸고 이 링크를 통해 고객들은 월마트의 소식을 확인하는 경우가 많았다.

2018년 '스캔 구매' 미니프로그램의 실제 이용자 수는 2,000만 명이 넘었고 누적 이용 횟수를 포함하면 7.5억 회를 초과했다. '스캔 구매' 미니프로그램은 사실 매우 간단한 기능을 수행했다. 소비자들이 월마트 매장에서 상품을 고르고 해당 미니프로그램으로 제품의 바코드나 QR코드를 스캔 후 온라인으로 위챗페이를 통한 즉석 결제가 가능하게 만든 것이다. 고객들이 군이 계산을 위해서 계산대에서 길게 줄 설 필요가 없게끔 만든 것이다. 이는 실질적으로 온라인 장바구니 역할도 하였으므로 미니프로그램을 통해서 효율적인 쇼핑 체험을 가능케 했다.

2020년까지 이미 전국 모든 월마트 매장에서 시행 중이며, 스캔할 때마다 어떤 고객이 무슨 상품을 구입했는지에 대한 사용자 정보가 디지털화되어서 누적되어 데이터베이스에 쌓이고, 월마트는 이용고객에 대한 이해가 점점 깊어져 갔다.

2019년 5월 월마트는 매장 밖에 있는 소비자들의 수요를 해결하기 위해서 선국 월마트의 '배송 서비스' 미니프로그램을 개시한다. 월마트와 월마트의 창고에서 반경 3km 내에 있는 소비자가 위챗 미니프로그램으로 월마트 제품을 구매하면 1시간 내로 받아 볼 수 있는 서비스였다. 앞서 살펴본 허마셴성의 그림자가 어른거린다. 결국 온·오프라인을 동시에 운영해서 최대한 많은 고객을 확보하겠다는 움직임인데 허마셴성은 자체 어플을 통해서 진행했지만, 월마트는 텐센트의 미니프로그램이라는 플랫폼에서 진행했다는 차이가 있을 뿐이다.

2019년 9월에는 기존의 '스캔 구매'와 '배송 서비스'를 통합하여 월마트 미니프로그램을 내놓고 온·오프라인 채널(O2O)을 통합시켜 버리는 움직임을 가속했다. 매장 내에선 제품을 스캔 구매를 유통해서 소비자 쇼핑 체험을 향상하고 온라인 결제를 통해서 방문 고객 정보를 누적시켜 갔으며, 매장 밖에선 온라인 주문을 통해서 소비자 편의를 향상하는 동시에 배송시키는 고객 정보도 쌓아갔다. 이렇게 오랫동안 쌓인 고객의 빅데이터는 다양하게 활용되었다.

서로 다른 상품, 혹은 다른 브랜드 사이의 데이터 분석을 통해서 A라는 샴푸는 B라는 샤워젤과 커플링 현상을 보이는 것을 파악될 경우, 마케팅 계획 수립 시 A와 B를 연계하는 행사를 진행하여 판매량을 늘렸다. 신규 고객, 단골 고객, 최근 발길이 뜸한 고객 등의 정보를 정리하여 위챗을 통해 맞춤형 상품 홍보 및 할인 정보 등을 제공하여 재구매율을 상승시켰다. 2020년 6월까지 월마트의 누적된 디지털 고객은 6,500만 명이었으며, 오프라인 고객들의 디지털화는 50~60% 정도 진척되었다고 밝힌 바 있다.

향후 월마트의 공식계정, 미니프로그램, 위챗페이, 모멘트 광고 등 모든 접점을 활용한다면 이 오프라인 고객의 디지털화는 80~90%까지 높아질 것으로 월마트 측은 예상한다.

○ 화장품 업계 활용 예시, MAC(魅可, 맥)

2019년에 중국판 리그오브레전드(속칭 LoL 롤)인 왕저롱야오(王者荣耀, 왕자영요)라는 텐센트의 게임과 글로벌 화장품 기업인 맥(MAC)의 콜라보레이션은 예상치 못한 조합으로 상당한 화제가 되었다.

이 중국 국민게임 반열에 오른 게임 속의 다양한 여성 캐릭터의 화장법 체험존을 맥의 오프라인 매장 내에 만들었을 뿐 아니라 다양한 여성 캐릭터 이름(화무란[花木兰], 초선[貂蝉], 공손리[公孙离] 등)을 딴 다양한 색깔의 립스틱 세트를 출시했다. 중국의 최고로 잘나가는 유명 화장품 왕훙 중 한 명인 립스틱 오빠 리쟈치(李佳琦)도 이 한정판 립스틱을 리뷰 했었다.

이 여성 캐릭터들과의 립스틱 콜라보가 대박을 치고 완판되자 맥은 2020년에는 남자 캐릭터 그룹(이백[李白], 조운[赵云], 한신[韩信] 등)의 이름을 따서 아이섀도를 출시하기도 한다. 게임 캐릭터다 보니 남자들도 여자 못지않은 꽃미모를 자랑하긴 하긴 하지만 조운(삼국지의 그 조자룡이 맞다) 아이섀도라니 개인적으론 좀 이상하게 느껴지지만 역시 좋은 반응으로 기대 이상의 효과를 거뒀다. 중국은 한국보다 여성의 게임 플레이 비율이 상당히 높은 편이다. 길거리나 대중교통에서 게임하고 있는 여자들을 상당히 많이 볼 수 있으며 한국처럼 보통 캐주얼 게임이나 퍼즐류의 게임에 치중되어 있지 않고 왕저롱야오 같은 전략 시뮬레이션도 상당히 많이 플레이한다. 이런 상황을 제대로 파악하고 중국 국민 게임의 캐릭터와 콜라보를 진행한 것은 상당히 좋은 결정이었던 것으로 보인다. 이런 각종 게임 내 캐릭터를 비롯한 텐센트 종합 엔터테인먼트 IP 콘텐츠와 콜라보레이션을 통해서 각종 스마트 유통을 직극 시행 중이라고 볼 수 있다.

텐센트 조직 개편: 스마트 유통 등 B2B 집중

텐센트는 상기 7가지 도구를 바탕으로 각 기업이 자사의 제품 및 서비스를 구매했던 고객은 절대로 놓치지 않고, 관심 있는 고객도 구매하게 만들고, 관심 없는 고객에 관심을 두도록 지원해 주겠다는 것이다. 좌우간에 고객을 놓치지 않도록 하는 것이 바로 텐센트가 기업에게 제공하겠다는 핵심 가치다. 텐센트가 지원하는 산업 분야는 제한이 없다. 마트, 화장품, 음식점, 각종 생활 소비재 등 고객이 있는 기업이라면 모두가 해당한다.

텐센트는 지금까지 주로 개별 소비자 간의 메시지 대상으로 서비스(C2C)를 했으므로 B2B 서비스 경험은 적은 편이었다. 비록 위챗의 공식계정이 B2C 플랫폼의 역할을 했으나 위챗이 직접적으로 기업을 고객으로서 지원하는 방식은 아니었다.

그랬던 텐센트가 스마트 유통 전략을 공식화하면서 동시에 산업인터넷 전략을 발표한다. 이제는 앞으로 기업 고객들을 직접적으로 지원하겠다는 B2B 서비스의 포부를 밝힌 것이다. 따라서 지금까지 텐센트의 조직 구조가 개별적 소비자를 위한 작은 조직으로서 빠른 대응으로 우수한 서비스를 제공하는 것 위주였다면 이제는 상황이 달라졌다고 할 수 있다. 만일 계속해서 작은 조직으로 기업 고객에게 서비스를 제공한다면 지원팀이 분산되어 조직이 복잡해지고 심지어 많은 기능이 중복으로 투입될 수밖에 없는 상황이었으므로 산업인터넷 지원으로 B2B 진출을 결심하게 된 이후에는 텐센트는 대대적인 조직 개편을 시행한다.

조직 개편의 방향은 크게 두 가지였다. 첫 번째로 기업 고객을 위한 조직 형태와 능력을 만들고자 조직 구조 변경하는 것이고, 두 번째는 C2B* 식의 연결 방식을 건립하여 텐센트만의 산업인터넷 서비스의 고유한 능력을 창출하겠다는 것이다.

(C2B 부연설명: 텐센트라는 기업이 타 기업을 지원하는 것이므로 크게 보면 B2B 방식이지만 결국 일반 소비자(C)들을 각종 방식으로 모아다가 [집객 행위] 텐센트의 고객기업(B)의 소비자가 될 수 있도록 지원하는 것이므로 텐센트는 이를 C2B 방식의 지원으로 표현한다.)

따라서 텐센트는 2018년 9월 30일 원래 있던 7개 조직 중에서 4개 조직은 존속시키고 3개 조직을 없애고 새롭게 2개의 조직을 신설했다. 존속되는 4개 조직은 △기업발전 사업부(CDG) △인터렉티브 엔터테인먼트 사업부(IEG) △기술 엔지니어링 사업부(TEG) △위챗 사업부(WXG)이며, 신설되는 2개 조직은 △플랫폼 및 콘텐츠 사업부(PCG) △클라우드 및 스마트산업 사업부(CSIG)다.

반면에 구조조정을 통해서 없어진 3개 조직은 △모바일 인터넷 사업부(MIG) △온라인미디어 사업부(OMG) △소셜 네트워크 사업부(SNG)이었다. 여기 있는 사업부들은 존속되거나 신설되는 부서에 모두 통합 및 흡수되었다.

특히 클라우드 및 스마트산업 사업부(CSIG)의 신설은 對기업 고객업무(B2C 업무)를 전에 없던 단계로 상승시킨 것이며, 여러 해 동안 여기저기 사업부에 나뉘어 있던 對기업 고객업무를 합쳐서 더 효율적으로 지원하겠다는 뜻으로 해석된다. 프런트 오피스에서는 산업, 행성, 유통, 의료, 이동, 교육과 금융 등 여러 업종에 대한 지원 솔루션에 집중하고, 백오피스에서는 클라우드 서비스를 기반으로 통신, 인공지능, 안전 및 빅데이터 등의 핵심 기술 능력을 구성하겠다는 의지를 보여 준 셈이다.

예전에도 텐센트 조직 내에는 對기업 고객업무가 있긴 있었지만 여기저기 분산된 비정규 기동대였다면 이제는 하나의 통일된 정규군으로 편성되었다고 할 수 있다. 즉, 스마트 유통을 비롯한 고객 지원 서비스 일발이 장전 완료됐다. 현재 있는 게임, 소셜 네트워크 등의 비즈니스 영역이 현재 텐센트의 캐시카우라면 스마트 유통은 텐센트의 미래 신사업 분야이므로 텐센트는 이쪽에 상당히 많은 자원을 투입하고 있다.

2022년 공시에 따르면 2021년 텐센트 매출액은 5,601억 위안(약 868억 USD, 전년 대비 +16%)이며 그중 게임 매출액은 1,743억 위안(약 270억 USD, 전년 대비 +11.6%)으로 전체 매출의 31%를 차지했다. 영업이익은 1,595억 위안(약 247억 USD, 전년 대비 +7%)을 기록했다. 전체적으로 수치들은 증가했으나 성장세는 둔화된 편으로 특히 중국 정부의 각종 규제로 미성년자 게임 이용 시간과 매출은 급감했다. 2021년 4분기 기준으로 미성년자 게임 이용 시간은 전년 대비 88% 감소했고, 결제액은 77% 감소했다. 또한 소셜 네트워크와 온라인 광고 등의 성장세도 다소 꺾였다. 4분기 기준 소셜 네트워크 매출은 4% 증가에 그쳤고, 온라인 광고 매출은 13% 감소했으며 기타 광고 매출 역시 10% 감소했다.

여기까지 알리바바의 호적수인 텐센트의 큐큐 메신저, 게임, 모바일 위챗 및 스마트 유통 분야를 살펴보았다. 텐센트의 주요사업 중 금융 분야가 빠졌는데 큰 줄기는 알리바바의 앤트그룹과 비슷하다고 볼 수 있어서 지면상 생략한다.

텐센트 본사

책에서 다룬 10개 기업 중 중국 광둥성 선전에 본사를 두고 있는 기업은 텐센트와 화웨이이며 이 두 기업과는 한국과의 비즈니스 협력 기회를 확대코자 방문하여 다양한 논의를 주고받은 바 있다. 간 김에 회사 소개를 받아서 여기저기 둘러볼 기회가 있어서 텐센트 본사 내부 모습 중 대외 공개에 문제가 없어 보이는 곳은 소개코자 한다. 중국 최고의 기업 중 하나인 텐센트는 어떻게 회사를 꾸미고 있을지 궁금한 건 인지상정이 아닌가.

텐센트를 비롯한 중국 기업들은 여력이 닿는 한 최대한 직원들 복지와 운동 시설에 많은 투자를 하는 편이다. 텐센트 본사는 선전시 난산구의 가장 핵심 지역에 위치하고 있으며 높다란 두 개의 건물이 서 있고, 그 사이가 여러 개의 브릿지로 이어져 있다. 그 연결 부분에 다양한 직원 복지 시설이 갖춰져 있는데 그 규모가 상당하다. 농구장, 배드민턴장, 드넓은 피트니스 클럽과 다 세어 보진 못했지만 수십 개에 달하는 트레드밀(러닝 머신)과 실내 조깅 트랙 등이 잘 갖춰져 있고 농구장과 심지어 암벽 등반 시설까지 갖추고 있어서 마음만 먹으면 다양한 운동을 즐길 수 있다. 건물 도처에 쉴 수 있는 휴식 공간(소파, 테이블)과 카페가 즐비하며, 구내 식당도 어마어마한 규모로 갖춰져 있으며 전망 또한 기가 막힌다. 날씨만 좋다면 저 멀리 홍콩섬까지 한눈에 보인다. 몇 년 뒤 텐센트는 선전 앞바다의 소위 말하는 '펭귄섬(펭귄은 텐센트 상징동물)'으로 본사를 옮길 게

획이라고 한다. 중국과 한국에서 업무 차 여러 기업 본사에 다녀왔지만 역시 아시아 시총 1위의 기업의 규모가 다르긴 달랐다.

TENCENT 본사 정문

피트니스 클럽

구내 식당, 멀리 보이는 홍콩

다양한 휴식 공간

제2부

★ ★ ★ ★

기술 기반형 제조 테크 기업

샤오미, 화웨이

제3장

샤오미(XIAOMI)

샤오미, 최강의 가성비 대마왕

샤오미를 처음 접하게 된 것은 샤오미의 보조배터리였고, 그 이후로도 여러 가지 제품을 경험해 보면서 이제는 샤오미의 제품은 거의 전반적으로 품질이나 디자인 측면에서 꽤 신뢰가 구축된 상황이다. 물론 기대치가 처음부터 높지 않아서 그런 면도 있겠다. 지금까지 산 것들을 돌아보면 샤오미 배터리로부터 시작해서 샤오미 체중계, 공기청정기, 공기질 측정기, 수질 측정기, 인공지능(AI) 스피커, 로봇청소기, 유선 청소기, LED 스탠드 등을 구매한 바 있다. 막상 실제 산 제품을 나열해 보니 그냥 단순히 몇 개라고 하기엔 좀 많지만 샤오미 제품을 여러 개 써본 후 나의 결론은 샤오미의 가성비만큼은 정말 인정하지 않을 수 없다는 것이었다. 성능도 괜찮은데 디자인도 눈에 거슬리지 않았고 오히려 괜찮은 축에 속한다고까지 느껴졌다.

샤오미는 나를 입문시킨 보조배터리, 미밴드 같은 각종 가성비의 아이템과 함께 '대륙의 실수'라는 장난스러운 이름으로 한국에도 널리 알렸다. 전반적으로 저렴하고 괜찮은 성능과 다양한 전자기기 라인업으로 한국 시장에서도 상당히 선전하고 있다. 그리고 샤오미는 중국 내에서도 상당히 특이하고 논란이 많은 기업으로 꼽힌다. 무협지로 비유하자면 정파인지 사파인지 종잡을 수 없는 기이한 느낌이지만 실력 하나는 인정할 수밖에 없는 그런 고수의 느낌이다. 중국 내 다른 기업이 으레 그렇듯 초창기엔 카피캣 전략으로 짝퉁 애플이라는 비아냥거림을 들었고, 지금도 어느 정도 듣고 있지만 이제는 샤오미를 카피하는 카피캣의 카피캣이 즐비할 정도로 이미 중국에선 확고한 위치를 굳혔다.

제조업 베이스지만 사실상 직접 제조는 하지 않고 벤처캐피털 같은 모습으로 신생 기업에 투자하고, 샤오미만의 생태계 구축을 통해 제조 분야 외의 다양한 분야로도 뻗어 가고 있다. 여러 논란에도 불구하고 굳건한 성장세를 유지하고 있다. 2021년 2분기 화웨이 스마트폰이 주춤하는 모습을 보이자 출하량 기준 글로벌 2위 자리까지 치고 올라왔다. 러시아, CIS, 동유럽 등지에서는 삼성을 제치고 1위를 기록했으며 지역을 글로벌로 확대해도 2021년 6월에는 월간 출하량 1위를 차지한 적도 있을 정도로 잘 나가고 있다. 스마트폰 외에도 분야를 가리지 않는 다양한 혁신을 보여 주면서 샤오미 팬들으로부터 늘 기대감을 자아내고 있다. 2021년 트럼프 행정부의 對중국 블랙리스트에도 등재되면서 미국으로부터 공식적으로 가치(?)를 인정받은 중국의 대표적인 테크 기업이다.

○ 샤오미의 초기 비즈니스 모델

샤오미는 2010년 4월에 설립된 비교적 젊은 회사다. 샤오미 창립자인 레이쥔(雷軍)은 1969년생 후베이성 출신이다. 그가 스마트폰 사업에 뛰어들기로 결심한 2009년 말은 이미 스마트폰의 선도기업인 애플의 아이폰과 후발주자인 삼성 스마트폰이 중국 시장에서 각축전을 벌이고 있던 시절이다. 중국에서도 스마트폰 보급이 확산될 것이라고 확신했던 그는 분야별 최고의 업계 전문가를 설득해서 샤오미 창업팀을 구성한다.

그 후 샤오미는 설립된 지 고작 1년 4개월 만인 2011년 8월에 첫 샤오미 스마트폰을 출시한다. 아무런 기반이 없던 샤오미는 자체 스마트폰 운영체제인 MIUI와 하드웨어 설계 및 제작까지 엄청난 속도로 완성을 한 것이다. 그걸 가능하게 했던 것은 바로 나름대로 창업 드림팀이라고 할 수 있었던 창업 구성원이다. 면면을 보면 창업자인 레이쥔 스스로가 중국 킹소프트(金山, 중국 유명 소프트웨어 기업이며 한국으로 치면 아래한글 같은 워드프로세서 출시)의 최고경영자였고 그 외 구글연구소 부소장, 마이크로소프트 수석 엔지니어, 구글 본사 시니어 엔지니어, 킹소프트 사업 총괄, 산업 디자이너, 모토로라 총괄 엔지니어로 구성된 8명의 경영진은 조용하고 신속하게 각자 맡은 분야에서 임무를 완수한다. 이렇게 화려한 면면을 가졌지만 소박하게 샤오미(좁쌀) 죽을 다 같이 끓여 먹으면서 창업한 동료들은 이제는 전부 벼락부자가 되었다.

과거의 카피캣에서 지금은 다른 기업이 모방하는 빅테크 기업으로 우뚝 솟은 샤오미, 설립 후 얼마 길지 않은 시간이지만 그 사이에서도 살아남기 위해서 샤오미는 여러 차례 변신을 거듭한다. 샤오미의 여러 모습 중 초창기의 샤오미 비즈니스 모델은 다음의 2가지 키워드로 정리할 수 있다. 1) 인터넷 사고(Internet Thinking): SNS를 적극 활용한 팬덤 양성, 온라인 중심 판매 2) 팬덤 전략(Fandom Strategy): 팬덤 커뮤니티 운영을 중심으로 한 제품 개발, 마케팅 등 제품 전 주기 관리이다. 먼저 인터넷 사고부터 살펴보고 다음에 팬덤 전략을 살펴보자.

인터넷 사고: 자체 모바일 OS, MIUI를 통한 SNS 팬덤 육성

샤오미 창업자인 레이쥔은 처음부터 샤오미는 인터넷 DNA를 가지고 있는 기업으로 성장해야 하므로 제품 기획, 개발부터 시작해서 마케팅, 사후 소프트웨어 업데이트 등 제품의 전 요소를 모두 인터넷을 중심에 두고 생각해야 한다는 인터넷 사고(Internet Thinking)를 강조했다.

샤오미 설립 후 레이쥔이 가장 먼저 진행한 일은 바로 샤오미의 자체 스마트폰 운영체제인 미유아이(MIUI, MI User Interface 안드로이드 기반 스마트폰 운영체제)를 개발하는 일이었다. 어차피 샤오미는 하드웨어와 소프트웨어 기반이 모두 없던 신생 회사이므로 당연히 두 가지를 동시에 어떻게 해결할지 고민했어야 하는 상황이지만 위에서 밝힌 대로 레이쥔 스스로가 경험 많은 훌륭한 소프트웨어 엔지니어이며 다른 초창기 창립 멤버 역시 대부분 소프트웨어 개발 분야에 잔뼈가 굵은 전문가였으므로 소프트웨어 개발 부분에 있어서 샤오미는 처음부터 매우 강력한 맨파워를 갖춘 회사였다. 결론적으로 이 소프트웨어 개발에 먼저 전력투구한 일은 아주 훌륭한 선택이었다.

샤오미가 자신들의 열성팬 사용자를 확보하기 위해선 샤오미와 사용자

간, 사용자와 다른 사용자 간의 소통 근원이자 스토리텔링이 가능한 소재가 필요했었다. 이런 상황에서 샤오미 스마트폰의 운영체제 미유아이를 미리 대중에게 공개함으로써 이는 대중들이 씹고 뜯고 맛보고 할 만한 완벽한 오징어 다리, 아니 이야깃거리가 되었다. 스마트폰도 아직 안 만드는 회사가 스마트폰 운영체제부터 만들어서 뿌리다니 이 어찌 참신한 방법이 아니던가?

실제로 미유아이는 안드로이드 기반으로 만들어진 운영체제이므로 기존에 아이폰을 제외한 대부분의 스마트폰에 적용해 볼 수 있었다. 2010~2011년만 하더라도 구글의 순정 안드로이드 UI가 그다지 훌륭하지 않았으므로 애플의 iOS를 어딘가 닮은(애플을 베꼈으니 당연한 결과) 깔끔한 미유아이의 인기는 매우 높았다.

샤오미는 지속해서 미유아이 펌웨어 업데이트를 통해서 열성 사용자들을 끌어모았다. 이를 통해 샤오미가 우려를 했던 초창기 낮은 지명도의 문제는 미유아이 운영체제에 대한 고객들의 각종 열띤 논의와 화제성을 타고 생각보다 빠르게 해결되어 갔다. 이처럼 운영체제를 개발하는 동시에 샤오미는 스마트폰을 정식으로 발매하기 전부터 2010년 당시 중국에서 가장 핫한 웨이보(微波, Weibo 중국판 트위터)를 비롯한 바이두(百度, Baidu) 텐센트 위챗(微信, WeChat, 웨이신) 및 텐센트 큐큐스페이스(QQ空间, 큐큐 내 미니홈피 같은 공간) 각종 SNS를 적극적으로 활용했다. 처음에 모든 SNS 채널을 다 합쳐도 고작 100명도 안 되던 초라한 팔로워 숫자였지만 미유아이 운영체제를 비롯한 OS(MIUI)·소프트웨어 개발 및 업데이트 내역, 샤오미 제품의 장점, 출시 예정 신제품 스펙, 하드웨어 이미지, 각종 홍보 및 이벤트 등의 각종 마케팅 활동을 SNS 공간에서 열성적으

중국 테크 기업의 모든 것

로 펼친 결과, SNS에서 샤오미 커뮤니티로 유입된 회원 수가 2011년에는 30만 명을 넘어섰다. 당시만 하더라도 이런 식의 마케팅을 벌이는 스마트폰 제조사는 샤오미가 최초였다. 그 결과 샤오미는 2011년에 첫 스마트폰을 정식으로 출시하기도 전에 이미 30만 명이 넘는 관심 고객들을 육성할 수 있었다. 30만 양병, 아니 30만 양'팬'을 성공적으로 이뤄 내면서 이들은 샤오미의 가장 중요한 팬덤이자 든든한 후원 고객이 되었다.

전통적인 방식에서 고객들은 단순히 특정 회사에서 만든 스마트폰을 사용할 따름이지만, 샤오미 스마트폰은 고객들과 함께 참여하고 즐기는 방식으로 개발되었다. 참여 의식을 통해서 고객에게 소속감을 주고, 샤오미 공식 커뮤니티를 고객들의 놀이터로 탈바꿈시킨 것이다.

가성비의 비결, 온라인 판매 + 사전 예약

○ 샤오미 마케팅 생존전략, 극한의 가성비

마케팅에서는 다양한 부분이 중요하겠지만 그중에서 제품 가격 포지셔닝이 매우 중요한 일부분이라는 것은 아무도 부정할 수 없을 것이다. 특히 샤오미는 처음부터 애플과 삼성으로 대표되는 고가의 고사양 스마트폰을 겨냥해서 이들에 비해서 성능과 스펙에서 뒤처지지 않지만, 가격은 절반 이상 저렴한 것으로서 확실한 차별화를 이뤄냈다.

샤오미는 처음부터 당시 비교적 저가의 저사양인 화웨이나 ZTE, 쿨패드 등 중국 기업이 차지하고 있던 시장을 노린 것이 아니다. 따라서 가격은 최대한 낮추되 성능을 최대한 높이고자 노력했다. 그 결과로 2011년 8

월 첫 샤오미의 스마트폰인 MI1은 당시 아이폰에 버금가는 (일부 스펙에 있어서는 심지어 아이폰을 능가하는) 최고 사양의 하드웨어 스펙을 장착하고 1,999위안이라는 당시로서는 충격적인 금액으로 출시한다. 이는 애플의 당시 최신 플래그십인 아이폰4의 가격의 약 30%, 삼성 갤럭시 가격의 약 60% 밖에 되지 않는 매우 저렴한 가격이었다. 운영체제 개발 인건비, 각종 부품 구매 가격, 공장 제조 비용 등을 생각해 볼 때 이는 동종 업계에서도 상당히 미친 가격으로 받아들여졌다. 도대체 이렇게 스마트폰을 팔아서 무슨 이윤이 남을지 알 수 없는 수준이었다. 이를 가능케 한 것 역시 샤오미의 인터넷 DNA, 인터넷 사고였다.

○ 가성비 전략(1) 유통거품 제거, 온라인 채널 판매 only

일단 샤오미는 전통적인 유통 채널인 오프라인 대리점 판매 방식에서 벗어나서 오직 인터넷을 통해서만 판매하는 전략을 취한다. 왜냐하면 당시 샤오미의 분석 결과에 따르면 스마트폰의 최종 판매에서 유통으로 들어가는 비용이 1대당 최소 900위안 이상 소요된다고 추정되었다.

따라서 이는 중간 유통 과정을 줄임으로써 가격을 최대한 줄이겠다는 의지이자 같은 가격에 더 높은 사양의 스마트폰을 소비자에게 제공하겠다는 샤오미의 각오 같은 것이었다. 그러나 사실 스마트폰의 온라인 판매방식은 전혀 새로운 것이 없는 이미 시장에서 검증된 '잘못된 방식'이었다. 2010년에 미국에서 이미 구글이 자신들이 개발한 스마트폰인 넥서스원이라는 모델을 온라인으로만 판매하다가 완전히 실패한 적이 있었기 때문이다.

구글 넥서스의 실패 요인은 다양했다. 온라인 판매만 가능하여 오프라인 대리점의 對고객 마케팅 지원사격을 받을 수 없었고, 인터넷으로 실물을 보고 살 수 없다는 점 때문에 고객들은 쉽게 구매 결정을 내리지 못했고, 인터넷을 통해서 얻은 정보로 구매하여 실물을 받아 본 고객은 예상과는 다른 모습에 스마트폰에 대한 만족도도 그렇게 높지 않았으며, 판매 후 애프터서비스에 대해서 온라인상의 대응이 고객들 처지에서 예상보다 긴 시간이 걸리고 과정 또한 쉽지 않았다. 따라서 2010년 출시한 구글의 넥서스원은 흥행에 참패하고 당해 연도에 바로 시장에서 퇴출당했다. 비록 구글은 이렇게 실패했지만, 샤오미는 구글의 실패를 철저히 분석하여 이를 타산지석으로 삼았다.

구글의 실패를 거울삼은 샤오미의 결론은 먼저 오프라인 대리점의 지원을 받을 수 없으니 온라인에서 입소문을 비롯한 다양한 마케팅으로 반드시 승부를 봐야 하고, 두 번째로 고객들이 온라인으로 구매했을 때 생길 수 있는 애프터서비스 등의 각종 문제점에 대해 만반의 사전 준비를 해 놔야 한다는 것이다. 따라서 온라인 입소문 마케팅을 위해 앞서 언급한 30만 명에 달하는 샤오미 열성분자를 스마트폰 발매 전에 모집해서 운영했으며 온라인 판매의 단점을 보완하기 위해서 당시 의류 분야 전자상거래 플랫폼으로 유명한 판커(VANCL)와 손잡고 그들이 제품 보관, 물류, 애프터서비스까지 진행할 수 있도록 준비한다.

여기에 운영체제와 제품 사용과 관련된 문의는 전부 샤오미 커뮤니티로 올리게 해서 즉시 답변을 받을 수 있도록 조치한다. 일반 직원들은 물론이고 레이쥔도 샤오미 커뮤니티에 답변을 달고 고객들의 질문에 응대에 많은 시간을 투입한다. 이를 통해 구글의 실패 전철을 밟지 않을 수 있었다.

○ 가성비 전략(2) 사전 예약 판매로 재고 최소화

인터넷 판매로 유통 단계를 줄이는 것 외에 또 다른 최대한의 비용을 줄이는 방법은 바로 재고 부담을 최소한으로 가져가고 규모의 경제를 활용하는 방법이었다. 이 역시 인터넷을 통해서 실현되었다. 전지전능한 신이 아닌 이상 특정 모델의 스마트폰이 얼마만큼의 물량이 팔릴지 알 수 없다. 그러나 샤오미는 커뮤니티의 팬덤 숫자, 각종 SNS 팔로워 숫자, 샤오미 게시판의 평균 조회 수, 매일 새롭게 올라오는 게시물 숫자를 보고서 최소한 얼마만큼의 수량이 판매될 것 같은지에 대한 예측 데이터를 뽑아낼 수 있었다. 따라서 샤오미는 그 최소 물량과 실제로 자신들이 OEM 공장을 통해서 만들어 낼 수 있는 스마트폰의 물량을 고려하여 사전 예약 물량을 설정했다. 그리고 샤오미 홈페이지를 통해서 정해진 날짜가 카운트 다운하여 선착순으로 판매하는 전략을 취했다.

첫 번째 사례로 2011년 샤오미의 첫 스마트폰은 사전 예약 가능한 초도 물량은 30만 대였으며 샤오미 홈페이지를 통해 단 5분 만에 매진되는 진기한 기록을 세웠다. 이런 인터넷 예약 판매로 샤오미는 2012년에는 719만 대의 스마트폰을 판매한다.

이런 인터넷 사전 예약 방식 판매는 여러 가지 의미가 있다. 먼저 30만 대의 스마트폰이 5분 만에 매진됐다는 것은 뉴스는 물론 각종 SNS를 통해서 숱한 스토리텔링 거리를 만들어 내며 가장 핫한 입소문 마케팅으로 떠올랐다. 또한 샤오미는 30만 대만 사전 예약을 받으면서 잠재 고객들에게 다음과 같은 강력한 시그널을 보낸다. '샤오미의 신제품은 망설이는 순간 팔리고 없다. 사고 싶으면 기회가 있을 때 당장 사라.' 따라서 향후 여러 잠재 고객들에게 더더욱 사고 싶게 만드는 희소성의 가치를 부여했다.

이른바 헝거 마케팅의 전형적인 활용 예시다(물론 일각에서는 샤오미가 물량을 많이 만들 능력이 없어서 이런 식으로 팔았다는 견해도 존재한다. 샤오미는 제조업 기반의 기업이 아니므로 이 주장도 일리는 있다). 따라서 샤오미 팬들에게 다음번 사전 발매에는 이번엔 기필코 사고 말겠다는 의지를 불태우게 만든다.

그리고 30만 대의 사전 판매는 샤오미 입장에서 이미 판매한 물량이므로 이를 생산하는 것에 대해서 전혀 재고 부담이 크지 않다. 재고 부담이 적다는 것은 각종 부품 비용, 조립 인건비, 창고 보관비, 운송비용 등이 많이 묶일 염려가 없다는 뜻이므로 기업으로서는 최종 가격을 더 인하할 수 있는 여지가 생긴다. 이뿐만 아니라 30만 대라는 물량이 구체적으로 나온 후에 샤오미는 협력 생산 공장에 주문을 맡길 때 훨씬 더 유리한 협상의 고지에서 최대한 위탁 생산 비용을 낮출 수 있고, 생산 공장 역시 대규모 부품 구매를 통해서 생산에 있어서 규모의 경제를 달성할 수 있게 된다.

여기에 또 한 가지 주목할 점은 샤오미는 초창기에 원 모델 온리(One model only) 전략을 채택하여 1년에 딱 하나의 모델만 내놓는 당시 애플의 전략을 따라간다. 이는 제품에 대해서 더 많은 심혈을 기울여서 디자인, 품질을 향상하는 한편 해당 모델의 생산 물량이 많아져서 또다시 규모의 경제를 통해서 더 저렴한 가격을 만들 수 있었다. 이런 다양한 추진 계획들이 모여서 샤오미의 가성비 전략을 지속할 수 있었다. 이는 모두 레이쥔이 처음부터 계속 강조했던 인터넷 사고(Internet Thinking) 덕분이다.

기막힌 팬덤 커뮤니티 운영

○ 샤오미 팬덤의 이름, 미펀(米粉)

앞서 샤오미의 초창기 비즈니스 생존 전략 중 인터넷 사고에 대해서 살펴보았다. 이번에는 나머지 한 가지인 샤오미 극강의 팬덤 운영 전략에 대해서 살펴보자. 사실 인터넷 사고라는 개념이 너무 광범위하다 보니 팬덤 운영도 어찌 보면 결국 인터넷 사고의 일환이라고 볼 수도 있다. 다만 지난번에는 제품 기획과 마케팅에 관한 인터넷 사고 부분을 중점적으로 보았다면 이번에는 팬덤 운영을 중심으로 살펴본다.

미펀(米粉), 직역하면 쌀국수다. 샤오미의 팬들도 미펀(米粉, 미는 샤오미의 미, 펀은 팬을 뜻한다)이라고 불린다. 샤오미보다 기술적으로, 브랜드 가치, 디자인적으로 뛰어난 인터넷, IT 전자 기업은 많겠지만 샤오미만큼 팬들을 효과적으로, 제대로 운영하는 기업은 많지 않다고 본다. 그만큼 샤오미의 팬덤 운영은 꼭 한 번은 짚고 넘어가야 한다. 한국 기업도 샤오미에게서 영감을 받을 수 있다. 아니, 오히려 반드시 힌트를 찾아야 한다고 생각한다.

○ 팬덤·팬클럽 커뮤니티 운영을 통한 기업 경영

샤오미가 인터넷 사고에 기반을 둔 인터넷 DNA로 제품 기획의 타임 라임 구상, 실제 소프트웨어 및 하드웨어 개발, 사전 온라인 마케팅까지 다 구성하고 실행했지만 샤오미 인터넷 사고의 절정은 뭐니 뭐니 해도 팬덤 운영이다. 그리고 팬덤 마케팅은 레이쥔이 존경의 눈으로 바라보았던 미국의 애플도 이뤄 내지 못한 수준의 어마어마한 것이어서 샤오미를 얘기할 때 이를 빼놓는 것은 어불성설이다.

알리바바의 전자상거래로 대표되는 플랫폼적 사고, 텐센트의 모든 것을 연결하려는 연결 본능으로 지금 그들의 위치에 올랐다면 샤오미에겐 팬덤 운영이야말로 그들의 '알파와 오메가(시작과 끝)' 이라고 할 수 있다. 실제로 샤오미의 공식 슬로건도 'Only for Fans'이다. 즉, 팬이 없다면 샤오미도 없는 것이다.

웨이보, 위챗 등 각종 SNS에서 만난 샤오미 팬들은 스마트폰을 비롯한 IT 분야라는 공통 관심사를 가진 동호회원들이 되었고 샤오미 홈페이지의 커뮤니티에 모여서 다 같이 그들만의 '샤오미 덕후' 문화를 만들어 나갔다. 당연히 샤오미는 그들의 팬들이 모이고 소통할 수 있도록 다양한 노력을 해왔다. 팬들이 다 같이 모일 수 있는 효율적인 온라인 공간을 만들어 준 것은 순전히 샤오미가 그렇게 의도했고 그걸 실제로 성공적으로 해냈다는 뜻이다.

한국에서도 제품 카테고리별, 제조사별, 모델별, 세대별의 자동차, 컴퓨터(노트북 등), 전자제품, 스마트폰을 비롯한 특정 제품의 사용자 모임이 네이버·다음 카페 등에 수없이 생겼다가 제품 라이프 사이클에 따라 사라진다. 개인적인 경험을 돌아봐도 지금까지 새로운 휴대폰(스마트폰과 그 이전 세대 휴대폰 모두 포함)을 새로 살 때마다 해당 모델 사용자 모임 네이버·다음 카페를 한 10개 이상은 가입해 본 거 같다. 스마트폰뿐만 아니라 전자기기나 카메라, 음향기기 등을 살 때마다 새로운 정보나 활용법을 얻기 위해서 이런저런 인터넷 공간상의 사용자 모임을 찾아서 하염없이 헤매고 다녔다.

그리고 이런 인터넷상의 제품별 사용자 모임에서는 정말 말도 안 되게 마니악틱한 사용자(이들은 거의 개발자 수준, 고인물 of 고인물)부터 제품을 구입할 때 몇 번 들어와서 구경하고 다시는 찾아오지 않을 라이트 유저까지 온갖 종류의 사용자들이 쏟아 내는 엄청난 정보들이 가득하다. 마니악 사용자들의 니즈가 다르고 라이트 사용자들의 니즈는 또 다르다. 이렇게 각종 사용자가 주야장천 떠들어 대는 이곳은 기업 입장에서는 너무나 소중한 자료(사용자 피드백)들이 가득 들어 있는 보물창고와도 같다고 할 수 있는 것이다. 그런데 네이버, 다음처럼 정작 제조사와는 직접적인 연관이 없는 곳에서 고객들끼리 알아서 떠들고 있다는 사실이 매우 안타까울 따름이다.

그런데 만약! 이런 모든 제품 정보 흐름을 해당 제품을 만든 기업에서 전부 관리하고 이를 통해서 고객들의 반응 파악 및 소통을 할 수 있다면 얼마나 좋을까? 샤오미가 바로 그것을 해낸 기업이라고 보면 된다. 샤오미의 초창기 모습에 비해서 지금은 많은 부분이 변화했지만 팬덤 관리를 통한 마케팅과 이를 통한 제품 개발 자체만큼은 일관되게 유지하고 있다.

샤오미의 초창기 SNS상에서는 고작 100여 명의 팔로워 밖에 없었으나, 첫 스마트폰 출시 시기인 2011년에는 30만 명으로 늘어난 샤오미 팬덤 숫자는 2021년 기준으로 샤오미 홈페이지에 전 세계에서 약 1억 명이 훨씬 넘는 팬들이 활동하고 있다. 단순히 가입된 팬들의 숫자보다도 훨씬 중요한 것은 매일 30만 건 이상의 샤오미와 관련된 다양한 주제에서 글들이 올라오고 있다는 사실이다. 어떻게 이리도 많은 글이 올라오는 것이며 도대체 무슨 내용의 글들일까?

중국 테크 기업의 모든 것

샤오미 팬덤 커뮤니티에선 도대체 무슨 일이 벌어지는가

○ 샤오미 팬덤 커뮤니티의 구성 및 분류

2022년 기준 샤오미 홈페이지의 샤오미 소셜 게시판(小米社区, 팬덤 커뮤니티)을 살펴보면 다음과 같이 분류되어 있다.

스마트폰, 미유아이(MIUI) 시스템, 응용 게임, 하드웨어 성능, 게임, 샤오미 팬 게시판, 일상, 웨어러블(손목 밴드), 컴퓨터·이어폰, TV, 스마트 라이프, 가전, 동청(同城, 같은 지역 오프라인 모임), 기타 주제별 모임 등이다.

그야말로 모든 샤오미 제품에 대한 모든 게시판이 거의 완벽하게 갖춰져 있다. 이렇게 나눠진 각 게시판에서 글을 쓰거나 질문 등의 활동을 위해서 샤오미 회원들은 가입을 눌러야만 한다. 한국처럼 삼성, 기존 LG의 특정 스마트폰 모델을 샀다고 네이버나 다음에서 해당 사용자 모임을 찾아갈 필요가 전혀 없다. 그냥 바로 샤오미 게시판(小米社区)으로 들어가면 곧바로 왁자지껄한 게시판을 느낄 수 있다. (小米社区: https://www. xiaomi.cn/board)

한국 사람들은 샤오미 공식 쇼핑몰 말고 이런 게시판이 있는지 대부분 잘 모르는 경우가 많다. 여기서 스마트폰(手机) 카테고리를 눌러보자. 개인적으로 스마트폰은 애플(apple) 팬이라, 샤오미 스마트폰 역대 모델에 대해서 정통하진 않아서 정확히는 알 수 없지만 지금까지 출시된 거의 모든 모델의 게시판이 존재하는 것 같다. 무려 30종류 이상의 스마트폰 게시판이 있다.

그리고 게시판마다 비슷한 종류의 모델을 한데 묶어 놨기 때문에 (예를 들어 小米5·5X·5c·5s·Plus) 실제 스마트폰 종류는 이보다 훨씬 많다. 2022년 초 기준으로 보면 '小米10/10Pro' 스마트폰 모델이 85만 명과 게시판 가입 인원과 50만 개의 게시물을 자랑한다. 게시판에 속한 인원 수만 보아도 샤오미의 최고 인기 제품이 무엇인지 쉽게 알 수 있다. 범위를 스마트폰 외에 전체로 넓혀서 본다면 2022년 기준으로 이 중에서 가장 많은 숫자의 활동 회원을 가지고 있는 게시판은 샤오미 첫 스마트폰이 출시되기도 전인 2010년부터 운영되어 온 미유아이 시스템 카테고리다. 2022년 초 기준으로 무려 440만 명이 해당 게시판에 가입해서 620만 개 이상의 게시물이 작성된 것으로 나온다. 끊임없이 계속 늘어나고 있어서 아마 누군가가 다시 가보면 또 구성원의 숫자가 더 확대되어 있을 것이다.

샤오미는 매주 금요일 오후 5시에 미유아이(MIUI) 업데이트를 제공하고 있다. 당연히 샤오미 게시판의 미유아이 커뮤니티를 통해서 제공되고 있으며 2011년 아직 첫 스마트폰을 출시하기도 전부터 샤오미와 팬들의 불문율 같은 것으로서 단 한 번도 지켜지지 않은 적이 없다. 애플, 삼성을 비롯한 글로벌 기업은 물론 중국 내에서도 이렇게 매주 단 한 차례도 거르지 않고 부지런하게 운영체제를 업데이트하는 곳은 찾아보기 힘들다.

○ 커뮤니티에서 무슨 이야기가 오고 가는가

게시판마다 들어가 보면 즐기고 활용하기(玩转), 필독(必读), 책임자 온라인(负责人在线), 제안·건의(提案·建议), 질문·도움 요청(救助) 등으로 카테고리가 분류되어 있고 분야별로 수많은 글이 새롭게 올라오고 또 밑에 회원들의 답변이나 샤오미 게시판 관리자들의 답변이 달리는 것을 볼 수 있다.

1. 즐기고 활용하기(玩转)

미유아이 게시판에 즐기고 활용하기(玩转)를 눌러보면 처음에 오면 사용자들이 가장 궁금해 할 미유아이 12 활용하기 게시물이 떠 있다. 하단은 그 내용을 복사 및 붙여넣기 한 내용이다.

제목: 如何让MIUI12更好用(三)

작성자/일시: AGERARS/2020-11-22

大家好, 我是创作者AGERARS, 同时也是社区解答组的一员, 之前我已经介绍了几期关于MIUI12的使用小技巧, 那我们这期来谈谈超级壁纸。超级壁纸是MIUI12的一个重要特色, 但是有很多用户却不知道要如何打开, 那我们这期就来讲讲如何设置..

상기 내용을 대략 번역해 보자면,

제목: 어떻게 미유아이 12를 더 잘 활용할 수 있을까 (3)

작성자/일시: AGERARS/2020-11-22

여러분 안녕하세요, 저는 크리에이터 AGERARS이자 더불어 이 커뮤니티(원문의 '社区'는 중국의 가장 작은 행정구역으로 한국으로 따지면 '동' 정도다. 중국의 상위 행정구역으로는 '街道, 区, 市' 등이 있다)의 답변 팀 중의 한 명이기도 합니다. 제가 예전에 여러 번에 걸쳐서 미유아이 12의 사용 팁을 소개한 적이 있는데, 이번 화에서는 슈퍼 월페이퍼(Wallpaper, 배경화면)에 대해서 이야기해 볼까 합니다. 슈퍼 월페이퍼는 미유아이 12의 중요한 포인트 중 하나입니다만 많은 사용자들이 어떻게 실행하는지를 모르고 있습니다. 이번 화에서 이를 어떻게 설정할 수 있는지 이야기해봅시다..

(중략) 그리고 밑에 관련 내용을 자세히 써 놓았다.

2. 질문·도움 요청(求助) 게시판

이 게시판에는 '현재 미유아이 12.5 운영체제에 무슨 버그가 있다', '정식 12.5 버전은 도대체 언제 나오느냐', '12 버전에서 ○○기능을 설정은 어떻게 하느냐' 등 온갖 사소하거나 혹은 중요한 질문과 샤오미 혹은 미유아이에 대한 불만 토로 및 비판으로 가득하다(보통 칭찬은 잘 없음). 그런데 이런 질문에도 아까 위에 이야기한 '답변팀(解答组)'이나 '게시판 지기(圈主)'들이 열심히 답변해 준다. 물론 질문이 자체가 너무 이상해서 답변이 어려운 질문도 있지만, 어쨌든 뭐라도 누군가가 코멘트를 달아준다. 그러면 해당 질문의 우측 상단에 빨간 글씨로 '답변 완료(已回复)'라는 글씨가 도장처럼 찍힌다.

팬덤을 자발적으로 움직이게 만드는 샤오미의 생존 전략

글을 올린 사람들이야 궁금한 게 있거나, 얻어갈 것이 있어서 올리는 건 충분히 이해되는데, 열심히 답변 달아주는 사람은 뭐지? 진심으로 다 뭐 하는 사람들일까? 샤오미에서 고용한 알바 혹은 직원인가라는 합리적인 의심을 들 수밖에 없다.

○ 팬덤 내 계급사회 구축

결론부터 이야기하자면 샤오미는 마치 게임처럼 커뮤니티 내에서 회원들을 계급사회로 만들어서 회원들의 적극적인 참여를 유도했다. 답변을 달고 활동을 오래 하면 할수록 포인트가 쌓여서 등급이 올라간다. 그러나 단순히 온라인 커뮤니티에서 답변했다고만 해서 등급이 계속 올라가는 것은 아니다. 샤오미 제품의 구매 횟수와 금액, 그리고 각종 샤오미 오프라인 행사의 참여도에 따라서도 포인트가 지급된다.

- 샤오미 커뮤니티에서의 적극적인 활동
- 샤오미 제품에 대한 총 구매 횟수 및 액수
- 오프라인 마케팅 활동 참여(小米爆米花线下活动)

커뮤니티 내의 활동이나 샤오미 제품에 대한 구매 행위로 포인트를 쌓는 것은 쉽게 이해가 가지만 오프라인 마케팅 활동 참여까지 유도하는 것은 다소 놀랍다. 이 오프라인 마케팅은 샤오미의 공식 오프라인 행사로서 300~500명 규모로 진행되고 추첨, 게임, 각종 커뮤니케이션 이벤트다. 샤오미는 이를 종합하여 자사에 대한 전반적인 기여도를 측정한 후 이를 토대로 등급, 배지(엠블럼) 등을 부여해서 샤오미 커뮤니티에서의 높은 등급 회원들의 존재감을 돋보이게 해 주는 것이다. 네이버 지식인에서도 중수, 고수, 전문가, 신 등등의 등급을 부여한 것과 비슷하다고 보면 된다.

○ 무적의 F-쿠폰(F码)

샤오미 커뮤니티 내의 회원들의 등급은 단순히 회원들 사이에 받을 수

있는 존경 같은 정신적 만족 차원의
보상이 아니라 실질적인 보상도 뒤
따른다. 높은 등급의 회원들에게는
샤오미 스마트폰을 비롯한 신제품
구매 우선권인 F-쿠폰(F码)을 발급
받을 가능성이 커지기 때문이다.

F는 Friend를 대표하는 이니셜에
서 따왔고 샤오미가 핵심 고객 및
샤오미에 공헌한 '샤오미의 친구'들
에게 우선 구매권을 부여하는 쿠폰
이다. 만일 F-쿠폰(F码)을 가지고

블랙골드 F-code(F码) 향후 3년간 1회에
한해 신제품 우선구매 가능 @샤오미

있다 정해진 사전 예약 시간에 맞춰서 선착순으로 샤오미 신제품을 구매
할 필요 없이 바로 구매할 수 있다. 앞서 살펴본 대로 샤오미 신제품은 정
식 발매 때 한 번에 구하기 너무 어렵다. 그래서 이런 쿠폰이 샤오미 팬들
에게는 큰 의미가 있다고 볼 수 있다.

보통 이 쿠폰의 지급 조건은 다음과 같다.

- 샤오미 게시판 관리자(论坛的版主)
- 명예 개발자(荣誉开发组)
- 샤오미 고문단(小米顾问团)
- 샤오미 지역별 오프라인 모임 회장들(同城会会长)

이들을 비롯하여 샤오미 커뮤니티에서 활발한 활동을 통해 포인트를 많이 쌓은 열성 회원들도 받을 수 있다.

이미 샤오미 매력에 빠진 팬들 관점에서 샤오미의 최신 제품을 가장 먼저 구매할 기회는 매우 매력적인 혜택이 아닐 수가 없다. 가장 먼저 제품을 사용할 기회를 가진 사용자들은 또다시 다양한 리뷰와 정보 공유를 통해서 입소문 마케팅의 근원지가 되고 이는 또다시 새로운 고객들을 끌어들이고 기존 고객들의 구매 욕구를 자극하는 선순환을 일으키게 된다.

팬덤 커뮤니티를 운영하는 샤오미, 땅 짚고 헤엄 중

샤오미는 정신적, 물질적 보상을 바탕으로 샤오미 팬들의 적극적인 활동을 장려하고 있을 뿐 아니라 이 거대한 팬덤을 활용해서 각종 제품 기획, 마케팅, 고객 정보 관리, 사후 관리 서비스(고객센터) 등 기업 운영의 핵심 중추로 키워나가고 있다.

우선 샤오미는 신제품 개발에 필요한 각종 하드웨어, 소프트웨어 관련 설문조사(성능, 외관, 색상, 기능 등)를 샤오미 홈페이지에서 실시하는 것은 물론, 이미 활동하고 있는 팬들의 수많은 게시물 데이터를 바탕으로 향후 고객들이 어떤 제품을 희망하는지 다양한 빅데이터를 얻을 수 있는 보물창고로도 활용하고 있다. 또한 샤오미 홈페이지는 샤오미 제품을 구매할 수 있는 가장 중요한 채널로서 첫 출시에는 보통 샤오미 공식 홈페이지에서만 구매할 수 있도록 만들어진다.

이런 신제품 발매 소식 공유 역시 당연히 커뮤니티 내에서 이뤄진다. 물론 출시 이후 시간이 흐르면 각종 전자상거래 플랫폼에서도 구매할 수 있도록 물량이 풀린다.

샤오미는 자신들의 커뮤니티, 자사 공식 홈페이지, 각종 SNS 채널을 이용한 마케팅 방법으로 샤오미는 마케팅 비용을 거의 사용하지 않았던 것으로 유명하다. 커뮤니티와 SNS를 활용한 입소문 마케팅만으로 다 끝내 버린다고 보면 된다.

샤오미 제품을 살 사람들은 이미 샤오미 커뮤니티 게시판에 와글와글 모여 있으므로 굳이 돈을 더 들여서 다른 곳에다가 굳이 광고할 필요성을 못 느꼈을 것이다. 실제로 샤오미 초기에는 별도의 광고 예산도 없고, 광고를 담당하고 있는 조직도 없었다. 물론 시간이 흐른 후 샤오미의 조직도를 보면 시장(마케팅) 관련 부서가 새롭게 생겼으므로 관련 예산도 배정됐을 것을 추측할 수 있다. 다만 초창기 마케팅 조직은 팬덤 커뮤니티를 어떤 식으로 운영하며 그 안에 누적된 정보를 어떻게 활용할지에 대해 주로 고민했었다는 사실을 강조하고자 한다.

그 외 위에서 언급한 대로 샤오미 '뉴비'들이 제품을 사용할 때 생기는 다양한 질문을 샤오미 '고인물'들이 포인트 적립을 추가로 쌓고 승급하기 위해 언제든지 답변할 준비가 되어 있다. 이로써 이 샤오미 커뮤니티는 자체적인 고객센터 역할까지 하면서 폐쇄적인 순환 속에서 스스로 문제를 해결해 가는 모습을 보여 주고 있다.

샤오미가 팬덤 커뮤니티를 운영하는 모습은 딱 가두리 양식장의 모습이다. 각종 먹이를 주며 살이 통통하게 오른 수천만 마리의 물고기를 샤오미 가두리 양식장에 풀어놓고 신제품 발매할 때(필요할 때마다) 꺼내서 편안하고 즐겁게 먹는 모습이랄까? 다만 먹으면 먹을수록 개체 수가 줄어드는 것이 아니라 먹어 치우는 이상으로 자기들끼리 그 안에서 새끼 치는 바람에 개체 수는 점점 늘어나고 있는 형국이라고 할 수 있다. 이런 팬덤 운영은 이미 잡아 놓은 물고기들 대상으로 땅 짚고 헤엄치기 같은 편안함을 샤오미에게 준 반면, 샤오미에게 또 다른 시련을 주기도 한다. 인터넷 사고를 중심으로 성장한 온라인 강자 샤오미 앞에 드리운 먹구름을 이어서 살펴보자.

온라인 과다 집중으로 찾아온 점유율 위기, 유통 채널 다각화

○ 진격의 화웨이, 오포, 비보

인터넷 사고 중심으로 인터넷과 팬덤 운영으로 승승장구하던 샤오미의 스마트폰 성장세는 사실 그렇게 오래가지 못했다. 처음 3년간 폭발적으로 성장하기는 했으나 그 이후로 중국 기업인 화웨이와 오포, 비보의 반격에 생각보다 스마트폰 분야에서 급상승했던 점유율을 역시 아주 빠른 속도로 잠식당한 것이다. 그래서 쪼그라드는 샤오미를 보면서 벌써 샤오미의 3년 천하의 세상이 가버렸는지 각종 언론 매체와 업계에서의 의견이 분분했었다.

무서운 중국 시장, 잠깐 한숨 돌리면 바로 잡아먹힌다. 샤오미가 인터넷 판매에 집중한 것에 비해서 오포(OPPO), 비보(VIVO)는 3~5선 지방 도시, 농촌에서 촘촘한 오프라인 매장 확장을 통해서 스마트폰 점유율을 빠른 속도로 올린 것이 큰 대비점이다. 참고로 오포, 비보는 모두 뿌뿌까오

그룹(步步高集团, BBK Electronics Group)에 뿌리를 두고 있다. 레이쥔 역시 시간이 흐른 후 이에 대해서 자신도 오프라인 구매를 선호하는 집단에 대해서 소홀히 생각한 것은 실수라고 인정한 바 있다.

○ 샤오미의 위기 탈출: 온·오프라인 채널 믹스

따라서 2016년부터 비록 꽤 늦은 감이 있으나 샤오미도 중국 전역에 오프라인 매장을 점차 오픈하기 시작한다. 그렇게 2016년에 시범적으로 오픈한 오프라인 매장만 해도 70여 개에 달한다. 2022년 기준 중국 전국적으로 1,000개가 넘는 샤오미 홈이라는 오프라인 매장 운영 중이다.

따라서 현재 샤오미 공식 유통 채널은 온라인과 오프라인으로 양분되어 있다. 온라인은 샤오미 홈페이지와 연동된 샤오미 공식 온라인 쇼핑몰(小米商城, https://www.mi.com/)과 범(范) 샤오미 생태계와 제삼자 브랜드까지 포함한 온라인 쇼핑몰인 샤오미 여우핀(小米有品, https://www.xiaomiyoupin.com/)이 있다. 알리바바의 타오바오(淘宝)·티몰(Tmall, 톈마오 天猫), 징동(京东, jd.com), 핀둬둬(拼多多) 등 각종 전자상거래 플랫폼 및 여러 대리상에서 팔고 있는 샤오미 제품은 논외로 친다. 오프라인으로는 샤오미 홈(小米之家)이라는 이름의 공식 매장이 있다.

○ 샤오미 온라인 판매 채널 분석

온라인 채널부터 보자. 샤오미 공식 온라인 쇼핑몰과 샤오미 여우핀을 비교했을 때 팔고 있는 제품의 종류로 보자면 우선 샤오미 여우핀(小米有品, xiaomiyoupin)이 훨씬 많다. 샤오미 여우핀은 샤오미가 운영하는 개방된 라이프스타일 전자상거래 플랫폼으로서 샤오미와 샤오미 관련 생태계의 브랜드뿐 아니라 자체적으로 디자인, 제조, 물류, 사후 관리까지 가능한 제삼자 브랜드가 입주해서 활동하게끔 구성되었다.

여우핀의 취급 품목은 가전, 주방, 가구, 인테리어, TV, 영상, 음악, 스마트기기 등 각종 IT 및 생활 분야에서부터 화장품, 스포츠, 패션, 컴퓨터, 건강·식품, 음식, 주류, 음식, 자동차 용품, 사무용품, 육아 출산 및 애완용품까지 다루지 않는 분야가 없을 정도이며 제품 종류는 약 20,000~30,000 SKU가 될 정도로 상당히 많다.

샤오미 여우핀은 각종 제삼자 브랜드에게 판매의 기회를 제공할 뿐만 아니라 더 중요한 것은 정기적인 크라우드 펀딩을 통한 향후 성장 가능성이 커 보이는 제품 발굴 및 펀딩과 샤오미 여우핀에서의 판매 데이터를 통해 스테디셀러가 될 수 있는 아이템을 선별하는 역할을 한다. 그렇게 샤오미 여우핀에서 선정된 제품은 향후 샤오미 공식 온라인 쇼핑몰(mi.com)로 옮겨 타는 기회 얻게 된다.

샤오미 공식 온라인 쇼핑몰은 샤오미 여우핀보다 훨씬 더 적은 종류의 제품을 판매하고 있다. 공식 온라인몰의 판매 제품의 종류는 약 2,000~3,000 SKU 정도로 샤오미 여우핀의 10% 정도이다. 여기 들어와 있는 제품들은 샤오미가 직접 디자인 및 생산하는 제품, 샤오미 생태계에 들어와 있는 제품들로서 이미 샤오미 자체적으로는 검증을 다 마친 제품들이다. 샤오미 여우핀이 엄청나게 많은 분야의 제품을 올려놓고 판매 중인 것에 비해서 샤오미 공식 쇼핑몰은 아무래도 샤오미가 집중하는 스마트폰, 가전 등의 IT 전자 분야 위주로 간추려져 있다.

2022년 기준으로 샤오미 온라인 공식 쇼핑몰은 스마트폰, TV·셋톱박스, 노트북·디스플레이, 가전, 웨어러블(손목밴드), 스마트 공유기, 보조

배터리·액세서리, 건강·아동, 이어폰·스피커, 생활·가방 등 IT 제품 중심으로 제품 라인업이 짜여 있다. 해당 제품들의 구매자를 지원하기 위해서 구성된, 앞서 살펴본 샤오미 팬덤 커뮤니티 게시판의 구성과 크게 다르지 않다. 온라인 채널에 이어서 오프라인 채널을 살펴보자.

진격의 샤오미, 오프라인 진출로 위기 극복

○ 샤오미 오프라인 판매 채널 분석

샤오미의 온라인 유통 채널이 샤오미 여우핀이라는 '예선'과 예선전을 통과한 제품들이 샤오미 공식 온라인 쇼핑몰이라는 '본선'으로 이원화되어 있는 것과 달리 오프라인 유통 채널은 샤오미 홈으로 일원화되어 있다. 오프라인 매장은 아무래도 장소의 제약이 있으므로 온라인보다는 진열되어 있는 제품 종류가 훨씬 적다. 매장마다 다르겠지만 평균적으로 200 SKU 정도다.

제품 종류는 비록 가장 적지만 오프라인 매장은 여러 가지 중요한 역할을 맡고 있다. 그것은 바로 샤오미 브랜드 알리기, 제품의 직접적인 체험 제공, 오프라인 고객이 온라인화될 수 있는 거대한 입구(포털) 역할을 비롯한 전반적인 마케팅과 홍보를 하는 것이다. 그럼 샤오미가 오프라인 매장을 통해서 무슨 일을 하고 있는지 살펴보도록 하자.

샤오미는 오프라인 매장의 효율을 극대화하기 위해서 다양한 수단을 동원했다. 샤오미는 먼저 오프라인 고객들이 될 수 있으면 쉽게 매장에 방문할 수 있는 환경을 조성코자 노력했다. 먼저 매장의 위치 선정부터 처음부터 다시 설계하기로 한다. 과거에도 샤오미의 오프라인 매장이 있기는 했지만 주로 오피스 건물에 위치하여 샤오미 팬이 아니라면 쉽게 찾기 어려운 곳에 있었다. 그런데 팬덤 커뮤니티를 운영하면서 고객들의 성향을 분석해 본 결과 샤오미 고객들은 유니클로, 스타벅스, 무인양품(MUJI) 등 브랜드의 이용 고객들과 상당히 많이 겹치는 것으로 나왔으므로 샤오미는 주로 중국 1, 2선 주요 도시의 핵심 상권에 오프라인 매장을 내기로 한다. 실제로 여기 중국 선전(深圳)에 있는 여러 샤오미 홈 오프라인 매장을 보면 항상 근처에 스타벅스, 유니클로 등이 자리하고 있다.

샤오미는 또한 어떻게 하면 고객들이 더 자주 매장에 방문할 수 있을지 고민한다. 주지하다시피 샤오미의 주력 제품은 스마트폰인데 이는 일반적으로 많아야 1~2년에 한 번씩 바꾸는 저빈도 상품군에 속한다. 이처럼 매장에서 스마트폰만 판매하게 될 경우는 고객이 와서 별달리 구경할 거리가 없기 마련이다.

그런데 샤오미는 위에서 언급한 대로 두 가지 온라인 유통 채널을 운영하고 거기에서 상당히 다양한 제품군을 판매하는 중이며, 어느 제품이 잘 팔리는지 빅데이터를 가지고 있다. 샤오미는 스마트폰 외에 공식 쇼핑몰에서 판매하고 있는 노트북, TV, 전동평형차, 스피커, 이어폰, 셋톱박스, CCTV, 초인종, 밥솥, 우산까지 오프라인 매장에 다양한 인기 제품을 전시해서 고객들의 방문 빈도 및 구매율을 높이는 중이다.

스마트폰 구경하러 왔다가 노트북도 한 번 들춰 보고 이어폰도 청음도 해 보고 TV도 한 번 켜 보고 평행차도 시승해 보면서 매장에서 머무는 시간을 길게 잡아 둔다. 이를 위해 오프라인 매장의 진열제품에 상당히 세심한 신경을 쓰는 편이며 일단 온라인몰에서 잘 팔리는 제품 위주로 진열을 하고 신제품일 경우라도 상품 후기나 평가 점수, 혹은 커뮤니티에서 부정적 코멘트가 많은 경우에는 모두 제외한다.

또한 샤오미 홈은 지역별 매장마다 진열제품이 다 다르다. 공식 쇼핑몰에서 특정 지역으로 많이 배송된 제품을 주로 진열하기 때문이다. 이는 지역별 날씨, 식습관 및 각종 생활 습관 차이와 연관성이 크다. 다른 곳에 비해서 허난성(河南省) 지역에 있는 샤오미 매장에서 전기밥솥이 오프라인에서 불티나게 팔렸던 것이 좋은 예시다.

또한 샤오미는 온라인 판매 시 비교적 구매 결정이 어려운 제품을 전략적으로 오프라인 매장에 전시하고 있다. 일단 가격이 비싸고 실제 화면을 봐야 감이 오는 샤오미 TV와 샤오미 전동평형차, 전동 평형 보드, 러닝머신과 같이 직접 한 번 타보고 체험해 봐야 구매가 가능한 각종 대형 제품들이 그 대상이다. 실제로 이 제품들은 온라인 구매보다는 오프라인 구매의 비중이 훨씬 더 높다고 샤오미 측에서 밝히고 있다.

○ 샤오미, 오프라인 고객들에 대한 깨달음

샤오미는 초창기에 팬덤 운영을 통한 온라인 판매만을 하다가 점차 오프라인 채널로 확장을 시도했는데 이 과정에서 온라인으로 구매하는 이들과 오프라인 매장에서 제품을 구매하는 이들의 집단적 성격이 매우 다르고 실제로 거의 중복되지도 않는다는 불 보듯 뻔한 사실을 새삼스레 깨닫는다. 즉, 지금까지 온라인 구매를 주로 하는 집단은 IT 분야에 능숙한 비교적 젊은 집단이지만, 오프라인 구매를 주로 하는 집단은 주로 나이가 많고 IT 분야에 대해서 익숙지 않은 속성을 가진 경우가 많았기 때문이다.

이들은 알리바바 등의 기존 전자상거래 플랫폼이 미처 다 포섭하지 못한 온라인보다는 오프라인 구매를 천성적으로 선호하는 집단이었다. 따라서 샤오미 홈, 즉 샤오미 오프라인 매장의 가장 중요한 역할은 바로 다음과 같다.

  - 샤오미 브랜드 홍보를 통한 인지도 제고
  - 샤오미 브랜드 이미지 개선
  - 각종 샤오미 제품에 대한 체험을 통한 우수성 알리기

온라인에서 샤오미에 대해서 몰랐던 고객들은 실제로 매장에서 스마트폰을 비롯한 다양한 샤오미 제품들을 만져보고 체험하면서 샤오미에서 이렇게 괜찮은 제품을 만드는지에 대해서 한번 놀라고, 이렇게 다양한 종류의 제품이 있다는 것에 또다시 놀라곤 한다. 비교적 나이대가 높은 고객들은 자신이 구매한 후 만족도가 높을 때 추후 지인을 데리고 같이 재방문율이 높다는 측면에서 샤오미의 주의를 끌었다.

또한 오프라인 매장은 고객들이 체험을 매우 중시하기 때문에 샤오미홈의 종업원들은 고객들이 매장에 샤오미 제품을 가지고 무엇을 하든지 간에 먼저 부담스럽게 말을 걸거나 판촉을 하지 않는다. 고객들이 먼저 도움이 필요해서 부를 때까지 그저 부근에서 대기하고 있을 뿐이다. 그러나 고객들이 무엇을 물어보면 적극적으로 질문에 응대해 주는 편이며 이들은 항상 오프라인 매장에 방문하는 고객들이 마지막에 최종 결제를 할 때 늘 샤오미 공식 쇼핑몰 어플을 깔아주고 앞으로 필요한 물건이 있다면 온라인에서도 편하게 주문할 수 있다는 안내를 절대 잊지 않는다. (또 허마셴성 생각나지 않는가?)

신규 고객들에게 온라인 쇼핑몰과 오프라인 매장의 제품 가격은 같으므로 매장에서 마음껏 체험해 보고 바로 구매해도 되고 만일 재고가 없다면 온라인 주문을 유도하는 것이다. 이렇게 오프라인 고객들이 온라인에서 구매하는 것으로 이어진다면 당연히 오프라인 매장의 효율도 급격하게 상승하며, 그 고객들 역시 나중에 샤오미 팬덤으로 자연스럽게 연결되기 때문에 이들 역시 자발적으로 샤오미의 가두리 양식장에 빠져들게 되는 셈이다.

레이쥔은 오프라인 매장을 확대하기로 하면서 반드시 온라인과 오프라인 제품 가격을 동일하게 설정하기를 희망했다. 오프라인 매장은 당연히 점포 임차료, 관리비, 종업원 인건비, 재고 처리 비용 등으로 온라인몰에 비해서 비용이 더 많이 들 수밖에 없으나 샤오미는 오프라인 매장의 효율을 극대화해서 최대한의 비용을 절감하고자 노력하는 중이다. 그러나 그래도 오프라인 매장의 적자를 피할 수 없는 경우는 샤오미는 이런 비용을 브랜드 구축 및 홍보, 對고객 체험 서비스 비용, 오프라인 고객의 온라인화 마케팅 비용 등으로 처리하기로 한 것으로 보인다. 사실 다른 기업이 각종 매체 및 오프라인 광고 비용으로 엄청난 예산을 활용하는 것에 비하면 샤오미의 오프라인 매장 운영비 정도는 사실 애교에 불과하다.

샤오미 공급 사슬, 샤오미 생태계(小米生态链)

○ 광범위한 샤오미 생태계 (小米生态链)

샤오미는 기업 출범 초창기인 2013년부터 이미 지분 투자 및 인큐베이팅 형식으로 유망한 스타트업과 협업을 시작했고 중점 투자 분야는 바로 스마트폰 중심의 IoT(사물인터넷) 제품군이다. 2021년 기준 샤오미가 투자하고 있는 기업들은 약 400개사에 달한다.

2019년 무렵부터 여기에 인공지능이 결합한 AIoT(AI+IoT) 샤오미 생태계를 꾸려 나가기 위해 여러 펀드 조성 및 자금 조달을 운용하고 있다. 샤오미의 생태계에 들어간 기업은 샤오미의 온·오프라인 유통망에 납품할 수 있는 기회를 얻게 되며 자본금, 디자인 및 기술지원, 공급망 편입 등의 다양한 지원을 받게 된다. 이미 언급한 샤오미의 두 가지 주요 온라인 유통 채널 중 예선전으로 분류될 수 있는 샤오미 여우핀에서 판매되는 수만 가지의 제품들이 대부분 샤오미 생태계에 편입된 기업에서 만든 제품이다. 샤오미 여우핀에서 샤오미 생태계 기업의 제품을 판매하여 이윤이 창출되고 해당 기업의 자산 가치가 올라갈수록 샤오미 역시 지분 투자의 수익을 얻을 수 있는 win-win 구조이며, 더 나아가 예선전인 샤오미 여우핀에서 본선인 샤오미 공식 쇼핑몰에 입점하여 판매량을 수직 상승시킬 기회까지 얻게 된다.

샤오미는 텐센트의 투자 방식과 유사하게 지분을 취득하되 경영 전반에 대해서는 간섭하지 않는 원칙을 지키고 있으며 이 기업은 일반적으로 자기 브랜드를 그대로 출시해서 샤오미 유통 플랫폼에서 판매한다. 즉, 샤오미 여우핀이라는 예선전에서 판매량, 구매평 그리고 각종 크라우드 펀딩 등을 통해서 제품 경쟁력을 인정받은 기업이 mi.com이라는 샤오미 공식 온라인 쇼핑몰에 정식으로 등재되는 방식이며 그런 제품들은 샤오미(小米, Xiaomi)라는 이름이 아닌 미지아(米家, Mijia)를 이름을 앞에 달고 올라간다.

○ 샤오미 생태계의 몇몇 네임드 기업

샤오미의 주력 핵심 분야인 스마트폰, 스마트 TV, 노트북, 음향 기기, 인공지능 스피커 관련 주변기기 외에 (여기까진 대부분 샤오미가 직접 제조 및 생산) 냉장고, 전자레인지, 에어컨, 청소기, 공기청정기 등의 각종 스마트 가전과 웨어러블 밴드, 조명, 배터리, 체중계, 프린터, 카메라, CCTV 등의 각종 IT 주변기기, 드라이기, 칫솔, 가방, 신발, 매트리스, 인형 등의 생활용품 등은 모두 샤오미 생태계에 편입된 스타트업 기업이 만든 제품이다.

그중에서도 몇 가지 제품들은 샤오미 생태계 기업의 제품임에도 불구하고 아예 샤오미 이름으로 출시하기도 한다.

1. 미밴드, 화미테크(华米科技)

2021년 6세대까지 출시됐고 5년 전인 1세대 출시 당시 중국 판매 1위, 글로벌 판매 2위를 차지했고 여전히 판매량 상위권에 랭크 중인 웨어러블 미밴드를 제조하는 화미테크가 가장 대표적인 사례이다. 이름부터 샤오미와 같은 '미(米, 쌀)' 돌림자를 쓰면서 샤오미와의 관계를 우회적으로 보여 주고 있긴 하지만 엄연히 화미테크는 이미 자산 가치 10억 USD가 넘는 유니콘 기업이며 독자적으로 운영되고 있다.

2. 보조 배터리, 즈미테크(紫米科技)

그리고 '대륙의 실수'로 한국에서도 상당히 유명했던 샤오미의 보조 배터리 역시 사실은 즈미테크라는 샤오미 생태계 기업이다. 이 역시 '미(米)' 자 돌림으로 샤오미와 관계있다는 것은 확실히 느껴진다. 즈미테크 역시 유니콘 기업으로 첫 보조배터리 출시하자마자 업계 1위를 차지한 유니콘 기업이다.

3. 공기청정기, 쯔미테크(智米科技)

그리고 지난 몇 년간 미세먼지와 스모그로 인해 엄청난 고통을 받고 있는 중국에서 뛰어난 가성비로 2017년에 공기청정기 업계 3위를 차지했던 쯔미테크 역시 '미(米)'자 돌림으로 샤오미 생태계 기업이다.

이 기업은 처음에는 샤오미의 제3자 협업 브랜드인 미지아(米家, Mijia)로 출시했다가 시장이 반응이 괜찮으면 디자인 및 제품 기능을 조금씩 변경 및 개선해서 자신들의 독자 브랜드로 출시하는 행보를 보이곤 한다.

미밴드 제조사인 화미테크(华米科技)는 미밴드와 별개로 자체 브랜드로 어메이즈핏(Amazfit)을 출시했고, 샤오미 무선 선풍기를 출시했던 쯔미테크(智米科技)는 자체 브랜드로 쯔미직류변환선풍기(智米直流变频落地扇)를 출시한 바 있다. 이렇듯 샤오미 생태계 기업은 비록 샤오미 생태계에 속해 있지만 끊임없이 이 기업은 샤오미 의존도를 낮추기 위해서 노력 중이다. 예를 들어 현대기아차 납품 기업이 현대기아차 의존도가 높으면 높을수록 현기차의 매출 실적에 따라서 부침을 겪듯이, 샤오미 생태계 기업도 샤오미 의존도가 높으면 높을수록 샤오미의 실적에 영향을 받을 수밖에 없기 때문이다.

2019년 미밴드4 출시 당시 미밴드 제조사인 화미테크도 자기들의 독자 브랜드인 어메이즈핏을 발표해서 샤오미를 약간 당황시킨 것이 대표적인 사례. 샤오미 생태계 기업의 제품군이 그 범위가 매우 넓으므로 그 외에도 유사 사례를 상당수 찾아볼 수 있다. 이렇듯 이 기업은 분명히 샤오미의 자회사는 아님에도 불구하고 재미있는 것은 한국에선 그런 거 구분 없이 그냥 다 구분 없이 샤오미 제품으로 분류한다. 이래저래 우리한테 큰 상관은 없지만 사실상 다른 기업의 제품이긴 하다.

여하튼 예시로 든 몇 개 기업은 샤오미 생태계 기업의 가장 대표적으로 성공한 기업이며 2022년 300개가 넘는 생태계 기업이 위에서 언급한 대로 수많은 제품을 시장에 쏟아 내고 있다. 그리고 이 수많은 제품군은 거의 모두 샤오미의 운영체제인 미유아이(MIUI)로 다 컨트롤 할 수 있고 IoT를 통해서 기기들의 과거의 상태, 현재 상태, 앞으로 예측 상황들에 대한 열람이 가능하며 외부에서 실시간 조정까지 모두 가능하다. 따라서 예를 들어 집에 설치하는 샤오미 전체 라인업 스마트 가전인 TV, 냉장고, 조명, CCTV, 공기청정기, 체중계, 청소기, 자동 커튼 등은 샤오미의 스마트 홈을 손쉽게 구축할 수 있는 환경을 제공한다. 즉, 샤오미 스마트폰을 중심으로 해서 사방팔방으로 뻗어 나가는 스마트 생태계를 꾸려 나가는 모습이다. 그리고 아직 한국에선 잘 모를 수 있겠지만 샤오미는 이미 IoT 분야에서는 글로벌 리딩 기업이다.

2021년 기준으로 샤오미가 이미 연결한 사물인터넷 설비는 2.89억 대 수준이다. 샤오미 전기차와 AIoT 관련된 내용은 계속 이어서 보자.

샤오미는 왜 전기차 제조에 뛰어들었는가

○ 샤오미의 AIoT 마스터플랜 꿈을 이뤄 줄 자동차 분야

그동안 샤오미의 자동차 산업(小米造车) 진입 관련해서는 늘 소문만 무

성했고, 소문이 나올 때마다 샤오미에선 공식적으로 이를 부정했는데 결국 샤오미의 레이쥔은 드디어 2021년 3월 정식으로 전기차 업계에 뛰어들기로 발표한다.

이와 관련 샤오미는 베이징 경제기술개발구에 자동차 사업부 본사, 판매, 연구사무소를 비롯하여 연간 생산 15만 대의 규모의 전기차 공장 두 곳을 짓는다고 발표했으며 2024년부터 대량 생산을 시작할 것이라고 밝혔다. 샤오미는 또한 2021년 12월 기준 전기차 프로젝트의 적시 가동을 위하여 500명 이상의 신규 직원으로 고용했으며, 업계 평균보다 2배 높은 연봉을 제시하여 인력을 끌어오는 적극적인 행보를 보이고 있다.

1. 샤오미의 최대 강점: AIoT

샤오미는 반도체 설계나 제조 관련 기술력이 있는 것도 아니고, 디스플레이 기술력이 있는 것도 아니고, 배터리 제조 능력이 있지도 않을뿐더러 그 외 어떤 기가 막힌 제조 기술이 있는 것도 아니다. 그런데도 샤오미는 미국 제재에 맞이 가고 있는 화웨이의 컨슈머 사업부(주로 스마트폰)의 빈자리를 꿰차고 삼성과 애플에 이은 2021년 1분기 기준 글로벌 3위 스마트폰 점유율 14.1%를 차지했다. 스타트업 스토리 플랫폼인 플래텀에 따르면 2021년 1분기 샤오미 스마트폰 사업은 큰 폭의 성장세를 이어 갔다. 스마트폰 매출액은 전년 동기 대비 69.8% 증가한 515억 위안(약 9조 1,115억 원)을 기록했다. 이 기간 전 세계 스마트폰 출하량은 4,940만 대, 스마트폰 사업 총이익률은 12.9%에 달했다. 시장조사업체 캐널리스(Canalys)에 따르면 샤오미는 분기 중 스마트폰 출하량 기준 글로벌 3위를 유지하며 시장점유율 14.1%를 기록했다.

그리고 2021년 2분기는 애플마저 제치고 삼성에 이은 글로벌 스마트폰 점유율 2위를 기록했으며 2021년 6월의 월간 점유율만 놓고 봤을 때 처음으로 삼성전자를 넘어선 글로벌 1위 자리를 차지하기도 했다. 시장조사 사업체인 카운터포인트리서치의 2022년 발표에 따르면 2021년 전체 출하량 기준 샤오미는 글로벌 점유율 13.6%로 1위 삼성(18.9%), 2위 애플(17.2%)에 이은 3위를 기록했다.

이런 샤오미의 핵심 경쟁력은 결코 하드웨어에 있지 않고, AIoT에 있다고 판단된다. 이 분야에서 이미 샤오미는 전 세계에서 가장 큰 규모의 소비자용 사물인터넷(IoT) 플랫폼을 운영하고 있다. 앞서 이야기한 샤오미의 스마트홈 시스템의 각종 가전이 전부 여기 들어간다. 2021년 기준으로 이미 연결한 사물인터넷 설비는 2.89억 대 수준이다. 이 수치는 스마트폰과 노트북은 포함하지 않은 것으로 순수하게 저 샤오미 스마트폰과 노트북에 연결된 제품들만 따져도 이미 3억 대에 가까운 수치인 것이다.

샤오미의 스마트폰은 단지 샤오미 AIoT의 입구일 뿐이다. 샤오미의 스마트폰이 저토록 많이 팔리고 있다는 것은 샤오미 AIoT의 입구가 엄청나게 커지고 있다는 뜻이다. 입구가 커지면 어떻게 될까? 자연스레 입구를 통해서 들어오는 사람이 많아질 수밖에 없다. 이는 엄청난 잠재력이다. 개인적으로 아이폰4를 시작으로 아이패드, 맥북, 아이맥, 애플워치까지 사게 된 애플의 충성고객이 된 경험이 있으므로 특정 브랜드의 스마트폰을 쓰는 것이 얼마나 그 브랜드의 생태계로 빠지기 쉬운지 잘 알고 있다. 게다가 샤오미는 스마트폰을 중심으로 한 온갖 스마트 가전, 가구, 조명 관련 스마트홈 관련 라인업을 갖추고 자사의 스마트폰 사용자들을 유혹하고 있다는 것을 잊으면 안 된다.

2. 샤오미의 강점이 꽃피울 분야

샤오미는 결국 AIoT 분야의 최강자가 되고 싶어 한다. 그리고 앞서 본 바와 같이 어느 정도 이를 실현하고 있으나 시장은 아직 샤오미의 AIoT의 전략이 아직은 폭발적인 성장점을 찾지 못했다고 평가하고 있다. 업계에서 보기에 진정으로 AIoT의 수요가 폭발하는 시점은 바로 차량 인터넷이 상용화되는 때로 보고 있다. 즉, AIoT 시장의 수요의 폭발적인 증가를 일으킬 킬러 상품으로는 바로 스마트카를 손꼽아 기다리고 있다는 것이다.

비록 현재 시판되고 있는 신에너지 자동차들은 스마트카라고 하기엔 좀 거리가 있지만 2020년 하반기부터 시작해서 신에너지 자동차들의 판매량은 급성장하고 있다. 최근 차량 구매자들은 점점 더 전기차에 대해서 한 번씩 더 고려하는 분위기가 조성되고 있다. 나와 내 주변 지인만 해도 차량 구매 시 이제는 슬슬 전기차를 사봐야 하나라는 생각을 한다.

2020년 말 기준으로 글로벌 차량 판매 대수가 약 5,000만 대이며, 그중 전기차 판매량은 약 6%밖에 차지하고 있지 않다. 그리고 2020년 전기차 대표적 기업인 테슬라조차 50만 대 이상도 팔지 못했다. 다만 2021년 글로벌 시장에 93만 대를 팔면서 전년 대비 +87%의 큰 성장폭을 보여주었다. 요즘 서학 개미들이 많다 보니 다들 잘 알지만 테슬라는 2021년이 돼서야 비로소 글로벌 차량 판매 총량(8,865만 대)의 1%를 간신히 넘었다. 하지만 테슬라의 시가총액은 놀랍게도 기존 전통 차량 제조사 시가총액의 전체 총합과 비슷할 정도다. 즉, 테슬라를 비롯한 모든 상장 신에너지 차량 제조사의 시가총액은 잠재력으로 평가받고 있는 것을 알 수 있다. 시장의 평가를 미뤄 짐작건대 3~5년 이내에 전기차를 비롯한 신에너지 차량의 판매량이 전체 차량 판매의 20~30%까지 올라갈 것으로 보인다.

이들 차량에 L5 수준의 자율주행 기능만 탑재된다면 전기차는 순식간에 스마트카로 변신하게 된다. 이렇게 되면 수천만 대의 스마트카는 전 세계에서 서로 연결되고 소통이 가능해지는 것이다. 이는 그야말로 엄청난 잠재 성장 동력이라고 할 수 있다. 따라서 AIoT가 진정으로 제 가치를 인정받을 수 있는 분야는 바로 스마트카라고 할 수 있다. 만약 AIoT 분야에서 최강자로 군림하고 싶은 샤오미의 레이쥔이라고 한다면 어찌 점점 더 확실히 되는 스마트카에서의 성장 기회를 놓쳐 버리고 싶겠는가. 전기차 그리고 스마트카, 죽어도 못 보내, 이게 바로 샤오미의 심정일 것이다.

○ 샤오미, 과연 전기차를 만들 수 있을까?

샤오미가 왜 전기차를 개발 및 제조하고 싶은지에 대한 이유는 충분히 차고 넘친다. 샤오미의 기술 수준과 연구·개발의 난이도 등을 고려해 보았을 때 기존의 스마트폰과 각종 가전 및 전자제품 제조와 자동차 제조는 완전히 다른 일이므로 다들 어렵다고 말하지만 그렇다고 완전히 말도 안 되는 이야기는 아니다.

우선 샤오미는 전기차에 대해서 아주 문외한은 아니다. 샤오미의 레이쥔이 적극적으로 투자한 웨이라이(蔚来, NIO)와 샤오펑(小鹏, XPENG)도 짧은 기간 내에 결국 전기차를 만들어 냈다. 아무런 기반이 없던 신생 스타트업도 전기차를 만들어 내는데 이미 나름 산전수전 공중전까지 다 겪고 10년 이상 승승장구하고 있는 IT 전자 및 인터넷 기업인 샤오미가 정말 전기차를 못 만들까? 가능하다고 보는 게 논리적으로 맞다.

두 번째는 과연 샤오미가 전기차 디자인부터 양산 체제 갖추기까지 투자할 만한 자금 여력이 있는가이다. 레이쥔은 벤처캐피털 및 엔젤투자가로도 명성이 높은 사람이므로 어떻게 해야 자본을 얻어낼 수 있는지에 대한 생리에 대해 너무나 잘 알고 있다. 또한 이미 샤오미 자체의 엄청난 성공으로 추가적인 투자유치를 지속해서 받아 내는 것에 대해서는 자신이 있을 것이다. 단순히 레이쥔의 인맥과 샤오미 브랜드 값으로만 따져도 업계에서의 투자유치는 걱정할 만한 이유는 없어 보인다. 서로 돈을 대주겠다고 해서 누구 돈을 가져다가 쓰는 게 샤오미에게 가장 유리할까를 고민해야 할 수 있어 보인다. 게다가 샤오미에서 이번 2021년 3월에 자동차 산업에 뛰어든다고 했을 때 샤오미의 2020년 12월 기준 현금 보유액이 1,080억 위안이라고 밝힌 바 있다. 한화로 약 19조 원이다. 적지 않은 돈이다.

세 번째는 결국 전기차 제조는 전통적인 '차량 제조'의 시각으로 접근해야 할 필요는 없다는 사실이다. 전기차의 일정 부분은 기존 샤오미의 주요 분야인 스마트폰과 가전 분야에 쌓은 노하우로도 충분히 접근할 수 있다. 이미 샤오미는 이 분야의 업무의 오랜 구력으로 상대적으로 넓은 사고의 폭을 가지고 있다. 비야디(BYD)의 왕촨푸(王传福)와 지리자동차의 이슈푸(李书福)가 모두 처음 자동차 업계에 뛰어들 때도 모두 말렸지만 지금 어떠한가? 둘 다 중국 자동차 업계를 대표하는 기업으로 성장하여 현재 승승장구 하고 있다. 결국 레이쥔 앞에 놓인 문제는 결국 새로운 자동차를 기존의 것들과 어떻게 차별화시키고 경쟁시킬까 하는 것이며 이를 통해 후발 주자로서 어떻게 앞선 자들을 뛰어넘을 수 있을지에 대한 것이다.

마지막으로 전기차에 들어가는 부품과 구조를 살펴보면 모터와 배터리에 관련해서는 특정 차량 제조사가 다른 기업에 대해서 하드웨어적 우위를 지속해서 점유하기는 어렵다. 스마트폰 칩셋처럼 현존하는 공급상 자체가 많지 않기 때문에 경쟁사의 공급상이 바로 나의 공급상이다. 모두 업종별 최첨단 과학기술 발전 수준의 제약을 받을 수밖에 없다. 예를 들어 글로벌 스마트폰 제조 기업 중에 D램 반도체를 삼성, SK하이닉스, 마이크론 등에서 사다 쓰지 않는 기업이 어디 있단 말인가? 따라서 규모의 경제에 따른 가격 협상이라면 모를까 독자적인 부품 경쟁력을 갖기는 쉽지 않다. 전기차 배터리면 결국 LG화학(이제는 LG에너지솔루션), CATL, 삼성SDI, 파나소닉, 비야디, SK이노베이션 등에서 고를 수밖에 없는 것이랑 똑같다. 그리고 부품 외에 전체적인 차체 플랫폼과 그 기술 및 품질 수준은 모두 기술 수준이 완전히 성숙한 기존의 차량 제조사에도 충분히 맡길 수 있다. 샤오미가 스스로 만들 필요는 없다는 것이다.

따라서 전기차에서 가장 큰 차별화라고 한다면 결국 디자인과 전기차에 대한 사용자 경험 설계일 것이다. 이것은 모두 하드웨어적 기술력이 아닌 차량 운영 소프트웨어와 소프트웨어를 설계하는 근원적 사고방식이 결정하는 부분이 클 수밖에 없다.

그런데 이건 바로 하드웨어 제조에는 별로 강점이 없지만 소프트웨어와 AIoT에 강점이 있고 수많은 팬덤을 거느리고 있으며, 팬들에게서 각종 사용자 경험 관련 피드백을 쏙쏙 빼서 자사의 제품에 제대로 적용하고 있는 샤오미의 특기가 아니던가.

샤오미 자동차의 매력 포인트와 팬덤의 높은 기대

○ 샤오미 자동차 승부 포인트: 디자인, 사용자 경험

샤오미가 디자인한 차량은 분명히 끝내주게 멋지다고까지는 장담하기 어렵지만 최소한의 심미 기준은 맞춰 줄 것으로 의심되지 않는다. 현재 샤오미의 각종 제품 디자인을 보면 알 수 있다. 샤오미 제품들은 전반적으로 미니멀리즘을 지향하면서 나름의 혁신성을 갖추고 있다. 분명히 대중의 심미적 관점은 어느 정도 맞춰 줄 것이며 여러 차종인 세단에서 스포츠 유틸리티까지 다 패밀리 디자인으로 괜찮게 잘 뽑아낼 것으로 기대된다.

일단 샤오미 자동차에는 많은 실용적인 옵션과 설비 세팅이 갖춰질 것으로 예상된다. 샤오미는 가성비를 추구하는 브랜드이므로 럭셔리는 결코 샤오미 전기차와는 어울리지 않을 것으로 생각된다. 샤오미 차에는 자율주행, 5G, AIoT 같은 콘텐츠, AR·VR 등의 기능이 적절히 혼합되는 킬링 포인트가 탑재될 것으로 예상해 볼 수 있겠다. 그리고 차 안에서 자율주행하는 동안 이뤄지는 행위, 예를 들어 회의 연결 등의 업무, 집 안의 스마트 가전, 가구의 컨트롤 등 만일 자동차가 개인 비서처럼 운영된다면 샤오미의 AIoT 능력이 그야말로 빛을 발하리라는 것은 의심할 여지가 없다. 따라서 샤오미가 차를 만든다면 이미 기존의 샤오미 인터넷 생태계의 콘텐츠와 브랜드 인지도의 강점이 있을 것이며 소프트웨어 방면에서는 샤오미가 딱히 두려워할 경쟁상대는 없어 보인다.

하드웨어 방면에서는 자동차는 분명히 스마트폰보다 훨씬 어렵다는 건 부정할 수 없는 사실이지만 지금까지 설립 후 오랜 시간 동안 다양한 제품을 만들면서 샤오미 역시 공급망 관리에 대한 노하우가 상당히 많이 쌓였으므로 아예 처음부터 시작은 아니다.

○ 샤오미 자동차는 팬덤의 기대에 과연 부응할 수 있을까

앞서 언급한 대로 샤오미의 레이쥔은 드디어 2021년 3월 정식으로 전기차 업계에 뛰어들기로 발표한다. 첫해 시작부터 바로 100억 위안을 투자하기로 하고 미래 10년간 총 100억 USD를 지속해서 투입하기로 했다. 초기의 100억 위안이 큰돈이긴 하지만 과연 전기차 분야에서 큰돈일까? 그 정도면 양산까지 가능할까? 그건 아마 아닐 것이다. 테슬라 모델3(Model 3)만 해도 양산을 정상 궤도에 올리기 전까지 평균적으로 매 1분에 6,000 USD를 날려 먹었을 정도로 천문학적 자금을 쏟아부었고, 바이튼(Byton)은 84억 USD를 투입하고도 양산 체제를 제대로 갖추지 못했다. 웨이라이(NIO) 역시 누적 적자 450억 위안 이상을 기록했다. 앞선 전기차 선배들의 자금 투입량을 보면 100억 위안으로는 택도 없어 보이긴 한다. 100억 위안은 샤오미의 현재 보유 자금에서 투입하는 것일 뿐 100억 위안이 끝이 아니라는 것은 당연지사다.

다만 지금까지 테슬라, 웨이라이 등은 지난 몇 년간 시장 개척자였으므로 그렇게 큰돈을 투입했던 것이고, 샤오미는 비교적 좋은 시기에 진입하여 선행 기업이 전기차 시장과 고객들에 대해 많은 교육과 인식 제고를 수행한 덕을 보게 될 가능성이 크다. 또한 산업 밸류체인이 성숙해졌으므로 전기차 관련 인력, 공급망의 수준은 높아졌고 각종 부품 비용도 전과는 비교도 할 수 없을 정도로 저렴해졌다. 그야말로 샤오미는 지난 선행 기업의 어깨 위에 올라타서 힘들게 시장을 개척할 필요도 없고 그렇게 많은 자금을 투입할 필요가 없는 것은 사실이다. 이런 이유로 레이쥔 역시 100억 위안 정도도 시작하면 괜찮다고 생각을 했던 모양이다. 10년 전부터 샤오미가 구축한 브랜드 인지도와 중국 인민이 샤오미에 대한 신뢰도는 마케팅 분야에서 많은 자금도 아껴 줄 수도 있다. 지난 2020년 웨이라이가 1년의 마케팅 비용으로 약 39억 위안을 날려버렸다는 것을 고려하면

이 분야에서의 비용도 대대적으로 아낄 수 있다.

위에서 강조한 수천만 명에 달하는 샤오미 팬덤은 샤오미의 전기차가 나오기를 학수고대하고 있다. 지금까지 어떤 기업도 자신들의 자동차가 어떤 모양일지, 어떤 사양을 갖추고 있을지도 모르는 상황에서 무조건 구매하겠다는 수많은 팬을 보유하진 못했고 이토록 거의 모든 언론사의 높은 관심을 받아 본 적이 없다. 그러나 샤오미는 이를 실제로 이뤄 냈다.

결국 샤오미가 타기팅하는 포지셔닝은 테슬라가 될 것이다. 20~40만 위안(한화 약 3,540만 원에서 7,080만 원) 사이의 차량으로서 테슬라 모델 3 포지셔닝이 그들의 가장 집중하는 시장이 될 것은 분명해 보인다. 하긴 샤오미뿐만 아니라 비야디를 비롯한 거의 중국 전기차 모두가 테슬라 모델 3을 타도하려고 안달이다. 물론 그렇다고 입문 차량을 20만 위안 이하로 출시할 가능성을 배제하는 것은 아니지만 말이다. 스스로 샤오미의 팬이라고 생각해 본 적은 딱히 없지만 늘 샤오미의 행보에 관심이 있는 편이라 샤오미의 자동차가 어떤 식으로 나올지는 무척 궁금하긴 하다.

2022년 공시에 따르면 2021년 샤오미 매출액은 3,283억 위안(약 509억 USD, 전년 대비 +33.5%), 매출총이익 582.6억 위안(약 90.2억 USD, 전년 대비 +58.5%), 조정 순이익 220.4억 위안(약 34.1억 USD, 전년 대비 +69.5%)을 기록했다. 상장사와 비상장사 등 많은 기업에 투자한 관계로 조정 전후의 이익 차이가 컸다. 2021년 말 기준 샤오미는 390개 이상의 기업에 투자하고 있으며 장부가는 603억 위안으로 전년 대비 25.7% 증가했다.

부문별로 스마트폰 매출이 2,089억 위안(약 324억 USD, 전년 대비 +25.7%)을 기록했고 전체 매출에서 63.6%를 차지하며 전년 대비 1.7%

포인트 늘었다. 연간 스마트폰 출하량은 1.9억 대로 전년 대비 30% 증가했다. 글로벌 스마트폰 출하량은 14.1%(일부 시장조사업체 통계로는 13.6%)로 세계 3위의 시장 점유율을 기록했다. 사물인터넷(IoT)와 소비재 매출은 850억 위안으로 전년 대비 26.1% 증가했다.

앞서 살펴본 스마트카 분야는 자동차 사업부 R&D 팀 규모는 1,000명을 초과했으며 연구개발을 계속 확장할 계획이며 자율주행, 스마트콕핏 등 핵심 분야를 탑재한 모델을 2024년 상반기 양산 예정으로 이를 위해 베이징에 공장 건설도 진행하고 있다.

중국 테크 기업의 모든 것

제4장

화웨이(HUAWEI)

선전을 넘어선 중국의 자랑, 화웨이

화웨이는 중국의 대표적인 통신장비 기업이다. 한국에서는 불과 몇 년 전까지만 해도 일반인들 사이에선 인지도가 높지 않았지만 최근 미중 분쟁으로 누구나 알 만한 기업이 되었다. 우선 화웨이의 기업명부터 살펴보자. 이에 대한 여러 가지 해석이 있으나 대표적인 해석으로는 '중화유위(中华有为)', 혹은 '중화지작위(中华之作为)'를 줄인 것으로 '중화를 위하는, 중국·중화민족의 미래' 등의 뜻을 담고 있다. 또한 '심계중화(心系中华), 유소작위(有所作为)'라는 문구에서 각각 마지막 글자를 따서 화웨이가 되었다는 해석도 있다. 이 문구는 중화를 마음에 품고, 해야 할 일을 이룬다는 뜻으로 앞에서 소개한 문구와 모두 일맥상통한다. 물론 이와 다르게 해석할 수도 있겠지만 중국어를 할 줄 알고 화웨이와 아무런 이해 관계없는 제삼자 입장에서 봤을 때 기업명 자체가 '중국을 위한다, 중국을 위해 힘쓴다'라는 뉘앙스가 없다고 판단하기는 도저히 힘들다. 중국 내수시장을 기반으로 성장한 기업으로서 초창기에 애국 마케팅에는 도움이 되었겠지만, 지금은 글로벌 시장을 공략하는 회사로써 굳이 중화를 강조한다거나 중국을 위한다는 느낌을 감추려고 노력한다는 인상을 받곤 한다.

화웨이는 중국 덩샤오핑 개혁개방의 심장인 선전(深圳)에 둥지를 트고 있으며, 이 책에서 다루는 기업 중에서 가장 이른 시기인 1987년 설립되었다. 2021년 11월 기준 전 세계 19.7만 명의 임직원, 900여 개의 사무소와 17개 연구·개발센터, 36개 연합 센터로 이뤄져 있다. 또한 화웨이는 170개 이상의 국가에 진출해 있으며 19.7만 명의 직원 중 연구·개발 인력이 10만 명 이상으로 53.4% 비중을 차지할 정도로 기술의 연구·개발에 목숨을 걸고 있다. 또한 2021년 포춘 500대 기업 중 44위에 이름을 올리고 있으므로 한국에서 삼성, SK, LG 등 굴지의 대기업에 대해서 갖는 자부심 이상으로 중국에서는 화웨이를 상당히 떠받들고 무척 자랑스럽게 생각한다.

특히 미국으로 대표되는 서방 세력의 중국에 대한 압박이 '화웨이 죽이기'라는 구체적인 모습으로 나타났다는 데에 중국인은 화웨이와 자신을 동일시하는 경향을 강하게 보였다. 따라서 최근 몇 년 동안 전 세계인의 입방아에서 끊임없이 회자되고 핫해진 기업이 화웨이 말고 또 있을까 싶을 정도로 유명한 기업이 됐다. 도대체 화웨이가 무슨 일을 했길래 미국은 화웨이를 못 말려 죽여서 안달인가? 가장 표면적인 이유는 화웨이 통신장비와 스마트폰에 공장 출시부터 설치되어 논란이 된 백도어 소프트웨어(Back door S/W)를 꼽을 수 있다. 백도어가 탑재된 통신장비나 스마트폰은 사용자의 통화 내역을 비롯한 위치 및 사용 내역 등이 모니터링되어 중국 서버로 전송하므로 미국 및 유럽에서는 화웨이 제품 금지령이 내려졌고, 나중에는 미국에서 '화웨이 죽이기'까지 급격하게 진도가 나가게 된 것이다. 과거 화웨이 스마트폰에 설치된 소프트웨어 개발회사인 상하이 아둡스(Adups)의 변호사도 백도어 S/W 설치를 인정했으나 이 회사는 중국 정부와 관련이 없는 사적인 회사이며 실수였다는 것을 강조한 바 있다. 현재 화웨이는 자사의 모든 통신장비 관련 제품은 최고등급의 보안 인증을 획득했다고 공식적으로 주장하며 (실제 네트워크 보안 관련 각 국가별 최고 인증 획득) 자신들은 백도어 논란에 대해서 떳떳하므로 관련 잡음을 없애고 싶어 하지만 미국과 유럽 국가는 화웨이의 주장을 귓등으로도 듣지 않는다. 그도 그럴 것이 통신장비에 들어가는 이런 백도어 기술 자체가 먼저 애당초 미국과 유럽을 비롯한 서방 국가에서 시작됐기 때문에 그들도 화웨이가 백도어 S/W으로 어떤 일을 벌였는지, 그리고 앞으로 또 벌일 수 있는지 훤히 알고 있다. 그래서 그토록 경계심을 늦추지 않고 있는 셈이다. 미국 정부가 미국과 유럽 시장에서 화웨이의 스마트폰을 비롯한 각종 통신장비를 퇴출코자 하는 움직임은 아주 단호하게 느껴진다.

백도어 논란 같은 표면적인 이유 외 조금 더 심층적인 이유를 꼽자면 4차 산업 혁명 시대의 가장 근간이 되는 5G를 필두로 한 AI, 빅데이터 등의 첨단기술 분야에서 화웨이가 급속도로 치고 올라는 모습을 보이자 미중 간의 기술패권 경쟁의 일환으로 싹을 없애 버리고자 전 세계적인 반도체 공급 제재를 걸어서 화웨이의 성장을 막아버리려고 하는 모습은 이미 각 국가의 주요 언론사에서도 여러 차례 심층적으로 보도된 바 있다.

○ 화웨이의 3대 주요사업 분야

현재 화웨이의 주요사업 분야는 크게 세 가지로 구성되어 있다. 첫째,

5G 등 무선 네트워크와 유선 네트워크 통신장비의 구축 및 유지보수를 기반으로 하는 '캐리어 네트워크(통신장비)' 사업 분야가 있다. 둘째, 시스템, 데이터의 관리와 클라우드 솔루션을 제공하는 '엔터프라이즈(기업 대상 B2B)' 사업 분야가 존재하며 마지막으로 스마트폰, 스마트패드, 스마트워치 등 각종 스마트 디바이스를 제조 및 판매하는 '컨슈머(소비자 대상)' 사업 분야로 구분된다. 비록 최근에는 스마트폰 위주의 '컨슈머' 사업이 매출의 절반 이상을 차지하고 있었으나 과거 매출 비중의 최고 기여도이자 화웨이의 출발점은 '캐리어 네트워크' 사업이다.

B2B 분야라서 일반 소비자들에게는 상대적으로 덜 알려졌지만 화웨이의 대표 사업이자 화웨이의 DNA를 이루는 핵심 분야는 '캐리어 네트워크' 사업이다. 유무선 통신장비 분야에서 과거 글로벌 통신장비 시장에서의 최고 기업이었던 에릭슨(ERICSSON), 노키아(NOKIA), 알카텔(Alcatel), 시스코(Cisco), 지멘스(Siemens) 등을 차례차례 제치고 전 세계 1위를 차지하고 있는 만큼 화웨이의 자부심이 그대로 녹아 있는 분야이다.

2020년 기준으로 '캐리어 네트워크' 사업은 화웨이의 약 35%의 매출 비중을 차지하고 있지만 스마트폰 사업이 2020년 말부터 급격히 위축되는 조짐이 보이므로 당분간 다시 매출의 가장 큰 비중을 차지할 듯하다. 화웨이는 1G 시대에는 존재하지 않았고, 2G 시대에서는 추종자, 3G 시대에선 경쟁자, 4G 시대에는 주도 그룹이었지만 5G 시대에서만큼은 자신들이 규칙 제정자가 될 것이라고 주장했는데 실제로 기술력과 시장점유율 측면에서 이를 부정하기 어려운 수준이 되었다. 특히 4차 산업혁명 시대의 가장 핵심이 될 것으로 여겨지는 5G 통신망에서 화웨이가 두각을 나타내고 있고 중국 정부의 든든한 지원을 등에 업고, 중국 정부과 아주 밀접한 관계가 있다고 여겨지는 만큼 미국을 비롯한 여러 국가에서 경계의 눈초리를 넘어서 실제로 다양한 제재 조치가 이뤄지고 있다.

실제 수치를 살펴보자. 글로벌 이동통신 장비 전체 분야에서 2020년 2분기에 37% 이상으로 점유율 1위를 지키고 있던 화웨이는 3분기에 30.5%로 내려앉으면서 32%를 기록한 에릭슨에게 1위를 내어줬다. 특히 5G 이동통신장비 분야에서는 3분기에도 32.8%로 1위를 힘겹게 지키긴 했지만 2분기(43.7%)보다는 크게 하락했고, 에릭슨은 동기간 20.7%에서 30.7%로 급상승해서 격차를 줄였다. 미국 통신업계에서 사실상 화웨이를 배제한 상황이므로 주로 에릭슨과 노키아가 물량을 다 수주했기 때문이다. 사실 미국발 타격은 바로 매출 비중이 가장 높은 화웨이 '컨슈머' 사업 분야에서는 훨씬 뚜렷하게 나타났다. 어쨌든 5G 통신장비 시장에서 점유율은 소폭 하락했으나 2020년 4분기 기준으로 화웨이(31.4%)는 에릭슨(29.9%), 노키아(18.5%), 삼성(7.1%)를 제치고 글로벌 1위를 기록하고 있다. 또한 글로벌 시장조사기관 델오로 그룹에 따르면 2021년 글로벌 통신장비 시장에서 화웨이는 전 세계 매출 점유율 28.7%를 차지하며 여전히 2위인 에릭슨(15%), 3위 노키아(14.9%)의 두 배에 달하는 압도적인 모습을 보여주고 있다. 삼성은 점유율 3.1%로 6위를 기록했다. 중국 내수 시장을 제외해도 에릭슨, 노키아는 20% 수준이며, 화웨이는 18%를 기록했다. 미국과 유럽시장에서 각종 제제 및 배제 조치를 당하고 있음에도 이런 수치를 기록하고 있는 것은 화웨이 입장에선 상당한 선방이라고 볼 수 있다.

통신장비 분야와 달리 2020년 2분기까지만 해도 글로벌 스마트폰 시장 점유율 20%(동기간 중국 내수 점유율은 40% 이상) 전후를 차지하며 이미 13% 내외의 애플을 저 멀리 제치고 삼성과 1위 자리를 놓고 엎치락뒤치락하던 화웨이의 '컨슈머' 사업은 미국 반도체 수출 제재로 속절없이 무너져 내리고 있다.

화웨이 스마트폰은 2019년에 역대 최대 출하량인 2.4억 대를 찍을 때까지 줄곧 고속 성장을 해왔으나 2020년 9월 미국 반도체 제재가 발효함으로써 2020년 최종 출하량은 1.9억 대로 삼성(2.65억 대), 애플(1.92억 대)에 이은 3위에 그쳤다. 2020년 연간으로 보면 약 20% 감소세지만 반도체 제재 이후인 2020년 4분기만 본다면 출하량은 3,300만 대로 동기 대비 무려 약 40%가 감소했다. 이는 글로벌 스마트폰 제조사 중에 6위로 삼성, 애플은 물론 샤오미, 오포, 비보의 뒷자리로서 최근 6년 동안 화웨이 스마트폰 출하량이 5위로 밀려난 것은 처음이다. 샤오미 편에서 언급한 바와 같이 2021년 1분기, 화웨이의 자리를 차지한 것은 샤오미다. 수치상으로 봐도 화웨이의 '컨슈머' 사업이 거의 고사 위기에 처한 것은 부정할 수 없는 사실이다.

화웨이의 '엔터프라이즈' 사업 분야는 5G, 클라우드, 인공지능(AI), 데이터 관리 등 기업의 디지털 트랜스포메이션(DX)과 관련된 모든 IT 서비스를 제공하고 있으므로 최근의 성장세가 가파르다. 매출 비중은 약 10%를 차지하고 있다.

현재 이 3가지 내표 사업군은 2011년에 개편되어 현재까지 큰 줄기로 이어져 오고 있으며 상기한 대로 최근에는 통신장비와 스마트폰 분야에서 미국발 타격을 입어서 새로운 미래 먹거리가 필요한 상황이라 2020년 11월 스마트카 분야 사업 부문이 '컨슈머' 사업 부문으로 편입되었다. 그 외에도 화웨이는 자동차 제조지원, IoT(사물인터넷), 반도체 제조 등 신규 영역으로도 사업을 확대하는 시도를 하고 있다.

화웨이의 늦깎이 창업자 런정페이(任正非)

○ 런정페이의 43세 이전의 삶

화웨이 창업자인 런정페이(任正非)에 대해서 간략하게 살펴본다. 런정페이는 1944년생으로 구이저우(贵州) 출신이다. 교사였던 런정페이의 아버지는 국공내전 시에 국민당 정부쪽에서 일했던 전력으로 반동분자로 찍혀서 문화대혁명 시절에 집안이 풍비박산이 났다. 이는 런정페이가 충칭토목공학 대학교 3학년 때 일이었고 문혁 기간 동안 집안 식구 전체가 갖은 박해와 비난을 받으면서도 그는 통신, 컴퓨터 관련 서적을 놓지 않고 영어도 독학으로 공부를 이어갔다. 대학 졸업 후 인민해방군에 통신병으로 입대해서 근무했다. 통신병으로 근무하던 당시 전국 군 과학기술 대회에 참가해서 우수한 성적으로 올렸다.

그러나 군 복무 중에도 과거 반동분자 연좌제로 인해 늘 승진, 포상 등에서 제외되었고 공산당 입당도 계속 거절당한다. 그러다가 1984년 군 감축 정책으로 제대하고 사회로 나오게 되며 선전남유집단(深圳南油集团)의 작은 전자 회사에 입사한다. 장기간 군대에 통신병으로 기술 분야에 종사했으므로 제대 후 당시 중국의 시장 경제에 대해서 거의 무지했다. 경험 부족으로 인해 회사 재직 도중 돈을 먼저 건네고 구매한 TV를 받지 못하는, 무려 200만 위안이 넘는 거액의 사기를 당한다. 1980년대 초에 그 정도 금액은 거의 천문학적인 숫자였고 런정페이는 이를 회수하기 위해 백방으로 노력했으나 헛수고였다. 사기 금액을 회수하기 전까지 급여를 더 이상 받지 않겠다는 보증 각서도 제출했으나 회사에서는 결국 런정페이를 내쫓아버린다.

이렇게 불혹이 넘긴 런정페이는 회사에서 잘리고 아내와는 이혼하고 위에는 부양이 필요한 부모님, 밑에는 키워야 할 아들딸을 데리고 있는 미래가 까마득한 상황에 부닥친다. 참고로 런정페이와 첫 부인 사이에서 난 딸이 최근 화웨이가 미국의 對이란 제재를 위반했다는 명목으로 캐나다에서 체포되어 전자발찌 차고 다니다가 2년 9개월 만인 2021년 9월 말 풀려나서 중국으로 귀환한 화웨이 CFO 멍완저우(孟晚舟)이며, 당시 엄마 쪽의 배경이 좋아서 엄마 성을 따랐다는 설이 있다. 런정페이가 반동 분야 연좌제에 걸려 있었음에도 입대할 수 있었던 것은 바로 처가의 도움 덕분이라는 설도 있다.

1987년 당시 개혁개방이 시작된 지 얼마 안 된 선전에서는 민영 하이테크 기업 설립을 촉진하기 위한 18호 문건을 발표했다. 그 문건은 기업 설립 시에 5명의 주주와 2.1만 위안(약 한화 370만원)의 자본금이 필요하다는 내용이었다. 거창한 목표가 있었던 것이 아니라 오직 먹고사는 생존을 위해서 런정페이는 중국 우전부 소속 정보통신연구소의 연구원 5명과 2만 위안의 자본금으로 화웨이를 설립하고 마침내 독자적인 사업을 시작한다. 즉, 당시 선전에서 요구한 기업 조건에 간신히 맞춘 것이다.

그것이 그의 나이가 불혹을 한참 넘긴 43세 시절이었다. 이미 중국 내에서 런정페이의 인지도는 한국에서의 현대 정주영, 삼성 이병철 등 기업인 못지않게 널리 알려졌지만 그의 명성과 함께 따라다니는 것이 바로 창업하기엔 상당히 늦은 시기인 43세에 화웨이를 출범시켰다는 것이다.

중국 숏클립 동영상 플랫폼인 더우인(抖音)에 남녀 간의 연애관에 관해 다루는 숏클립 영상이 많다. 대부분 재미를 위한 시간 때우기 용으로 농담 반 진담 반 섞인 숏클립인데 그중 이런 내용이 있다. '(중국) 여인들이

여, 아무것도 가진 게 없는 빈털터리 18세와 남자와 연애할 순 있지만 그가 28세가 될 때까지 여전히 아무것도 없는 빈털터리라면 최대한 빨리 이 남자와 헤어지는 게 좋다.' 이런 내용에 바로 뒤에 늦깎이로 창업한 중국 내 유명 기업인들이 줄줄이 나오면서 저 문장을 정면으로 반박하는 것이다. 여기서 약방에 감초처럼 등장하는 창업자가 바로 화웨이의 런정페이와 40세에 창업한 렌샹(联想, 레노버)의 류촨즈(柳传志) 등이다. 게다가 알리바바의 마윈도 28세 시절에는 쥐뿔도 없는 개털이었다는 것을 강조하면서 28세에 남자의 인생을 판단할 수 있다는 얄팍한 생각은 때려치우는 게 좋다(?)는 식으로 마무리가 된다.

실제로 위에서 살펴본 대로 런정페이는 43세 전까지 딱히 대단해 보이지 않은 삶을 살았다. 그리고 지금은 화웨이가 기술력으로 글로벌 시장을 리딩하는 기업으로 발돋움했지만, 기업 설립 초창기에는 기술과는 거의 상관이 없는 회사이기도 했다.

○ 화웨이에 큰 영향을 미친 런정페이 특징

첫 번째로 위기의식과 성과압박이다. 뛰어난 경영자의 특징 중의 하나가 바로 늘 위기를 의식하는 것인데, 런정페이도 예외는 아니고 늘 조직에 위기감을 불어넣기 위해서 부단히 노력했다. 런정페이는 위기를 자각하는 사람만 살아남는다(唯有惶者才能生存)는 말을 입에 달고 살았다. 삼성의 이건희가 자식과 마누라 빼고 다 바꾸라고 하는 것과 일맥상통한다. 이런 위기의식이 화웨이가 끊임없는 연구·개발과 혁신에 매진할 수 있는 원동력이 되었다.

또한 뒤늦게 화웨이에 합류하는 새로운 직원들을 독려하고 기존의 나

태해진 직원들을 솎아 내고 위기의식을 공유코자 런정페이 자신을 포함한 특정 연차 이상의 모든 직원의 사표를 전부 다 받고, 당시 기준의 화웨이 입사 기준에 적합한 사람들만 재입사를 받기도 했다. 그래서 런정페이는 원래 화웨이 사원 번호 1번이었는데, 재입사 후 3,000번대의 사원 번호를 다시 받은 바 있다. 일반적인 기업에서는 상상하기 힘든 일을 과감하게 척척 진행했다.

두 번째로 근검절약과 소박함이다. 워낙 오래도록 별 볼일 없이 살았던 경험과 저 밑바닥부터 삶의 온갖 어려움을 겪어서 글로벌 대기업의 총수치고는 매우 소탈하고 근검절약 정신이 몸에 배어 있다. 출장 다닐 때도 기세등등하게 여러 수행원을 데리고 다니지 않을뿐더러 수행 기사나 택시도 아니고 심지어 지하철 타고 다니는 것도 목격이 된다. 물론 화웨이의 최고경영자로서 안전 및 보안이 중요한데 이런 모습은 당연히 연출이 섞였다는 것은 부인할 수 없지만 그래도 어느 정도 런정페이의 성정을 반영하고 있다고 보인다. 사실 알 만한 사람들은 다 알지만 런정페이의 장거리 주요 이동 수단은 헬기다. 광둥성 동관에 위치한 화웨이 R&D센터에도 헬기 승강장을 잘 갖추고 있다. 따라서 런정페이가 지하철 및 구내식당 이용하는 모습이 아무리 연출이 섞인 쇼라고 해도 알리바바 마윈, 텐센트 마화텅을 비롯한 각종 중국 거물들이 이런 행보를 보이는 경우는 내 기억엔 딱히 별 인상이 없을 정도로 매우 드물다.

세 번째로 분배를 통한 주인의식 주입이다. 알리바바 마윈, 텐센트 마화텅, 핀둬둬 황정, 바이트댄스 장이밍 등 여타 중국 빅테크 기업의 총수와 달리 런정페이의 화웨이에 대한 지분은 정말 보잘것없다. 런정페이가 화웨이를 창업했지만 2021년 11월 기준으로 그가 들고 있는 지분은 고작해야 약 0.81% 정도 밖에 가지고 있지 않다. 즉, 나머지 99.19% 내외의 지분은 전부 직원들에게 나눠 준 것이다. 이를 통해서 화웨이 직원들이 주인의식을 갖도록 한 것이다. 지분 하나 없이 주인의식을 가지라고 하는 사장들의 공허한 메아리가 얼마나 쓸데없는 소음 공해인지 알 수 있다.

네 번째로 낙관주의이다. 런정페이의 딸인 멍완저우가 캐나다에서 체포당하고 기자가 런정페이를 인터뷰했다. 당신도 같이 딸과 함께 잡혔으면 어쩔 뻔했는지? 런정페이는 웃으면서 '그럼 딸과 함께 즐겁게 지내며 지금까지 못다 한 이야기도 하고 미국 역사를 공부하고 미국이 어떻게 이토록 발전했는지 공부하는 좋은 시간을 보냈겠지. 그리고 우리 아이들은 너무 평탄하게 자라서 어느 정도 고난을 겪는 것은 좋은 일이다. 비바람을 겪지 않고 자라는 나무가 어디 있겠는가?' 자기 자식이 겪는 고난에도 이토록 긍정적인 시각을 갖기란 쉽지 않을 텐데 그 어려운 걸 해내고 있다.

게다가 과거 미국 트럼프 정부 시절 반도체 수출 금지를 비롯한 각종 제재를 받고서 스마트폰을 필두로 한 화웨이의 컨슈머 사업이 심각한 위기에 직면해 있을 때도 역시 긍정적인 정신을 잊지 않았다. '트럼프가 화웨이를 전 세계에 이렇게 적극적으로 홍보해 주어서 정말 고마운 일이다. 트럼프가 아니었다면 전 세계 사람들이 화웨이가 이토록 뛰어난 기업이고 미국이 경계해야 할 기업인지 몰랐을 것이다.'

대기업 CEO의 발언은 항상 행간을 읽어야 하므로 기업 내부 결집 효과를 노리는 동시에 미국 제재에도 대외적으로 문제없다는 메시지를 함축하고 있었겠지만, 화웨이 매출의 절반을 차지하던 스마트폰이 고사 위기에 처해서 모두가 곧 화웨이가 망할 수도 있겠다고 생각했을 때 이런 발언은 매우 신선하게 느껴졌다.

화웨이 글로벌 통신장비 거인의 하찮던 시절

○ 설립 초기, 홍콩을 넘나들던 무역 보따리상

화웨이 초창기에는 정확한 발전 방향 자체가 없었고 그저 무역을 위주로 하는 보따리상에 불과했다. 80년대 갓 개혁개방을 시작한 촌구석에 불과했던 선전은 주로 홍콩과의 교역, 홍콩의 투자를 자양분으로 성장 중이었기 때문에 선전에 자리 잡은 화웨이 역시 홍콩에서 제품을 들여와서 중국에 되파는 일을 주로 했다. 통신장비, 화재경보기는 물론이고 온갖 식품 등 잡화까지 차익을 남길 수 있는 것은 몽땅 떼다가 팔았다. 그러다가 홍콩 홍니엔(鴻年)의 소형 전화교환기를 대리해서 중국에 파는 것으로 시작으로 처음으로 큰 수입을 올리기 시작한다.

여기서부터 본격적으로 화웨이의 통신장비 드라마의 서장이 펼쳐진다. 사실 대리상으로서의 매출은 주로 인적 네트워크, 가격 그리고 각종 사후서비스가 결정하므로 별로 기술력이 많이 들어가는 부분은 아니었다. 당시 화웨이는 전화교환기 대리 시장에서 승승장구하며 점점 높은 점유율을 차지하게 되지만 오히려 업계에서는 화웨이가 지나치게 다 해 먹는다고 생각해서 오히려 물량을 제때 받지 못하는 예상 밖의 위기가 찾아온 것이다. 그러나 이미 기존에 구매 계약을 맺은 고객들에게 제품을 공급해야 하므로 물량 확보를 위해 울며 겨자 먹기식으로 예전보다 훨씬 비싼 값에 전화교환기를 구입하는 일련의 어려운 일들을 겪는다.

○ 전화교환기 직접 생산으로 통신장비업 진출

이런 외부적인 공급난 상황으로 인해서 런정페이는 자의 반 타의 반으로 직접 전화교환기를 만드는 쪽으로 기업 방향을 틀어 버린다. 지금 와서는 이미 너무 커져 버린 화웨이를 미화하는 차원에서 단순 대리상에 머물고 싶지 않았던 런정페이가 통신장비 관련 자주적 기술개발에 나선 것이라고 포장하는 경우가 많다. 하지만 런정페이는 실제 인터뷰에서는 자신은 처음에 이 통신장비 분야가 얼마나 험난한 길이었는지 모른 채 멋도 모르고 뛰어들었으며 다시 돌이키려고 해도 이미 연구·개발에 돈을 다 써버려서 되돌아갈 수 없었다고 회고한다. 그렇게 배수의 진을 쳤지만, 당시에는 그것이 전혀 낭만적이지도 멋진 일도 아니었으며 단지 생존을 위해 부득불 그렇게 했다고 말했다. (실제 런정페이의 직접적인 표현은 '逼上梁山', 소설 '수호지'의 여러 영웅호걸이 여러 상황으로 인해 송나라 관군을 비해 어쩔 수 없이 양산으로 쫓겨 들어가서 반란 집단이 된 것을 표현)

결국 런정페이는 교환기 대리상으로 벌어들인 거의 모든 자금을 투입하여 1990년 자동으로 전화 연결해 주는 교환기인 PBX(Private Branch Exchange) 자체 개발하고, 1991년 SPC(Stored Program Control) 교환기 개발에 착수하여 첫 상용화에 성공한다. 그 외에도 여러 가지 기술 개발에 성공하지만 사실 런정페이가 인정한 대로 초창기 화웨이같이 작은 기업이 통신장비를 직접 개발하겠다고 나선 것은 사실상 '계란으로 바위 치기'와도 같은 무모한 도전이었다. 화웨이에겐 기술개발이었겠지만 글로벌 통신장비 처지에서 봤을 때 순전히 자신들의 제품을 뜯어다가 조잡하게 모방한 수준에 불과했다. 그런데도 이미 돌이킬 수 없는 길로 들어선 런정페이는 특유의 뚝심과 집념으로 고난의 행군을 계속하며 SPC 교환기에 이어서 디지털 프로그램 제어 교환기 개발에 비용과 인력을 모두 투입한다.

대략 이때부터 화웨이의 독창적인 문화가 형성되기 시작했다. 대표적인 것이 바로 야전침대 문화였다. 연구·개발에 매달리다가 지쳐 쓰러지면 잠깐 눈을 붙이고 다시 자리로 돌아와서 일을 시작하는 그런 빡빡한 문화였다. 런정페이는 다른 사람들이 이런 야전침대 문화를 전근대적인 기업 문화라고 비난해도 별 신경 쓰지 않았다. 그에게는 그야말로 생존이 걸려 있는 문제였기 때문이다.

○ 중국 내수시장 공략

1992년 첫 자체 통신장비 제품을 생산하기 시작한 화웨이는 3~5선의 지방 도시과 농촌지역을 먼저 공략하고 중국 연안의 1~2선 도시를 나중에 진출하는 마케팅 전략을 세웠다. 이는 중국어로 '农村包围城市'(직역하면 '농촌으로 도시를 포위한다.' 즉. 농촌부터 진출해서 기반으로 닦고 이를 바탕으로 도시를 공략한다)라는 고전적인 전략이다. 과거 신중국 설립 이전 공산당의 마오쩌둥이 국민당의 장제스의 많은 병력과 우수한 화력을 극복하기 위해서 중국 내에서 내륙 수천 km를 도는 대장정을 하면서 국민당에 대한 게릴라전을 펼침과 동시에 각 농촌지역을 공산당의 영향력 아래 두면서 지속해서 병력을 보충했고 결국 이를 통해서 국민당을 몰아낼 수 있었다.

이런 군사적인 전략 외에 시장 공략에서도 중국은 워낙 넓다 보니 지방 도시와 농촌지역을 먼저 공략해서 거점을 마련한 후에 다시 대도시를 공략하는 마케팅 전략을 지칭하기도 한다. 수많은 중국 기업이 이 전략을 여전히 애용하고 있다. 앞으로 다룰 기업도 이 전략에 의존한 기업이 많다.

당시 중국 농촌은 개혁개방 정책으로 인한 경제발전으로 유선 전화 수요가 크게 증가했고 이로 인해 인한 통신장비 시장이 폭발적으로 성장하

중국 테크 기업의 모든 것

고 있었다. 그럼에도 불구하고 3~5선 도시와 농촌지역에는 기존에 중국 1~2선 도시 위주로 진출한 글로벌 통신장비 기업들의 영향력이 많이 닿지 않고 있었다. 이렇게 화웨이는 농촌지역 공략에 공을 들였고 그 과정에서 사업 경험을 쌓고 실제 통신 네트워크 운영 실력과 관련 영업망을 늘려 나가기 시작했다.

그러던 중 마침내 1993년 화웨이는 중국인민해방군에 네트워크 장비를 공급하는 계약을 맺었다. 문화대혁명 시절에 반동분자의 아들로 낙인찍혀서 온갖 수난을 받았던 굴레를 벗어 버리면서 중국군에 납품하는 애국 기업의 면모와 화웨이의 기술력을 동시에 인정받을 수 있는 쾌거였다. 이를 계기로 급격하게 몸집을 불린 화웨이에서 런정페이는 기술개발에 대한 중요성을 다시 한번 강조하면서 1998년 '화웨이 기본법'을 만들고 매출의 10% 이상을 연구·개발에 투자한다는 것을 명문화시킨다.

1995년에 화웨이는 통신장비 분야 발전 전략을 '자주혁신을 통한 첨단 기술 개발'로 정하고 당시의 통신기술인 3G에 대한 특허와 기술에 대한 연구·개발에 많은 역량을 투입한다. 그 결과 불과 10년도 안 되는 세월 동안 1999년 에릭슨, 노키아 등 쟁쟁한 글로벌 통신장비 기업을 제치고 중국 통신장비 점유율 1위를 차지하는 기염을 토한다.

변방에서 글로벌 통신장비 거인으로 발돋움한 화웨이

○ 해외 진출 및 화웨이로 인한 통신장비 업계 지각변동

중국 내수시장에서 자신감을 얻은 화웨이는 1997년부터 해외 시장 공략에 적극적으로 나서기 시작한다. 기술력과 영업망, 그리고 해외 통신장비 운영 경험으로 따지면 여전히 글로벌 선도 기업에게는 한참 못 미쳤던 화웨이는 내수시장 공략 방법과 유사하게 신흥 시장부터 진출을 모색한다.

그리하여 1998년부터 화웨이는 동남아, 아프리카, 중동, 인도 그리고 남미 등의 신흥국의 통신장비 시장에 본격 진출한다. 물론 이 과정에서 중국 정부는 화웨이가 글로벌 시장에 진출할 수 있도록 많은 보조금과 다양한 세금 혜택을 부여했다. 상대적으로 낮은 기술력, 글로벌 네트워크 운영 경험 미숙과 열악했던 통신장비 품질은 미국, 유럽 통신장비 기업의 거의 절반에 가까운 저렴한 가격과 공격적인 마케팅으로 극복했다. 신흥 시장을 공략한 후 2001년부터는 선진국 시장인 유럽, 2003년부터는 미국 시장까지 진출한다.

저렴한 가격 외에 화웨이가 추구했던 공격적인 마케팅이란 해외 영업 팀에서 각국의 주요 통신업체들을 찾아다니면서 통신장비 신뢰성 확보를 위한 무료 테스트베드 설치, 일정 기간 운영 및 유지보수에 대한 무료 제공과 빠른 서비스 피드백을 위해 화웨이의 유지보수 인력을 현지에 상주시키는 조건 등이었다. 이런 파격적인 조건으로 실제로 여러 통신업체가 화웨이의 통신 네트워크를 시범 운영을 해 본 후에 문제가 될 것이 없다는 사실을 확인하고 구매 계약을 체결했다.

이런 식의 글로벌 시장 공략과 꾸준한 연구·개발을 거쳐서 2012년에 에릭슨을 누르고 화웨이는 마침내 세계 최대의 통신장비 기업이 되었다. 이 과정에서 화웨이는 기존의 통신장비 시장의 생태계를 강제로 구조조정 시킨 미꾸라지 어항의 포식자인 메기 같은 존재였다.

2000~2010년 사이의 3G 통신망 보급 시절만 하더라도 알카텔(1872년 설립), 루슨트(1870년), 지멘스(1865년), 노키아(1865), 모토로라(1928), 에릭슨(1876년), 말코니(1998년), 노텔(1895년) 등 짧게는 10년, 길게는 150년 이상의 오랜 업력을 자랑하는 미국과 유럽의 글로벌 통신장비 기업이 즐비했으나 화웨이가 기술, 가격 경쟁력을 바탕으로 급격하게 성장하자 전통의 강호들이 시장을 뺏기고 설 자리를 잃게 되고 부득불 서로 인수합병을 거듭했다. 결국 알카텔, 루슨트, 지멘스, 모토롤라 등이 노키아로 합병됐고, 노텔과 말코니 등이 에릭슨으로 합병되었다.

현재는 구조조정이 거의 완료되어 노키아, 에릭슨, 시스코(Cisco) 그리고 중국의 화웨이, ZTE와 한국의 삼성전자 정도 말고는 통신장비 업계의 빅샷이 없다고 볼 수 있다.

○ 5G 통신장비 주도기업으로 성장

화웨이의 무서운 점은 단지 유선 통신장비를 비롯한 무선 이동통신 장비에 해당하는 기지국(Radio Unit), 스몰셀 기지국(Small Cell Base Station), 중계기(Repeater), EPC(Evolved Packet Core, 교환국)을 자체적으로 제조, 운영 및 유지·보수가 가능할 뿐 아니라 이와 관련된 통신 관련 특허, 반도체(칩셋) 기술과 더불어 스마트폰 기술까지 가지고 있는 기업이라는 것이다. 이런 통합적인 능력으로 각 통신사업자의 요구에 맞춰서 하드웨어와 소프트웨어까지 모두 한꺼번에 제공할 수 있다.

이와 같은 통신장비 관련 전방위적 능력은 화웨이 외에는 다행스럽게 한국의 삼성 밖에는 보유하고 있지 않다. 현재 화웨이의 5G 통신장비 분야의 최대 경쟁자인 노키아와 에릭슨 모두 반도체 칩셋과 스마트폰 분야의 기술을 가지고 있지 않다. 삼성과 화웨이, 양자의 차이점이 있다면 5G 이동통신 장비 분야에서는 기술력과 시장점유율에서 화웨이가 삼성을 압도하고 있고, 반도체 분야에서는 반대로 삼성이 화웨이를 압도하고 있다는 것이다.

화웨이는 이미 2019년 기준으로 5G 통신장비 기술력에서는 12~18개월 이상 삼성전자를 앞서있다고 판단하고 있다. 저우웨펑(周跃峰) 화웨이 무선네트워크 부문 마케팅 부사장의 말이다. 근거 없는 자신감이 아니라 실제로 5G 통신장비 시장에서는 삼성전자가 화웨이를 목표로 하는 실정이다. 벌써 3년 전 발언이니 지금은 더 차이가 벌어져 있을 가능성도 있다. 시장조사기관 델오로에 따르면 2020년 기준 연간 5G 통신장비 시장 점유율도 화웨이(31.7%)가 삼성(7.2%)에 무려 4배가 넘는다. (위에 언급한 대로 2021년 기준 5G를 포함한 모든 통신장비 시장에서의 글로벌 점유율은 28.7% 대 3.1%로 거의 10배 차이가 난다.)

지금의 위기는 차치하고, 지난 30년 동안 화웨이는 한국 주요 통신사를 포함한 전 세계 여러 통신사와 함께 세계 1,500여 개의 통신망을 구축했고, 30억 명이 넘는 인구를 유무선 통신망과 인터넷으로 연결했다. 이런 수치에서 알 수 있듯이 화웨이는 과거 2G, 3G의 통신 기술 발전 경로에서 한참 뒤처진 후발주자에서 4G 시대부터 점차 신두 그룹으로 치고 올라왔으며 5G 시대에서는 의심할 수 없는 선도기업으로 자리하고 있다.

보고도, 듣고도 믿기 어려운 화웨이의 초고속 성장 과정에서 미국 시스코 등 여러 통신장비 기업은 화웨이의 백도어 설치를 통한 불법적인 기술 탈취에 대해서 의심하고 미국 정부 역시 여러 차례 화웨이에 대해 미국의 안보에 위협이 된다고 지목한 바 있다. 실제로 미국은 이미 화웨이를 신뢰할 수 없는 통신장비 업체로 명시적으로 규정하고 화웨이가 만든 통신장비는 미국과 동맹국의 안보에 위협이 되므로 미국과 일부 유럽의 5G 통신망 구축사업에 화웨이를 일절 배제하게 시키도록 조치하고 있다. 영국의 경우는 이미 설치된 화웨이 통신장비는 2027년까지 철거토록 정부 차원의 명령이 떨어진 상황이다. 이에 따라 5G 수요는 전 세계적으로 크게 증가하고 있는데 에릭슨과 노키아, 삼성과 일부 일본 기업이 반사이익을 보는 상황이 되었다.

미국의 반도체 수출 금지 조치로 인해서 연간 출하량이 억 단위인 스마트폰 분야와 달리 5G 통신장비 출하량은 연간 만 단위에 불과하므로 사전에 확보한 반도체로 향후 수 년간 버티는 데 큰 문제는 없다고 하지만 이 같은 상황이 계속된다면 화웨이의 통신장비 세계 1위 자리도 어떻게 될지는 누구도 알 수 없다.

화웨이 스마트폰의 찬란했던 시절

○ 화웨이의 '1+8+n' 전략

화웨이의 '컨슈머' 사업 분야에서는 단연코 스마트폰이 가장 주력 제품이지만 그 외에도 노트북, 스마트TV, 태블릿(패드), 스마트워치, 스마트글라스, 스마트스피커, 스마트스크린, 스마트홈 관련 제품, VR헤드셋 등 종류로 따지자면 삼성, 애플, 샤오미에는 못 미치지만 다양한 소비자용 전자제품 라인업을 구축하고 있다.

스마트폰을 중심에 두고 8개의 주요 IT 디바이스로 주변을 둘러싸고 그

외는 협력사의 제품으로 라인업을 구성하는 '1+8+n' 전략을 실행 중이다.

1 - 스마트폰

8 - TV, AI 스피커, AR·VR 스마트글라스(안경), 스마트워치, 자동차, 이어폰, 컴퓨터, 스마트패드

N - 스마트홈(가전), 헬스케어, 엔터테인먼트, 모빌리티, 이동사무실 등을 지칭한다.

다만 샤오미도 마찬가지지만 화웨이 역시 이 모든 전략에는 스마트폰이 중심축을 이루고 있다. 그래서 스마트폰 시장이 중요한 것이다. 그런데 이 스마트폰 시장이 무너져 내리고 있으니 화웨이의 1+8+N 전체적인 그림도 어그러지고 있다고 볼 수 있지만 나름 화웨이 역시 훙멍OS를 발표하는 등 각종 대응책을 쏟아 내고 있다.

○ 화웨이 스마트폰 발전사

1. 화웨이 스마트폰의 초창기

우선 화웨이의 스마트폰 발전 발자취를 잠시 살펴보자. 2003년도에 처음으로 휴대폰 사업 부문을 설립했고, 2005년에 최초로 3G 기반 휴대폰 디자인을 발표했다. 2009년 정식으로 첫 스마트폰을 출시하며 구글 안드로이드 생태계에 합류한다. 이듬해인 2010년 전 세계 휴대폰 판매량 10위 기업으로 처음 이름을 올린다. 2011년 8위, 2014년에는 5위로 치고 올라와서 2019년에는 삼성의 뒤를 바짝 쫓는 2위까지 엄청난 속도로 올라온다.

초창기인 2010년 300만 대의 출하량이 2019년도에 무려 2.4억 대로 80배 이상으로 폭풍같이 성장한 셈이다. 심지어 2020년 2분기에는 삼성을 제치고 전 세계 스마트폰 출하량 1위를 차지하기도 한다. 동 기간 화웨이의 중국 내수 시장점유율은 무려 46%였다

2007년 세계 최초의 스마트폰인 아이폰이 처음 개발되어 중국에 수입되고, 후발주자인 삼성이 중국 시장을 한창 공략하던 2010년 전후만 하더라도 중국산 스마트폰은 덜 떨어진 디자인, 저스펙, 저품질과 통화불량, 터치불량, 발열 등의 잦은 고장으로 저가임에도 중국 소비자들조차 외면했지만 앞서 다뤘던 샤오미가 2011년 첫 스마트폰을 온라인으로 출시하면서 중국 스마트폰 내수시장에서의 전세가 중국 제품으로 분위기가 확실히 역전됐다.

특히 한때 애플과 삼성이 양분했던 중국 내수시장에서 삼성의 점유율은 점점 내려가더니 이제는 화웨이, 애플, 샤오미, 오포, 비보의 밑에 기타 카테고리로 들어가는 수모를 겪고 있다. 애플은 중국에서 여전히 프리미엄 스마트폰에서 인정받고 있지만 삼성의 자리는 화웨이를 비롯한 중국 제조사가 완전히 잠식해 버렸기 때문이다.

2. 드러나는 화웨이의 잠재력

2011년 샤오미발 충격이 몇 년간 중국 스마트폰 시장을 한바탕 휘저어 놓고 나서야 화웨이의 진가가 서서히 드러나기 시작했다. 비록 샤오미의 돌풍 후에 오포와 비보라는 신생 스마트폰 제조 기업이 오프라인 유통망을 중심으로 무서운 기세로 샤오미의 자리를 위협했지만 지나고 돌이켜 보면 결국 중국 스마트폰 전쟁의 진정한 승자는 화웨이였다.

화웨이는 샤오미의 스마트폰 마케팅 성공 전략을 철저히 벤치마킹하고 일부는 아예 똑같이 따라하기도 했다. 우선 화웨이는 2013년 온라인 전용 스마트폰 제품 담당하는 사업부를 독립시키면서 2011년 처음 출시한 '아너'(Honor, 荣耀)를 온라인 전용 중저가 서브 브랜드로 새롭게 포지셔닝한다. 이렇게 기존의 오프라인 유통 라인업인 화웨이 브랜드와 온라인 주력인 아너를 확실하게 구분을 짓는다. 왜냐면 직접적으로 샤오미와 비슷한 가격대와 스펙에 맞춘 제품을 출시하려면 화웨이의 기존 제품들의 잠식 현상을 피할 수 없었기 때문이다.

타 경쟁사들에서도 샤오미 대응을 위한 온라인 전용 브랜드를 만들기는 했지만 화웨이는 아예 온라인 스마트폰 사업부를 독립시킴으로써 화웨이 내부에서부터 격렬한 실적 경쟁을 유도한 것이다. 이렇게 중국에서 주류를 이루는 중저가 스마트폰 시장은 샤오미 등에 맞서서 서브 브랜드인 아너로 방어하고 화웨이는 차별화 전략으로 프리미엄 제품으로 중국 내에선 애플과 삼성에 대응하고, 또한 글로벌 시장 수출을 도모했다.

프리미엄 라인으로 고가 시장 및 해외 선진국 시장을 공략하기 위해서 화웨이는 자신들이 통신장비와 네트워크 기술력을 기반으로 성장했고 이 분야의 세계 최고의 기술력을 가진 회사라는 것을 십분 활용해서 화웨이 스마트폰의 다양한 브랜드 스토리텔링을 만들어 냈다.

화웨이 스마트폰에 들어가는 안테나를 비롯한 각종 통신 모듈, AP(Application Processor, 컴퓨터의 CPU 역할) 등의 각종 핵심 부품과 자신들이 중국 전역을 비롯한 세계 곳곳에 깔아 놓은 통신장비와의 호환성을 극대화했다. 실제로 과거 2014년 전후로 칭다오 근무 시절에 중국 고속철을 타고 산둥성 각 지역으로 출장 다닐 때만 해도 다수의 중국산 스마트폰은 300km 이상의 속도에서 통화뿐 아니라 인터넷 연결도 잘되지 않아서 불편함을 겪었으나 화웨이 스마트폰은 비교적 문제가 없었다. 이런 부분이 화웨이가 중국 스마트폰 시장 내에서도 확실한 차별화를 이룬 부분이다. 한국의 SK텔레콤이 언제 어디서나 통화가 잘 터진다는, 벌써 20년도 훨씬 더 된 90년대 후반의 이미지가 지금까지 어느 정도 유지되는 것을 보면 이런 초창기 이미지메이킹이 얼마나 중요한지 알 수 있다. 게다가 화웨이는 이동 통신장비 분야에서부터 쌓은 각종 기술력으로 스마트폰의 핵심 프로세서인 AP 설계 능력까지 상당한 부분 갖추고 있다.

화웨이의 자회사인 하이실리콘이 반도체 설계 부분을 맡고 있으며 프리미엄 스마트폰 시리즈에 화웨이에서 독자 개발한 칩셋인 기린(Kirin) 시리즈가 장착된다. 물론 화웨이에서 독자 개발했다고 주장한 AP가 사실은 영국 ARM의 칩셋을 기반으로 한 것이라던가 혹은 실제 AP 설계는 했을 수 있지만 정작 제조(파운더리)를 못 하는 반쪽짜리 기술이라는 등의 평가 절하는 잠시 접어두고, 이런 기술력을 널리 홍보하고 자랑함으로써 중국 소비자들에게 화웨이가 애플과 삼성에 뒤지지 않는 이미지메이킹을 했다는 것이 중요하다. 2022년 기준으로 스마트폰에 들어가는 AP 개발 능력을 자체적으로 갖춘 스마트폰 제조 기업은 전 세계적으로 삼성전자, 화웨이, 애플뿐이다. 나머지 출하량 1억 대 이상의 중국 기업인 오포, 비보, 샤오미는 이런 개발 능력은 갖추지 못하고 있다.

상기 언급한 화웨이 브랜드 이미지메이킹과 각종 기술력에 대한 대대적 홍보과 애국 마케팅 그리고 실제 성능과 디자인이 받쳐 줘서 화웨이 스마트폰은 중국 스마트폰의 무덤인 프리미엄 시장에 가장 먼저 깃발을 꽂았다. 2016년 프리미엄급 모델인 P9 및 P9 플러스의 판매량이 중국 고가 스마트폰으로 처음으로 1,000만 대 판매를 돌파했기 때문이다. 당시 동 모델의 유럽 시장 출고가는 749유로, 한국 환율로 약 92만 원이었다. 그 이후로 화웨이는 중저가, 주력, 프리미엄 스마트폰 시장에서 골고루 강력한 모습을 보여 주었다.

2019년 2.4억 대의 역대 최고의 출하량을 보여 주며 글로벌 점유율 2위로 화웨이가 가장 빛날 때의 수치를 살펴보면 800 USD 이상의 프리미엄 스마트폰 시장에서는 비록 애플 76%, 삼성 23%, 총 99%로 화웨이가 여기까지는 끼어들지 못했다. 그러나 바로 밑의 600~800 USD 사이의 준프리미엄 시장에서는 애플 76%, 삼성 13%에 이어서 화웨이가 6%로 선방했던 것을 알 수 있다. 여전히 애플, 삼성에는 많이 못 미치는 것은 사실이지만 중국 경쟁사인 샤오미, 오포, 비보 3대 기업의 준프리미엄 점유율을 다 합쳐봐야 3%에 불과하다는 사실을 보면 화웨이의 중국 내 프리미엄 이미지가 상당히 견고하다는 사실을 알 수 있다. 그리고 모든 스마트폰의 경쟁이 가장 치열한 400~600 USD 주력 시장에서는 화웨이의 점유율 32%로 애플 33%, 삼성 17%와 전혀 뒤지지 않는 모습을 보여 줬다.

위험 요인, 미·중 갈등과 계속되는 미국의 화웨이 제재

○ 추락하는 것은 날개가 없다

이렇게 전 세계 스마트폰을 주름잡던 화웨이는 2020년 4분기부터 미국 제재로 인한 반도체 수급 중단과 구글 안드로이드 기술지원 중단 등으로 심각한 타격을 입고 온·오프라인 투트랙으로 운영하던 서브 브랜드인 아너(Honor)를 2020년 11월에 매각한다.

기존에는 화웨이 내부에서 독립적으로 운영되었던 아너는 완전히 화웨이의 품을 떠나서 신생 독립 회사가 되었다. 기존의 화웨이 출하량의 약 30% 정도를 차지하던 아너의 매각은 시장에 큰 충격을 주었고 화웨이의 스마트폰 존속 자체를 의심하는 눈초리가 깊어졌다.

런정페이는 아너를 매각한 이후, 화웨이 내부적으로 열린 아너 송별식에서 이렇게 밝힌 바 있다. '화웨이(Huawei)와 아너(Honor)는 이제 깨끗하게 이혼한 것이므로 서로에게 질척대지 말고, 화웨이와 아너는 서로를 경쟁상대로 봐야 한다.' 모르긴 몰라도 화웨이의 품에서 벗어나야 아너라도 살릴 수 있다는 생각에 눈물을 머금고 아너를 보내지 않았을까 하는 추측이 된다. 그러나 미국 정부가 아너를 화웨이와 무관한 회사로 간주해 반도체 수급 제재를 풀어 줄지는 미지수다.

2022년 기준 화웨이 스마트폰의 주요 라인업을 살펴보자.

대화면 플래그십(프리미엄)으로 '메이트(Mate)' 시리즈, 플래그십(프리미엄)으로 'P' 시리즈, 하이엔드로 '노바(Nova)' 시리즈, 미들-로우엔드로 'Y' 시리즈, 그리고 화웨이가 매각한 온라인 주력 중저가 서브 브랜드인 '아너(Honor)'가 있었다.

미국 언론에서는 화웨이는 미국의 제재로 '아너'를 매각한 데 이어 플래그십 브랜드 'P'와 '메이트'까지 팔려고 검토 중이라고 보도한 바 있다. 화웨이에서는 예전에 아너 매각설에 대해서도 극구 부인했다가 결국 매각한 만큼 화웨이의 기타 시리즈 매각설도 어느 정도 신빙성이 있다고 보인다. 이렇게 되면 화웨이의 프리미엄 스마트폰 사업 철수 수순으로 읽힐 수밖에 없다. (참고로 화웨이는 결국 2021년까지 다른 스마트폰 브랜드를 추가로 매각하지 않았고 자체 운영체제인 홍멍, Harmony OS까지 발표한 추세를 보아선 당분간 추가적인 스마트폰 사업 분야 매각은 없을 것으로 보임)

이렇듯 스마트폰 분야에서 절정으로 무르익은 기량을 보여 주던 화웨이는 점점 시들어 가는 분위기가 되었으며 더욱 화웨이에게 우울한 것은 앞으로도 당분간 극적인 반전의 실마리가 잘 보이지 않는다는 것이다. 2021년 2분기 기준으로 화웨이가 잃어버린 시장점유율은 샤오미가 제일 많이 가져갔고 오포와 비보도 일부 나눠 가졌다. 늑대 화웨이의 살점을 좁쌀영감 샤오미와 그 외 다른 중국 승냥이들이 사이좋게 나눠 먹은 셈이다. 고작 10년 정도밖에 안 되는 짧은 시기에 화웨이는 스마트폰 분야에서 격렬한 흥망성쇠 과정을 몸소 보여 주었다.

○ 반도체, 자동차로 눈을 돌리고 있는 화웨이

화웨이의 '컨슈머(B2C)' 사업은 스마트폰에서 손발을 묶였으므로 이제 새로운 곳에 눈을 돌릴 수밖에 없는 상황이 되었다.

반도체 분야에서는 화웨이 산하 투자부문 자회사(CVC 느낌)인 하보커지터우즈(哈勃科技投资, 허블 테크놀로지 투자회사)는 2021년 노광장비의 광원 시스템을 제공하는 베이징커이홍광뎬커지(北京科益虹源光电技术有限公司)에 8,200만 위안을 투자해서 4.7%의 지분을 확보했다. EUV 노광장비는 반도체 칩에 회로도를 그리는 장비로 반도체 공정의 핵심이다. 삼성전자 이재용 부회장도 직접 찾아가서 챙겼던 네덜란드 아인트호벤에 본사를 둔 ASML이 바로 이 분야의 최고 기업이자 최근 반도체 물량 부족으로 인한 마치 '갑'인 것만 같은 슈퍼 '을'이다. 지금까지 화웨이도 거의 전부 ASML을 비롯한 외국회사에서 이를 전적으로 의존했는데 이번에 투자한 베이징커지홍위안이 광원 시스템 분야에서 중국 최초로 고에너지 엑시머 레이저 개발에 성공한 것으로 보도된 바 있다.

그 외에도 화웨이는 허블 테크를 통해서 전력 반도체, 인공지능 반도체, 실리콘카바이드 등 다양한 반도체 회사 30곳에 투자한 바 있다. 미국의 반도체 제재 이후에는 화웨이의 반도체 투자 방향이 상당히 바뀌어서 직접 납품이 아닌 기초기술 단계의 반도체 기업에도 적극적인 투자를 하고 있다.

자동차 분야를 보면 화웨이는 직접적으로 자동차 생산까지는 뛰어들지 않겠다고 했지만 통신 네트워크와 ICT 분야에 강점이 있으므로 이미 여러 자동차 기업에게 각종 통신 관련 부품과 솔루션 및 서비스를 제공하고 있다. 자율주행을 비롯한 스마트카 시장에서는 화웨이의 활약이 또 새롭게 펼쳐질 것으로 예상된다. 이와 관련해서 2020년 말부터 화웨이는 중국 완성차 기업인 창안자동차(长安汽车)와 중국 배터리 분야 대표기업인 CATL(닝더스다이, 宁德时代)와 함께 스마트카 브랜드를 출범할 계획을 세우고 협업 중이다. 스마트카 관련해서 핵심 부품인 라이다 센서 개발도 진행하고 있다고 전해진다.

다만 화웨이는 자동차를 직접 제조하거나 자동차 회사에 투자하는 등의 일을 하지 않을 것이라고 여러 차례 밝힌 바 있다. 최근 '새로운 기회, 새로운 생태계(新机会, 新生态), 중국자동차산업발전 고위포럼'에 참석한 화웨이 스마트카솔루션BU 마케팅 및 판매 서비스부 츠린춘 총재는 "화웨이는 자동차를 제조할 역량을 갖고 있지 않으며 자동차 기업의 지분을 갖거나 투자할 확률이 1%도 없다"고 또 자동차 산업 진출에 대해서 강력하게 부인하는 모습을 보였다.

하지만 최근 화웨이의 행보를 보면 반도체 분야에 대한 투자와 함께 자동차 분야에도 매우 적극적인 행보를 보이는 것을 알 수 있다. 아무리 봐도 최근에 큰 타격을 입은 스마트폰을 대신해서 새로운 먹거리를 찾는 것이 당연한 모습일 텐데 또 미국 등의 집중 견제를 피하고자 허허실실(Low profile)의 행보를 보여 주는 것이 아닐까하는 합리적인 의심이 든다.

화웨이는 2021년 6월에도 화웨이는 자동차 전자제어 및 시스템, 주차, 스마트 미러링 등 전기차와 자율주행 차량 관련 특허를 계속 공개하고 있고 베이징자동차, 창안자동차, 광저우자동차와 파트너십을 맺고 화웨이 자율주행차를 서브 브랜드로 만들고 있다.

여기 선전에서도 매장 평수가 약간이라도 큰 화웨이 매장에는 화웨이의 시리스(Seres, 賽力斯)라는 서브브랜드 자동차가 전시된 곳을 어렵지 않게 찾을 수 있다. 이렇게 자동차를 매장 내에 전시까지 하면서 팔고 있는데 자신들은 결코 자동차를 만들 생각이 없고 그저 자동차 들어가는 기술만 제공하는 화웨이 인사이드(Huawei Inside, 과거 인텔 인사이드 벤치마킹) 전략만 고수하겠다는 태도를 보이고 있지만 그 속은 모를 일이다. 어쨌든 간에 화웨이가 스마트폰에서 반 이상 꺾인 날개를 과연 반도체와 자동차 등 다른 분야에서 다시 활짝 펼 수 있을지 귀추가 주목된다.

화웨이 스마트폰 이젠 정말 끝일까?

○ 스마트폰 생사의 갈림길에서 훙멍OS 발표

화웨이가 2021년 6월 초에 훙멍OS 2.0(鴻蒙OS, Harmony OS, 하모니

OS)을 최초로 세상에 공개했다. 2019년 화웨이 개발자 대회에서 자사의 운영체제를 전부 훙멍OS로 바꾸겠다고 공언한 지 2년 만이다.

화웨이의 수십만 명의 직원 중에 가장 언론의 주목을 받는 것은 당연히 창업자인 런정페이인 것은 사실이지만, 이번 화웨이의 자체 개발한 훙멍 OS 론칭쇼에서의 진짜 주인공은 런정페이가 아닌 왕청루(王成錄)였다. 그는 화웨이 소비자 비즈니스 그룹 소프트웨어 부문 총재(华为消费者BG 软件部总裁)로 화웨이의 훙멍OS의 아버지로 불린다. 미국의 각종 제재 (반도체 수출 금지 및 구글 안드로이드의 GMS 등)에 맞서서 화웨이의 퇴로를 확보하는 데에 가장 큰 공헌과 반격의 기틀을 마련했다고 평가받는다. 따라서 지난 훙멍OS의 주요 발표도 왕청루가 대부분 맡아서 진행한 바 있다.

이미 화웨이가 스마트폰 시장에 진입한 지 얼마 되지 않았던 2012년부터 이미 왕청루는 만약 화웨이 장기간 스마트폰 시장에서 오랜 기간 안정적으로 성장하기 위해선 반드시 자신만의 운영체제(OS)가 필요하다고 느꼈다(모두가 아는 상식이지만 실행이 어려울 뿐). 그러나 화웨이의 자체 운영체제 개발은 정식 프로젝트로 채택되진 않았다. 아마 당시만 하더라도 모두가 다 아는 바와 같이 구글의 안드로이드 진영과 애플의 iOS 진영으로 양분된 모바일 운영체제 시장은 난공불락이라는 인식이 팽배했기 때문일 것이다.

2016년 화웨이의 스마트폰 사업 분야에서 엄청난 속도로 성장하면서 왕청루는 더욱더 스마트폰의 운영체제를 남의 손에 맡겨놓은 것은 언제라도 터질 수 있는 시한폭탄이라는 위기의식을 더더욱 심각하게 느꼈다. 그래서 왕청루는 다시 한번 화웨이 스마트폰의 운영체제 개발 프로젝트를 추진하기 시작한다. 다만 왕청루의 이런 걱정과는 달리 런정페이는 구글 안드로이드 등 공급 사슬 파트너들과의 관계를 중시하는 견해를 밝혔다. 런정페이 왈, '어떤 기술은 설령 우리가 스스로 개발할 수 있더라도 하지 말아야 할 때가 있다. 우리가 큰 이익을 얻는다면 우리의 사업 파트너들도 일정 부분의 이익을 보장해줘야 하기 때문이다.' 런정페이의 이런 상생을 중시하는 입장으로 인해 왕청루는 감히 런정페이에게 자체 개발 운영체제에 대해 보고를 하지 못했지만, 내부적으로 조용히 화웨이 자체 운영체제 개발 프로젝트를 가동했다. 그리고 프로젝트 착수 1년 후에 훙멍 OS의 버전 1.0을 만들어 낸다. 그는 계속 기회를 기다리고 있었다.

과연 2017년 화웨이의 스마트폰은 1.54억 대를 판매하며 중국 내수 시장의 20%의 점유율을 차지한다. 그러자 런정페이도 서서히 구글에 의해서 운영되는 안드로이드 기반의 운영체제에 대한 우려가 들기 시작했다. 이런 분위기에서 왕청루는 기회를 틈타 런정페이에게 자기 생각을 보고한다. 만일 화웨이의 스마트폰이 1년에 1,000억 USD 이상의 매출을 올리는 상황에서 스마트폰의 기반을 이루는 운영체제가 다른 이에 의해서 장악되어 있다면 너무 위험하다고 보고했고 이에 따라 화웨이는 반드시 자체적인 운영체제를 갖춰야 한다고 주장한다. 예상외로 런정페이는 이 제안을 받아들였을 뿐 아니라 그에게 조금 더 대담하게 그리고 더 개방적으로 접근할 것을 요구했다. 따라서 화웨이 운영체제 시스템 프로젝트는 화웨이 소프트웨어 사업 부문의 프로젝트에서 회사 전체의 프로젝트로 승격되었다. 바로 이것이 2021년 6월 발표한 훙멍OS 2.0의 시초가 된 것이다.

그리고 이로부터 2년 후 우려한 대로 2019년 미국의 수출 금지와 제재 조치가 본격적으로 강화되기 시작했고 구글도 이런 미국 행정부의 압박에 결국은 화웨이와의 철저한 결별을 선택한다. 2019년 5월 개발자대회에서 구글은 공식적으로 안드로이드 12를 발표하면서 자신들이 협력하는 스마트폰 제조사 명단에서 화웨이를 제외해 버린다. 중국 내수시장에서는 어차피 구글의 GMS(Google Mobile Services)에 제대로 작동하지 않아서 별 상관이 없지만 화웨이는 글로벌 시장에서도 상당한 매출을 올리고 있었고 글로벌 버전의 스마트폰에는 전부 구글의 GMS가 탑재되었었는데 이것들을 사용할 수 없게 됨으로써 세계 시장에서의 화웨이 스마트폰의 점유율은 급락한다. 화웨이 입장에서는 왕청루와 그의 작품인 훙멍OS가 있어서 간신히 구렁텅이에서 빠져나올 희망을 갖게 됐다고 할 수 있다.

○ 훙멍OS, 어떻게 봐야 하나

화웨이가 2021년 6월 2일 정식으로 발표한 훙멍OS를 두고 시답지 않게 생각하는 쪽은 이는 미국의 각종 제재에 맞서서 화웨이가 황급히 얼렁뚱땅 만들어 낸 자체 운영체제 프로젝트라고 폄하하기도 한다. 실제로 화웨이의 새로운 OS 발표 직후, 미국을 비롯한 서방 언론과 일부 한국 언론에서도 현재 중국 내의 주요 스마트폰 제조사 중 원래 화웨이 계열이었던 아너(HONOR, 荣耀)가 적극적으로 이 훙멍OS 생태계에 참여하겠다고 발표하고 메이주(Meizu, 魅族)도 훙멍OS에 참가하는 것을 긍정적으로 평가한다고 발표한 것 외에 실질적으로 주요 플레이어들인 샤오미, 오포, 비보 등 다른 주요 기업들은 별다른 반응을 내놓지 않았다고 보도했다.

이는 어느 정도 사실이다. 왜냐하면 화웨이의 훙멍OS 생태계에 참여한다는 것은 즉 다른 중국 제조 기업에게는 그저 구글 안드로이드에서 화웨이 훙멍OS로 갈아타는 것밖에는 되지 않으니까 말이다. 즉, 주도권은 여전히 그들이 스스로 쥐지 못하고 타 기업에게 내주는 것이니 내심 좋은 것은 없다.

다만, 미·중 갈등이 트럼프에서 바이든으로 정권이 이양됐음에도 전혀 진정되는 기미가 보이지 않고 또 언제 미국 행정부가 추가로 구글을 압박해서 화웨이에게 한 것처럼 샤오미, 오포, 비보 스마트폰의 안드로이드OS 사용을 방해할 수 있다는 점을 감안해 본다면 갈아타는 이점이 아예 없는 것은 아니다. 최소한 화웨이는 자신의 홍멍OS를 동일한 중국 기업에 제공할 시에 이를 정치적으로 이용할 확률은 매우 낮다. 여기에 추가로 중국 정부의 채찍과 당근을 겸비한 강력한 유인책이 붙는다면 중국 내 모든 스마트폰 제조사가 화웨이의 생태계를 중심으로 돌아가지 말라는 법은 없다.

사실 조금만 머리를 굴려 보면 화웨이 계열을 제외한 다른 스마트폰 제조사가 홍멍OS에 대해서 공식적 반응을 자제하는 것은 당연하다. 샤오미, 오포, 비보 등은 지금은 다행히(?) 구글의 지원 기업 중에 잘 들어가서 문제없이 안드로이드OS를 잘 쓰고 있는데 아직 향후의 계획도 명확하게 세워지지 않은 상황에서 덜컥 화웨이 홍멍OS의 시작을 환영하고 참가하겠다고 밝혔다가 미국과 구글에 밉보여서 창졸간에 관련 지원이 끊긴다면? 화웨이가 2019년에 겪었던 글로벌 스마트폰 시상의 급격한 감소가 눈에 뻔히 보이는데 어찌 무턱대고 이런 의견을 밝힐 수 있단 말인가.

지금 나머지 중국 스마트폰 기업은 엄청나게 머리를 굴리면서 계산기를 두드리고 있을 것이다. 안드로이드에서 홍멍OS로 갈아탈 것인가? 갈아탄다면 언제쯤 갈아탈 것인가? 갈아타기 전에 무슨 준비를 해야 하는가? 아니, 잠깐 갈아타는 것이 맞는가? 우리도 자체 운영체제 시스템을 만들어야 하나? 우리도 자체 OS를 만든다면 얼마나 걸릴 것인가? 과연 만들어도 성공시킬 수 있을 것인가?

그동안 알리바바, 텐센트, 바이두 등을 비롯한 얼마나 많은 중국 빅테크 기업이 자체 운영시스템을 제작을 시도했다가 생태계 조성에 실패해서 싹 다 말아먹고 본전도 못 찾았는가. 이런 계산이 끝나지 않는 이상 그들의 공식 의견은 나오기 힘들다. 따라서 화웨이 홍멍OS의 성패를 중국 내의 다른 기업의 반응으로 판단하는 것은 위험하다.

자체 운영체제, 화웨이 홍멍OS(Harmony OS)에 담긴 의미

○ 자체 OS 개발, 유일하게 남았던 선택지

맨땅에 헤딩으로 밑바닥부터 운영시스템을 개발하는 것은 사실 그것만으로도 엄청난 수고가 들어간다. 우리가 익숙한 Windows XP를 예를 들자면 프로그램이 구성된 코딩은 4,000만 행 이상이다. 버그 및 에러 수정 전에는 1억 행 이상의 코딩 프로그램으로 이루어져 있었다. 마이크로소프트(MS)의 5천 명 이상의 우수한 프로그래머들을 매일같이 야근시키면서 3~4년간 갈아 넣어야 만들 수 있는 수준이라고 보면 된다. 그래서 화웨이 역시 특유의 성과 창출 압박 문화로 똑같이 프로그래머들을 투입했겠지만 2019년 5월 이후 구글 안드로이드OS 지원 중단 이후 현재 2021년 6월 단 2년 만에 이를 개발했다고 생각하는 것은 다소 순진한 생각으로 보인다.

사실 화웨이 자체 운영체제인 홍멍OS에 대한 개발은 2012년으로 거슬러 올라가야 되고, 본격적인 개발은 2016년부터 시작돼서 2017년에 홍멍 OS 버전 1.0이 탄생한 바 있다. 따라서 화웨이의 홍멍OS는 보수적으로 짧게 잡아도 이미 5년 이상의 개발 기간을 가지고 있다고 볼 수 있고, 특히 구글 협조가 끊긴 2019년부터는 아마 화웨이는 여기에 온 힘을 집중했을 가능성이 매우 농후하다. 그리고 실제 2019년 화웨이의 개발자 대회에서 홍멍OS를 정식으로 개발 및 배포하겠다는 선언까지 했었던 상황이다.

이미 퇴로가 없는 상황인데 화웨이가 바보도 아니고 어찌 힘을 집중하지 않았겠는가, 논리적으로 너무 당연한 결과다. 다만 모든 소프트웨어 연구 인력을 갈아 넣었을 것이 너무나 자명한 상황임에도 불구하고 2년이라는 시간 동안 화웨이는 홍멍을 정식으로 발표하지 못했었다. 그만큼 그 과정이 어려웠다는 뜻이며 동시에 온 심혈을 기울였다는 뜻으로도 해석할 수 있다.

○ 홍멍OS, 단순히 스마트폰의 OS를 넘어서는 큰 그림

21세기부터 2000년대의 노키아, 2010년대의 애플처럼 모바일 분야에서 10년마다 한 번씩 커다란 패러다임이 바뀌고 있다. 처음에 전화나 단문 메시지 정도나 할 수 있던 스마트폰이 이제는 영상 통화, 게임, 쇼핑 등 무엇이든 할 수 있는 세상이 됐다. 화웨이는 미래 인류가 무엇이 너 필요한지 제시하고자 했다고 한다.

즉, 화웨이는 홍멍은 다음 세대의 안드로이드가 아니라고 주장하고 싶어 한다. 그들이 홍멍OS가 안드로이드와 본질적으로 다르다고 주장하는 가장 큰 이유는 홍멍OS는 스마트폰을 비롯한 모든 전자 설비에 대한 연결과 통신을 재구성한 생태계의 서버 역할을 하겠다는 것이다. 지금까지는 화웨이는 1+8+N 전략을 통해서 스마트폰을 중심으로 한 IoT 전략을 추구하는 것으로 보였는데 이번에 발표한 홍멍OS는 결코 스마트폰이 중심이 되어 여러 개의 주변 보조 설비를 연결하는 개념은 아니다.

간단하게 이야기하자면 홍멍OS에 연결된 모든 기기(스마트폰도 포함)는 평등한 개념이며 A라는 기기를 통해서 B라는 다른 기기에 대한 네트워크 접근, 컨트롤 및 데이터 공유가 가능하다는 것이다. 구체적으로 예를 들자면 만일 스마트폰에만 카카오톡을 깔아 놓고, 스마트패드에는 카카오톡을 설치하지 않은 상황에서 나는 스마트패드의 홍멍OS를 통해서 스마트폰에 깔려있는 카카오톡을 실행할 수 있을 뿐 아니라 스마트폰의 각종 데이터에 대한 접근이 가능하다는 뜻이다. 화웨이 스마트폰 이야기를 하다가 홍멍OS로 넘어와서 이 운영시스템이 스마트폰만 관련이 있을 것이라는 착각을 하기 쉬운데 이 홍멍OS는 브랜드를 불문한 모든 종류의 기계에 설치를 하기만 한다면 다 같이 데이터를 공유할 수 있게 된다는 점이 가장 큰 특징이다.

실제 화웨이 본사를 방문하면 화웨이의 주요 분야 5G와 통신장비를 비롯한 여러 전시관(사업군에 따라 기업대상 고객인지, 컨슈머쪽인지 등에 따라서 보여 주는 전시관이 다르며 엄청난 규모의 전시관이 7~8개 이상)을 둘러볼 수 있다. 전시관에서 실제로 5G와 홍멍OS의 운영 사례 등을 볼 수 있는데 이는 스마트교통, 스마트시티는 물론이고 각종 산업 현장(석유시출 스마트 파이프 라인, 광산 채굴 현장)에서 사용된다. 특히 여러 가지 산업 현장에서 서로 다른 브랜드의 모든 기계설비에 홍멍OS를 설치해서 작업자들이 화웨이 스마트폰으로 데이터 관리, 점검 및 셋팅 조정을 손쉽게 할 수 있는 모습이 매우 인상적이었다. 과거에는 모든 기계에 대한 데이터를 일일이 눈으로 확인해서 적고 또 이를 다시 하나하나 반영해서 셋팅을 조정하는 과정을 겪었던 것을 생각하면 홍멍OS는 우리가 지금까지 생각하고 있던 기존의 사물인터넷의 개념을 살짝 뛰어넘었다고 할 수 있다.

'모든 것(만물)을 연결하는 시대, 이제는 누구도 외딴섬이 아닙니다(万物互联时代, 没有人会是一座孤岛)'라는 화웨이 홍멍OS의 슬로건은 농담 따먹기로 만든 것은 아니라는 셈이다. 현재 IoT에 대해서 매진하고 있는 기업은 매우 많지만 이 정도의 심도 있는 발전 수준을 보여 준 기업은 많지 않다.

○ H/W(반도체)는 단기간엔 답이 없으므로 S/W로 패러다임 전환

또한 화웨이가 홍멍OS를 통해서 진정으로 나타내고자 하는 의미는 하드웨어에서 소프트웨어로의 패러다임 전환이다. 최근 자동차 제조 기업의 영업이익률은 초라할 정도로 낮음에도 불구하고 알리바바, 바이두, 샤오미 등의 주요 기업이 왜 그렇게 전기차, 스마트카 등 자동차 산업에 뛰어들지 못해서 안달이 났을까? 원인은 하나밖에 없다. 향후의 자동차 산업은 결코 하드웨어를 통해서 돈을 벌 수 없다. 소프트웨어와 관련 서비스 제공이야말로 자동차 산업의 미래다. 내연기관의 시대에 중국 자동차 산업은 보잘것없었지만 이제 웨이라이, 샤오펑, 리샹 등의 신흥 전기차 제조업체들은 소프트웨어와 관련 반도체 개발 등에 박차를 가하면서 전기차 시대에는 서방 국가를 추월코자 안간힘을 쓰고 있다.

화웨이 역시 마찬가지다. 하드웨어에서 가장 핵심인 반도체 공급이 미국에게 막혀서 숨구멍이 막혔다. 그렇다고 반도체 핵심 기술을 무슨 수를 써도 단기간에 미국을 따라잡는다는 것이 불가능하다는 것을 너무나 잘 알고 있다. 제품에 장착해야 할 반도체가 없으니 시장점유율은 곤두박질쳐서 완전히 순위권 밖으로 밀려났다. 스마트폰을 비롯해서 각종 제품을 더 이상 시장에 내놓을 수 없게 됐다. 따라서 화웨이는 부득불 전략을 완전히 수정할 수밖에 없었다. 즉, 과거에 스마트폰 하드웨어를 판매하는 비즈니스 모델에서 스마트폰을 비롯한 모든 전자기기를 연결하는 소프트웨어 생태계를 구축하는 출구 전략을 구상한 것이다.

○ 살기 위해 무엇을 못하랴, 홍멍OS을 통째로 바치다

게다가 진짜 중요한 것은 화웨이가 완전히 작정이라도 한 듯 2021년 6월 2일 홍멍OS 발표회와 동시에 이 홍멍OS를 중국 민정부(民政部, 중국 국무원 소속 내각, 한국 행정안전부와 유사)가 등록하고 중국 공신부(工信部, 한국으로 따지면 과학기술정보통신부, 즉 과기부)가 주관하는 개방원자기금회(开放原子基金会)에 기부하겠다고 밝혔다. 과연, 살기 위해선 무슨 일이든지 감당하겠다는 이런 화웨이의 차원이 다른 클래스를 엿볼 수 있다. 물론 중국 언론에선 또 화웨이와 런정페이 애국정신(소위 말하는 국뽕) 감성팔이 중이다.

화웨이는 본인들이 넉넉잡고 보면 2012년부터 기원한, 거의 10년에 걸쳐서 혼신의 힘을 다해서 만들고 준비한 자체 운영체제인 홍멍OS를 아예 통째로 들어다가 중국 정부에 갖다 바친 셈이다. 즉, 이제 실질적으로 홍멍OS은 이미 화웨이의 사적 소유물이 아니다. 이제는 단순히 비즈니스 차원에서 홍멍OS를 가지고 왈가왈부하는 거 자체가 화웨이의 홍멍OS에 대한 큰 그림을 과소평가하는 것일지도 모른다.

이미 홍멍OS는 애초에 화웨이 소프트웨어 사업 부문의 프로젝트로 시작돼서 → 화웨이 전사적 프로젝트가 되었고 → 중국 전체의 국가급 프로젝트로 승격되었다고 보아도 과장이 아니다. 바로 이것이 중국 주요 언론 매체인 신화사, 인민일보, 중국중앙TV(CCTV)가 당시 화웨이 훙멍OS의 발표를 전부 최상단의 헤드라인으로 중점 보도한 이유다. 왜냐하면 훙멍OS는 단순한 비즈니스 상품이 아니라 매우 중요한 전략적 가치를 가지고 있는 프로젝트이기 때문이다.

○ 훙멍OS, 죽이 되든 밥이 되든 무조건 밀고 나갈 듯

지금까지 노키아, 마이크로소프트를 비롯한 해외 글로벌 기업과 알리바바, 텐센트, 바이두를 비롯한 중국 플레이어들도 여러 운영체제를 발표한 바 있으나 전부 살아남지 못했다. 운영체제를 만드는 것은 쉬운 일은 아니지만 그렇다고 불가능하다고 할 만큼 어려운 일은 결코 아니다.

다만 운영체제를 기반으로 수많은 응용 프로그램이 만들어져야만 소비자들을 불러올 수 있으므로 생태계를 조성하는 일이야말로 중요한 관건이다. 생태계 조성의 어려움으로 인해 구글의 안드로이드와 애플의 iOS가 현재 모바일 운영체제의 90% 이상을 독점하고 있다. 그런데 만약 중국 정부가 실질적인 소유권을 가지고 훙멍OS를 본격적으로 밀기 시작한다면 과연 다른 중국 스마트폰 빅 플레이어들이 따라가지 않고 배길 수 있을까? 산업 발전 방향을 궁극적으로 결정짓는 최종 결정권자는 중국 정부라는 것을 너무나 잘 알고 있는 중국 기업은 좋든 싫든 중국 정부의 방향대로 움직일 공산이 매우 크다.

중국 내 다수의 스마트폰 제조사가 만약 훙멍을 따라가게 된다면 자연스럽게 중국과 미국을 양극으로 하는 모바일 운영체제의 양극화가 일어나게 될 것이다. 한국의 삼성도 자신만의 운영체제 개발과 이를 기반으로 한 생태계를 조성하지 않는 이상 결국 이 양극화에 탑승하게 될 수밖에 없을 것이다. 중국향 제품은 홍멍OS, 미국향 제품은 안드로이드OS를 탑재시켜서 수출하는 식이다.

화웨이는 자체적으로 글로벌 점유율 16%를 홍멍OS의 생사를 결정하는 마지노선으로 설정했다. 따라서 이 점유율을 돌파하기 위해서 여러 가지 노력을 할 것이다. 이미 화웨이 2016년 스마트폰 제품들도 전부 현재 홍멍OS로 업그레이드할 수 있도록 설계해 놓았고 각종 언론 매체와 여러 중국 왕홍(인플루언서)들도 전부 화웨이의 홍멍OS에 대한 긍정적 피드백을 내놓으면서 적극적으로 지원에 나서고 있는 상황이다. 화웨이는 2021년 연말까지 홍멍OS를 탑재한 전자기기의 수량이 3억 대 이상 될 것으로 예측하고 그중 화웨이 제품이 2억 대 이상이 될 것이고 제삼자의 파트너사의 전자기기가 1억 대 이상으로 보고 있다.

뻔한 생존 전략: 화끈한 연구·개발 투자, 성과 창출 압박

앞서 다뤄본 알리바바, 텐센트, 샤오미 등의 인터넷 빅테크 기업은 살아남기 위해서 다양한 일들을 벌이고 있다. 그리고 그 일들을 하나씩 살펴보면 생존 전략도 보이고, 더불어 그들의 비즈니스 모델이 눈에 들어오는데 화웨이 같은 진정한 제조 기업은 그런 눈에 띄는 팬시한 스토리를 찾기는 쉽지 않다. 즉, 왕도가 없는 뻔한 길이지만 그 길을 얼마만큼 착실하게 잘 걸어갔는지에 따라 기업의 성패가 달려있는 경우가 많다.

남들보다 앞을 내다본 연구·개발 투자, 이를 통한 기술력 제고와 비용 절감, 기업별 상황에 맞는 적절한 마케팅 전략을 통해서 어떻게 시장을 선점하고 운용했는지에 관한 내용이 주된 분석이 될 수밖에 없어서, 별 재미가 없지만 어쩔 수 없다.

○ 연구·개발에 대한 아낌없는 투자

위에서도 누차 화웨이의 연구·개발에 대해 강조했지만 화웨이의 지금까지의 성공의 가장 큰 비결을 살펴보자면 아무래도 다시 한번 별도로 강조할 수밖에 없다.

특이한 점은 1998년 런정페이의 주도로 만들어진 '화웨이 기본법'에 화웨이 매출의 10% 이상을 연구·개발에 투자한다고 명문화시킴으로서 연구·개발에 대한 강력한 의지를 보여 주고 있다. 주목할 점은 이것저것 다 제외한 영업이익의 10%가 아닌 그냥 매출액의 10% 이상이라는 점이다. 실제로 화웨이 기본법에 따라서 매년 매출의 10% 이상의 금액이 연구·개발에 투자되고 있다. 2020년 기준으로는 회사 전체 매출의 15.9%의 자금을 연구·개발에 투자했다. 물론 자금 투자뿐 아니라 2021년 11월 기준 전 화웨이의 19.7만여 명의 직원 중 연구·개발 인력이 약 10만 명 이상으로 전체 인력의 53.4% 이상 종사하고 있다.

여기 광둥성 동관(东莞)에 위치한 화웨이 R&D 연구센터에 근무하는 3만여 명은 대부분 연구원이라고 한다. 중국에만 이런 연구·개발센터가 있는 것이 아니라 미국, 스웨덴, 독일, 인도, 러시아 등 세계 각지에 연구·개발센터를 운영 중이며 직원 중 1/3은 외국인으로 연구·개발도 글로벌하게 진행되고 있다. 또한 이 많은 직원의 평균 나이가 30대 초중반에 불과하다는 것도 화웨이의 연구·개발 능력에 더욱 힘을 실어 준다.

또한 화웨이의 다른 기업들과 연구·개발에 있어서 다른 점은 타 기업에 대한 인수합병보다는 화웨이 자체적인 연구·개발을 통한 내재적인 역량을 키우는 데 집중한다는 모습이다. 이런 물불 안 가리는 엄청난 금액과 인력의 투입은 매출과 특허라는 실질적 성과로 고스란히 돌아왔다.

화웨이의 매출액을 살펴보면 1992년 1억 위안(약 1,551만 USD), 2001년 225억 위안(약 34.9억 USD), 2010년 1,852억 위안(약 287.2억 USD), 2019년 8,588억 위안(약 1,332억 USD), 2020년 매출액은 8,924억 위안(약 1,384억 USD)으로 창립 후 수천 배로 성장했으며 이미 대기업으로 성장한 2010년과 비교해도 4배 이상으로 엄청나게 빠른 속도로 매출액이 증가한 것을 확인할 수 있다. 이렇게 큰 기업이 매년 20% 이상씩 성장하는 것은 정말 쉬운 일이 아니다. 다만 2021년에는 반도체 제재로 인해서 큰 폭의 매출액 감소가 예상된다.

2022년 공시에 따르면 화웨이의 2021년 매출액은 6,368억 위안(약 987.6억 USD, 전년 대비 -28.6%)을 기록했다. 당연히 반도체 부족으로 인한 스마트폰 부문의 매출이 줄어든 것이 주된 이유다. 다만 순이익은 1,137억 위안(약 176억 USD)을 기록했는데 이는 전년 대비 무려 75.9%나 증가한 것이 눈길을 끈다. 연구개발비는 1,427억 위안으로 전체 매출액의 22.4%를 투입했다. 이번 화웨이의 2022년 3월 실적 발표에는 런정페이의 딸, 멍완저우가 나선 점도 주목할 만하다.

2021년 기준으로 특허를 살펴보면 화웨이의 유효 특허는 4만 건 이상, 화웨이 관계사를 포함한 화웨이의 특허는 총 10만 건 이상에 달한다. 그 중 미국과 유럽에 등록된 특허는 4만 건 이상에 달한다. 이는 화웨이의 업력이 상대적으로 짧아서 건수 면에서는 다른 업력이 긴 기업에 비해서 많다고 보기는 어렵다. 그러나 최근의 특허 수가 급격하게 늘고 있다는 점에서 발전 가능성이 밝다고 보인다. 세계지식재산권기구(WIPO) 제네바 본부에 따르면 화웨이는 2016년 PCT 4,906건, 2018년 PCT 5,405건, 2020년 PCT 5,464건을 출원하며, 2017~2020년 4년 연속으로 세계 1위 특허 출원 건수 기업의 자리를 차지했다.

2020년 기준 세계 특허 2위는 한국 삼성(3,093건), 3위 일본 미쓰비시(2,810건), 4위 한국 엘지(2,759건) 순이었다. 그중에서도 특히 주목할 부분은 5G 표준 특허 분야에서 화웨이가 최대 특허 보유 기업이라는 것이다. 유럽통신표준기구 2018년 기준으로 화웨이가 1,481건으로 1위이며, 에릭슨이 1,134건, 삼성 1,038건으로 뒤를 잇고 있다. 그리고 5G의 핵심 기술 중 하나인 폴라코드 기술의 특허는 전체 특허의 약 50%를 차지하고 있을 만큼 독보적인 수준이다. 데이터를 보면 정말 많은 자금을 쏟아붓고 있는 것을 알 수 있고, 그로 인해 성과도 같이 나타나고 있다.

○ 성과 창출 키워드: 늑대 문화, 야전침대, 구조조정

화웨이는 위에서 본 대로 연구·개발에 목숨 건 기업이다. 연구·개발에 비용과 인력을 어마어마한 투자를 하므로 제대로 연구 방향을 잡기 위한 노력과 실제로 투입된 자원이 제대로 결실 맺을 수 있도록 철저하게 관리한다. 그 결과가 화웨이 특유의 압박문화다.

화웨이의 야전침대 전통은 어쩔 수 없이 거기서 살아남기 위한 직원들의 고육지책이지만 대외적으로는 이를 기업의 유구한(?) 전통이라는 듣기 좋은 말로 포장한 것으로 볼 수 있다. 그리고 늑대와 같은 후각을 발휘해 고객의 니즈를 발견하고 목표를 완수할 때까지 팀워크로 미친 듯이 일하라는 늑대 문화도 모두 실적 압박에 기인하는 화웨이의 문화다.

글로벌 통신장비 업계의 후발주자였던 만큼 시장동향을 빠르게 파악하고 기술 발전을 이뤄 내야 했으며 그 과정 중에 여러 과제가 생겨나는데 직원들은 그 압박 속에서도 쓰러지지 않는 것을 가장 중요하게 생각하고 있으므로 이런 기조는 쉽게 바뀔 것으로 보이진 않는다. 특히 창업자인 런정페이 자체가 군인 출신이므로 화웨이 초창기부터 군대 문화를 도입하여 직원들의 결속을 다지고 전투 정신을 강조하여 직원들의 사기를 높이고 조직의 긴장감을 불러왔다. 초창기 화웨이 직원들은 모두 회사에 침대를 두고 사무실에서 생활했다. 이는 심지어 지금까지도 이어져서 신입사원에게 야전침대를 선물해서 초기의 창업 정신을 상기시키는 전통으로 남아 있다. 그런데 이것은 단지 전통으로만 남아 있는 것이 아니라 현재진행형이다. 실제 화웨이 선전 본사의 밤낮없이 불 켜져 있는 연구동 건물의 창문을 보면 살짝 소름이 돋는다. 게다가 런정페이가 군인 출신이라서 몇몇 부서들은 일주일에 한두 번씩 근무 시작 전에 인민해방군 복장을 하고 다 같이 모여서 군가를 부르면서 40분 이상씩 구보를 하며 정신 및 체력 단련을 시킨다. 요즘 한국에서는 보기 드문 회사에서 강요하는 군대식 문화라고 할 수 있다.

이렇게 성과에 대해서 큰 압박을 주는 만큼 화웨이의 급여 조건은 당연히 업계 최고 수준이다. 런정페이는 돈을 충분히 준다면 인재가 아닌 사람도 인재로 만들 수 있다고 적극적으로 주창했던 사람이다. 따라서 조직에 충성하고 성과를 만든 직원에 대해서는 철저히 성과에 따라 큰 금전적 보상을 지원하고 있다. 물론 성과가 낮은 하위 5% 직원들에 대해서는 상시 구조조정을 하는 것도 잊으면 안 되는 중요 포인트다. 앞서 이야기한 바와 같이 정기 급여, 업적평가에 따른 보너스, 연말 주식 보유에 따른 배당금을 합치면 업계 최상위의 급여가 보장된다.

앞서 화웨이 창업자인 런정페이를 이야기할 때 이런 강력한 압박문화의 일환으로 일정 연차 이상 직원에 대한 일괄 사표를 받고 다시 화웨이의 기준에 부합하는 사람만 재입사를 시켰던 것도 이런 거센 성과주의 문화와도 일맥상통한다. 모범을 보이고자 런정페이도 정식 퇴사 절차를 밟고 3,000번대 사원 번호를 받고 재입사한 이력이 있다. 알수록 재미있는 회사가 아닐 수 없다.

안 뻔한 생존 전략: 종업원 지주제, 순환 CEO 등

○ 비상장 원칙과 종업원 지주제

화웨이의 특이한 점 중의 하나는 화웨이는 비상장 회사로서 전 직원들이 가상 주식의 형태로 화웨이의 지분을 소유하는 있다는 것이다. 창업자인 런정페이가 겨우 0.81%의 지분만 소유하고 있고 99.19%의 지분을 화웨이 임직원들이 우리사주 형식으로 소유하고 있다. 직원 대부분이 화웨이의 지분을 갖고 있는데 주식 획득 조건은 임직원 직급과 회사에 대한 기여도로 판정되며, 보통 입사 3년 이상 된 임직원은 가상 주식 지분을 가질 수 있다. 이는 매년 화웨이가 영업이익을 임직원들에게 배당금의 형태로 지급하는 의미다. 참고로 화웨이의 직원들은 보통 3가지의 금전적 보상을 받는다. 첫째가 정기 급여, 둘째가 연말 KPI, 즉 업적평가에 따른 보너스, 셋째가 바로 주식 보유에 따른 배당금 분배다.

　화웨이의 특이한 지배 구조는 여러 이유가 있다고 주장한다. 첫 번째가 자신들의 통신장비와 각종 네트워크 관련 기술에 대한 사업 기밀을 지키기 위한 것이라고 한다. 두 번째가 상장 시에 피할 수 없는 외부의 경영 간섭을 막기 위해서라고 한다. 또한 기업 공개를 통해서 상장하면 외부에서 급격한 거대 자본이 들어옴과 동시에 화웨이의 경영에 간섭하게 되는 동시에 상장으로 인해 회사 내부에 벼락부자들이 많아질 수밖에 없다. 이런 갑작스러운 부의 쏠림 상황에서는 직원들이 기술에 대한 연구·개발에 대한 집중력이 흐트러지는 경우가 많다.

　따라서 런정페이는 과거에 화웨이가 성공할 수 있었던 가장 큰 요인 중의 하나가 바로 상장을 하지 않았던 것이라고 밝힌 바 있고, 그 이유로는 만일 상장을 했더라면 주주의 이익에 집중하는 근시안적 결정을 해야 하기 마련이지만 비상장 함으로서 화웨이는 고객을 바라보며 장기적인 안목의 투자가 가능했다고 회고한다. 물론 초창기부터 어느 정도 안정적인 매출이 나왔기 이런 전략이 가능했지만 2018년부터 시작된 미국 제재로 인한 어려움 외에도 2002년 전후로 통신장비 시장의 포화로 인해 외부시장 환경이 좋지 않았고 많은 직원이 화웨이를 떠나는 등 런정페이가 우울증에 시달릴 정도로 힘들었던 비상 경영 시기도 있었다. 이런 어려운 시절에도 계속 비상장 목표를 힘겹게 지켜낸 바 있다.

　이런 이유로 런정페이는 비상장을 통한 종업원 지주제를 통해 화웨이의 모든 직원이 책임과 이익을 공유하도록 독려하고 모든 직원이 회사에 주인 의식을 갖기를 희망했다. 직원들은 비록 주식에 대한 처분권이나 경영권 행사는 없이 영업이익에 대한 배당을 받을 뿐이지만 이로 인해 회사에 대한 강한 주인의식과 애사심을 고취할 수 있었다.

실제 화웨이 직원들을 만나서 이런 종업원 지주제에 대해서 물어 보면 대부분 긍정적인 시각을 갖고 있다. 연차가 높은 직원들은 거의 빠짐없이 화웨이의 주식을 가지고 있으면서 매년 나오는 배당금에 대해서 상당히 만족하는 눈치였고, 3년 차 미만의 신입들은 향후 갖게 될 주식(물론 무상으로 주는 것이 아니라 주식을 유상으로 취득할 수 있는 권리가 생기게 되는 것)에 대한 기대감이 큰 편이었다. 다만 주식 수는 유한한데 직원들에게 주식을 계속 나눠 줄 수 있었던 것은 기존 직원이 퇴사를 하게 되면 가지고 있던 주식은 반납해야 하므로 다시 주식이 화웨이로 귀속되는 부분이 하나 있고, 또 하나는 화웨이의 주식은 실제 주식이 아니라 가상의 주식임으로 제약을 받지 않고 계속 찍어낼 수 있기 때문으로 보인다. 주식은 경영 지원, 영업, 행정 및 연구 인력 등에게만 지급되는 것이 아니라 화웨이에 소속 직군을 불문한 모든 정규 직원에게 지급된다. 참고로 화웨이의 고객 응대라는 것은 실로 어마어마한 규모로 화웨이 내부의 고객프로젝트팀(客户工程部)에서는 100대 이상의 전문 고객응대 차량을 운용하고 있으며, 승합차 이외의 승용차는 전부 독일 메르데세스-벤츠의 S클래스로 운영하고 있다. S클래스 내의 최고급 모델인 마이바흐도 30대 이상이라고 하니 놀라울 따름이다. 이 모든 차량에는 전용 기사가 있는데 이들 역시 당연히 화웨이의 정규 직원으로 주식을 보유하고 있다. 코로나19 이전만 하더라도 해외 고객들, 공급망, 납품거래처 및 각종 용무로 화웨이를 방문하는 손님들이 많아서 그 100대가 넘는 차량이 쉴 새 없이 선전 바오안 공항과 화웨이 본사 및 R&D센터를 하루에도 여러 차례 들락거렸다고 한다.

비상장 회사이므로 외부에 공개되는 정기 재무 보고서가 나오는 것이 아니라 최근 통계는 파악이 안 되지만 2013년 화웨이 가상 주식 총액은 125억 위안이었으며 직원 1인당 평균 가상 주식 배당 수익이 17만 위안(한화 약 3,000만 원)에 달했다 한다. 2013년 당시 중국 대졸자 신입 평균 급여가 대략 4,000위안(한화 약 71만 원) 내외인 것을 생각했을 때 엄청난 금액이 아닐 수 없다. 2020년 말 기준으로 약 121,200여 명이 회사 지분을 보유하고 있다. 최근의 배당 수익은 외부로 공개된 바는 없지만 2013년 매출액 2,390억 위안(약 370억 USD)에 비해서 2020년 매출액은 8,924억 위안(약 1,384억 USD)으로 약 4배 가까이 증대했으므로 배당 수익 역시 상당히 증가하지 않을까 하는 합리적 추측이 가능하다.

이러한 확실한 보상을 해 주는 종업원 지주제도가 있으므로 초창기부터 화웨이에서 추구되는 강도 높은 실적 압박문화를 직원들이 자발적으로 야전침대로 승화시킬 수 있는 배경이 되지 않았을까 싶다. 아무리 처음 입사했을 때 애사심이 충분한 상태였더라도 적절한 보상 없이 회사에서 퇴근도 못 하고 회사에서 먹고 자고 일만 해야 하는 상황이라면 과연 얼마나 많은 직원이 버틸 수 있었을까?

비상장 기업이 갖는 다양한 장점에도 불구하고 이 정도의 거대한 기업이 상장회사가 아닌 경우는 서구에서는 매우 드문 일이기 때문에 미국을 비롯한 많은 서방 국가는 화웨이가 이런 비상장 기업이라서 중국 정부와 특별한 관계가 있다고 의심하는 중요한 계기가 되기도 한다.

○ 순환 CEO 제도

런정페이는 기업이 한 사람에게 의존할 때보다는 여러 사람에게 의

존할 때 더욱 올바른 결정을 내리기 좋다는 믿음을 갖고 있었다. 따라서 2004년 8명의 임원관리팀(EMT, Executive Management Team)의 멤버들이 의장을 번갈아 맡는 형태로 운영되다가 멤버 전원이 2번씩 의장을 맡아본 8년간의 시험기간을 거쳐서 2012년부터 CEO 순환제도로 정착됐다.

런정페이도 순환 CEO의 결정을 기본적으로 따르게 되고, 약간의 특권이 있다면 런정페이는 '부결권(비토권)'을 가지고 있다. 그러나 한 번도 그 '부결권'을 쓴 적은 없다고 알려져 있다. 반년에 한 번씩 돌아가면서 회사를 운영하므로 회사 경영에 관련된 힘이 분산되는 효과가 나타나며, 임기가 끝나도 CEO에서 완전히 물러나는 것이 아니기 때문에 직원들도 물갈이되는 걱정을 하지 않게 된다. CEO도 임기가 끝나면 핵심 권력에서 벗어나는 것이 아니 업무결정권, 인사권을 모두 유지한다.

공산국가로 일반 시민의 투표권이 없는 중국에서 특이하게 화웨이의 내부구조는 상당히 민주적인 선출 절차를 거치고 있다. 12만 명에 달하는 지분 보유직원들이 지분 보유직원 대표를 선출하고 그 직원 대표들 사이에서 이사회와 감사회를 선출한다. 이사회에서 상무 이사회가 선출되며 상무 이사회는 현재 17명으로 구성되어 있다. 2021년 말 이사회 구성원은 다음과 같다.

의장: 량화(梁华) / 부의장: 궈핑(郭平), 쉬즈쥔(徐直军), 후허우쿤(胡厚崑), 멍완저우(孟晚舟) / 상무이사: 딩윈(丁耘), 위청둥(余承东), 왕타오(汪涛) / 이사: 쉬원웨이(徐文伟), 천리팡(陈黎芳), 펑중양(彭中阳), 허팅보(何庭波), 리잉타오(李英涛) / 런정페이(任正非), 야오푸하이(姚福海), 타오징원(陶景文), 옌리다(阎力大).

회사 이사회 및 상무 위원회 의장은 순환 CEO가 주재한다. 순환 CEO

는 6개월의 임기 기간 중 회사의 최고 지도자이며 아래 순서에 따라 순환 CEO에 임명된다.

쉬즈쥔(徐直军):

2019년 10월 1일~2020년 3월 31일

2021년 4월 1일~2021년 9월 30일

2022년 10월 1일~2023년 3월 31일

궈핑(郭平):

2018년 10월 1일~2019년 3월 31일

2020년 4월 1일~2020년 9월 30일

2021년 10월 1일~2022년 3월 31일

후허우쿤(胡厚崑):

2019년 4월 1일~2019년 9월 30일

2020년 10월 1일~2021년 3월 31일

2022년 4월 1일~2022년 9월 30일

〈출처: 화웨이 홈페이지〉

즉, 현재 궈핑(郭平), 쉬즈쥔(徐直军), 후허우쿤(胡厚崑) 3명의 부회장이 2018년 10월부터 2023년 3월까지 6개월씩 돌아가면서 기업 최고경영자의 역할을 맡는 것으로 전체 일정이 짜져있는 것이다. 다른 기업에서 거의 본 적이 없는 독특한 기업 경영의 형태로서 지금까지는 잘 운영되고 있는 것으로 보여 상당히 눈길을 끈다. 2022년 4월 2일자 화웨이 홈페이지에 따르면, 런정페이의 딸인 멍완저우가 화웨이의 순회 회장직을 맡는 것이 명시되어서 눈길을 끈다. 순회 회장이지만 정식 직급은 부회장 및 CFO이다. 회장은 위에 언급한 량화이고, 나머지 두 명의 순회 회장이자, 부회장은 쉬즈쥔과 후허우쿤이다. 2021년 말 기준 이사회의 부의장을 맡고 있던 궈핑은 2022년 3월 31일까지 임기가 다 되자 직을 내려놓았다.

○ 그 외 성공 요인

화웨이의 통신장비 발자취 관련 위에서 언급한 대로 중국 내수시장 공략 시 농촌지역에서 힘을 키운 후 1, 2선 도시로 진출한 것과 해외시장 공략 시 신흥국에서 힘을 키운 후 유럽과 미국 등 선진국에 진출한 것은 원리가 동일한 전략이며 후발주자이자 기술적 약세를 갖고 있던 화웨이에겐 딱 맞는 절묘한 마케팅 방법으로 보인다. 순서가 거꾸로 되었다면 지금의 화웨이는 없을지도 모른다.

또한 이런 지역적 안배를 둔 마케팅 전략 외에 화웨이는 워낙 진출한 국가가 많다 보니 각 국가에 맞는 스포츠 마케팅을 적극적으로 활용하여 좋은 성과를 얻었다. 인도에서는 크리켓, 호주에서는 럭비팀, 유럽에서는 축구팀을 후원하며 이미지 제고와 친화력을 조성했다. 특히 유럽 지역에서는 이탈리아 AC밀란, 독일 도르트문트, 영국 아스널, 프랑스 파리 생제르망, 네덜란드 아약스 등 각 리그의 최고 인기 팀들과 여러 스폰서십을 맺고 적극적으로 활용했다. 2016년에는 축구의 간판스타인 바르셀로나 FC의 리오넬 메시를 글로벌 브랜드 홍보대사로 초청하기도 했었다. 그 외 각종 올림픽 네트워크 장비 부분 공식공급업체로도 참여해서 이름을 알리는 데 주력했다. 2018년 평창 올림픽, 2014년 브라질 월드컵, 2012년 런던 올림픽, 2008년 베이징 올림픽 등에 모두 참가한 바 있다.

　마지막으로 어느 정도 일맥상통하는 내용이지만 화웨이는 전 세계에 통신 인프라를 구축하다 보니 무려 170개가 넘는 국가에 진출했다. 따라서 진출한 국가에서 각종 문제를 예방하고 지역 사회에 뿌리내리기 위해 최대한 현지화에 신경 쓴 부분도 주목할 만하다. 한국에서의 예를 들자면 화웨이는 2014년 중국 기업 최초로 전국경제인연합(전경련)에 가입한 바 있고 한국장학재단을 통해서 2015년부터 2020년까지 6년간 총 5억 원의 장학금을 110명의 ICT 전공 장학생에게 전달한 바 있다. 또한 이 170개국이 넘는 국가에서 현지화율이 무려 70%가 넘을 정도로 현지 채용에 적극적으로 임하고 있다. 한국 화웨이에서도 예외 없이 대부분 한국인을 채용하여 현지 관련 업무를 수행하고 있다. 참고로 한국에서는 그간 좀 특이하게 삼성전자, SK하이닉스로부터 반도체 구매 업무가 상당히 큰 부분을 차지하고 영업 부분은 오히려 그에 비중이 미미했지만 최근 LG U+에 5G 통신장비를 납품에 성공하면서 한국에서의 영업에도 박차를 가하고 확장하고 있다.

　이런 노력 외에 세계 각지에 연구·개발 센터를 설립한 것도 현지화를 넘어 현지 기업으로서의 이미지를 높이는 데 큰 도움이 되었다. 미국, 스웨덴, 독일, 인도, 러시아 등 세계 각지에 16곳의 연구·개발센터를 건립하여 운영 중이며 연구원 중 1/3은 현지 외국인 인력을 채용하고 있다.

화웨이 본사

텐센트처럼 화웨이 역시 중국 선전에 본사를 두고 있다. 2020년부터 선전시 북쪽의 둥관시 쪽에 엄청난 규모의 화웨이 R&D 연구 캠퍼스를 운영하기 시작했으나 여전히 본사는 선전시 룽강구 반톈에 위치하고 있다. 화웨이와의 한국과의 비즈니스 협력 확대를 위해 방문할 기회가 생겼고 화웨이 본사와 R&D 센터를 동시에 둘러볼 수 있는 소중한 시간이었다. 텐센트와 마찬가지로 중국을 대표하는 기업이므로 어떻게 해 놓았을지 무척 궁금했는데 단순히 사진과 영상으로 보는 것과는 차원이 다르게 회사 내외부에 많은 신경을 쓴 것이 매우 인상적이었다. 원래 중국 기업(정부 포함)이 일반적으로 방문객 응대에 신경을 많이 쓰는 편이긴 하지만 예상한 것보다 훨씬 더 깊은 인상을 남겼다.

화웨이 본사의 방문객 응대 건물은 그야말로 유럽풍의 화려함 자체였다. 인테리어와 걸려있는 예술 작품까지 매우 신경을 쓴 느낌이 물씬 풍겼다. 벽면 전제가 그림으로 칠해저 있는 복도는 작품을 사 와서 붙인 것이 아니라 실제로 러시아 유명 화가들을 불러와서 러시아의 역사 중요 장면을 일일이 그린 것이라고 한다. 화가들이 그림 그리는 데만 수개월이 소요되었다고 한다. 이 건물은 방문객 접대용이기도 하지만 런정페이 회장이 자주 와서 커피를 마시며 쉬는 곳이라고 하며 파란색 소파가 놓여 있는 카페가 주로 런정페이 회장의 즐겨 찾는 곳이라는 후문이다.

화웨이 방문시 업무협의   화웨이 방문객 응대건물

　화웨이 R&D 캠퍼스 역시 엄청난 규모(약 180만 제곱미터, 여의도 면적
약 60%)를 자랑한다. 화웨이 측 설명에 따르면 런정페이 회장의 전공이
건축 쪽이라 이런 분야에 대한 조예가 깊어서 연구단지를 지을 때 최대한
예술적으로 짓고 연구 인력들의 기분 전환을 위한 쾌적한 환경 조성을 위
해서 많은 노력을 기울였다고 한다. 그 결과 비록 중국에서 생뚱맞은 유
럽식 건물이지만 엄청난 스케일과 조화로움으로 자랑하여 보는 이로 하
여금 감탄을 자아내게 충분했다. 화웨이 연구 캠퍼스는 영국, 프랑스, 스
페인, 독일 등의 유럽의 국가별 섹션으로 나뉘어서 해당 지역의 건축 양
식을 그대로 재현하고 있다. 자연환경과 어우러져서 절로 이곳에서 근무
하고 싶다는 생각이 들도록 조성됐다. 워낙 캠퍼스가 크다 보니 빨간색

트램열차가 3호선까지 만들어져있으며 총 7.8Km 구간을 달리면서 직원들의 이동을 지원하고 있다. 가장 긴 호선에서는 트램을 30분 정도 타야 한 바퀴를 다 돌 수 있을 정도로 넓은 면적을 자랑하고 있다.

런 회장이 즐겨 찾는 카페

유럽풍 화웨이 R&D 캠퍼스

중국 테크 기업의 모든 것

제3부

★ ★ ★ ★

IT 기반형 생활 · 콘텐츠 테크 기업

———

바이두, 바이트댄스,
메이퇀, 디디추싱

제5장

바이두(BAIDU)

중국의 검색 대장, 바이두

바이두는 앞서 사회 인프라형 기업으로 분류한 알리바바(Alibaba), 텐센트(Tencent)와 더불어 BAT라는 약칭으로 불렸던 중국 토종 IT 기업 3대장 중 한 곳이다. 그러나 최근에 여러 신흥 후발주자들이 등장하고 같은 'B' 이니셜을 지닌 틱톡(抖音)과 진르터우탸오(今日头条)의 모기업인 바이트댄스(Bytedance)에게도 형편없이 밀리는 등 그 위세가 많이 약해진 느낌을 지울 수 없다.

2022년 초 기준 시가총액을 보면 텐센트는 4.3조 HKD(약 5,500억 USD로 전년 동기 대비 약 40% 이상 하락), 알리바바는 약 3,200억 USD (전년 동기 대비 약 60% 이상 하락), 바이두는 약 520억 USD(역시 전년 동기 대비 약 50% 하락)수준으로 중국 IT 기업 3대장의 지위는 진즉에 내려놨어야 하고 시가총액으로 보면 바이트댄스는 물론이고 징동, 메이퇀, 핀둬둬,

디디추싱, 샤오미에게도 한참 밀리는 상황이다.

여기에 추가적으로 최근 점점 강력해지고 있는 반독점 규제 감시가 검색 시장에서 지배적인 위치를 차지하고 있는 바이두를 위협하고 있기도 하다. 이렇듯 최근 몇 년간 여러 마이너스 요인들이 있었지만 바이두는 여전히 알리바바와 텐센트에 버금가는 역사와 상징성 갖추고 있는 중국의 대표 IT 기업인 것만큼은 의심 할 여지가 없으며 그들의 재도약 발판으로 삼고 있는 신규 사업 분야가 무엇인지 알아보는 것은 중요해 보인다.

사명부터 살펴본다. 바이두(百度)라는 단어는 800여 년 전 남송시대 유명 시인인 신기질(辛弃疾)의 '청옥안(青玉案)'의 시의 '众里寻他千百度'이라는 글귀에서 인용됐다. 시 구절 내의 '百度'의 문자적인 뜻은 '수백 번'이고, 전체적인 문구는 '끝없이 뭔가를 찾아 헤매는 모습'을 그리고 있는 것으로 해석된다. 검색 사이트 이름으로 발음이나 의미 모두 훌륭한 작명이라고 보인다. 다만, 저런 뜻을 지니고 있는 사명 때문인지는 모르겠지만 바이두 검색 엔진으로 뭔가를 찾을 때 정말 '수백 번' 찾아야 할 정도로 내가 원하는 결과를 잘 내어 주지 않는 고약한 특징이 있다.

앞서 살펴본 알리바바가 이베이를, 그리고 텐센트가 ICQ를 모방하며 시작한 것과 마찬가지로 중국 1세대 IT 기업인 바이두 역시 구글의 카피캣으로 시작한 기업이다. 검색엔진으로 시작한 바이두의 현재 주요 사업 분야는 검색엔진 서비스를 중심으로 한 포털 사이트 운영 외 바이두 지도, 클라우드, 동영상 및 AR·VR 콘텐츠 사업 등을 동시에 운영 중이며 2021년 1월 중국 '지리자동차'와 합작해서 '바이두 자동차'를 설립하고 공식적으로 스마트카(전기차) 산업에 진출했다.

스마트카 관련해서 바이두는 2017년부터 '아폴로'라는 자율주행 플랫폼을 수많은 주요 자동차 관련 기업과 함께 개발해오고 있다. 또한 그간 검색엔진 운영으로 쌓은 AI(인공지능) 노하우로 중국 정부로부터 대표 AI 기업 중 하나로 선정되어 다양한 정부 주도 사업에 참여 중이며 AI 플랫폼 개발과 듀어OS(Duer OS)라는 인공지능 OS를 스마트폰, 인공지능 스피커를 비롯한 다양한 하드웨어에 탑재시키고 있다.

바이두 창업자, 핸섬가이 리옌훙

창업자인 리옌훙(李彦宏)은 1968년생 산시성 출신으로 공장 노동자인 부모님 사이에서 태어났다. 이 책에서 소개된 모든 중국 기업의 창업자 중에 가장 준수한 외모를 지니지 않았을까 생각된다. 비록 가정환경은 열악했으나 그의 부모님은 매우 교육을 중시해서 리옌훙을 비롯해서 그의 누나, 특히 셋째 누나는 베이징대 화학과에 입학하여 미국 유학까지 가서 대학교수가 된다. 그러나 이런 집안의 교육열이 리옌훙에게까지 영향을 주진 못한 듯하다.

그는 어렸을 적부터 본인이 잘생겼다는 것을 알아서(?) 그랬는진 모르겠지만 경극, 연극 등에 심취해서 자주 수업을 빠뜨리고 노래 연습을 하러 가곤 했다. 그러다가 하마터면 산시양취엔진극단(山西阳泉晋剧团)의 단원이 될 뻔했다. 아버지는 도저히 참다못해 리옌훙이 정신이 번쩍 들도록 호되게 혼내고 대학을 가지 않으면 좋은 직업을 가질 생각은 하지도 말라는 말을 한다. 리옌훙은 부모님 말씀을 잘 듣는 착한 아들이었는지 이후에 정신을 차리고 산시성 양취엔시(阳泉市)에서 최고 성적으로 베이징대학에 입학한다.

그가 베이징대학에서 선택한 전공은 도서정보학이라는 다소 특이한 학과였다. 당시에 별 인기 없었던 이 학과는 리엔훙으로 하여금 추후 검색 영역에 관심을 갖게 되는 주요 원인 중의 하나였다. 그는 대학교 시절부터 컴퓨터 언어를 본격적으로 배우기 시작했다. 1991년 23세의 리엔훙은 미국 유학길에 오르고 미국에서 컴퓨터 공학석사를 마친다. 졸업 후 1994년부터 3년간 월스트리트의 경제 뉴스사인 '다우존스'에서 기자 생활을 했다.

그는 대학교 전공인 도서정보학과 대학원 시절에 배운 컴퓨터 지식을 결합하여 1996년 '랭크덱스'라는 금융정보검색시스템을 개발하고 이 기술로 미국 특허를 출원한다. 놀랍게도 이는 아직도 세계 금융 기관에서 사용되고 있다고 하며 나중에 바이두 창업 시 활용된 원천 검색기술이다. 이것만으로 그는 안정적인 미래가 보장된 셈이었다. 여기서 만족하지 않고 그는 1997년 개발자의 꿈을 앉고 실리콘밸리로 넘어와서 구글 산하의 '인포시크(Inforseek)'라는 검색 사이트 회사에서 근무한다. 그러던 중 해당 회사가 디즈니에 인수된다는 사실을 듣고 자신이 가장 하고 싶은 일인 검색 기술개발을 계속할 수 없다고 생각한다.

왜냐면 당시에 거의 모든 인터넷 포털 사이트는 검색엔진 개발과 운영을 외주로 맡길 정도로 검색 자체는 주요 사업으로 받아들여지고 있지 않았기 때문이다. 따라서 이를 계기로 리엔훙은 아예 회사를 그만두고 중국으로 돌아가서 창업하기로 결정한다. 그는 실리콘밸리에서 중국 인터넷과 중문 검색엔진 서비스에 대한 거대한 발전 잠재력을 보았다고 한다. 그리고 쉬용(徐勇)이라는 뜻이 맞는 사업 파트너를 만나서 그의 도움으로 실리콘밸리에서 초기 창업자금 펀딩에 성공하여 중국으로 돌아가서 창업을 추진한다.

초롱초롱했던 바이두, 구글과의 검색대전 한판승

리엔훙와 쉬용는 중국으로 귀국 후 2000년 1월 1일 베이징 중관촌에서 바이두를 설립했다. 당시에 중국의 검색 포털은 내 시나닷컴(新浪), 소후닷컴(搜狐), 왕이(网易) 등이 3대 기업이 주도하고 있었다. 따라서 바이두의 초창기 시작은 구글처럼 바로 일반 사용자들(B2C)에게 자체적인 검색엔진을 제공하는 것이 아니라 상기 3대 검색 포털에 검색엔진을 공급하는 사업(B2B)으로 시작했다.

이렇게 바이두는 중국 검색 포털에 검색엔진을 제공하는 제1의 사업자가 된다. 그러나 안정적인 사업을 운영 궤도에 들어섰다고 생각하는 시기에 인터넷 거품(닷컴버블) 붕괴라는 경제 위기가 찾아온다. 무수한 인터넷 기업들이 파산하고 망했다. 이는 미국과 중국, 한국 역시 겪었던 글로벌 현상이었으며 중국의 3대 포털 사이트도 역시 지출을 크게 줄여나가면서 바이두와의 검색 합작 계약을 연달아 종료한다.

이렇게 과거의 주요 고객들 전부 다 잃어버린 바이두는 자의반 타의반으로 자체적인 검색 서비스를 론칭하기로 방향을 틀었고 2001년 9월 최초로 중국 검색엔진 바이두가 탄생했다. 바이두는 중국에서 검색시장의 80%를 차지하는 B2B 시장을 포기하고 B2C 시장으로 전환한 것이다. 동시에 검색엔진에 검색 결과를 경매로 파는 광고를 붙이기 시작한다. 그러나 이미 바이두보다 1년 먼저 시작한 구글은 당시 중국 네티즌들의 1순위 검색 엔진으로 자리 잡은 상황이었다.

앞서 이야기했지만 2000년대 초중반에는 중국에서 '알리바바 vs 이베이', '텐센트 큐큐 메신저 vs 마이크로소프트 MSN 메신저' 처럼 중국 토종 1세대 IT 기업이 미국 출신 거인들과 건곤일척의 승부를 가리는 시기였다.

모두들 자신들의 상대가 있는 법, 바이두에게도 글로벌 검색시장의 끝판 대마왕인 구글, 야후 등과의 승부를 피할 수 없었다. 사실 이 싸움이야말고 다윗과 골리앗, 상대가 안 되는 싸움으로 보였다. 구글은 이미 전 세계를 집어삼키고 2000년에 중국어 검색 서비스를 론칭했으며, 2005년에는 중국 시장에 정식으로 진출했기 때문이다.

그러나 시운은 기가 막히게도 바이두의 편이었다. 알리바바의 전쟁터였던 전자상거래 시장이나 텐센트의 비무 장소인 메신저 시장과 달리 검색 서비스 영역은 중국 정부와 공산당의 명확한 개입 의사가 반영되는 최고로 민감한 영역이었기 때문이다. 지금은 중국의 전방위적 인터넷 방화벽인 만리방화벽(Great Firewall)이 너무 익숙하고 당연해서 마치 그것이 요순시절부터 존재했던 것처럼 느껴질 정도지만 사실 그것은 1998년 중국의 황금 방패 프로젝트(Golden Shield Project)로 시작되어서 2003년 무렵 완성된 것이다.

이것이 완성되기 전 2002년 중국 정부는 모든 검색 사이트를 전면적으로 차단해 버린 적이 있다. 물론 지금 만리방화벽이 드리워진 것과 같은 이유로 반정부, 반체제, 반공산당 콘텐츠의 검색이나 유포를 차단하기 위해서다. 바이두는 이 기회를 활용해서 오히려 중국어 검색시장에서 구글을 압도하기 시작한다.

바이두에서는 2002년 3월 리옌홍은 레이밍(雷鳴)을 헤드로 9개월 내에

바이두 검색엔진 기술을 전반적으로 구글 수준으로 끌어올리고, 특정 파트에서는 구글을 능가해 보자는 '라이트닝 프로젝트(闪电计划)'를 론칭한다. 구체적인 완성 목표 다음과 같았다. '페이지뷰는 원래보다 10배 이상 중대, 하루 데이터 로딩은 구글보다 30% 많고, 페이지 반응속도는 구글과 동일한 수준으로 제고' 같은 목표로 매진했었다. 그러다 때마침 중국 정부에서 검색 사이트를 차단하여 2002년 8월에는 리엔홍 스스로가 라이트닝 프로젝트의 팀장이 되어 팀원들을 직접 진두지휘해서 바이두 모든 검색어에서 중국 정부가 민감하게 생각하거나 불온하다고 생각하는 검색 결과 콘텐츠를 모두 삭제한다. 이런 필사적인 노력으로 바이두는 사이트 폐쇄된 직후 곧바로 다시 사이트를 운영할 수 있었다. 그러나 구글은 무려 2주 이상 사이트가 폐쇄됐으며 이로 인해 그 기간 동안 바이두는 수많은 구글의 사용자를 빼앗아 올 수 있었다.

당시 리엔홍이 데리고 같이 작업하던 라이트닝 프로젝트 참여 인원은 15명이었고, 당시 구글 직원 800명이 넘었음에도 바이두의 필사적인 노력으로 구글과 경쟁에서 한발 앞서나갔다고 한다(당연히 구글 직원 전원이 중국 정부 정책에 대응하진 않았겠지만). 이는 바이두에서 검색해 본 바이두 스스로의 '자랑스런' 라이트닝 프로젝트의 내용이기 때문에 일부 편향된 내용 일 수 있으므로 전부 그대로 믿을 필요는 없다.

또한 중국 정부 입장에서는 바이두를 밀어 주기 위해서 구글에서도 바이두와 유사한 대응 조치를 취했음에도 불구하고 사이트 재개설을 차일피일 지연했을 가능성도 배제 할 수 없다. 어쨌든 결론적으로 리엔홍의 친정부 정책은 확실히 성공적이었다고 평가할 수 있다. 이와 더불어 바이두는 2003년부터 시작된 만리방화벽 구축에 있어서도 철저하게 정부 지침을 준수하는 모습을 보였다.

당연히 바이두는 중국의 인터넷 방화벽(황금 방패) 같은 외부적인 요인에만 기댄 것은 아니며 구글보다 실제로 중국어 구조와 중국인들의 언어 습관 등을 종합적으로 고려하여 검색 결과를 불러왔기 때문에 구글보다 중국인들이 사용하기 편한 검색 사이트라는 인식을 주었다. 여기에 바이두는 한술 더 떠서 검색시장에 애국주의 마케팅을 가미한다. 즉, '바이두 vs 구글'의 기업 간 경쟁을 마치 '중국 vs 미국'의 국가 간 경쟁 프레임을 씌워서 중국 사용자의 자존심을 살살 긁어준 것이다. 지금은 급격한 국력 상승으로 훨씬 정도가 더 심해졌지만 그때도 중국의 자존심을 건들면 중국인들이 이를 절대 용납하지 않았다. 이런 애국적 감성팔이 마케팅으로 또 한 번 검색시장의 바이두의 점유율을 크게 상승시킨다.

혁신의 혁신을 거듭하던 바이두 황금 시절

2001년대 중국 검색시장에 막 들어온 바이두 앞에는 구글과 야후이라는 글로벌 검색엔진 거인들이 버티고 있었고 또 자신들의 옛 고객이자 유명 검색 포털인 중국 시나, 소후, 왕이 등의 사이트들이 검색시장을 꽉 쥐고 있었다.

초창기에는 바이두의 MP3 음악 검색 및 다운로드 기능이 많은 중국 사용자들의 관심을 끌었다. 이 음악사용 부분에 있어서는 대부분 불법이었지만 중국 내 사용자를 끌어오는 것만큼은 확실한 효과가 있었다. MP3 검색기능으로 바이두는 순식간에 최대의 음악 찾기 포털(?)로 등극한다. 또한 소셜 기능을 하는 바이두 티에바(贴吧, 네이버·다음 카페와 유사)는 슈퍼걸 보이스(超级女声) 등의 예능의 영향력으로 인터넷에서 가장 핫한 온라인 커뮤니티이자 소셜 네트워크로 등극한다.

한국에서는 같은 관심사를 가진 사람들이 네이버나 다음에서 특정 주제의 카페에서 자신들끼리의 정보를 공유하고 있었다면, 중국에서는 바이두의 티에바(贴吧)가 각각의 관심 키워드를 중심으로 여러 사람을 모아서 온라인 커뮤니티와 유사한 기능을 제공 중인 셈이었다. 이로 인해 무수한 주제와 상황에 맞는 새로운 포스팅이 생겨났고 이를 통해서 새로운 검색 결과에 도움을 주고 또 사용자가 유입되는 바이두 내의 이상적인 선순환 생태계를 만들어 냈다.

만일 과거의 검색엔진이 개별적인 검색 결과를 각각의 방문자들에게 나눠주는 시스템이었다면 이때의 바이두는 벌써부터 방문자들을 취합하고 끌어모으는 역할을 하고 있었다. 티에바의 대성공과 동시에 리엔홍을 끊임없이 새로운 바이두의 서비스를 내놓으면서 검색 영역에서의 1위 자리를 굳혀나갔다.

대표적인 바이두 히트상품으로는 네이버 지식인과 유사한 문답 형태의 바이두 지식인(知道, 즈다오), 바이두에서 자체적으로 특정 단어에 대해 정의를 내리는 바이두 백과사전(百科, 바이커), 주로 무언가의 사용법과 문제 해결 내용을 보여 주는 바이두 경험(经验), 다양한 자료와 시험 문제 및 법률 문건 등 각종 문서를 공유하는 바이두 문고(文库), 여러 분야의 학술 논문을 검색할 수 있는 바이두 학술(学术), 육아 전문인 바오바오 지식(宝宝知道)까지 다양한 자체 서비스를 제공 중이다.

그 외에도 바이두는 구글을 끊임없이 스터디하고 그들의 전략을 벤치마킹하는 것을 소홀히 하지 않았다. 전 세계 사용자들이 인터넷에서 뭔가를 찾는다는 것을 구글링(Googling, Google+ing)이라고 표현하는데, 실제로 중국에서도 유사하게 바이두이샤(百度一下, 바이두하다)가 인터넷에서 검색하라는 뜻으로 통용시키기 위해서 2005년부터 이 문구를 캐치프레이즈로 밀어붙이고 있다. 지금도 바이두 홈페이지를 접속하거나 즐겨찾기로 저장해 놓으면 사이트 이름이 '百度一下, 你就知道(바이두 해보면 알게 된다)'로 나온다.

2005년 8월 구글 상장 1주년이 된 무렵, 바이두는 미국 나스닥에 상장하고 거래 첫날 무려 최고 354%의 상승 폭을 보여 주면서 중국 인터넷 기업의 위세를 전 세계에 떨치며 글로벌 투자업계에서 가장 주목받는 기업 중의 하나로 자리매김한다. 비록 당시에 구글, 야후 및 기타 중국 포털 사이트들이 바이두의 검색시장을 호시탐탐 노리고 있었지만 위에서 언급한 다양한 콘텐츠로 이루어진 방어벽을 높게 쌓아둔 바이두는 이미 소셜, 검색 서비스 방면에서 그들을 저 멀리 떨어뜨리고 훨씬 앞서 나가고 있었다.

중국 IT 기업 3대장인 BAT에서 바이두가 당당하게 첫 번째 이니셜을 차지해도 하나도 이상해 보이지 않던, 바이두가 가장 빛나던 그들의 황금시대가 아닐 수 없다. 이렇게 자신감이 충만했던 바이두는 검색 결과 외에도 바이두는 여타 포털 사이트와 같은 종합적인 기능을 제공하기 시작한다.

분야별로 O2O, 전자상거래, SNS, 의료건강, 여행, 바이두 지도, 영상(아이치이 등), 뉴스, 게임, 음악, 클라우드, 라이브, 금융 결제, 광고, 번역 등 알리바바와 텐센트에 못지않은 수십 가지의 개별적인 서비스를 제공하기 시작했다. 즉, 이렇게 기존의 자신의 주력 분야인 검색시장 말고 알리바바, 텐센트 그리고 메이퇀 등 다른 거두들의 영역에도 점차 손을 뻗어나가면 전방위적 사업 확장을 시작한다. 이 과정에서 바이두는 어쩌다가 길을 잃고 나락으로 떨어지게 되었을까?

본업인 검색은 소홀, 남의 떡 탐내다가 안방 뺏길 위기

○ 텐센트가 쥐고 있던 SNS 분야 진입 시도

2005년에 미국 나스닥에 성공적으로 상장한 바이두 앞에는 거칠 것이 없었다. 특히 바이두 티에바(贴吧)의 대성공 이후 리옌훙은 텐센트의 주요 영역인 소셜 네트워크 부분에 제대로 진출해 보기로 마음먹는다.

2007년 전후로 소셜 네트워크 분야는 중국에서 여러 기업이 노리는 뜨거운 분야가 되었다. 바이두도 바이두 티에바의 성공에 힘입어 이에 대한 자금 투입을 늘리고 온라인 커뮤니티 성격에 가까운 티에바에 개인홈피, 경험치, 팔로워, 그룹 채팅 등의 기능을 계속 새롭게 추가시키면서 소셜 네트워크의 숨결을 불어넣는다.

그러나 당시 큐큐를 중심으로 한 소셜 네트워크의 최강자인 텐센트가 수중에 대규모의 유효한 사용사들의 정보 및 행위 데이터를 갖고 있었던 것과 달리, 바이두는 사용자의 트래픽(방문량) 위주로 비즈니스를 시작한 기업으로써 검색 키워드에 대한 분석 외 실제로 사용자들 대한 의미 있는 정보를 많이 가지고 있지 못했다. 비록 바이두를 사용하는 사용자들은 수억 명에 달했지만 그들의 연령, 나이, 성별, 거주지 등의 기본 정보는 물론 그들의 성향은 더더욱 알 수 없는 모호한 상태로 남아 있었다. 이런 사용자들에 대한 정보 부족은 바이두로 하여금 소셜 네트워크 분야에서 추가적인 성공을 상당히 어렵게 만들었다.

바이두는 이렇게 2년 이상을 소셜 네트워크 분야에서 분투했지만 성과가 거의 없었다는 것까지는 이해할 수 있지만 원래 그나마 잘 운영되고 있던 티에바에 몰리고 있던 사용자들을 대상으로 수익을 창출코자하는 바람에 티에바는 점점 유료 광고로 가득 차게 되면서 사용자의 불만을 자극하기 시작한다.

○ 알리바바 영역의 전자상거래에도 기웃기웃

엄청나게 잘 나가던 바이두는 이렇게 소셜 분야에만 관심을 둔 것은 결코 아니다. 텐센트의 소셜 영역을 건드린 데 그치지 않고 알리바바의 전자상거래 영역까지 야심을 보인다. 바이두는 중국 네티즌들의 검색 키워드를 심층 분석한 후 쇼핑정보 관련 키워드가 검색량의 큰 비중을 차지하고 있다는 것을 발견한다. 따라서 이에 따라 리엔홍은 또다시 바이두 여우아(百度有啊, 전자상거래 플랫폼)와 바이푸바오(百付宝, 결제시스템) 등의 금융 서비스를 내놓고 알리바바의 주요 분야인 전자상거래로 진격한다.

그러나 리엔홍은 전자상거래의 난이도를 너무 과소평가했다. 바이두의 트래픽 중심의 비즈니스 모델과 전자상거래 비즈니스 모델은 상당히 다르다. 전자상거래에서는 공급망 관리서부터 입주 상점관리, 소비자 관리, 마케팅, 광고 등 여러 단계를 포함하고 있으며 이에 대한 다년간의 경험치 누적이 필요하지만 이제 막 이 분야에 발을 담근 바이두는 잔뼈가 굵은 알리바바의 상대가 되지 못했다. 타오바오가 C2C 영역에서 90% 이상의 점유율을 가지고 있을 때 바이두 여우아는 1년이라는 시간을 투입해서 간신히 서비스를 개시했으며 그나마 서비스 개시 이후에도 타오바오와 차별화된 포인트를 만들어 내지 못하고 그저 짝퉁 타오바오의 느낌만 양성해냈다. 이렇게 바이두의 전자상거래 분야는 알리바바의 정예 부대에 말 그대로 탈탈 털리고 본전도 못 찾고 완전히 폭망 후 퇴출당한다.

○ 메이퇀, 어러머의 음식배달 사업에도 눈독

중국 O2O 시장의 폭발적인 성장과 맞물려 소셜커머스, 배달시장에서도 기회를 봤던 바이두는 2013년 1.6억 USD에 소셜커머스 기업인 누오미(糯米)를 인수하고 추가적으로 200억 위안을 수혈해가며 사업을 이어간다. 곧 이어서 2014년 바이두 와이마이(百度外卖)를 설립하며 음식배달에도 뛰어들고 2015년에 업계 3위에 이를 때까지 규모를 늘려간 적도 있으나 메이퇀(美团), 다중뎬핑(大众点评)과 어러머(饿了么) 등 기존의 소셜커머스 및 음식배달 기업과의 경쟁에서 날이 갈수록 뒤처지며 결국 2017년 바이두 와이마이를 알리바바 계열의 경쟁사인 어러머에게 8억 USD에 매각하고 사업을 접는다.

○ 정작 안마당인 검색시장에 소홀

이렇게 여기저기 남의 떡에 기웃거리면서 진출해 보지만 막상 제대로 된 서비스를 내놓지 못한 바이두는 오히려 자신의 주요 분야에서 텐센트와 알리바바에게 서서히 잠식당하기까지 한다. 텐센트는 소셜 네트워크에 대한 점유율을 더 높여나갔을 뿐 아니라 검색엔진에 진출 의향을 내비치며 검색엔진인 서우거우(搜狗)에 지분을 사들이고 위챗 내의 검색기능을 강화하는 등 검색시장에 성큼성큼 들어왔다. 따라서 구글의 중국 검색시장 퇴출 이후 거의 90%에 육박했던 바이두의 검색 시장점유율은 점차 떨어지는 추세를 보인다.

그 결과 바이두는 2019~2021년 검색시장의 약 65% 전후의 점유율을 기록 중에 있다. 바이두에 뒤를 이어서 검색시장의 전통의 강자인 서우거우(搜狗, https://www.sogou.com/)가 20%대의 점유율로 기록하고 있다. 텐센트는 과거에 이미 서우거우의 대주주이며, 2020년 서우거우(搜狗)를 아예 인수해서 바이두 추격을 구상 중이다. 그럴 뿐만 아니라 텐센트는 위챗 자체에도 검색기능을 집어넣고 위챗 모멘트 글과 공중계정의 소식들을 함께 결괏값으로 노출시키고 있다. 알리바바 역시 알리페이 내의 검색기능을 업그레이드하여 검색 포털로서의 지위를 부여하며 모바일 인터넷 분야에서 부단히 바이두의 지분을 빼앗고 있었다. 그 외에도 알리바바는 쇼핑 검색의 중요성을 강조하며 선마(神马, https://m.sm.cn/)로 검색시장의 경쟁에 뛰어들었다. 특이한 점은 선마는 완전히 모바일 전용 검색엔진으로서 PC로는 검색을 할 수조차 없다. PC에서 홈페이지를 찾아서 들어가면 바로 모바일 어플 다운로드 페이지로 연결을 시켜준다.

즉, 이제는 중국의 주요 IT 기업이 모두 검색시장에 뛰어들었다고 볼 수 있다. 그만큼 치열한 시장이므로 바이두에서는 텐센트의 위챗의 모멘트 및 공식계정의 내용이 검색되지 않으며, 위챗 대화창에선 알리바바 쇼핑몰인 타오바오나 티몰 관련 링크는 제대로 공유되지 않으며 위챗 검색 결과에도 알리바바 쇼핑몰 결괏값은 배제된다. 물론 알리바바의 선마도 동일하게 타사 검색 결과물은 나오지 않는 방향으로 운영하고 있다.

BAT 세 기업의 트래픽 입구 확보 전쟁에서 바이두는 새롭게 진출했던 소셜 네트워크, 전자상거래, 음식배당 등 생활 O2O 분야에서 소득 없이 자금과 시간만 날리고 수확이 없었던 반면, 오히려 자신의 분야에서는 알리바바와 텐센트의 진입을 허용하면서 본진이 탈탈 털리고 있는 것이다.

경쟁자인 구글을 잃고, 모바일 시대에서 길 잃은 바이두

○ 경쟁자 구글 퇴출 후 독점적 위치로 올라선 바이두

바이두 몰락의 시작은 아이러니하게도 2005년에 중국에 진출했던 최강의 검색시장 경쟁자였던 구글이 2010년 중국 정부의 검열 문제로 중국에서 철수한 것에서부터 시작한다. 강력한 경쟁상대가 떨어져 나가자 중국 내의 검색시장은 온전히 바이두 천하가 되었다.

2010년 바이두의 검색 점유율은 50% 전후였으나, 30% 이상의 점유율을 차지하고 있던 구글의 철수 이후, 거의 80% 이상으로 급상승한다. 이렇게 거의 완벽하게 검색시장을 접수해 버린 바이두는 서서히 편하게 누워서(躺平, 탕핑) 돈을 벌며 안락한 생활을 즐기기 시작한다. 즉, 끊임없이 혁신해야 한다는 위기감 자체가 사라져 버린 것이다. 몹시 피곤한 일이지만 세상은 안주하는 자에게 늘 위기를 선물로 준다. 2010년 구글 퇴출 이후 5~6년간 바이두는 더는 초창기의 바이두 티에바, 바이두 백과 등의 신규 서비스를 내놓는 모습을 전혀 보여 주지 않는다. 물론 소셜 네트워크, 전자상거래, 음식배달 등 새로운 사업 분야에 집중하느라 본업을 소홀히 한 것은 위에서 자세히 살펴보았다.

○ 남들은 모바일 시대를 준비, 혼자서 유유자적 안빈낙도

바이두가 검색 분야의 대장으로 안빈낙도를 즐겼던 이 절묘한 시기에도 주목을 해야 한다. 2010년이면 스티브 잡스가 세상에 내놓은 최초의 스마트폰인 아이폰 3gs의 후속작인 아이폰4가 출시됐던 시기로 중국에서도 스마트폰을 이용자 수가 급격하게 늘어나는 시절이었다. 이에 따라 텐센트, 알리바바 등의 중국 인터넷 거두들은 다급히 타오바오, 위챗 등의 모바일 어플 출시와 동시에 각종 콘텐츠를 어떻게 생성할지 고민하며 모바일 전환에 안간힘을 다하던 시기인데 바이두는 혼자서 연일 최고치를 기록하고 있는 엄청난 검색 광고 수익에 취해서 세상이 어떻게 바뀌는지 등한시하고 있던 것이다.

2010년 4분기 기준으로 글로벌 스마트폰 출하량이 1억 대가 넘었으나 PC 출하량은 9,210만 대에 그쳤다. 처음으로 스마트폰의 출하량이 PC를 추월했다. 즉, 서서히 PC 시대가 저물고 모바일의 시대가 다가오는 것을 구체적인 수치로도 볼 수 있었다. 비록 PC 시대에 바이두는 검색시장의 압도적인 강자였지만 2010년 말부터 서서히 찾아온 스마트폰의 모바일 인터넷 시대와 더불어 중국 포털 사이트에 대한 의존도가 급격하게 떨어지는 상황이 나타난 것이다.

PC와 모바일 인터넷의 가장 큰 차이점은 PC 시대에는 인터넷의 기본적인 니즈가 '검색'을 통한 특정 정보의 획득이었던 것과 달리 모바일 인터넷 시대의 기본적인 니즈는 과거의 '검색'을 패싱하고 곧바로 '획득'으로 변했다는 것이다. 즉, 제품을 사기 위해서 곧바로 쇼핑 어플을 열고 어플 안에서 원하는 상품을 검색하며, 차량 호출을 위해선 호출 어플을 열고 차를 부른다. 이렇게 쇼핑과 이동 외에도 배달, 영상, 음악, 소설을 비롯한 생활에 필요한 거의 모든 것들에 대해서 더 이상 사람들은 인터넷 브라우저를 통해 검색하지 않는 세상이 온 것이다. 따라서 모바일 시대에서는 과거의 PC 시대처럼 포털 사이트에서 무언가를 굳이 검색하는 일이 과거보다 확연히 줄어들 수밖에 없으며 이는 바이두의 방문자 트래픽에 엄청난 타격이었다.

또한 PC 시대에는 서로 다른 웹사이트들은 링크를 통해서 인터넷 브라우저 내에서 자유롭게 이동할 수 있고 제약도 없었는데, 스마트폰의 어플에서는 거의 이런 이동이 어려운 폐쇄형으로 바뀌고 있었기 때문이다. 알리바바와 텐센트 등을 비롯한 모든 기업은 자신들의 어플 내에서 검색, 구매, 배송까지 완벽하게 끝나는 폐쇄형 순환 시스템을 갖춰났으므로 중간에 바이두 같은 외부 검색 사이트가 끼어들 틈 따위는 없었다.

당연히 바이두는 이런 각 기업의 어플에서 생성되는 새로운 정보들을 전부 취합할 수도 없었고, 설사 관련 내용을 검색 결과에 보여 준다고 하더라도 대응하는 어플이나 관련 페이지로 사용자들을 바로 연결해 줄 수도 없었으므로 점점 더 포털 사이트와 검색 사이트에 대한 수요는 갈수록 떨어져 갔다.

쉽게 말해 PC 시대에서 바이두가 성공할 수 있었던 이유는 인터넷 초창기 사용자들에게 어디를 가야 할지에 대한 답을 알려 주거나 혹은 길잡이 역할을 해 주었기 때문이라면 모바일 시대에서는 사용자들이 더 이상 길을 묻지 않는다. 그들은 이미 길은 알고 있다. 그들이 원하는 것은 실질적인 서비스, 제품 그리고 각종 콘텐츠다. 그러나 서비스, 제품과 콘텐츠 그 어느 것 하나 바이두가 시원하게 사용자들을 만족시켜줄 수 있는 것은 없었다. 이것이 모바일 시대에 바이두가 뒤처진 가장 큰 이유라고 할 수 있다.

사용자 경험이냐, 아니면 돈이냐 그것이 문제로다

바이두는 또 무엇을 그렇게 제대로 못 한 것일까? 완벽한 사람이 없듯이, 완벽한 기업도 있을 수 없다. 바이두 역시 여러 가지 모자란 점이 많지만, 바이두로 하여금 가장 많은 욕을 먹게 한 것은 바로 경매로 팔았던 광고 정책이다.

알리바바 역시 검색 키워드에 상응하는 결괏값에 대한 광고를 경매로 팔아서 많은 수익을 내지만 그건 쇼핑 키워드에 해당하는 극히 일부분이 었고, 바이두는 쇼핑을 포함한 수많은 검색어에 대해서 경매 정책을 사용 했으니 문제가 발생하기 쉬운 구조다. 창업자 리옌훙은 과거 인터뷰 중에서 만일 바이두를 통해서 손해를 입는다면 바이두에서 모두 배상하겠다는 말까지 할 정도로 바이두 검색 결과와 그에 따른 광고에 대해서도 호언장담을 하곤 했었는데, 정말 그런 일이 발생할 줄은 상상을 못 한 것일까? 참으로 입이 방정이었다. 바이두는 수익을 위해서 스스로 무덤을 열심히 판 셈이라고도 할 수 있다.

오죽하면 2008년에 중국 CCTV에서조차 이례적으로 기업 실명을 거론 하며 바이두의 광고 정책에 대해서 비판을 가한 바 있다. 바이두의 정책 은 오직 높은 가격을 제시하는 자에게 좋은 광고 자리를 순서대로 팔아넘 기고 있으므로 검색 결과에 대한 사용자 경험을 심각하게 저하하고 있을 뿐 아니라 소비자로 하여금 광고에 대한 부담을 가중시키고 있었기 때문 이다.

예를 들어 '타오바오'라는 검색어에 대응하는 광고를 알리바바의 타오 바오가 아닌 타오바오의 경쟁업체인 징둥이 더 높은 가격을 주고 차지했다면 '타오바오'라는 검색어에 징동 관련 게시물들이 가장 상단에 올라오는 어이없는 상황이 만들어질 수 있다는 것이다. 당연히 사용자들이 바이두 검색 결과에 대한 불만이 쌓일 수밖에 없다. 그나마 쇼핑이나 여행 등에서의 무분별한 경매 광고로 상관없는 검색 결과가 나오면 사용자들은 똥 밟은 셈 치고 그냥 넘어갈 수도 있지만 이런 식의 광고가 의료 영역에서 나올 경우는 그야말로 심각하게 엄중한 결과를 가져올 수밖에 없는 구조였다.

또한 바이두는 자신들의 웹사이트 점유율을 높이기 위해서 당시의 인터넷 브라우저의 주류였던 윈도우 인터넷 익스플로러(IE)에 바이두 서우빠(百度搜霸)라는 확장 프로그램을 출시한다. 출시까지는 전혀 문제 될 것이 아니었으나 바이두의 확장 프로그램의 특징은 사용자로 하여금 의도하지 않아도 조금만 부주의하면 자동으로 설치되도록 교묘하게 만들어졌다는 데에 있었다.

설치되면 인터넷 익스플로러의 가장 눈에 띄는 위치를 자신이 강제적으로 차지할뿐더러, 한 번 설치가 되면 이 프로그램을 삭제하기 매우 어렵게 설계됐고 수시로 바이두의 홈페이지와 관련 페이지를 팝업으로 열리게 만들어졌다. 게다가 윈도우 시스템까지 불안정하게 만들어서 사용자들의 분노가 하늘을 찔렀다. 이런 일련의 행동들은 모두 바이두의 시장 점유율을 높이고, 바이두 광고 수익을 최대화하려는 의도가 있음은 두말하면 잔소리다.

저급한 방식으로 광고 수익을 늘리는 대신 사용자 경험이 점점 악화하던 시기 바이두 내부는 두 개의 세력으로 나뉘어서 서로의 주장을 굽히지 않았다. 당시 바이두 부총재인 위쥔(俞军)을 중심으로 한 기술·상품팀은 과도한 광고에 대한 외부 비판을 수용하고 구조적 혁신을 통해 검색 결과 품질 및 사용자 경험 향상을 주장한 반면, 바이두 영업운영 총괄인 션하오위(沈皓瑜)을 중심으로 한 운영팀은 이를 주주의 바이두에 대한 수익 구조에 대한 명분으로 이를 반대하며 실적과 수익 모델이 없다면 어떻게 회사를 유지해 나갈 것이냐며 기존의 수익 모델 유지를 강력히 주장하며 대립했다. 2009년에 이르러서 바이두의 히트작인 바이두 티에바(贴吧)를 만들어 낸 위쿼 등의 원로급 인물들이 연이어 바이두를 떠나고 영업운영팀이 득세하기 시작했다. 여기서부터 바이두는 돈만 보며 직진하기 시작했다(向钱看).

과거에 그나마 최대 경쟁자인 구글이 버티고 있을 때는 매 페이지 출현하는 광고의 개수 등에 상당한 제약을 두고 사용자 경험을 해치지 않기 위한 자체 정화(?) 노력을 했다면 구글 퇴출 이후에는 점점 스스로 느슨한 규제를 두고 더 많은 광고를 노출하기 시작한 것이다. 게다가 무조건 경매로 광고를 팔았으므로 광고주가 누구인지, 광고의 내용이 진짜인지 아닌지에 대한 것은 거의 필터링 하지 않고 그저 돈만 많이 주면 만사 오케이였다.

뭐니 뭐니 해도 가장 바이두의 검색 결과와 광고 정책에 먹칠한 것은 2016년 희귀암에 걸린 환자가 바이두 검색 결과 제일 위에 뜬 병원을 찾아갔다가 사망하는 의료 사고다. 위에 언급한 대로 중국 CCTV가 공개적으로 바이두를 비판한 적이 있을 정도로 사용자들이 바이두 광고의 무분별한 경매 정책에 대해서 불만이 많았는데 이 사건으로 바이두는 그야말로 국민 욕받이가 된다.

이런 치명적인 사망 사건이 발생 이전에도 바이두 티에바에 7,000명 이상의 회원을 가지고 있는 혈우병 관련 온라인 커뮤니티가 있었는데 여기 운영진이 무면허 의사와 건강보조식품 관계자들로 바뀌면서 온갖 광고글이 도배하다시피 올라온 적도 있었다. 이 해당 혈우병 커뮤니티뿐만이 아니라 바이두 티에바에 속해 있는 수많은 의료, 의학 관련 온라인 커뮤니티는 각종 사기꾼과 불특정 다수의 의료 관계자들이 손쉽게 소비자들을 우롱해서 수익을 창출하는 악질적인 수단으로 전락하고 있었다.

이런 여러 악재로 인해 당시 바이두의 주가는 하루 만에 7.9%가 폭락했다. 최악으로 번진 바이두 비난 여론 속에서 중국 정부당국은 바이두에 대한 조사에 착수하여 결국 바이두가 광고를 제대로 관리하지 못한 과실을 밝혀냈다. 이에 대한 후속 단계로 의료 광고 심사를 강화하고 바이두 내의 광고 수를 제한하는 등 여러 조치를 시행했으나 검색시장을 80% 이상 차지했던 과거의 영광이나 바이두 검색 결과에 대한 신뢰도는 여전히 되찾지 못하고 있는 실정이다.

바이두 검색기능에 대한 지극히 주관적인 평가

○ 바이두에서 뭘 찾을 때마다 겪는 고통과 괴로움

검색 서비스 관련 바이두의 비즈니스 모델은 단연코 검색어를 통한 온라인 광고 수입이다. 지금까지 바이두 검색 서비스 관련 매출의 상당 부분이 여기서 나왔기 때문에 검색시장의 핵심 캐시카우라고 할 수 있다. 2021년 4분기 기준 바이두의 온라인 광고 매출은 248억 위안(약 38.4억 USD)으로 해당 분기 총매출인 331억 위안의 75%를 차지할 정도로 핵심이다. 매출의 나머지는 인공지능, 클라우드 등 신사업이 채우고 있다.

개인적인 의견임을 미리 밝히는데 바이두의 검색 능력 혹은 검색 편의성에 대해 논란이 많은 것에 대해 매우 공감하는 편이다. 인생의 1/4 가량을 중국에서 살았고, 어린 시절 중국 거주로 인해서 중국어로 의사소통에 큰 지장이 없고 스스로 중국 PC 및 모바일 인터넷 환경에도 매우 익숙한 편이라고 생각함에도 불구하고 사용자 관점에서 중국 바이두로 정보를 찾는 것이 과거에도 어려웠고 지금도 어렵다. 비단 어려울 뿐만 아니라 바이두에서 뭘 찾아야 한다는 생각만으로 이미 피곤함이 쓰나미처럼 몰려온다.

예를 들어 선전에서 자녀교육 문제로 보내고 싶은 학교의 공식 홈페이지를 찾기 위해 학교의 정식 명칭을 중문으로 검색하면 바이두는 공식 홈페이지를 순순히 내어 주는 법이 결코 없다. 학교명 뒤에 공식 홈페이지를 뜻하는 '官网'(관왕, Official Homepage)을 뒤에 붙여도 검색 결과를 맨 위, 혹은 10개 결과가 나오는 첫 페이지에 보여 주지 않는 경우도 수두룩하다. 계속 학교 입학 컨설팅 및 기타 관련 학원의 광고만 나온다. 도대체 이게 말이나 되는가? 그래도 결국 제대로 된 결과라도 찾도록 도와주면 이렇게 화가 나진 않겠지만 끝까지 내가 찾고 싶은 결과는 보여 주지 않는다. 육두문자가 저절로 나온다.

검색어에 따라서 몇 번째 검색 결과가 스폰서 광고로 뜨는지는 이미 바이두 내의 검색 메커니즘으로 정해져 있다. 바이두 검색 결과가 피곤한 것은 바로 이런 광고가 검색 결과에 영향을 줄 정도로 지나치게 많다는 점이다.

이는 사소한 예시에 불과하고 필요에 의해 바이두에서 뭔가를 검색했는데 속 시원한 결과를 얻을 확률은 경험상 넉넉하게 쳐도 20% 미만이었다. 소심하게 우선은 광고와 중복 결괏값 탓을 해 보고 다음으로 스스로의 검색 내공과 검색 기술 부족 탓을 해 본다. 그러면서도 마음 한편에 특별한 기술 없이도 원하는 결과를 보여 주는 게 검색 사이트의 본질이 아니냐는 아쉬움을 가져본다. 느낌상 10년 전쯤에 비해 바이두에 점점 더 광고 비중이 높아지는 것 같은데 이는 검색시장에서 지배적인 위치가 가져온 결과라고 생각한다. 이런 공격적인 광고를 퍼부어도 별다른 대안이 없으니 말이다.

이렇게 바이두가 도와주지 않을 때 어쩔 수 없이 IP 우회 프로그램인 VPN을 돌려서 중국에서 차단된 구글에서 학교 이름을 찾아보면 거의 첫 페이지, 맨 위 검색 결과에 내가 원하는 것을 찾을 수 있다. 혹은 맨 위는 아니더라도 최소한 첫 페이지에서는 해당 학교의 공식 홈페이지를 찾을 수 있다.

○ 바이두 검색 결과에 대한 수많은 논란

말 나온 김에 중국 학교 검색 이야기를 하자면 2019년에 바이두에서 대학 입학시험(高考)을 마친 중국 학생들이 희망하는 대학교에 원서를 쓰기 위해서 학교 이름을 바이두에서 검색하면 맨 앞에 뜨는 검색 결과에 입시 지원과 컨설팅 관련 고가의 수수료를 징수하는 웹사이트가 떠서 큰 논란을 불러일으킨 적이 있다.

바이두 검색 결과 관련 이런 논란은 이제 너무 싫증이 날 지경이지만 한 가지만 더 말하자면 심지어 산시성(陝西省) 일부 대학에서는 입학 희망생들에게 입시 지원서 제출 시에는 반드시 학교 웹사이트 명을 주소창에 바로 입력해서 들어오라는 공지까지 올린 적이 있다. 즉, 검색엔진을 통해서 학교를 검색해서 들어오지 말라는 뜻이었다. 이유는 너무 슬프도록 간단하다. 바이두라는 검색엔진을 공식적으로 거론하진 않았으나, 검색엔진에서 학교 이름으로 웹사이트를 찾아올 경우 학교의 공식 사이트가 아니 다른 사이트로 들어가기 쉬우며 거기에서 입력한 정보는 전부 무효로서 학교 입학 사정 시에 전혀 반영이 안 되기 때문이었다. 이런 사정으로 중국 교육부는 대학 입시 관련 바이두를 초치한 바 있다(과연 혼날 만하다, 그리고 이 정도면 검색엔진이라고 말하기도 민망할 지경이다).

○ 검색 서비스와 검색 플랫폼의 차이, 바이두의 한계

이 정도면 바이두에서 내가 찾길 원하는 국제학교의 공식 홈페이지를 찾기 어려운 이유가 충분히 납득이 되리라 믿는다. 광고로 인해 검색 결과가 다소 오염되어 원하는 정보를 찾기 힘든 부분도 분명히 있지만, 바이두 검색에는 그 자체로도 이미 명확한 한계가 있다. 그것은 바이두의 검색엔진은 '플랫폼'이 아니라 '서비스'에 가깝기 때문이다. 두 가지는 비슷하게 보일 수 있지만, 검색 '플랫폼'과 '서비스'의 차이점은 극명하다. 검색 플랫폼에서는 플랫폼 운영자가 검색 결과에 대해서 관여를 하지 않거나, 하더라도 최소한의 관여를 원칙으로 한다. 그러나 검색 서비스에서는 서비스 제공자가 검색 결과에 대해서 높은 관여를 한다. 관여의 여부 혹은 관여의 정도, 이것이 검색 품질을 좌우하는 핵심 요소이다.

글로벌 검색 플랫폼으로 완전히 자리 잡은 구글을 보면 자신의 개입을 최소한으로 하고 플랫폼이라는 양면 시장에 정보 공급자와 정보 소비자가 자체적으로 활동하게끔 유도하고, 집단 지성의 결과물이 상위에 노출되게끔 만든다. 또한 특정 키워드의 검색 결과 중에서 사용자들의 가장 많은 선택 받은 결과가 가장 상단에 나오게끔 재배치하도록 운영하고 있다. 그래서 위키피디아 같은 집성 지성의 결과물이 구글 검색에 상위권을 차지하고 있는 것을 쉽게 발견할 수 있다.

그런데 앞서 바이두 발전 과정에 살펴보았듯 바이두가 중국 정부의 암묵적인 지원을 등에 업고 성장할 수 있었던 가장 큰 이유는 정부 정책에 따라 적극적인 검열로 콘텐츠의 편집 및 삭제 등의 검색 결과에 대해서 크게 관여했기 때문이다. 여기에 최악의 명성을 가진 바이두의 경매 광고까지 가세한다면 정말 쓸데없는 검색 결과가 뜨는 것을 막을 수가 없다.

이런 성장 배경을 가지고 있고 중국 정부의 인터넷 검색에 대한 엄격한 요구 때문에 바이두는 태생적으로 플랫폼으로 성장할 수 없었다. 이것이 바이두 검색엔진이 가지고 있는 정치학적 한계다. 중국의 현 체제 하에선 검색시장에서의 플랫폼 자체가 탄생할 수 없으므로 중국 시장에서 검색 플랫폼이 우월한지 검색 서비스가 우월한지의 논의는 의미가 없다. 굳이 바이두의 편에서 생각해 보자면 그들은 어떻게든 외부 환경에 최적화된 적응을 통해 검색시장에서 살아남고 1등이 되기 위해서 최선을 다했을 뿐이라고 생각된다.

고관여 검색 사이트인 바이두에 내해서 한국 사람들이 어찌 느낄시는 모르겠으나 한국의 대표 검색 사이트인 네이버도 결코 검색 플랫폼이 아니라 검색 서비스의 일종이다. 검색 결과에 대한 네이버의 관여도 만만치 않다. 최근 네이버도 메인 페이지의 기사 노출 등은 일부 인공지능을 활용하고 있다고 하지만 검색 결괏값은 아직도 여전히 손을 많이 대고 있다.

결국 전 세계에 검색시장의 플랫폼은 구글밖에는 없다. 그들은 전 세계 검색시장의 90% 이상을 장악하고 있다. 플랫폼의 본질이 독식이므로 승리한 플랫폼인 구글 외에는 살아남을 수가 없기 때문이다. 그 많던 검색 엔진이 다 사라진 작금의 현실이다. 다만 검색시장은 과거 텍스트와 이미지 위주의 검색에서 이제는 동영상 검색에게 많은 지분을 빼앗기고 있다. 요즘 세대들은 궁금한 게 있을 때 구글링을 하지 않고 우선 유튜브같은 다른 영상 플랫폼부터 찾아본다. 구글은 진즉 그 트렌드를 알고 유튜브를 인수한 바 있다. 이런 한발 앞서 미래를 내다 보는 힘과 자본이 바로 구글이 전 세계 최고의 기업 중의 하나가 된 이유다.

뒤늦은 위기 탈출 몸부림, 바이두 인공지능 플랫폼

바이두는 본업인 검색 분야의 지속적인 혁신을 소홀히 하며 다른 분야에 진출했으나 신규 분야에서 전부 퇴출당했다. 또한 경쟁자 구글을 잃은 후부터 위기감을 상실하고 편하게 돈 버는 재미에 빠지면서 모바일 시대에 제대로 적응하지 못했고, 동시에 사용자를 고려하지 않은 무분별한 경매 광고의 부작용 속출했다.

앞서 이에 따른 바이두의 긴 내리막길을 살펴봤다. 이런 바이두를 곤경에서 구출하기 위해서 리엔홍은 2017년도 실리콘밸리에서 당시 가장 인정받는 중국인이라는 마이크로소프트의 루치(陆奇)를 데려오고, 심지어 자신의 바이두 총재 자리까지 내놓는다.

루치가 새롭게 취임하고 나서 대대적인 개혁을 통해 먼저 큰 문제가 되어 바이두의 리스크를 가져왔던 의료 광고, 바이두의 기존 주요 업무와 시너지를 창출할 수 없다고 판단된 음식배달 등의 업무를 과감하게 없애 버리고 바이두의 무분별한 광고 경매 정책을 적극적으로 추진하지 않기로 한다. 물론 이것들은 오랫동안 바이두의 주요 수익원이었으므로 개혁을 성공시키는 것이 쉽지 않았다.

그렇게 루치는 2017년부터 바이두를 완벽하게 뜯어고치지 못하고 2년도 안 되어 2018년에 바이두를 떠나고 다시 리엔홍이 총재 자리로 복귀한다. 그러나 루치가 주창한 'All in AI' 전략은 그나마 바이두의 모든 역량을 바이두가 가장 잘 할 수 있는 기술 영역에 집중함으로써 돌파구를 마련해 주었다. 바이두는 검색시장 외 사업 다각화를 통한 재도약에 주력하고 있는데 그중에 가장 주목할 분야는 인공지능(AI) 분야다.

바이두는 왜 갑자기 검색엔진 회사에서 인공지능 회사로 방향을 틀었을까? 앞서 살펴본 대로 2010년 초반 스마트폰이 막 보급되기 시작할 무렵, 많은 인터넷 IT 기업이 미친 듯이 모바일로 전환해서 전자상거래, 모빌리티 서비스, 음식배달을 비롯한 각종 O2O 사업, 소셜 네트워크, 동영상 등으로 치고 나갔는데 바이두는 이 시기가 구글이 중국에서 퇴출당한 시기로 편안하게 돈 버는 재미에 빠져 모바일로의 전환이 타 기업보다 매우 늦은 편이었다. 정신 차리고 보니 주로 기술 중심의 사고를 가지고 있던 리엔홍 앞에는 두 가지 길밖에 남지 않았다. 조금(사실은 많이) 늦었지만, 지금이라도 막대한 자금(각종 보조금 등)을 쏟아부어 다시 시장 속에서 치열한 점유율 싸움을 시작하는 길을 가든지 아니면 깔끔하게 트래픽 중심의 사고를 버리고 기술을 제대로 더 파서 다른 영역을 개척하는 길이었다. 리엔홍은 후자를 선택하고 '폐관 수련'에 들어간다. 그래서 2013년 바이두는 딥러닝연구원을 설립하고 전문적으로 기계가 최대한 사람처럼 생각하고 문자, 이미지, 음성에 대해서 분석을 진행하고 학습할 수 있게끔 만드는 데 전념하기 시작한다. 이는 인공지능 스피커부터 시작해서 무인 자동차까지 다 포괄할 수 있는 개념이다. 다만 이 연구는 시간이 너무 오래 걸리고, 돈도 엄청나게 투입해야 한다는 결정적인 단점이 있었다.

BAT에서 'A'와 'T'는 전형적인 트래픽 사고 중심으로 엄청난 숫자의 사용자를 끌어드리는 데에 자신들의 정력과 목숨을 다 바쳤다면, 바이두는 무소의 뿔처럼 마냥 혼자만의 끝도 없는 깊은 우물을 파고 있는 셈이라고 볼 수 있다. 이미 너무 오래 이 분야에 몸을 담가서 사실상 돌아갈 길도 남지 않았다.

도대체 바이두는 인공지능이라는 한 우물에 얼마나 자금을 투입한 것일까? 2011년부터 2020년, 약 10년 동안 바이두는 인공지능 기술개발에 1,000억 위안(약 17.7조원) 이상을 투자했다. 어쩌다 보니 딱히 대중 앞에 내세울 결과물이 없어서 말이 '폐관 수련'이지 바이두라고 왜 자신들도 검색 광고나 뜯어먹고 살면서 편하게 쉬는 것이 아니라 기술력 향상에 매진하고 있다고 홍보하고 싶지 않았겠는가? 안 그래도 편하게 누워서 돈 벌다가 경쟁사들에게 뒤처졌다는 평가가 바이두도 몹시 듣기 싫을 텐데 말이다. 바이두로서 그나마 다행인 것은 반전의 기반은 점점 다져지고 있는 것으로 보인다.

2021년 4분기 바이두 실적을 보면 총매출이 331억 위안으로 동기 대비 9% 성장, 순이익은 41억 위안이었다. 바이두 핵심 분야(AI 분야)의 매출은 그중 약 25%인 82억 위안으로 그중 비광고 사업부문의 클라우드 사업이 동기 대비 60% 증가하며 비광고 수익을 크게 끌어올린 것이 인상적이다. 물론 기업 업력이나 기업 규모와 매출액을 생각하면 인공지능 분야에서 41억 위안의 매출액이 다소 하찮아 보일 수 있는 수치긴 하지만 이 분야에서 급속도로 증가하고 있다는 추세가 의미심장하다. 어쨌든 지금까지 곶감 빼먹듯이 먹던 검색 광고 수입 말고 다른 게 생긴 건 바이두에겐 매우 고무적인 일이다. 2019년에 출시한 듀어OS를 탑재한 바이두 인공지능 스피커는 중국 내에서도 스피커 관련 판매량 1위를 달성한 바 있다. 무인 운전 플랫폼인 아폴로 역시 여러 자동차 기업에게 채택되고 있다.

앞으로 바이두가 지속적으로 검색시장에서 우위를 차지하고 발전시켜 나갈지, 아니면 서우거우와 션마를 비롯한 다른 검색 서비스 추격자들에게 쫓겨서 무너지게 될지 아니면 전혀 다른 기반을 가진 검색엔진에 의해 대체 될지는 아무도 모르는 일이다. 다만 바이두는 검색시장의 지배자로서 20년 이상 쌓은 빅데이터와 다른 IT 기업에 비해 한참 앞서 있는 머신러닝을 기반으로 인공지능 플랫폼으로 변신 중이다. 검색시장에 쌓은 빅데이터를 기반으로 AI 기업으로 새롭게 태어나겠다는 각오다. 과거에는 검색 기술을 가장 바이두의 핵심 영역으로 여기고 발전시켰다면, 이제는 인공지능 기술이 바이두의 가장 중요한 핵심 분야로 완전히 탈바꿈한 것이다.

AI의 발전 기반은 머신러닝 등에 필요한 풍부한 빅데이터이므로 실제로 바이두는 이 분야에서 타 중국 기업에 비해서 발군의 모습을 보여 주고 있다. 바이두가 2015년 첫 발표한 음성인식, 안면인식 기반의 AI 플랫폼인 듀어OS(Duer OS)는 2017년부터 본격적으로 타 기업의 스마트폰 등에 장착되어 생태계를 넓혀가는 중이다. 듀어OS를 선택한 스마트폰 기업을 살펴보면 중국의 화웨이, 비보, 오포가 있으며 TCL, 스카이워스(Skyworth, 创维, 추앙웨이) 등의 스마트 TV에도 동일하게 적용하고 있다. 모든 스마트기기, 스마트카를 비롯한 모든 디바이스에도 적용할 수 있을 정도의 풍부한 확장성이 장점이다. 실제 이미 차량용 음성비서 버전의 듀어OS도 출시된 상황이다. 2018년도에 이미 듀어OS를 장착한 스마트기기가 1억 개를 돌파했으며 2020년 발표된 듀어OS 버전 6.0은 매달 58억 이상의 음성 명령을 처리하고 있으며 4,000건 이상의 관련 어플에 사용되고 있다.

간단하게 말해서 듀어OS는 인공지능 스피커인 구글 홈 미니, 아마존의 에코, 애플의 홈팟 그리고 네이버의 웨이브를 구동하는 인공지능 플랫폼 OS들의 경쟁상대다. 이들 제품은 모두 음악 재생, 알람, 타이머, 날씨, 일정, 메모, 쇼핑 기능 등의 기본적 기능은 손쉽게 처리할 수 있으며 더욱 중요한 것은 사람의 자연어를 분석하여 원하는 정보를 검색, 제공하는 기능을 수행할 수 있다는 것이다. 따라서 그동안 바이두가 수많은 검색 질의를 처리하면서 쌓은 경험과 기술력이 자사의 대화형 인공지능 플랫폼인 듀어OS의 발전에 중요한 역할을 하고 있다.

바이두의 승부수, 인공지능 + 자율주행 스마트카

○ 바이두의 야심 찬 자율주행 플랫폼, 아폴로 프로젝트

2020년 말 알리바바는 상하이자동차와 손잡고 전기차 전문기술기업인 즈지자동차(智己汽车)를 설립해서 전기차 시장에 뛰어들었고 바이두도 이에 질세라 상기 언급한 바와 같이 지리자동차와 같이 합작으로 지두자동차(集度汽车)를 설립해서 스마트카 사업 진출을 공식화했다. 지리자동차와 바이두는 향후 5년간 77억 USD를 투자할 계획이며, 3년 이내에 첫 신모델을 내놓은 후 1년에서 1년 반 간격으로 신차를 계속 출시할 계획이다. 따라서 바이두 재도약의 출발점은 앞서 언급한 인공지능과 자율주행 기술이 모두 결합된 스마트카 분야라고 할 수 있다.

바이두 스마트카 사업은 갑작스럽게 진행된 것이 아니라 한참 전부터 시작됐다. 바이두는 2013년부터 자율주행 분야의 연구·개발을 시작했고 2017년부터 자율주행차 플랫폼인 '아폴로 프로젝트'를 실제 운영하고 있다. 아폴로 프로젝트는 제법 플랫폼이라고 부를 수 있을 만큼 자율주행과 연관 있는 국내외 많은 기업의 참여를 끌어내고 있다. 먼저 이는 바이두의 그간 노력도 당연히 중요하지만 중국 정부의 강력한 지지가 원동력이 되었다고 평가받고 있다. 중국 국무원은 앞으로 인공지능 산업 규모가 2020년 1조 위안, 2025년 4조 위안 그리고 2030년 10조 위안 정도로 커질 것으로 예상하고 중국의 주요 IT기업을 분야별 인공지능 선도기업을 지정했다. 바이두가 자율주행차 분야의 플랫폼 구축을 맡았고, 알리바바는 스마트 도시 건설 플랫폼, 그리고 텐센트가 의료 및 헬스 분야의 플랫폼 구축의 역할을 맡았다.

자율주행은 당연하게도 자동차에 내장되는 소프트웨어이므로 완성차 기업의 참여는 필수적이다. 게다가 바이두는 완성차 기업이 아니므로 이번에 지리자동차와 합작으로 새롭게 자동차 기업을 만들었을 뿐 아니라 자율주행 플랫폼 연구·개발 단계에서는 최대한 많은 완성차 기업의 참여를 이끌어 내기 위한 모든 노력을 다했다.

바이두는 먼저 중국 5대 자동차 기업 중 중국이치(中国一汽), 동펑(东风汽车), 창안(长安汽车), 체리(奇瑞汽车)를 모두 아폴로 프로젝트에 참가시키는 데 성공했다. (다만 아폴로 프로젝트 구축 초창기 때부터 이미 알리바바 계열로 평가되는 상하이자동차(上海汽车)는 제외, 실제로 그들은 별도의 전기차 합작 기업을 설립해서 바이두와 경쟁 중) 그 외 베이징(北京汽车), 킹롱(Kinglong) 등과 전기차 분야에 특화된 비야디(BYD), 바이톤(Byton), 니오(Nio)까지 한 마디로 중국의 거의 모든 완성차 그룹이 모두 참여 중이라고 볼 수 있다. 또한 유럽에선 독일 3대 완성차 기업인 다임러, 폭스바겐, BMW와 프랑스의 PSA(푸조시트로엥그룹), 스웨덴 볼보(중국 지리자동차에 합병), 그리고 미국 포드, 영국 랜드로버 그리고 일본 도요타와 혼다, 마지막으로 한국의 현대자동차 그룹까지 전부 참여하고 있다. 미국 GM은 자율주행의 선도기업이라서 그런지 불참하고 있다. 역시 밥그릇 싸움은 국경을 가리지 않는다. 이상의 파트너 리스트를 보면 중국뿐 아니라 명실상부 전 세계의 거의 모든 완성차 기업이 아폴로 프로젝트에 참여하고 있는 것을 알 수 있다. 플랫폼의 힘은 무조건 규모와 네트워크 효과에서 나온다는 것을 상기한다면 이 프로젝트의 잠재력은 무궁무진하다고 할 수 있다.

완성차에 들어가는 핵심 부품 제조사들도 당연히 참가해야 하므로 보쉬, 델파이, 콘티넨탈, 발레오, 인피니온 등의 글로벌 탑 자동차 부품업체도 아폴로 프로젝트에 거의 모두 다 참가하고 있다. 또한 소프트웨어 구동에 필요한 칩 프로세싱 기업인 엔비디아, 인텔, 텍사스 인스트루먼트와 고정밀 지도를 제공하는 톰톰과 자율기술차의 눈과 같은 라이더(LiDar) 기술의 선두주자인 벨로다인 라이더도 참여 중이다. 또한 클라우드 서비스에 필요한 마이크로소프트, 모빌리티 서비스는 제공하는 그랩까지 그야말로 자율주행에 필요한 모든 기업과 향후 자율주행을 활용할 만한 기업을 총망라해서 협력 파트너로 끌어들인 셈이다. 2021년 기준으로 약 180여개 기업의 36,000여 명의 글로벌 연구 인력이 아폴로 플랫폼에 참가하고 있다.

바이두는 2017년에 아폴로 1.0을 발표했고, 2018년에 아폴로 2.0을 발표하면서 자율주행에 필요한 소프트웨어 플랫폼, 하드웨어 플랫폼, 차량 플랫폼을 공개했다. 이 개방된 플랫폼을 기반으로 파트너사들은 자신들의 기술을 참여시키겠다는 의도다. 2019년 7월에는 일부 제한지역에서 아폴로 5.0이 적용된 차량의 양산이 시작됐다. 2020년 기준 아폴로 5.0이 적용된 미니버스는 자율주행 4단계로 30개 이상의 도시에서 89,000명 이상의 승객을 태우고 85,000km 이상을 운행 중이라고 한다. 자동차산업연합회(KAIA)에 따르면 2020년 기준 구글 웨이모가 자율주행 누적 주행거리 3,200만 km을 돌파했으며, 바이두는 2014년부터 시작된 아폴로의 자율주행 누적 주행거리를 다 합치면 2021년 기준 2,100만 km 이상이라고 밝힌 바 있다. 이에 반해 한국의 누적 주행거리는 72만 km에 불과한 실정이다. 데이터 축적이 가장 중요한 자율주행에서 이미 한국은 많이 뒤쳐지고 있다는 것을 알 수 있다.

바이두가 전 세계의 수많은 관련 기업을 끌어들인 일 자체도 쉽지 않은 대단한 작업이었겠지만 사실 참여자가 많다고 플랫폼이 무조건 잘 돌아가는 것은 아닐 것이다. 그 안에서 많은 기업의 이해관계가 얽혀 있을 것이며 핵심 기술이전, 소유권, 이익 배분 등 수많은 문제에 대한 의견조율이 필요할 것으로 보인다. 그럼에도 불구하고 바이두의 기치 아래 저만큼 많은 기업이 모였다는 것은 바이두는 물론이고, 바이두를 전폭적으로 밀어 주고 있는 중국 정부에 대한 기대치가 없었다면 불가능하다고 보인다.

○ 중국 내 여러 지역에서 시범 운행 중인 바이두 자율주행차

실제로 바이두는 중국 정부의 강력한 정책의지 덕분에 중국 여러 도시에서 여러 완성차 기업과 같이 자율주행차의 시험 운전을 지속해서 진행하고 있다. 바이두는 2019년 12월 베이징시에서 50만 km의 누적 안전 테스트 거리를 가장 먼저 돌파했고, 베이징에서 발행한 첫 자율주행 차량 도로 탑승객 테스트 허가증 40개를 받았다. 바이두는 베이징에서 처음으로 자율주행 탑승객 테스트를 통과한 기업이 됐다. 이어서 2020년 8월 25일 바이두는 베이징시에서 '자율주행 제2단계 탑승객 테스트 통지서'를 받았으며 이에 따라 중국 베이징시 시민들을 대상으로 자율주행 택시 시범 운행을 한다고 밝혔다. 이 같은 테스트는 중국에서 매우 복잡한 교통 환경의 수도 베이징에서도 자율주행 상업형 택시로서 로보택시(Apollo Robotaxi)가 곧 상용화될 것으로 해석된다. 2020년 4월에는 바이두는 창사에서 '두택시(Dutaxi)' 서비스를 통해 아폴로 로보택시를 호출할 수 있게 하고 무료 시범 탑승 서비스를 개시했기 때문이다.

또한 2020년 바이두는 일반 차량을 자율주행 차량으로 바꿔주는 플랫폼을 선보였다. ACU(Apollo Computing Unit)로 명명된 이 제품은 자율주행차 기능을 구현하는 소프트웨어가 탑재된 플랫폼이다. 일반 차량에 탑재하면 곧바로 자율주행차로 변신한다. 따라서 이 시스템을 적용하면 자율주행 차량을 대량으로 생산할 수 있게 되는 것이다. 바이두는 ACU 생산라인에서 연간 20만 대의 자율주행차를 만들 수 있다고 밝혔다. ACU는 베이직, 어드밴스트, 프로페셔널 등 세 개 버전으로 구성되며 어드밴스트 버전은 셀프 주차 상품인 AVP(Apollo Vetlet Parking) 전용 차량 컴퓨팅 플랫폼으로, 5채널 카메라, 12채널 초음파레이더, 밀리미터파레이더,

라이다(LiDAR) 포트를 지원한다. 운전자는 스마트폰 어플로 명령해 원격으로 차량의 주차와 출차를 지시할 수 있게 되는 것이다. 이 모든 과정에 사람의 개입이 필요치 않으며 저속으로 무인 자율주행을 하게 된다. 백화점이나 식당 입구에 차를 두면 차가 알아서 주차 자리를 찾아가게 되는 일이 코앞으로 다가온 현실이다. 하긴 이제 운전사라는 직업도 없어질 마당에 고작 발레 파킹 요원이 없어진다고 놀랄 필요는 없겠다.

2021년 6월 7일 KOTRA에서 개최한 미래차 한·중 협력 세미나에 참가한 바이두의 아폴로 프로젝트 선디원(沈帝文) 자율주행차 솔루션 엔지니어에 따르면 바이두는 중국 최초로 고속도로를 제외한 도로에서 실제 주행이 가능한 단계인 T4 라이센스를 획득했다고 소개했다. 이 자율 주행패키지는 일반도로 주행 시 좁은 길 유턴 등을 수행할 수 있으므로 무인 로보택시에 분야에도 빠르게 응용되고 있어서 베이징, 허베이성 바오딩, 후난성 창사 등지에서 로보택시가 시범 운행 서비스를 펼치고 있다고 한다. 또한 그는 바이두가 현재 500대 이상의 자율주행 시험 차량을 보유하고 있으며 2025년 전후 중국에 약 100만 대의 바이두 자율주행차가 일반도로를 주행하게 될 것으로 추정된다고 예상했다.

이와 관련 2021년 11월 25일부터 베이징 남동부 경제기술개발특구에서 바이두와 스타트업 포니AI가 협업으로 로보콰이파오(萝卜快跑, 로보는 중국어로 먹는 '무'인데 발음이 로봇과 비슷해서 차음한 것으로 추측)라고 하는 자율주행 택시 유료 서비스를 개시하여 첫 주문을 받고 운행을 시작한 바 있다. 또한 이는 아직까지 완전한 무인 서비스는 아니며 운전석에는 운전자 대신 안전요원이 타고 있으며 운행 중 핸들에 손을 대지는 않는다 (안전요원이 운전석에 탑승한 채로 오기 때문에 무인 택시라는 감흥은 떨어짐). 이 자율주행 택시가 커버하는 지역은 현재 60㎢로 그렇게 크지는 않지만 우선 상용화를 시작했다는 점에서 눈길을 끈다. 참고로 2021년까진 외국인은 탑승이 불가하고 현지 신분증이 있어야만 차를 호출하고 탑승할 수 있다. 직접 타본 이들에 따르면 아직까진 완벽하진 않지만 꽤나 사람같은 운전 실력을 보여준다고 한다.

바이두는 앞서 설명한 자동차와 관련된 자율주행, AI 기술이 이제는 상당히 무르익었고 시장 분위기도 스마트카를 받아들일 수 있을 만큼 성숙했다고 판단했다. 알리바바도 똑같이 느꼈기에 뛰어든 것이고, 이런 분위기가 애플카에 대한 루머도 끊이질 않고 나오는 이유다. 샤오미도 2021년 3월 공식적으로 전기차 사업 진출을 선언한 것을 샤오미 편에서 살펴보았다. 바이두 역시 이로 말미암아 '지두(지리+바이두) 자동차'를 설립했고 이제 그들은 모든 역량을 결집해서 스마트카 개발과 양산에 주력할 것으로 보인다. 일찌감치 스마트카 기술에 많은 자원을 투자하고 실제 운용 경험을 통해 관련 분야에서 중국 내 가장 경쟁력 있는 기업으로 꼽히는 바이두의 성공 여부에 따라서 중국 내 자동차 판세는 물론이고 글로벌 시장의 판도가 완전히 바뀔 것이다.

마지막으로 2022년 공시에 따르면 2021년 바이두 매출액은 1,245억 위안(약 193억 USD, 전년 대비 +16%)이며, 순이익 188억 위안(29억 USD, 전년 대비 -14%)를 기록했으며 연구개발에 매출액의 23%인 총 221억 위안을 지출했다. 동 기간 바이두 어플 사용자는 6.22억 명으로 전년 대비 14% 증가했다. 또한 2021년 4분기의 331억 위안, 순이익 41억 위안으로 시장 컨센서스를 초과 달성하였다.

제6장

바이트댄스(BYTEDANCE)

더우인(TikTok), 출퇴근 시간을 장악하다

더우인(중국명 더우인, 글로벌 버전은 TikTok·틱톡, 이하 글로벌 버전임을 강조해야 할 때 외에는 더우인으로 통일, 중국 내수용 더우인과 글로벌 버전 틱톡은 운영 방식, 내용 및 구성이 다소 차이남, 대체로 중국 내수 버전이 훨씬 많은 기능 보유)의 인기는 이미 잠깐 부는 열풍을 넘어서 이미 하나의 현상으로서 확고히 자리 잡은 듯하다. 지금 쓰고 있는 모든 내용이 중국에서 개인적으로 보고 경험히고 주위들은 내용 위주로 구성되어 있으므로 이미 어느 정도 성급한 일반화의 오류를 범하는 것 피할 수 없지만 2020년대 중국 선전의 지하철 분위기를 공유해 보고자 한다.

2020년 9월 선전으로 첫 부임 후, 선전에서 출퇴근을 지하철로 하고 그 외 평소 이동 시에도 지하철을 타고 다니면서 중국 선전 사람들은 지하철에서 뭘 하는지 흘끔거리곤 한다. 한국도 그렇지만 일단 종이 신문은 읽는 사람은 한 번도 본 적이 없고, 종이책을 보는 경우도 아주 가끔만 발견할 수 있다. 자거나 넋 놓거나 옆 사람과 이야기하는 것 외에는 99% 이상의 사람들이 고개를 푹 숙이고 스마트폰만 뚫어지게 본다. 스마트폰으로 뭘 할까?

크게 한 5가지 정도인 거 같다. 텍스트를 읽거나, 게임을 하거나, 메시지를 확인하거나, 쇼핑을 하거나, 영상을 본다. 어떤 비중이 높은지는 구체적으로 모르겠지만 영상을 볼 때는 압도적인 비율로 더우인을 사용 중이었다. 나 자신도 이미 더우인의 마수에서 벗어나지 못했으므로 인터페이스만 봐도 그 어플이 무엇인지 정도는 한눈에 알아맞힐 수 있다. 한 마디로 중국 선전 지하철의 무료한 출퇴근 시간은 더우인 천하라고 할 수 있다.

더우인을 운영하는 모기업인 바이트댄스에 대해서 주목할 점은 과거 중국 IT 기업 3대장인 BAT처럼 미국의 특정 서비스(전자상거래, 인스턴트 메시지, 검색 엔진)를 따라 하면서 후발주자로서 출발한 것이 아니라, '인공지능을 가미한 숏클립 동영상'이라는 자신만의 차별화된 콘텐츠로 글로벌 시장에 진출한 퍼스트 무버(First Mover, 선두 주자)라는 점이다.

비록 동영상 어플이라는 차원에서 더우인이 글로벌 동영상 어플 끝판 왕인 유튜브에 영향을 안 받았을 리 없고, 중국 내에서도 콰이셔우(快手)라는 숏클립 영상 어플이 더우인보다 먼저 출시되었기 때문에 퍼스트 무버가 맞는지에 대한 시시비비를 따져야 할 수도 있는 것은 사실이다. 그러나 숏클립 영상이라는 카테고리에서 확고한 콘셉트, 편리한 인터페이스와 다양한 기능, 그리고 AI와의 절묘한 조화로 전 세계를 휩쓴 것이 더우인이라는 것은 확실한 사실이며 더우인이 급성장하자 유튜브, 페이스북, 인스타그램 등 글로벌 주요 기업이 전부 이에 대항하는 차원에서 각각 숏클립 영상 어플을 내놓은 것을 보면 바이트댄스에게 퍼스트 무버라는 호칭을 주어도 전혀 아깝진 않다.

또한 더우인은 중국에서만 인기가 많은 것이 아니라 미국, 인도 두 국가에서도 다운로드 순위 1, 2위를 다툴 정도로 큰 호응을 얻고 있다. 따라서 중국, 미국, 인도의 사용자의 합계가 글로벌 시장 전체 사용자 비중의 50%에 육박한다. 그 외 상기 언급한 대로 150개 국가에서 75가지 언어로 서비스를 확대 중에 있다.

바이트댄스는 2020년 중반부터 미국 트럼프 행정부로부터 사용자의 개인정보를 빼돌리는 혐의로 안보에 위험이 되는 기업으로 분류되어 같은 해 8월부터 미국 내 사용이 금지되었고 미국 정부는 바이트댄스에게 틱톡을 매각하라는 압박을 가했다. 이에 글로벌 공룡 기업인 오라클, 마이크로소프트, 월마트 등이 인수자로 달려들었지만, 바이트댄스가 이는 트럼프의 대선을 위한 정치적 결정이므로 사용금지 조치 중단해 달라는 가처분 신청이 미국 법원에서 받아들여졌다. 이에 더해서 트럼프 재선 실패로 더 이상의 행정부 차원의 태클은 없었으며 오라클과의 인수합병도 무산되고 사용 규제도 풀렸다. 죽다 살아난 주인공은 더욱 레벨업 되는 소설과 만화책의 공식에 충실히 따라서 바이트댄스는 미국에서 다시 활발한 사업 확장세에 있다.

2021년 기준으로 더우인 사용자 분포를 보면 중국이 18%, 미국이 11%를 기록했다. 미국 점유율은 2020년 하반기까지 9% 내외였으나 12월부터 10%로 상승했고 이듬해 2월엔 11%까지 올라왔다. 더우인 매출은 중국 비중이 79%로 압도적이고, 미국 비중이 8% 정도로 2위를 기록 중이다. 미국 시장 매출도 사용자 증가와 같이 증가했다.

이런 실적 호전에 힘입어 2021년 기준 기업 가치는 약 2,500억 USD(약 286.2조 원)를 기록 중이다. 스타트업이 기업 가치 10억 USD의 유니콘이 되는 것도 드문 일인데 이미 바이트댄스의 몸값은 1,000억 USD 이상의 핵토콘이 되어 버렸다.

80허우 창업자 장이밍, 바이트댄스 주요사업 분야

창업자 장이밍(张一鸣)은 1983년생 푸젠성 출신으로 바이트댄스 설립 전에도 여러 차례 창업에 도전했었다. 여기서 다룬 기업 창업자 중에 가장 젊은 축에 속한다. 그는 중고등학교 때부터 컴퓨터에 푹 빠졌고 2001년 난카이대학(南开大学)에 소프트웨어공학을 전공 후 2005년 대학 졸업후 처음으론 대학 선배가 창업한 코워크 솔루션 기업인 IAM에 들어갔으나 아직은 시기상조였던 시장이라 오래가지 못했고, 2006년 여행 검색엔진인 쿠쉰(酷讯) 창업팀에 합류해서 검색 기술개발을 담당하며 관리직까지 오르지만 대기업의 경영을 배우고 싶다는 이유로 퇴사하여 마이크로소프트에 입사한다. 그러나 도전적인 일이 없어서 재미없다는 이유로 반년 만에 회사를 그만둔다. 그리고 2009년 10월 부동산 검색 및 거래 플랫폼인 지우지우팡(九九房)을 창업한다. 해당 사이트는 당시 PC 인터넷 환경에서 150만 명의 이용자를 불러 모았고 부동산 카테고리의 1위를 차지하기도 한다. 그 이후 2012년 장이밍은 마침내 바이트댄스를 설립한다.

지금은 바이트댄스의 더우인이 워낙 유명해져서 상대적으로 좀 묻힌 경향이 있지만 바이트댄스의 초기 성공작은 진르터우탸오(今日头条, 오늘의 헤드라인이라는 뜻, 이하 '진르'로 명칭 통일)라는 뉴스 어플이었다. 이는 기존 신문사 혹은 미디어 중심의 일방적인 뉴스 어플이 아니라 AI를 활용해서 이용자 취향에 맞춘 뉴스 헤드라인 제공하여 중국 내에서 큰 인기를 얻는다. 그 이후 더우인으로 글로벌 시장을 순식간에 제패하고 기업가치 1,000억 USD를 초과하는 기업으로 급성장한 것이다. 게다가 코로나19로 촉발된 집콕 문화와 맞물려서 그 성장 속도가 배가 되었다고도 볼수 있다. 한 마디로 시운까지 도와줬다.

현재 바이트댄스의 주요 사업 분야는 위에서 소개한 뉴스 어플인 진르와 더우인 외에 더우인 중심으로 한 이커머스(전자상거래)와 진르를 중심으로 한 터우탸오 검색 등 여러 분야의 검색 서비스로 검색 대장인 바이두와 경쟁 중이다. 그 외에도 온라인 교육, 게임, 더우인 모바일 페이 등으로 점점 확대되고 있다.

2020년부터 중국 공산당이 알리바바의 마윈 죽이기에 나선 것을 보고 IT 업계 거두들의 CEO의 연이은 동반 사임으로 연일 화제를 낳았다. 아직 마흔도 안된 장이밍은 아직 한창 일할 나이임에도 불구 2021년 5월 말, 갑자기 CEO직을 그만두기로 발표한다. 앤트그룹의 CEO 후샤오밍(胡曉明)의 사임 같은 경우 이미 마윈 때문에 미운털이 박혀서 그럴 수 있다고 생각하지만 전자상거래의 새로운 레전드를 쓰고 있는 핀둬둬(拼多多)의 황정과 중국 어플로 전 세계를 사로잡은 틱톡의 장이밍까지 돌연 CEO를 그만둔 것은 확실히 어떤 신호를 주고 있다. 황정과 장이밍은 모두 30대 후반에서 40대 초반으로 한창 왕성하게 사업을 키울 나이인데 도저히 상식적으로는 이해가 안 되는 결정이기 때문이다. 여기에 2022년 4월, 밑에서 다룰 징둥의 류창둥까지 경영 일선에서 물러났다.

초기 성공작, 인공지능을 앞세운 진르터우탸오(今日头条)

○ 진르터우탸오의 킬링 포인트(1) 인공지능

진르는 바이트댄스 설립 초기인 2012년, 장이밍이 스스로 기존 언론사에서 제공하는 뉴스를 소비하면서 느낀 불편함을 반영해서 만든 AI 기반 뉴스 큐레이션 어플이다. 장이밍은 고등학생 때 매일 20개 종류가 넘는 신문을 정독할 정도로 신문광이었고 PC 시대에서 모바일로 넘어가던 2010년 즈음 포털 사이트 뉴스의 일방적인 헤드라인 게재 방식에 대해 불편함을 느꼈다. 사람들마다 처한 상황과 관심사가 다르므로 언론사에서 일괄적으로 뽑은 헤드라인은 결코 이용자들의 욕구를 충족시킬 수 없으니 맞춤형 뉴스를 추천해 주는 서비스를 기획한 것이다.

돌아보면 진르의 출발점은 비록 뉴스 어플이었고 여전히 그렇게 분류되는 경향이 있지만 지금은 종합 콘텐츠 제공 플랫폼으로 보는 게 맞다고 본다. 뉴스 어플이라고 하면 으레 언론사의 취재 기사, 취재 영상, 사설 위주로 콘텐츠가 구성되어야 할 거 같지만 진르는 그렇지 않다. 진르에서 다루고 있는 콘텐츠 중에는 '뉴스' 혹은 '기사'라고 부를 수 있는 내용도 많지만 이미 그 범주를 완전히 벗어나는 콘텐츠도 엄청나게 많아졌을 만큼 진르의 외연이 확장됐기 때문이다.

설립 초기인 2012년 진르는 우리가 모두 잘 아는 바와 같이 AI를 기반으로 기존 중국 주요 언론사(인민일보, 신화사, 환구망 및 CCTV 등) 기사를 사용자에게 제공해 주는 데 그쳤다. 물론 개인별 맞춤형으로 취향 저격 기사를 헤드라인에 띄워서 보여 주었던 것이 차별점으로 인식되어 초기에 선풍적인 인기를 끌었던 것은 사실이다. 하지만 누구나 접근 가능한 외부 언론사 기사를 적절하게 큐레이팅해서 소비자에게 제공을 하는 것만으로는 이미 자리를 잡은 텐센트 뉴스(騰訊新聞), 소후(搜狐) 등 기존 뉴스 강자들을 능가할 수 없었다. 즉, 제공받는 재료(기사)가 거의 완전히 똑같으니 아무리 날고 기는 AI가 와서 기가 막히게 반죽을 하고 흔들어봐도 뉴스 어플 간의 엄청난 차이를 만들어 낼 수는 없었던 셈이다.

한국에서는 진르는 주로 AI 기반한 기사 추천이라는 '필살기' 하나로 중국 내의 뉴스 시장을 석권한 것으로 알려져 있는데 이는 반은 맞고 반은 틀린 말이다. AI 기반 콘텐츠 추천 및 제공은 진르 초창기인 2012~2013년에 걸친 초기에 주된 운영 방식이며 현재 진르가 거둔 성공은 그 외 여러 가지 다른 요인에도 영향을 받았기 때문이다.

○ 진르터우탸오의 킬링 포인트(2) 1인 미디어로 진화

2013년부터 진르는 다른 뉴스 어플은 시도하지 못한 콘텐츠 차별화에 승부수를 띄워본다. 즉, 자체적이고 자생적인 콘텐츠 확보에 나선 것이다. 본디 진르 자체는 언론사가 아니었기 때문에 소속된 기자도 없었으며 당연히 자체 생성한 기사와 사설란 같은 것도 가지고 있지 않았다. 하물며 언론사의 전체적인 집필 방향을 정하는 편집 데스크도 존재할 리가 없었다.

이런 상황에서 진르는 어플 내에 터우탸오하오(头条号)라고 하는 기성 언론사(媒体)와 1인 미디어(自媒体) 콘텐츠를 모두 담을 수 있는 새로운 미디어 플랫폼(平台)을 출시한다. 서서히 뉴스 어플로 자리를 잡아가고 있던 진르는 다양한 금전적 인센티브와 적극적인 홍보를 통해서 해당 미디어 플랫폼에 여러 콘텐츠 제작자들을 끌어온다.

기성 언론사는 물론이고 학계, 산업계, 정계, 체육계, 군사계, 연예계 등 분야별 종사자, 전문가, 파워 블로거, 일반인 등이 점차적으로 해당 플랫폼의 콘텐츠 제작자로 참여하면서 그들이 만들어 낸 콘텐츠를 진르를 통해서 게재하기 시작한다. 바로 이 1인 미디어에서 생성되는 수많은 독자적인 콘텐츠들이 진르가 다른 뉴스 어플과 차별화되는 중요한 부분이다.

콘텐츠 형태는 주로 사진과 문장으로 구성된 정식 문장(기사), 영상물, 라이브 방송, 특별 칼럼, 오디오 클립 등이었고 주요 언론사 기사와 양질의 1인 미디어 콘텐츠를 동시에 받아 볼 수 있다는 차별 포인트로 진르는 또 한 번 크게 점유율을 높인다. 그리고 2016년에는 네이버 지식인, 바이두 문답과 유사한 터우탸오문답(头条问答)를 내놓고 각종 사용자들이 올린 질문을 다른 사용자들이 대답하면서 지식을 획득하고 데이터베이스가 누적되는 지식 문답 플랫폼을 출시한다.

진르터우탸오의 기존 뉴스 어플과 차별점

○ 진르터우탸오의 계속되는 진화: SNS 기능과 AI 알고리즘 추천

그뿐만 아니라 진르는 뉴스 어플에 소셜(SNS) 기능을 담는 새로운 시도를 한다. 진르는 2017년부터 웨이터우탸오(微头条)을 출시해서 SNS 기능을 강화하여 사용자가 진르에 대한 중독성과 흡입력을 극대화시켰다. 웨이보(微博, 트위터와 유사), 위챗(微信, 카카오톡과 유사), 웨이루안(微软, 마이크로소프트)에 쓰이는 '웨이(微)'는 마이크로, 작다는 뜻이다. 즉, 웨이터우탸오는 작은 헤드라인으로서 마치 트위터와 유사하게 SNS 공유 및 전파에 최적화된 짧은 토막글이다.

진르는 웨이터우탸오를 SNS 형식으로 운영하면서 분야별 유명 인플루언서를 적극적으로 유치하기 시작한다. 이렇게 유치된 인플루언서는 공식 인증 타이틀을 부여받게 되고 페이스북, 인스타그램 혹은 중국 SNS인 웨이보, 위챗 공식계정과 다를 바 없이 진르에서 대중들과 소통할 수 있게 된 것이다. 사용자들은 당연히 인플루언서들을 관심 대상으로 팔로우하고 그들의 피드를 받아 볼 수 있다.

진르의 공식 인증을 획득한 다양한 인플루언서들은 카테고리별로 일목요연하게 팔로워 보유 수의 내림차순으로 정렬되어 있다. 예를 들어 2022년 초 기준, 엔터테인먼트(娛乐) 분야에는 출연하는 드라마마다 대박을 치는 자오리잉(赵丽颖) 약 820만 팔로워로 가장 위에 있고 판빙빙(范冰冰)이 495만 팔로워로 4위에 있다. 최근 중국에서 가장 핫한 소수민족인 위그루족 출신 디리러바(迪丽热巴, 450만)와 양미(杨幂, 405만)가 그 뒤를 쫓고 있다. 미식(美食) 분야에는 최근 김치를 소개하면서 한국에서 뜨거운 논란이 된 중국 유명 유투버 리즈치(李子柒)가 770만 팔로워로 4위에 있고, 과학기술(科技) 분야에서는 징동 창업자인 류창동(刘强东)이 400만 팔로워로 3위에 있으며, 디지털(数码) 분야에는 샤오미 창업자인 레이쥔(雷军)이 475만 팔로워로 2위, 화웨이 그룹의 공식계정 235만 팔로워로 5위에 있는 식이다. 공인도 가능하고 법인도 인플루언서로 등록이 가능하다. 참고로 진르터우탸오(今日头条)의 공식계정도 과학기술 분야에서 약 1,700만 팔로워로 1위에 랭크되어 있다.

추가적인 업그레이드로 2019년 진르 내 검색 엔진을 정식으로 론칭시켜서 언론사 기사 및 1인 미디어 콘텐츠 검색 접근성 개선, 사용자 정보 취득과 새로운 분야의 사업 다각화를 시도하고 있다. 2020년에 바이트댄스는 터우탸오검색(头条搜索, 별도 검색엔진 어플이지만 진르 어플 내의 검색 결과와 동일), 터우탸오백과(头条百科, 백과사전)를 출시한 바 있으며 연속해서 2020년 5월 중국 최대 의학 전문지식 플랫폼인 바이커밍이왕(百科名医网)을 인수하며 모든 분야의 검색에 적극적으로 진출하는 행보를 보인다. 위에서부터 쭉 살펴보면 모두 검색의 제왕 바이두와 겹치는 서비스가 대부분이며 실제 두 기업은 곳곳에서 첨예하게 대립하고 경쟁 중이다.

지금까지 진르가 콘텐츠를 확보하고 제공하는 방식이 어떻게 기존의 언론사와 뉴스 어플들과 차별화됐는지에 대해서 알아보았다. 다시 정리해 보면 진르의 콘텐츠 제공 방식은 △AI 기반 추천형, △SNS 인플루언서 구독형, △키워드 검색 결과형으로 구분할 수 있고, 콘텐츠 출처는 △기존 언론사의 기사, △1인 미디어가 자체 제작한 콘텐츠와 검색 엔진에서 도출된 △제삼자 제공 콘텐츠 등으로 나눠진다. 마지막으로 콘텐츠 형태를 보자면 △사진과 문장으로 구성된 기사 형식, △영상물 및 오디오물 형식, △SNS 최적화된 짧은 글(微头条), △라이브 방송, △네이버 지식인 같은 문답 형식, △특별 칼럼 등으로 구분할 수 있다.

쉽게 말해 기존 언론사들이 자사 소속 기자들만으로 작성한 기사의 범주와 현장 취재 동영상 등의 범주를 한참 초월해 있다고 볼 수 있다. 밑에서 자세한 수치를 살펴보겠지만 콘텐츠를 만드는 참여 인력 규모 자체(2020년 기준 약 14만 명의 크리에이터가 활동, 이중 진르를 통해 금전적 수익 받아 간 사람이 11만 명 이상)가 각 언론사에 소속된 직원 규모와는 차원이 다르기 때문이다.

○ AI 추천으로 인한 확증 편향 우려, 인기글이 선정되는 과정

진르의 이러한 폭발적인 양적·질적 성장에 위협을 느꼈던 텐센트는 2016년 즈음 80억 USD로 진르에 대한 인수를 제안했으나 창업자 장이밍은 보기 좋게 거절한다. 중국 IT 업계의 양대 산맥인 텐센트의 거액 인수 제안을 거절한 건 거의 찾아보기 힘든 일이었다. 그리고 텐센트가 정확하게 우려한 바대로 진르는 결국 기존의 뉴스 플랫폼 강자인 텐센트 뉴스와 소후 등을 제치고 뉴스 카테고리 어플 1위에 올라있다.

진르를 통하면 주요 언론사의 기사를 접하는 것은 물론 1인 미디어를 통해서 각계각층의 개별적이고 다양하고 마이너한 의견도 들을 수 있다는 장점이 있다. 다만 유튜브에서도 활발하게 쓰이고 있는 AI 기반의 추천 알고리즘이 사용자에게 확증 편향(자신에 유리한 정보만 선택적 수집)을 심어 주듯이 진르에서도 똑같이 적용되어 사용자들의 의견이 한쪽으로 굳어지는 것은 피하기 어려워 보인다. 예를 들어 미·중 갈등이나 한·중 관계에서도 중국 중심의 민족주의, 국수주의적 성향의 자극적인 내용을 계속 검색하고 읽어 보는 독자는 점점 더 유사한 기삿거리가 많이 추천되는 구조이기 때문이다. 취향에 맞는 콘텐츠 추천은 취향을 고착화하고 의견의 경직성을 가져온다는 측면에서 다소 우려되는 부분이 있다.

진르의 AI 외 빅데이터와 알고리즘의 활용 방법에 대해서도 잠깐 살펴보자면 진르에 1인 미디어의 특정 문장이 인기 글로 올라갈지 말지에 대해서 먼저 해당 문장을 AI가 분석해서 어떤 분야인지 파악을 하고, 평소이 분야에 관해서 관심을 보인 예를 들면 500명의 사용자에게 노출을 시킨다. 그리고 반응이 평균적인 내용에 비해서 훨씬 뜨겁다면(일반적으로 조회수, 좋아요 수, 댓글 수, 공유 수로 판단) 이를 또 다른 5만 명에게 띄운다. 여기서 반응이 평균 이하라면 이 글은 더 이상 올라가지 못하고 묻힌다. 그런데 여기서도 평균 이상의 반응이라면 이 글은 결국 5,000만 명에게 노출되며 핫한 실시간 인기 글이 되는 것이다. 이런 식으로 진르는 최대한 많은 공감을 얻어낼 수 있는 1인 미디어 문장과 언론사 기사들을 전면에 배치해서 사용자들의 니즈를 만족시켜 주었다. 이런 빅데이터와 AI를 활용한 추천 방식은 진르의 가장 큰 경쟁력 중 하나이다.

진르는 솔직하게 인정한다. 먼저 자신들은 헤드라인에 대한 포스팅 편집에 있어서 독자의 전문 분야와 관심 분야에 대해서 잘 알지 못하며 그리고 특정 포스팅이 얼마나 정확하고 제대로 구성되었는지를 판단하기도 어렵다는 사실을 말이다.

둘째로 특정 제작자의 포스팅(게시물)이 여러 사람에게 환영(공감)받을지 여부는 더더욱 예측할 수 없으므로 차라리 빅데이터와 AI의 계산법으로 더 많이 추천받는 포스팅을 관심 분야에 맞게 상단이 올린다. 다른 기업이 알아도 쉽게 따라 할 수 없는 방법이다. 요즘 인공지능이 난무하는 시대에 말로만 하는 인공지능이 아니라는 점에서 높이 평가하고 싶다.

숫자로 알아보는 진르터우탸오의 발전 위상

다음으로 수치 통계를 살펴보면서 진르의 발전 위상을 파악해 본다. 위에서 살펴본 것과 같이 진르에서는 1) 성별, 나이, 소재지 등의 개인정보 2) 열람한 콘텐츠의 내용 및 성향 3) 팔로우하고 있는 인플루언서 성격 4) 진르 내에서 검색한 각종 키워드 5) 좋아요 및 공유한 콘텐츠 등을 종합해서 사용자에게 적합한 콘텐츠를 추천해 주기 때문에 초창기에 비교해서 추천 알고리즘이 더욱 정교해졌다고 할 수 있다.

따라서 진르 어플을 사용을 하면 할수록 자신이 관심이 있는 분야의 뉴스를 받아 보게 되며, 이에 따라 자연스럽게 어플 내 체류하는 시간이 길어지게 된다. 사용자들의 길어지는 체류 시간이 광고 수익을 극대화할 수 있는 근본적인 힘이다. 따라서 어플 내 평균 체류시간은 운영사의 경쟁력을 좌우하는 중요 지표다.

2020년 6월 기준 중국 주요 어플의 평균 체류 시간(단위, 분)을 살펴보면 진르 73.4, 더우인 72.9, 위챗 60.6, 콰이셔우 59.6, 샤오홍슈 56.4, 왕이뉴스 54.2, 웨이보 47.1, 텅쉰뉴스 45, 비리비리 40.1, 바이두 40으로 나오므로 바이트댄스 산하의 두 가지 어플 모두 높은 경쟁력을 보여 주고 있다. 심지어 중국 최강 슈퍼앱인 위챗을 능가하는 수준이다.

이렇듯 진르는 여러 가지 독특한 운영 전략으로 2018년까지 총 사용자 7억 명을 확보했으며, 2021년 9월 기준 진르는 월간 사용자 수 (MAU) 4억 명을 기록 중이다.

2020년 12월 말 진르에서 공식 발표한 당해 연도 통계 수치를 살펴보면 진르에서 총 6.5억 개의 콘텐츠가 포스팅됐으며 총글자 수는 1,134억 자에 달했다. 포스팅된 동영상은 3조 812억 분(58.8년 해당)의 길이에 달했다.

2020년의 등록된 콘텐츠는 총 430억 회의 '좋아요'(赞)를 받았다. 1천만 이상의 '좋아요'를 받은 콘텐츠는 1.9만 개, 1백만 이상 '좋아요'는 47만 개, 10만 이상 '좋아요'는 693만 개였다.

진르에서는 13.8만 명의 분야별 전문 콘텐츠 제작자가 활동 중이며, 2020년 1,566만 명의 새로운 사용자들이 처음으로 진르를 통해서 콘텐츠

를 포스팅했고, 그중 20만 명 이상이 포스팅 첫 달에 10만 이상의 '좋아요'
를 받았다.

또 한 가지 눈길을 끄는 것은 2020년 6월 기준으로 진르에서 제작자
(크리에이터)들이 포스팅한 콘텐츠 형태별 비중은 영상물 76.3%, 문답
10.9%, 짧은 글 6.9%, 사진+문장 5.9%이며 진르 사용자들이 조회(클릭)
한 비중은 영상물 55.8%, 짧은 글 29.6%, 사진+문장 12.6%, 문답 2.1%로
나온다.

뉴스 어플이지만 단순한 사진+문장 형태보다는 영상물 혹은 짧은 글 형
태의 콘텐츠가 훨씬 더 많이 만들어지고 소비되는 되는 것을 확인할 수
있다. 이는 진르에서 최신 트렌드가 영상물이라는 것을 간파하고 제작자
들에게 더 많은 영상물을 만들 것을 금전적 수익으로 유도한 부분이다.
그리고 상기 언급한 대로 짧은 글은 주로 공유를 통한 SNS 기능으로 사용
되고 있으므로 진르가 웨이터우탸오로 진르 콘텐츠의 소셜 기능을 강화
한 것은 '신의 한 수'로 평가될 수 있다. 콘텐츠 제작과 관련 통계도 중요하
지만 더욱 중요한 것은 미디어 제작자들이 이렇게 열심히 콘텐츠를 만들
수 있는 진르가 제공하는 금전적 수익 기반이다.

2020년 기준 진르에서 수익을 창출한 각종 콘텐츠 제작자들은 11.3만
명에 달했다. 그리고 이들은 총 76억 위안(한화 약 1.3조 원)의 영업이익
을 배분받았다. 나눠보면 평균적으로 인당 약 6.7만 위안(한화 약 1,185만
원) 정도이며 진르는 2021년도에 제작자들에게 총 100억 위안의 영업이
익을 만들어 주겠다는 목표를 세웠다. 다만 진르의 목표가 실현되지 않았
는지는 확인이 되지 않는다. 2021년도 최신 수치로 업데이트 하려고 통계
를 찾아보고자 했으나 성장률이 미미했거나 혹은 일부 지표에서 역성장

을 했는지 개별 콘텐츠 제작자의 2021년 데이터 통계는 찾을 수 있게 설계되었으나 진르 전체의 공식 통계는 나오지 않는다.

진르에서 수익이 창출된 5대 주요 분야는 산업·경제, 자녀교육, 직업훈련, 중국 역사, 건강관리였다. 수익 창출 방법도 다양하다. 1) 진르에서는 짧은 글(微头条)/형식을 갖춘 기고(文章)/동영상(视频)/질문 답변(问答)등 각종 포스팅 조회수와 연관된 광고 피드 수익, 2) 제작자가 올린 이미지·동영상에 대해서 받은 '좋아요' 수와 그에 따른 구독자의 유료 팁(打赏), 3) 제작자가 올린 이미지·사진 저작권, 각종 유료 콘텐츠(专栏, 특별 칼럼) 및 전자상거래 물품 판매 실적에 따라서 수익이 배분된다. (참고로 게시물이 같은 조회 수를 기록하더라도 보유하고 있는 팔로워 수와 평균 조회 수에 따라서 실제 지급되는 수익이 천차만별이다. 따라서 미디어 제작자들은 재미있고 유익한 콘텐츠를 생산하여 구독자 수와 조회 수를 늘리는 것을 최우선 과제로 삼고 있다.) 4) 그와 동시에 금융, 경제, 법률, 주식 등 각종 전문 분야에 대한 영상, 특별 칼럼, 자문 서비스를 대한 유료 콘텐츠로 제공하고, 자신 계정과 연계시킨 각종 상품 판매를 통해서도 수익을 배분받는다.

특정 1인 미디어 콘텐츠 제작자들은 전문적으로 콘텐츠와 자신의 판매 상품을 재미있고 유기적으로 연계하여 막대한 매출을 올리곤 한다. 결국 이 거대한 콘텐츠 플랫폼을 움직이게 하는 것은 금전적 수익이다. 현재 진르 내의 콘텐츠 제작자들은 진르의 거대한 소비자 트래픽과 플랫폼(진르)의 금전적 보상 공식에 대해서 비교적 만족하고 공평하다고 생각하는 것으로 보이므로 앞으로도 더 큰 발전이 예상된다. 플랫폼 비즈니스 모델은 미국에서 비롯됐지만 지금 이를 가장 잘 활용하고 있는 국가는 중국인 것 같다는 생각이 자꾸만 든다. 이어서 진르의 성공을 기반으로 바이트댄스의 초히트 서비스기 된 더우인에 대해서 알아보자.

바이트댄스의 글로벌 초히트 어플, 더우인(Douyin, TikTok)

개인적으로 더우인에 대해서는 할 말이 참 많다. 바이트댄스의 초기 성공작인 진르에 대해서는 이것이 뉴스 어플로서 어떻게 성공했는지에 이러쿵저러쿵 잡스러운 다각도 분석을 해 봤다면, 더우인에 대해서는 우선 딱 한 가지만 얘기하고 싶다. 더우인은 살짝 당황스러울 정도로 재미있고 중독성이 강하다는 것이다. 스스로 느끼기에 2009년 스마트폰을 처음 산 이후로 가장 중독성이 심한 어플인 거 같다. 방금도 글 쓰다가 더우인에서 확인할 게 있어서 잠깐 들어갔다가 개미지옥에 빠진 것처럼 허우적대다가 1시간 가량 강제 시간 삭제를 당하고 나오는 길이다.

한국에서는 틱톡을 비롯한 대부분의 중국산 어플이 개인정보 빼간다며 경계하곤 한다. 한국 사용자 입장에서 이를 뜬소문이라고 치부하기에는 여러 가지 구체적인 정황들이 발견되는바 사용자들의 주의가 필요한 면은 있다. 그럼에도 불구하고 만약 개인정보 유출 등의 보안 문제를 한쪽으로 치워 놓고 재미라는 측면에서만 보자면 더우인은 정말 중독되게끔 만들어 놓았다. 이렇게 중독되면 트래픽이 안 나올 수가 없으며 요즘 같은 스마트폰 중심의 모바일 시대에서는 트래픽이 깡패다. 트래픽만 안정적으로 확보되면 그냥 숨만 쉬어도 돈은 미친 듯이 벌릴 수밖에 없다. 그게 더우인의 운영사인 바이트댄스의 기업 가치가 2,500억 USD를 넘어간 가장 큰 이유다. 더우인의 무엇이 나를 그리고, 중국을 비롯한 미국, 인도 등 전 세계인 15억 명 이상을 그렇게 홀리는지 살펴보자.

진르에서의 AI에 기반한 콘텐츠 추천이 그냥 커피라면 더우인의 AI 기반 영상 추천은 그야말로 'T.O.P'다. 진르의 추천 콘텐츠는 처음에는 별 대단한 게 아닌 것처럼 느껴지다가 쓰면 쓸수록 아니 요것 봐라 이걸 어떻게 알고 나한테 찰떡같이 띄워줬지라는 느낌이 드는 슬로우 스타터라면 더우인은 처음부터 아예 취향 폭격기라고 해도 무방하다.

더우인을 시작하자마자 무슨 내 마음에 도청장치라도 심어놓은 듯이 흥미로운 영상을 폭포수처럼 틀어놓고 나를 유혹하는 것도 모자라서, 그중 마음에 들었던 콘텐츠 제작자를 팔로우하거나 콘텐츠에 '좋아요'를 눌러 놓으면 더더욱 정신을 못 차릴 정도로 빠져드는 영상을 소개해 준다.

성인들도 자제하기 어려울 정도로 중독성을 가진 더우인은 청소년 사용자를 위해서 사용 시간제한, 유해 동영상 필터링, 검색기능 비활성 등 각종 자녀 보호 기능을 제공하고 있다. 쓰다 보면 왜 그런지 충분히 이해된다.

전 세계가 푹 빠진 더우인의 매력적인 사용자 경험

우선 사용자(소비자) 입장에서 더우인의 매력 포인트가 무엇인지, 뭐가 그리 특별한지, 어떻게 사람을 홀리는지 살펴보자. 첫 번째 중요 포인트는 더우인은 정말 사용이 쉽다는 사실이다. 한 손으로, 특히 엄지 하나로 모든 걸 컨트롤 할 수 있도록 극도로 사용 편의성을 높였다. 엄지(혹은 검지) 하나만 사용해도 모든 것이 가능한 더우인의 간편한 조작법을 살펴보

자. 영상이 지루해서 넘기려면 아래에서 위로 올리면 되고, 넘겼던 영상을 다시 보려면 아래에서 위로 다시 당겨올 수 있다. 영상이 마음에 든다면 영상을 더블 탭 하거나 영상 우측의 하트를 누르면 되고 너무 취향 저격이라 해당 제작자의 다른 영상을 볼 수 있는 채널을 보고 싶다면 영상을 우에서 좌로 넘기면 바로 들어가지고 나오고 싶다면 반대로 좌에서 우로 넘기면 원래 페이지로 돌아온다. 영상을 보다가 멈추고 싶다면 영상을 탭 하면 멈추고, 재차 탭 하면 다시 재생된다.

또한 영상을 최대한 가리지 않기 위해서 댓글 창은 별도로 우측에 아이콘 형태로 작게 자리 잡고 있으며 터치하면 댓글이 팝업 형태로 나온다. 그리고 외부로 공유할 수 있는 버튼도 그 아래 존재하여 해당 영상을 저장하거나 더우인 혹은 다른 어플로 손쉽게 공유할 수 있다. 이 정도면 더우인을 즐기기 댓글 달고 공유하기 위한 거의 모든 조작법을 파악한 셈이다. 사실 너무 직관적이라서 스마트폰에 익숙한 세대는 한 5분만 써보면 적응하고 말고 할 것도 없이 바로 파악이 끝난다.

더우인은 상기한 어플 내 조작과 인터페이스의 편의성뿐만 아니라 사용자 경험에서도 압도적인 우위를 자랑한다. 우선 더우인의 전체적인 느낌을 사람으로 비교하자면 발랄한 5~6세가량의 어린이를 보는 것만 같다. 이리 뛰고 저리 뛰며 넘치는 생명력을 주체하지 못해 잠시도 그냥 가만히 앉아 있질 못하는 느낌이다. 왜 그런 느낌이 드는지 고민을 해 봤는데 더우인에는 멈춰 있는 홈 화면 혹은 시작 화면 자체가 존재하지 않는다. 어플을 실행하는 순간 유치원 끝마치고 '으아아아' 굉음을 소리치며 달려 나오는 아이들처럼 화면 밖으로 뛰쳐나온다. 누르자마자 '난리났네, 난리났어'라는 느낌이 든다.

사용자들은 보통 처음 다운로드한 어플을 실행 후 이른바 시작 화면에서 이제 무엇을 봐야 하고 무엇을 또 눌러봐야 하는지 고민을 하곤 한다. 그런데 더우인은 사용자의 불안하게 흔들리는 동공과 스크린 위에서 하염없이 허공을 맴돌며 무엇을 또 누를지 찾아 헤매는 엄지손가락에게 평안을 선사한다. 이는 바로 자동으로 추천 영상이 순식간에 쏟아져 나오기 때문이며 이는 살아 움직이는 것으로 보이는 영상물의 특수성 때문에 가능한 일이다. 일단 영상이 돌아가고 있는 한, 더우인은 자신의 역할을 제대로 하는 셈이다.

기존 영상 플랫폼 최강자인 유튜브와 더우인의 영상 재생 메커니즘은 꽤나 큰 간극이 존재한다. 유튜브는 사용자가 검색했고, '좋아요' 눌렀던 혹은 팔로우했거나 끝까지 시청했던 영상을 주로 분석하여 그와 관련된 새로운 피드를 제공해 준다면 더우인은 AI 기반 추천 알고리즘을 통해서 예상치 못한 영상들을 데려다가 내 앞에 틀어준다. 기존에 유튜브에서 뭔가 부족함을 느꼈거나 알 수 없는 지겨움을 느꼈던 사용자가 있다면 그것은 바로 신선함의 부족 때문이다. 다시 말해 유튜브는 사용자 자신조차 잊고 있던 혹은 미처 발견하지 못했던 취향을 일깨워줘서 새로운 발견의 즐거움을 제공하는 부분에 있어서는 미진한 모습을 보인 것이다. 스티브 잡스는 이렇게 말했다. '사람들은 좋아하는 걸 보여 주기 전까지 자신이 무엇을 좋아하는지 모른다(People don't know what they want until you show it to them)' 이는 유튜브 입장에서 상당히 뼈아픈 지적이고 더우인에게는 커다란 기회였다. 물론 요즘에는 유튜브에서도 내가 한 번도 관심 가져본 적이 없거나 검색해 본 이력이 없는 영상을 추천해 주기도 한다.

이렇게 더우인은 모두가 당연하게 생각됐던 영상 검색 과정을 과감하게 생략하고(그렇다고 더우인 내 검색이 안 되는 것은 아님) AI 기반의 자동 추천 영상을 넣으면서 사람들에게 예상치 못했지만 재미있는 영상을 선사하는 만행(?)을 저지른다. 이는 사람들로 하여금 새로운 피드를 보기 위해서 아무생각 없이 무한대로 영상을 위로 올리는 손가락 운동을 반복시킨다. 내려도, 내려도 끝없이 재생되는 재미난 영상 앞에 사람들은 시간 가는 줄 몰랐다.

그리고 더우인에서는 내가 좋아하는 제작자를 관심등록(팔로우) 한다고 해서 나에게 추천되는 피드 영상에 큰 영향을 끼치지 않는다. 추천 영상에 해당 제작자의 영상 중에 특별히 반응이 좋았던 영상이 가끔 뜨는 정도이며, 추천 영상은 늘 새로움을 추구하는 경향이 있다. 물론 팔로우 하고 있는 제작자들의 영상은 따로 팔로잉 채널 탭에서 볼 수 있어서 언제든지 쉽게 접근이 가능하다.

이렇게 극한까지 발전시킨 유저 프렌들리한 사용법과 두뇌를 전혀 가동하지 않아도 손쉽게 누릴 수 있는 사용자 경험은 더우인의 커다란 매력 포인트다. 이미 밖에 나가서 먹고사느라 힘 다 뺀 사람들은 적어도 쉴 때만큼은 손 하나 까딱하고 싶지 않을 정도로 게을러지고, 아무 생각 없이 멍 때리기 좋아하는 요즘의 세태를 제대로 읽었다고 본다.

더우인의 무서운 인공지능, 그리고 다양한 콘텐츠 구성

○ 진르보다 뭔가 더 강력한 인공지능

위에서도 간단하게 언급했듯이 더우인의 타 어플들과 가장 큰 차별점은 AI 기반으로 한 무제한 추천 영상이다. 최근 들어 수많은 자칭 'AI 기반 개인별 맞춤형' 서비스가 다양한 분야에서 출시되고 있지만 정작 소비자의 마음을 사로잡은 진정한 '취향 저격'이라고 할 만한 서비스는 많지 않다. 그중에서 더우인은 AI 활용을 제대로 하고 있는 최상위 그룹에 속해 있다고 볼 수 있다.

더우인 모기업인 바이트댄스는 뉴스 어플인 진르를 출시 및 운영하면서부터 이미 AI에 대한 연구와 적용 기술을 끊임없이 개선시켜왔다. 바이트댄스 AI 연구센터(Bytedance AI Lab)는 자사의 현재 가장 중요한 두 가지 서비스인 더우인과 진르에 각각 설치되어 있지 않고, 전체 연구센터로서 존재하며 여기서 개발된 AI 관련 원천 기술은 각각의 서비스(더우인, 진르)에 맞게 변형되어 활용되고 있다. 즉, 같은 기술을 플랫폼별로 다르게 활용하는 중이다.

이렇게 개발된 AI 기술은 바이트댄스의 최대 영업비밀 중 하나이므로 바이트댄스는 당연히 관련 핵심 알고리즘을 어디에도 공개한 적이 없다. 다만 바이트댄스는 2020년 기준으로 약 3,500개 이상의 AI 관련 특허를 가지고 있으며 이를 바탕으로 추측건대 자연어(음성) 처리, 머신러닝, 얼굴 인식, 데이터 마이닝, 컴퓨터 그래픽 및 증강현실, 보안 등 다방면의 기술이 응용되고 있는 것을 알 수 있다.

특히 더우인은 높은 완성도를 자랑하는 개인화된 피드 구축을 위해서 머신러닝을 적극 활용하고 있는데 사용자들의 유저 데이터를 축적 및 가공하여 머신러닝 알고리즘에 활용하고 있다. 또한 사용자들의 반응(피드백)을 반영 과정을 누적하여 추천의 정확성을 제고하는 것이다. 더우인에서 AI 기반 추천 영상을 정교화하기 위해 수집하는 데이터의 종류는 크게

네 가지 정도로 추정된다(어디까지나 개인적인 추정일 뿐 공식 발표 자료는 아니다).

먼저 사용자 관련 데이터다. 이는 사용자의 성별, 나이, 지역, 가족 관계 등 각종 인구통계학적 내용을 비롯해서 관심 분야, 시청 기록, 검색 이력, 좋아요 및 공유 내역, 오래 머문 영상 및 채널 등에 대한 데이터다.

두 번째는 콘텐츠 관련 데이터다. 실제 올라온 영상이 어떤 내용을 담고 있는지 인물(사물 포함), 행동, 음성, 음악, 문자 등으로 분석한 내용이다. 콘텐츠별로 특성을 수집해서 예를 들어 댄스, 노래, 뉴스, 스포츠, 유머 등 각종 태그를 붙여서 정리 및 분류된 데이터라고 할 수 있다. 이 콘텐츠 데이터는 분야별로 그루핑이 되어 군집(클러스터)을 이루고 계층적으로까지 분류를 시킨다. 예를 들어 신형 아이폰에 대한 리뷰라면 IT 클러스터에 포함된 스마트폰 클러스터인 셈이고, 블랙핑크의 공연 영상이라면 K-pop 클러스터에 포함된 여성 그룹 클러스터라고 볼 수 있다. 현재 하루에도 셀 수 없이 많은 영상이 더우인 플랫폼에 올라오고 있으므로 이 콘텐츠 데이터를 어떤 알고리즘으로 어떻게 분류 및 태그 하여 어떤 사용자에게 보여 주는지가 바이트댄스의 AI 분야 핵심 경쟁력이다.

세 번째는 상황 관련 데이터다. 여러 가지 상황을 가정하여 시간대, 요일, 날씨, 지리적 위치에 따라서 사용자의 선호를 반영하는 데이터라고 볼 수 있다. 비 오는 저녁 퇴근길 지하철에서 선호되는 영상과 주말 한낮 쇼핑몰 카페에서 즐겨 찾는 영상이 다를 수 있다는 것을 반영하는 데이터다.

그리고 상기 내용들과 별개로 여러 사용자들의 상호 작용 및 트렌드 빅데이터를 반영하여 실시간 인기 검색어, 주제, 테마, 키워드와 관련된 내용을 데이터로 수집하고 이를 사용자에게 노출시킨다. AI, 알고리즘, 머신러닝 등의 기술 분야를 살펴보면 내용도 어렵고 끝도 없으므로 지면 관계상 여기까지만 살펴본다.

○ 다양한 콘텐츠 구성

더우인은 본디 15초짜리 숏클립 영상으로 출발했고 짧은 플레이 타임 동안 군더더기 없는 압축된 재미를 끝없이 선사함으로 엄청난 속도로 성장했다. 따라서 15초 동안에 주로 사용자들의 시선을 잡았던 것은 춤과 음악 그리고 각종 묘기 영상이었지만 지금 오히려 더우인에서 15초짜리 영상은 거의 찾아보기 힘들다. 이제는 체감상 최소 30초에서 길게는 5~10분 분량(2022년 3월 기준으로 틱톡은 영상을 최대 10분까지 확대한다고 발표)의 영상도 자주 나온다(이는 '나'라는 사용자에게 맞춤형으로 변경된 영상 길이 설정일 가능성이 크며 다른 이들은 아닐 수 있다). 따라서 15초보다 훨씬 길어진 플레이 타임으로 음악과 관련된 춤과 노래 외에 훨씬 더 다양한 콘텐츠를 담을 수 있게 되었다.

스토리 라인이 잡혀있거나 심도 있는 내용을 15초짜리 영상으로 다루기에는 너무 짧았으나 이제 15초라는 규칙을 엄격하게 적용하지 않자 콘텐츠의 다양성이 폭발했다고 보인다. 초창기에 춤, 노래 위주의 단순 재미용 영상에서 벗어나서 5분 내외 영상의 종합 채널이 되었다고 느껴진다. 대충 떠오르는 것만 나열해 보면 엔터테인먼트, 뉴스, 정치, 교육, 법률, 금융, 부동산, 스포츠, 교육, 비즈니스, 패션, 쇼핑, 자동차, 군사, 국제, 결혼, 연애, 육아 등 거의 우리가 접할 수 있는 모든 분야의 영상이 나온다.

이 중에 예를 들어 엔터테인먼트 분야만 세부적으로 보자면 각종 댄스, 노래, 먹방, 상황극, 미니 드라마, 스토리텔링, 각종 코미디 프로 편집본,

만담(相声), 토크쇼(脫口秀, 중국 토크쇼는 한국과 달리 1인 스탠딩 코미디와 유사하며 그냥 혼자서 계속 떠드는 것으로만 사람들을 웃김), 선남선녀들의 외모 자랑, 소설·영화·만화·음악 편집본 및 리뷰, 게임 관련(플레이 화면 공유, 공략법, 리뷰 등) 등이 떠오른다.

위에서 살펴본 바와 같이 너무나 다양한 영상이 돌아가면서 튀어나오기 때문에 일단 그 무엇이 나오더라도 사용자들은 웬만하면 너그러이 받아들일 준비가 되어 있다. 어차피 무엇이 나오든지 영상 자체가 몇 초 되지 않고 마음에 들지 않으면 바로 넘겨버리기 때문에 사용자들은 별 부담을 느끼지 않는다.

비즈니스 측면에서 본 더우인의 매력 포인트

앞서 사용자가 웃고 즐기는 소비하는 입장에서 더우인의 매력을 살펴보았다면, 이번에는 더우인 콘텐츠 제작자(크리에이터, 혹은 유튜버처럼 틱토커라고도 한다)와 주로 기업인 광고주의 시각에서 더우인의 매력 포인트를 찾아본다.

○ 손쉬운 콘텐츠 제작, 배경음악
우선 더우인은 영상제작 환경을 아주 쉽고 편하게 만듦으로써 어플 내의 콘텐츠에 대한 소비와 생산 간의 장벽을 최대한으로 낮춰놓았다. 더우인 제작자 입장에서 콘텐츠를 만드는 데 많은 것이 필요하지 않다. 전문적으로 찍으려면 유료 영상 편집 소프트웨어와 고성능 하드웨어 장비를 갖추고 있는 것이 유리하겠지만 당장은 스마트폰 하나만 있으면 더우인 어플 내에서 영상 촬영, 편집 및 공유 등 모든 것이 가능하다.

쉽게 만들 수 있는 것도 좋지만 콘텐츠의 품질도 놓치지 않았다. 불필요한 부분을 잘라내는 편집처럼 최소한의 수정으로도 간단하게 영상을 제작할 수도 있지만 영상의 재생 속도(슬로우 모션 혹은 빠르게), 색상 필터를 통한 영상의 색감 조정, 합성이 가능한 배경과 얼굴에 적용 가능한 다양한 필터, 각종 스티커, 다양한 날씨 효과를 적용할 수 있는 AR 필터 적용이 가능하게끔 구성되어 있다.

여러 더우인의 제작자들은 기억하기 쉽고, 중독성 있는 사운드트랙을 기반으로 킬러 콘텐츠를 생산해냈다. 따라서 영상에 필요한 배경음악의 음원을 확보한 것도 더우인의 커다란 장점이다. 우선 더우인은 여러 가지 최신의 음원 저작권 확보를 통해서 사용자들이 각 국가의 최신 인기 음악을 사용료 없이 배경음악으로 삽입하도록 지원한다.

사용자들은 그뿐 아니라 본인의 스마트폰에 이미 들어 있는 음악을 사용할 수도 있으며 누군가가 직접 업로드한 음원을 다른 사용자가 사용하는 것도 가능하다. 더우인에서 워낙 어떤 배경음악을 썼는지가 콘텐츠의 품질과 분위기를 좌우할 정도도 중요하기 때문에 중국에서는 더우인에서 해당연도에 가장 핫했던 음원 목록 등을 발표하기도 한다. 그 외에 바이트댄스는 2019년 영국의 쥬크덱이라는 AI 음악 기업을 인수하여 이용자 취향에 맞는 음악을 AI가 만들어서 제공하기도 한다. AI 음악은 저작권 문제에서 자유로워서 마음대로 사용해도 무방하다.

○ 입소문 마케팅의 최적화, 각종 첼린지로 'Go viral' 추구

또한 더우인은 입소문(Go viral)에 적합하도록 설계되어서 사용자들이 다 같이 참여해서 즐기게끔 유도한다. 기존의 페이스북, 인스타그램과는 또 다른 방식으로 소비된다. 예를 들어 더우인에서는 처음부터 나만의 독창적인 콘텐츠를 만들기는 어렵지만, 기존 유행하는 영상을 재구성 혹은 패러디하기는 적합하다. 이로써 사용자들은 기존 영상을 바탕으로 각종 'ㅇㅇ 챌린지' 혹은 다른 인터넷 밈(Meme, 인터넷에서 재미로 공유되는 다양한 콘텐츠)을 재생산하는 방식으로 더우인을 활용하기도 한다. 그래서 최신 유행하는 춤, 혹은 노래에 대한 립싱크 따라 하기 같이 해시태그가 달린 다양한 챌린지가 급속하게 10~20대 사이에 퍼지기도 한다. 이런 것들이 품질이나 내용 측면에서 사실 그다지 유의미한 콘텐츠는 아닐지언정 사용자는 그 과정에서 즐거웠다면 그것만으로 이미 더우인은 충분한 가치를 보여 준 것이다.

이렇듯 누구나 특별한 재주나 콘텐츠 없이도 영상 제작 가능하다는 것은 콘텐츠 제작자가 매우 많다는 것이다. 그리고 제작자의 풀이 넓을수록 창의적이고 기발한 콘텐츠가 많이 생산된다는 것은 자명한 사실이며 그런 콘텐츠가 많을수록 더욱더 많은 사용자가 더우인 플랫폼으로 들어오게 되는 선순환이 일어난다. 그 결과, 바이트댄스 코리아 운영진에 따르면 한국 틱톡 사용자의 약 60%가 단순히 눈팅(소비)만 하는 것이 아니라 적극적으로 자신만의 영상 콘텐츠를 만들어서 공유를 한다고 한다. 사진이나 텍스트 기반이 아닌 영상 기반의 플랫폼에서 제작자로 활동하는 비율이 전체 사용자의 60%라는 것은 놀라울 정도로 높은 비율이다.

이미 광범위한 비즈니스에 쓰이는 더우인

○ 더우인 비즈니스 모델, 광고와 인플루언서의 다양한 결합

더우인이 아무리 훌륭한 AI 및 알고리즘을 가지고 있더라도 영상 플랫폼의 생명력을 좌우하는 것은 결국 참신하고 재미있는 콘텐츠이므로 신규 제작들이 끊임없이 유입되고 기존 제작자들이 열정을 잃지 않도록 금전적 동기를 부여하는 것은 매우 중요하다.

다만, 기업을 비롯한 다양한 광고주가 궁극적으로 관심을 갖는 것은 더우인을 통해서 자사 제품의 직접적인 판촉과 브랜드 이미지 제고를 위한 홍보일 수밖에 없다. 따라서 더우인에서 좋은 콘텐츠의 지속적인 생산을 위해서 제작자들을 어떻게 장려할 것인지와 더우인이 보유하고 있는 거대한 트래픽을 활용한 광고 게재를 희망하는 광고주를 어떻게 연결할지가 더우인이 가지고 있는 가장 큰 과제다.

더우인의 광고 수익 및 수익 배분 방식을 살펴보기 위해서 더우인 내에서 대표적으로 어떤 광고가 있는지 보자. 일단 더우인 광고의 형식으로 보면 △피드 광고(Feed广告), △라이브 방송 광고(直播广告), △콘텐츠 내 PPL 광고(植入式广告), △해시태그 챌린지 광고, △오픈 슬라이드 광고(开屏广告) 등이 있다.

각각 광고 형식에 대해 부연설명을 하자면 더우인 피드 광고는 여러 추천 영상 사이에 끼어서 은근슬쩍 나타나는 영상이다. 라이브 방송 광고는 인플루언서가 자신의 방송 채널에서 광고주의 요청에 따라 제품 판촉 혹은 브랜드 이미지 제고를 위해 진행하는 것이며, 콘텐츠 내 PPL 광고는 인플루언서의 콘텐츠 내에서 브랜드나 제품이 직간접적으로 다뤄지며 상품

구매 혹은 관련 랜딩 페이지의 링크가 영상 하단 혹은 영상의 댓글에 표기되는 광고다. 해시태그 챌린지 광고는 주로 인플루언서에게서 촉발되는 바이럴한 성질을 가지고 SNS 등에서 트렌드와 화제성을 노린 광고 형식이고, 오픈 슬라이드 광고는 어플 첫 실행 시 바로 3초 정도 화면 전체를 덮고 있는 사진 혹은 짧은 동영상 광고다.

○ 더우인 내 피드 광고

먼저 가장 먼저 피드 광고부터 살펴보자. 처음 더우인을 열면 위에서 언급한 대로 곧바로 추천 영상이 바로 재생된다. 그리고 영상 몇 개를 넘기다 보면 바로 특정 스폰서 광고가 뜬다. 순서는 바뀔 수 있지만 대략 4번째 전후, 12번째 전후로 바로 스폰서가 있는 피드 광고 영상이 노출된다. 피드 광고는 모바일 어플에서 가장 흔한 광고 형태로서 위챗, 웨이보, 타오바오, 징동, 핀둬둬 등 대부분 소셜 및 전자상거래 어플에서 사용되고 있지만 개인적으로 느끼기에 더우인의 피드 광고의 경쟁력이 높다고 본다. 영상 플랫폼이라는 더우인의 특색을 가장 많이 녹여낼 수 있기 형태이다.

더우인 피드 광고 영상은 스마트폰 뷰 전용으로 제작되어 대부분 세로형 영상을 기본 포맷으로 취하고 있다. 따라서 광고가 아닌 더우인 콘텐츠 영상과 비교했을 때 크게 이질감이 느껴지지 않는다. 그래서 일부 웰메이드 광고는 최소 5~10초 정도는 영상을 지켜봐야 광고인지 아닌지 알아챌 수 있을 정도다. 물론 다 보고 나면 살짝 낚였다는 생각이 들긴 하지만 더우인 피드 광고는 생각보다 끝까지 보게 되는 경우가 많고 끝까지 보더라도 나름 재미있는 경우도 있어서 광고 거부감이 유튜브에 비해서 훨씬 적다.

보통 유튜브(네이버 및 기타 영상 플랫폼 모두 해당)를 볼 때 무료 계정이라면 처음 영상 앞에 그리고 중간에 시도 때도 없이 출현하는 지극히 광고 같은 광고가 무척 거슬려서 광고를 하는 제품을 오히려 '극혐'하게 되는 경우도 여러 번 경험했다. 게다가 유튜브 광고는 최소 몇 초간은 넘겨 버릴 수도 없어서 더욱 사용자의 짜증과 혐오가 커질 수밖에 없었다.

그런데 더우인에서는 기본적으로 광고가 매 영상마다 붙지 않고 어떤 광고는 꽤 재미있게 만들어서 약간 빠져들게 만들뿐더러 광고라도 마음에 들지 않으면 바로 넘겨버릴 수 있는 장점이 있다. 즉, 유튜브에 비해서 사용자의 행동반경에 자유를 부여했다는 점을 높게 사고 싶다. 이런 피드 광고 영상을 보면 영상 하단에 링크가 떠서 클릭 시 광고주가 희망하는 랜딩 페이지로 링크가 되거나, 더우인 내에서 제품을 구매할 수 있는 상품 상세 안내 페이지로 링크로 연결된다.

○ 왕홍 라이브 방송, 콘텐츠 PPL, 해시태그 챌린지 광고

상기 언급한 바와 같이 더우인 광고 형식은 피드 광고 외에도 라이브 방송과 콘텐츠 PPL 광고, 해시태그 챌린지 광고가 있는데 이는 모두 더우인 왕홍(인플루언서)과 밀접한 관계를 갖고 있으므로 이들과의 관계를 살펴보지 않을 수 없다.

2019년부터 바이트댄스는 더우인 공식 인증 인플루언서(콘텐츠 제작자로 흔히 중국에선 왕홍으로 칭함, 2021년 기준 공인 인증을 받으려면 최소 팔로워 1만 명) 매칭 플랫폼을 운영하기 시작했다. 이는 싱투(星图)라는 이름으로 운영되고 있으며 광고주가 더우인 인플루언서와 접촉할 수 있는 유일한 공식 루트로 자리 잡았다. 더우인에서 수만 명부터 수천만 명의 팔로워를 거느리고 있는 인플루언서라 할지라도 더우인에서 그 자체로 수익을 지급하지 않으므로 그들은 이 싱투 매칭 플랫폼을 통해서 수익을 창출하게 되는 것이다.

싱투를 통해 광고주가 인플루언서에게 특정 태스크를 제시하면 이를 수행 가능한 인플루언서들이 견적(인보이스)을 보낼 수도 있으며 광고주가 특정 인플루언서에게 특정 태스크를 요청할 수도 있다. 여기 소요되는 광고비용은 모두 인플루언서와 더우인에서 일정 비율대로 수익을 배분한다. 이 플랫폼에 등록된 공인 인플루언서는 더우인의 공식적인 지원을 받으므로 추천 피드 영상과 각종 챌린지 이벤트 등에 상위 노출의 기회를 얻게 된다.

공식 인증 인플루언서가 되면 더우인의 해당 콘텐츠 채널에 노란색 글씨로 공식 파트너 협업(找我官方合作) 링크가 생성되고 광고주는 이를 통해서 해당 인플루언서의 개요를 한눈에 파악할 수 있다. 우선 해당 공인 인플루언서가 얼마만큼의 팔로워를 보유 중이며, 예상 조회수, 콘텐츠의 상호작용률(Interactive rate, 조회수 대비 좋아요, 댓글, SNS 상 공유된 수치)에 대한 통계를 볼 수 있다. (이 내용은 지속적으로 업데이트 되는 중이다, 몇 달 전에는 볼 수 있었는데 2022년 초 기준으로 또 이 상호작용률은 조회가 되지 않는 상태)

더우인 인플루언서의 수익 창출 방식을 잠시 이야기하자면 그들은 우선 더우인 내 라이브 방송을 통해서 유료 팁(打賞)을 받을 수 있다. 주 콘텐츠가 댄스 영상이라면 팔로워들과 소통하면서 한 번씩 춤을 춰 주고, 주 콘텐츠가 노래라면 라이브로 노래 실력을 뽐낸다. 그 외에도 다양한 형식으로 팬들과 소통하면서 라이브 방송을 진행하곤 한다. 한국에서는 각종 인터넷 기반 방송(아프리카 TV 등)에서 소위 말하는 '별풍선' 쏘는 행위가 상태 안 좋은 음습한 덕후들의 이상한 관종 행위로 다뤄지긴 하지만 중국에서는 온라인 팁 문화가 활성화되어 있으므로 이런 방송을 통한 수입이 꽤 상당하다.

이 온라인 팁은 1더우비(抖币, 더우인 어플 내 화폐 단위)는 0.1위안이므로 이는 인앱 결제로서 더우인 어플 내에서 결제해서 인플루언서에게 방송 중에 쏠 수 있다. 바로 돈으로 쏘는 구조는 아니고 금액에 상응하는 아이템들이 있어서 이를 구매해서 날리면 방송 화면에 뜨게 된다. 이는 순수하게 인플루언서 개인기와 본인의 주력 콘텐츠에 의존해서 수익을 창출하는 방식이며 광고주와는 관련 없는 경우가 많다. 그래서 돈을 많이 당기고(?) 싶어 하는 인플루언서들은 출근하듯이 부지런하게 매일 특정 시간에 라이브 방송 채널을 개설한다.

특이한 경우지만 신인 틱토커가 방송 한 번으로 한화 86억 원을 번 사례도 있다. 그 뉴비 틱토커의 이름은 홍콩의 대표 배우 유덕화(류더화, 华仔라는 별명으로도 불린다), 고작 10분 방송으로 실시간 시청자 수 1,000만 명, 누적 실시간 시청자 수 3,000만 명으로 당시 더우인 자체 신기록을 세웠다. 2020년에 개설한 그의 더우인 계정은 2022년 초 기준으로 7,000만여 명이 팔로우(粉丝) 하고 있고 3억 회의 좋아요(获赞)를 받았다.

비즈니스 측면의 더우인(1) 왕홍과의 다양한 협업 방식

상기한 단순 팬들과의 소통을 위한 라이브 방송을 제외하고 인플루언서는 대부분 광고주의 요청에 따라 라이브 방송과 콘텐츠를 만들 때 모두 광고주의 희망 사항을 반영한다. 공식 매칭 플랫폼인 싱투를 보면 인플루언서는 광고주와 여러 가지 협업을 할 수 있다고 나온다. 대표적으로 각종 리뷰(探店), 추천(种草), 제품 개봉 및 체험기(开箱评测), 어플 광고(APP 推广), 음악 협업(音乐合作), 오프라인 비즈니스(线下商演) 등이 있으며 당연히 영상 광고 제작도 포함된다. 이 다양한 광고주의 요청 사항들이 바로 대부분 라이브 방송과 영상 콘텐츠의 형식으로 변환되어 더우인 이용자들에게 전달되는 것이다.

각종 협업 방식에 대해서 부연 설명을 하자면 '리뷰(探店)'는 방문·사용 후기로도 번역 가능하며 음식, 관광, 미용 등 서비스 후기와 화장품, 스마트폰 등 상품 사용 후기를 모두 포함하는 개념이며, '추천(种草, 직역하면 씨 뿌리기)'은 서비스와 상품을 인터넷과 SNS 등을 통해 지인 혹은 팔로워들에게 추천하여 흥미와 관심을 유발하는 행위다. '제품 개봉 및 체험기(开箱评测)' 특정 제품에 대해 포장부터 시작해서 가격, 구성품, 외관, 기능, 체험 등에 대한 종합적인 의견 제시해서 구매 결정에 영향을 끼치는 행위다. '어플 광고(APP 推广)'는 말 그대로 광고주가 희망하는 어플에 대한 홍보 및 광고이며, '음악 협업(音乐合作)'은 인플루언서와 같이 특정 노래나 음원을 제작한다거나 배경음악에 맞춰서 춤추는 영상을 제작한다고 볼 수 있다. 그 외 오프라인에서 광고주의 요청에 대응할 수 있는 모든 분야는 '오프라인 비즈니스'로 보면 된다.

인플루언서들은 라이브 커머스(생방송인 '라이브 스트리밍'과 상업을 뜻하는 '커머스'의 합성어) 방식으로 자신들의 콘텐츠와 인기를 결합해서 광고주가 원하는 판매 방송을 마치 예능 프로그램처럼 재미있게 꾸며서 시청자로 하여금 구매를 유도한다. 기존 방송의 홈쇼핑과 큰 차이가 있다면 시청자가 대부분 쇼 호스트(?)에 해당하는 인플루언서에 대해 이미 큰 호감을 갖고 있는 팬이므로 제품에 대한 신뢰도와 영향력이 남다르며, 끊임없는 실시간 채팅을 통해서 시청자와 인플루언서 간의 양방향 커뮤니케이션이 이뤄진다는 점이다. 또한 라이브 방송에서 커머스(판매 행위)를 같이 하는 것이므로 무언가를 판매 중인 인플루언서의 모습이 너무 멋지고 예쁘고 재미있다는 이유로 팔로워들은 제품 구매와는 전혀 별개로 응원 별풍선을 난사하곤 한다. 인플루언서들은 별풍선도 받고 제품도 팔고 그야말로 일거양득, 꿩 먹고 알 먹고 그저 즐거울 따름이다. 실제로 방송할 때 이들은 대부분 희색만면이다. 그리고 이렇게 홍보된 제품은 라이브 커머스가 진행되는 동안에 방송창에 우측 하단 링크를 타고 가면 구매가 가능하며, 방송 종료된 이후에도 콘텐츠 제작자의 채널 프로필에 별도의 상품창이 뜨는 링크로 연결이 되어 더우인 내에서 바로 구입 할 수 있다.

또한 라이브 방송 외에 인플루언서는 자신들의 주력 콘텐츠 안에 광고주가 희망하는 내용을 녹여서 반영한다. 예를 들어 평소 육아 관련 콘텐츠를 올리던 인플루언서는 육아, 자녀 교육과 관련된 서적이나 서비스를 자연스럽게 자신의 영상에 소개하며, 평소 자동차에 대한 심도 있는 리뷰를 주로 하던 인플루언서는 특정 자동차를 추천하면서 광고하기도 한다. 그리고 일부 숏폼 드라마를 만드는 인플루언서들은 자신들의 드라마 내용에 광고를 우격다짐으로 넣기도 한다. 다소 뜬금없이 남자 주인공이 여자 주인공한테 무언가를 선물해 주고 특정 사이트에서 대폭 할인 이벤트를 해서 싸게 구매했다고 한다. 그러자 여자주인공이 그렇게 싸면 위조품이나 짝퉁이 아닌지 걱정하지만 남자주인공은 이 사이트는 무조건 정품만 파니 걱정 말라는 식이다. 이런 내용이 나오면서 영상에 특정 사이트 이름이 뜨면서 영상 내의 링크를 노골적으로 화살표로 가리키곤 한다. 개인적으로 이런 광고는 개연성이 떨어지고 다소 손발이 오그라드는 느낌이라 실제로 얼마나 효과가 있을지는 잘 모르겠다.

춤과 노래로 유명한 인플루언서는 특정 키워드(혹은 브랜드)를 해시태그로 걸어서 특정 챌린지의 형식으로 콘텐츠가 입소문(Go viral)을 타게끔 유도한다. 인플루언서의 영상이 재미있거나 중독성이 있다면 이는 곧 화제가 되고 거기에서 영감을 받는 사용자들이 유사 영상, 패러디 영상 등을 봇물처럼 만들어서 실시간 트렌드가 되게끔 마케팅하는 경우도 많다. 즉, 해시태그 광고는 트렌드에 민감한 '인싸' 공략 마케팅이라고도 할 수 있다.

비즈니스 측면의 더우인(2) 전자상거래까지 섭렵

마지막으로 인플루언서와는 무관하게 최근 더우인에는 수많은 기업이 자신들의 브랜드 채널을 개설해서 자사가 자체적으로 제작한 콘텐츠를 홍보하는 경우가 많다. 트래픽이 많은 곳에 비즈니스 기회가 생기므로 이런 움직임은 너무 당연하며 이는 더우인 내에 정식 브랜드관에 입점하는 것으로 이해할 수 있다.

더우인 상점 입점은 알리바바의 티몰이나 징동에 입점하는 것과 유사하게 사업자등록증을 비롯한 다양한 서류를 제출하는 프로세스를 거쳐야 입점이 가능하다. 그 외에도 물류, 배송, 유통의 3PL을 구축해야 하며 현지에 중국인을 대표로 한 사업자등록을 내고 중국 현지에도 보관 창고를 운영해야 하는 등의 조건이 있다. 이제는 입점 브랜드가 워낙 다양하고 분야별로 정리가 잘 되어 있어서 어떤 분야에 어떤 브랜드가 더우인에서 공식계정을 만들었는지 순위별로 조회가 가능하다.

2022년 초 기준으로 자동차, 스마트폰, 화장품, 럭셔리, 음식 음료, 가전, 패션, 유아, 소비재 카테고리가 존재하며 분야마다 대략 1~30위까지의 브랜드 순위가 나와 있다. 이 순위는 더우인 어플 내에서 각 브랜드의 공식계정에서 발표한 콘텐츠의 수량, 조회 수, 댓글 수 등을 통해서 더우인 자체적으로 매긴 순위다. 브랜드가 개설한 공식계정에 방문해 보면 자사의 홍보 콘텐츠, 신제품 관련 광고, 자체 쇼핑몰까지 모든 기능을 다 집어넣고 소비자들을 기다리고 있다.

이와 관련해서 2018년 초 더우인은 브랜드의 공식계정뿐 아니라 인플루언서 및 일반 콘텐츠 제작자 채널 내에 상품 구매가 가능한 쇼핑몰 기능을 추가했다. 거대한 사용자 수로부터 만들어지는 트래픽과 인플루언서의 영향력이 라이브 커머스로 합쳐지다 보니 위챗 계열이나 알리바바 계열의 전자상거래 플랫폼보다 훨씬 더 큰 소비가 이뤄지게 된 것이다. 더우인에서 상품을 검색하면 숏클립 플랫폼답게 바로 짧은 동영상으로 구성된 홍보 영상이 줄줄줄 나온다.

이때부터 중국 주요 인플루언서들은 더우인을 중심으로 쇼핑몰을 연동시키는 경향을 띠게 된다. 초창기에 더우인의 인플루언서들은 자신들의 라이브 방송 및 콘텐츠에다가 알리바바의 타오바오나 티몰 등의 상품 안내 페이지를 연결시켜서(링크 연계) 제품을 판매하였으나 이제는 그게 불가능해졌다. 즉, 더우인은 전자상거래에 있어서도 기존의 외부 알리바바, 징동 등과의 협업을 끊고 더우인의 내 폐쇄적인 순환 시스템(자체 해결)

구축을 도모하고 있다고 볼 수 있다. 더우인 페이(알리페이와 위챗페이 유사한 모바일 결제 시스템) 도입도 같은 맥락이다.

중국 최초의 진정한 글로벌 어플, 더우인 정리

2016년 9월 중국에서 처음 출시된 더우인은 2017년 5월 틱톡이란 이름으로 글로벌 버전으로 출시됐고 단 1년 만에 글로벌 가입자 1억 명을 넘었다. 이는 지금까지 출시된 모든 어플 중에 가장 빠른 속도였다. 1억 명의 가입자를 확보할 때까지 페이스북은 약 54개월, 트위터가 약 49개월, 인스타그램이 약 28개월 걸린 것을 보면 더우인의 속도는 아찔할 지경이다.

그 후로도 고속 성장을 거듭하며 2019년 11월 누적 다운로드 15억 회 달성했고 150개 국가에서 75가지 언어로 서비스를 제공했다. 2020년 2월에는 월간 누적 다운로드 1.13억 회, 총 누적 다운로드 횟수가 20억 회가 넘었다. 2020년 8월 기준 중국 내 일간 사용자 수(DAU)가 6억 명을 초과했고, 12월 기준 일평균 영상 검색 횟수는 4억 회를 넘었으며, 글로벌 버전인 틱톡과 합산 시 월간 사용자 수(MAU)는 15억 명이다.

전 세계에 10억 명 이상의 월간 사용자 수(MAU)를 가지고 있는 어플은 페이스북, 유튜브, 왓츠앱, 위챗(웨이신), 인스타그램과 더우인 정도로 거의 한 손으로 꼽을 정도로 희귀한 것을 생각하면 더우인은 이미 글로벌 최상위 레벨의 어플인 것을 알 수 있다. 중국에서도 오랜 기간 압도적인 1위를 차지하고 있는 사회 인프라형 슈퍼앱인 위챗을 제외하면 거의 상대를 찾기 힘들 정도다.

그리고 2021년 12월 말, 미국 월스트리트저널(WSJ)은 2021년 틱톡이 구글을 제치고 전 세계에서 가장 많이 방문한 사이트 1위에 올랐다고 발표한다. 2020년 고작 7위에 불과했던 틱톡이 1위로 치고 올랐으며 구글은 틱톡에 밀려 2위로 내려앉았다. 3위는 메타(페이스북), 그 뒤로는 마이크로소프트, 애플, 아마존, 넷플릭스, 유튜브, 트위터, 왓츠앱 순서였다. 다른 사이트는 전부 미국 빅테크 기업이지만 중국이 만들고 운영하는 사이트가 전 세계 방문자 1위에 등극한 것은 매우 상징적인 의미를 갖는다고 볼 수 있다.

2020년 바이트댄스 매출액은 2,400억 위안(약 372억 USD, 전년 대비 +111%)을 기록했고 영업이익은 450억 위안(약 70억 USD)을 기록한 바 있다. 2016년 60억 위안, 2017년 160억 위안, 2018년 500억 위안, 2019년 1,200억 위안을 기록하면서 급성장했는데 2020년에 미국의 제재와 인도에서 사용금지까지 당하고도 전년 대비 100% 이상의 엄청난 성장을 한 것이다. 더우인과 진르의 사용자가 늘어난 만큼 각종 직접적인 광고 수익과 인플루언서 등을 통한 간접 광고 수익이 수직 상승 중이다. 바이트댄스의 2021년 매출액은 3,739억 위안(약 580억 USD, 전년 대비 +70%)을 기록하여 여전히 고성장 기조를 유지 중이긴 하지만 2020년 성장률 111% 비하면 중국 당국의 빅테크 규제로 인해 성장률이 둔화했다는 평가를 받고 있다.

이미 내용이 길어져서 마무리해 보자면 현재 바이트댄스는 주력 서비스인 더우인와 진르 외에도 온라인 교육, 검색 서비스, 전자상거래, 게임 분야에도 적극적으로 사업 다각화를 추진하고 있다. 게다가 2021년 3월에 더우인 내에서 각종 O2O 관련 음식, 티켓 등의 공동구매(团购) 서비스를 론칭하면서 기존의 이 분야 최강자인 메이퇀(美团)에게 도전장을 내밀었다.

숏폼 동영상, 뉴스, 검색, 전자상거래, 교육, 게임, 생활 O2O 등의 분야는 모두 기존의 3대장인 알리바바, 텐센트, 바이두 그리고 메이퇀과 완전히 겹치는 영역이므로 기존 기업과의 경쟁이 점점 더 치열해지는 양상을 띠고 있다. 과연 이 피 말리는 경쟁에서 누가 살아남을지, 누가 누구와 손을 잡는 합종연횡이 어떤 식으로 언제 일어날지 무척 흥미롭다. 지금은 다시 잠시 잠잠해졌지만, 중국이 아닌 해외에서의 매출 비중이 상당히 큰 바이트댄스의 경우 미국과 인도 등의 틱톡 제재가 또 어느 순간에 부활할지도 모른다는 것은 상당한 리스크라고 할 수 있다.

그리고 더우인은 뛰어난 AI 기반의 영상 추천을 최고의 장점으로 두고 있지만 사용자들이 올리는 수많은 콘텐츠에 대한 검열 및 분류 작업을 소속 직원들을 통해 진행하고 있다. 즉, 더우인에 올리기 부적합한 영상을 스크리닝하거나 향후 AI 추천을 위한 영상 분류(테깅 작업)를 사람에게 의존하고 있으며 이 과정에서 검열 직원들은 각종 잔인하고 비인간적인 폭력적인 영상(인간과 동물을 비롯한 여러 생명체에 대한 살해, 절단, 가학 및 총기 난사 등)과 자극적인 성적 영상(아동 성적 학대 및 각종 포르노)에 상시 노출되어 있다. 검열을 담당하는 직원 1만여 명은 하루 12시간 동안 2교대로 근무하며 하루에 휴식으로 주어진 시간은 점심시간과 일부 15분 정도의 휴식 밖에는 없다고 주장하면서 바이트댄스를 상대로 소송을 제기한 바 있다. 소송에 참여한 직원들은 이런 자극적인 영상에 장기간 시청한 결과로 우울증, 불안증, 외상후스트레스장애 등의 정신적 트라우마로 고통받는 중이라고 밝힌 바 있다. 이런 요인 역시 더우인의 리스크라고 볼 수 있다.

제7장

메이퇀(MEITUAN)

길거리에 온통 넘실대는 노란 물결, 메이퇀

처음 중국에 발을 디뎌 봤던 1993년, 그리고 1995년부터 중국 주재원이었던 아버지를 따라서 처음 중국 칭다오에 살기 시작하면서 가장 불편했던 것이 하나는 언어이고 둘째가 음식이었다. 이미 그 당시만 해도 한국에서는 전화 한 통이면 별별 음식을 다 시켜 먹을 수 있었는데 중국에선 한국 사람 입맛에 맞는 집을 찾기도 어려웠고 설사 찾게 되더라도 아직 배달 문화도 없던 시절이었다. 그럼에도 불구하고 갖은 회유와 설득으로 어느 중국 현지 음식점을 한 곳 설득해서 우리가 배달비를 얼마를 줄 테니 우리 집으로 음식을 가져다 달라고 했더니 그 흰색 조리원 가운을 입은 식당 종업원 두 명이 자기네 도자기 그릇 위에 그대로 랩도 안 씌우고 음식을 담아서 가져왔던 기억이 생생하다. 호텔 룸서비스도 아니고 찻길도 건너오고 엘리베이터도 타고 왔을 텐데 어떻게 저러고 왔는지 처음엔 다소 어이없긴 했으나 그래도 편한 맛에 이후에도 여러 번 더 시켜 먹었다.

이런 황당했던 시절이 벌써 30년 정도 된 머나먼 옛일이고 강산이 벌써 여러 번 바뀐 만큼 지금 중국의 배달 문화는 한국보다 훨씬 더 많은 부분을 커버하고 있다. 이제는 길거리를 지나다니다 보면 노란 혹은 파란 유니폼을 입고 질주하는 오토바이들과 배달 봉지를 들고 쏜살같이 달려 다니는 햇볕에 그을린 빼빼 마른 플랫폼 배달원들은 쉽게 볼 수 있다. 길거리에 너무 많아서 지나다니기 조금 힘들다 싶을 정도로 길에 차이는 게 메이퇀(노랑), 어러머(파랑) 등의 플랫폼 배달원들이다.

음식배달은 기본 중의 기본이고 마트에서 살 수 있는 일반 식자재, 간식, 의약품을 비롯한 신선 제품인 과일, 채소, 해산물 그리고 이제는 스타벅스 커피까지 전부 다 배달을 해 준다. 우리가 생각할 수 있는 모든 것을 거의 다 배달해 준다고 보면 된다. 배달뿐만이 아니라 다양한 심부름과 대신 줄 서주기 같은 맞춤형 서비스까지 가능하다. 그리고 배달, 심부름 서비스뿐만 아니라 문밖을 나서면 필요한 거의 모든 것에 대한 서비스가 가능하다.

바로 이런 생활에 필요한 모든 종합서비스 제공의 중심에 바로 메이퇀덴핑(Meituandianping, 美团点评, 이하 메이퇀으로 통일)이 있다. 즉, 알리바바가 '상품' 위주의 전자상거래 플랫폼이라면 메이퇀은 지역·위치 기반 '서비스' 위주의 전자상거래 플랫폼이라고 할 수 있다. 메이퇀에서는 먹고, 마시고, 자고, 이동하고, 즐기기 위한 모든 것을 준비해 놓았다. 2010년 소셜커머스(공동구매) 사이트로 처음 설립된 메이퇀은 각종 서비스를 한 번에 해결해 주는 플랫폼이 되는 것이 목표였고, 그 이후 2015년 다중덴핑(大众点评)과 합병하면서 중국 생활 O2O 종합서비스 기업으로 본격적으로 몸집을 급격하게 불려 나간다. 그리고 생활에 필요한 거의 모든 분야에 진출한다.

메이퇀의 금수저 창업자 왕싱

○ 취미(?)형 창업가, 금수저 왕싱

메이퇀의 창업자 왕싱은 1979년생으로 푸젠성 출신이다. 푸젠성에서 가장 큰 시멘트 회사를 운영하는 억만장자 아버지 밑에서 재벌 2세(富二代)로 엄청나게 부유한 환경에서 자란 왕싱은 어릴 적부터 수재 소리를 들으며 뛰어난 학업 성적을 자랑했고 중국 이과 계열 최고 명문인 칭화대 전자공학과를 졸업했다.

이후 미국 델라웨어 대학교에서 박사 과정 중에 중국으로 복귀해서 2005년 학교 기반 SNS 서비스인 샤오네이왕(校内網) 설립한다. 중국판 페이스북이라고 할 수 있다. 서비스 개시 3개월 만에 2만여 명을 회원을 모았고 이후 사용자가 급격하게 늘어났으나 서버 증설 및 유지관리 비용 압박을 이겨낼 자금 조달에 실패해서 다른 사람 손에 넘어가고 추후 이는 중국 유명 소셜 블로그 사이트이자 2011년에 상장한 런런왕(人人網)으로 변신했다.

왕싱의 두 번째 창업은 중국판 트위터인 판포우(饭否)였고, 이 서비스는 회원을 200만 명까지 모을 정도로 성공적이었으나 게임 기능을 추가했던 유사 서비스인 카이신왕(开心网)에게 점차 점유율을 빼앗기면서 동력을 잃는다. 2007년 하이네이왕(海内网)이라는 미니 블로그 등을 개설할 수 있는 소셜 네트워크 서비스를 개설하지만, 또 시원하게 말아먹는다.

공부는 잘했으나 여는 족족 망하는 사업 앞에서 왕싱은 좌절하지 않고 창업가의 길을 포기하지 않는다. 물론 든든한 배경에서 나온 자신감과 긍정적인 마인드도 한몫했으리라 생각된다.

이후 왕싱은 미국에서 2008년부터 큰 인기를 얻은 '그루폰'의 중국 버전을 계획한다. 이렇게 여러 차례 창업 실패 등의 다양한 경험을 했던 왕싱은 마침내 2010년 베이징에서 메이퇀을 창업한다. 공동구매(혹은 소셜커머스)로 시작한 메이퇀은 이후 수많은 동종 기업들 사이에서 승기를 잡았고, 2013년 음식배달 서비스인 메이퇀 와이마이(外卖, 음식배달)를 출범시키면서 사세를 크게 확장한다.

2015년 치열한 경쟁이 벌어지고 있던 공동구매 및 O2O 시장에서 점유율 50%가 넘던 메이퇀과 30%를 차지하던 맛집 평가 어플 1위 다중뎬핑(大众点评)은 신규 고객들에게 할인 혜택 등의 극심한 보조금 출혈 경쟁을 하다가 결국 합병을 통해 중국 최대의 생활 O2O 플랫폼에 등극하면서 지금의 형태와 가까워졌다.

이후 공유 자전거, 공유 차량(차량 호출), 신선식품 전자상거래까지 진출한다. 메이퇀은 음식배달 업종으로만 따지면 한국의 '배달의 민족'과 비슷하겠지만 자세히 보면 이미 배민의 비즈니스 범위를 한참 초월해 있다고 할 수 있다.

음식배달을 필두로 한 메이퇀의 다양한 사업 분야

현재 메이퇀은 현재 중국 최대의 생활 O2O 종합서비스 플랫폼으로 확고한 자리를 잡았으며 주요 사업 분야는 크게 △음식배달(餐饮外卖), △인스토어·호텔(到店及酒旅: 현장 사용, 생활 서비스 관련 각종 온라인 예약·오프라인 사용) 및 △신규 사업(新业务: 공유 자전거·전동차, 신선식품 전자상거래·뉴리테일 등)이다.

이렇게 턱 하니 3개 분야로 분류하니 상당히 사업 분야가 간단해 보이지만 메이퇀 플랫폼을 통해 참여하고 있는 인원수는 7억 명에 가까울 정도로 넓은 범위를 커버 중이다. 중국 전역의 음식(배달, 인스토어, 예약, 리뷰, 평점 등), 여행(숙박, 항공, 레저, 관광 등), 엔터테인먼트(영화, 공연, 보건 안마, 사우나, 노래방 등), 모빌리티(차량 호출, 공유 자전거·전동차), 생활(교육, 미용, 쇼핑, 헬스, 배달 등) 업계의 절반 이상이 모두 메이퇀의 손안에 있는 셈이다.

중국 내 어딜 가도 메이퇀의 마수(?)에서 벗어날 수 없는 중국인들은 부처님 손 위에 손오공이라고도 할 수 있다. 메이퇀을 거치면 생활 속에 필요한 거의 모든 서비스 정보가 획득 가능하며, 어플 내에서 결제까지 다 끝낼 수 있을 뿐 아니라 상당한 할인 혜택까지 받을 수 있으니 사람들이 계속해서 쓸 수밖에 없었다.

게다가 메이퇀은 이미 중국 시장을 석권해서 포화가 되자 진즉부터 해외로 눈을 돌리고 있다. 가까운 한국은 물론이고 일본이나 미국까지 자신들과 협업하는 상점을 늘려서 자신들의 서비스 영역을 확장 중이다. 워낙 자세하게 업데이트 되어 있어서 메이퇀 어플만 있다면 한국 서울의 명동, 이태원, 신촌 등에서 맛집이나 평점 높은 식당을 잘 찾을 수 있다. 한국에서도 서울뿐 아니라 서울, 제주도, 부산, 경기도, 수원 등 상당히 많은 도시가 나열되어 있는 것을 알 수 있다. 그리고 당연히 역시 음식점뿐만 아니라 중국 내의 메이퇀 어플과 유사하게 생활에 필요한 먹고, 마시고, 즐길 거리에 대한 많은 정보가 나와 있다.

과거 중국에서 메이퇀과 기타 플랫폼의 출혈 경쟁 시에는 각종 보조금 혜택으로 쾌재를 불렀던 입주 상점들은 이제 천하통일을 한 메이퇀 노란 깃발 아래 한때 좋았던 과거를 회상하며 고통 속에 신음 중이다. 영세 식당 기준으로 평균 20% 내외의 막대한 수수료 때문에 메이퇀 플랫폼에서 빠져나오고 싶지만, 트래픽 및 고객 확보 때문에 나오지는 못하는 그런 상황이기 때문이다. 그래서 음식점을 운영 중인 일부 자영업자는 메이퇀 창업자인 왕싱을 중국 인민 등에 달라붙은 흡혈귀라며 엄청난 반감을 품고 있긴 하지만 동종 플랫폼인 알리바바 계열의 어러머로 넘어간다고 해도 사정이 크게 달라지지 않으리라는 것을 잘 알고 있다.

메이퇀의 공동구매 서비스 초창기 생존 전략

2010년 메이퇀 공동구매의 초창기 반짝 성공으로 너도나도 공동구매에 뛰어들면서 몇 년간 공동구매 업체가 5,000여 개까지 기하급수적으로 늘어나서 중국 내에서는 소위 말하는 '공동구매 대전'(千团大战, 수천 개 공동구매 사이트의 전쟁)이 벌어진다. 이렇게 수많은 업체가 난립하니 당연히 과다 광고와 가격 경쟁, 보조금 전쟁이 벌어지고 메이퇀도 어쩔 수 없이 이 전쟁의 격전지 속으로 빨려 들어간다. 2010년~2012년 동안 벌어진 춘추전국 시대의 백가쟁명 뺨치는 수천 개의 기업이 참가한 공동구매 대전에서 메이퇀은 어떻게 살아남을 수 있었을까?

메이퇀의 첫 번째 전략은 처음부터 상품 분야는 넘보지 않고 자신이 잘할 수 있는 지역 기반의 생활 서비스에 선택과 집중하는 것이었다. 메이퇀은 명확한 목표 의식을 가지고 처음부터 음식, 영화표, 노래방, 미용 등에 대한 공동구매 서비스에 집중한다. 사실 이 서비스 분야의 공동구매는 오프라인 매장의 인건비, 정해진 영업시간, 동시에 받을 수 있는 인원수 등에 따른 제약으로 아무리 공동구매라고 하여도 일반 상품만큼 가격을 많이 낮출 수도 없으므로 일반 상품과 비교 시 매출총이익이 낮을 수밖에 없다. 따라서 수많은 공동구매 기업은 근시안적으로 화장품, 의류, 식품 등의 일반 소비재 상품에 집중했던 것에 비하면 왕싱은 당장은 조금 아프지만 더 멀리 내다본 셈이다.

왜냐면 상품 분야에서 상품 선별 능력, 가격 경쟁력, 물류 시스템 등의 기본적인 역량은 물론이고 특별한 사용자 경험 창출 능력(예를 들면 공동구매로 근 몇 년간 급성장한 핀둬둬)이나 아무도 넘볼 수 없는 막대한 공급망을 갖고 있지 않다면 결국은 전자상거래 끝판왕인 알리바바를 이길 수 없다고 판단했기 때문이다. 실제로 알리바바의 공동구매 사이트인 쥐화솬(聚划算)이 등장하자 다른 여타 상품 공동구매 사이트는 단 한 방에 시장에서 거의 모두 퇴출당했다.

두 번째 전략은 경쟁자들이 힘이 빠질 때까지 기다리는 인내, 절약, 뒷심 발휘와 남들이 잡아 놓은 물고기를 중간에 낚아채는 식의 효율 극대화 추구였다. 미국 소셜커머스 기업인 그루폰이 단기간 거액의 투자유치 및 기업 공개로 250억 USD의 가치를 인정받은 것이 중국의 공동구매 대전에 기름을 부었다. 그루폰의 영향으로 중국 내에서도 공동구매 업계는 벤처 캐피털 등에서 거액의 투자유치를 성공시켰다. 그리고 돈이 문제가 아니라 점유율 확대 속도가 중요하다는 인식으로 공동구매 시장은 거액의 광고비와 보조금 지급으로 몸살을 앓고 있었다.

당시 메이퇀은 시리즈 A 투자유치를 통해서 고작 1,200만 USD를 유치한 햇병아리 수준이었지만 경쟁업체인 라서우왕(拉手网) 같은 경우는 이미 시리즈 C 투자유치로 1.6억 USD를 확보했고 다중뎬핑도 시리즈 C 투자유치로 1.2억 USD를 확보했었다. 그래서 누오미(糯米), 라서우왕(拉手网), 워워퇀(窝窝团) 등의 다른 공동구매 기업이 투자받은 수억 USD를 오프라인 광고에 쏟아부을 때 메이퇀은 오프라인 광고를 절대 하지 않고 최대한 자금을 아끼면서 온라인 광고를 통해서 트래픽을 확보하며 기회를 기다렸다. 예를 들면 바이두 같은 검색 사이트에서 오프라인 광고 중인 경쟁 기업의 키워드까지 전부 다 사들여서 광고를 보고 검색한 고객들까지 모두 메이퇀으로 끌어드리는, 경쟁자 입장에서는 얄밉기까지 한 수단을 모두 동원했다. 실제로 창업 후 얼마만큼 가진 돈을 아끼면서 버티고 오래 살아남아서 후일을 도모하느냐가 가장 중요하므로 메이퇀의 절약 정신은 본받을 만하다.

점점 시간이 흐르자 벤처캐피털 등의 자본 세력은 공동구매 시장이 계속 광고와 보조금으로 돈다발만 태우며 제대로 된 수익 모델을 갖추지 못했다고 판단하고 속속들이 자금을 회수하기 시작했다. 따라서 제대로 된 수익 모델도 없이 점유율 확대를 위해 투자받은 돈도 거의 다 소진하고 원래 있던 자금까지 빼앗긴 여러 공동구매 기업은 전부 도산 위기에 처하고 만 것이다. 바로 이렇게 자본이 공동구매 시장에서 썰물 빠지듯이 나갈 때 그동안 힘을 비축하던 메이퇀은 2011년 7월 알리바바 주도의 5,000만 USD의 시리즈 B 투자유치에 성공한다.

투자유치 성공 이후 왕싱은 잽싸게 기자회견을 하고 메이퇀은 투자 여력이 아직 6,500만 USD나 있고 건실하게 운영되고 있다는 것을 밝혔다. 다른 기업은 파산 직전인데 아직 시리즈 A의 투자금도 다 쓰지 않았다는 사실은 업계와 벤처캐피털로 하여금 메이퇀에 매우 긍정적인 신호를 보내도록 만들었다. 이후 메이퇀은 본격적으로 근거지 확대와 오프라인 서비스 매장을 확보하는 조직을 늘려 나가면서 시장 확대에 나선다. 그리고 한때 메이퇀의 인력을 엄청나게 빼가던 경쟁사인 워워퇀이 자금난으로 5,000여 명의 직원을 2,000명 이하로 감축할 때 오히려 메이퇀은 인원을 충원하고 3개월 동안 매출을 40%나 확대하여 업계 1위로 올라선다.

세 번째는 바로 메이퇀이 이후에도 두고두고 사용한 중국 도시를 여러 등급을 나눠서 주요 지역부터 먼저 공략한 자원의 집중 전략이었다. 왜냐면 중국의 도시는 너무나 많고 회사 자원은 한계가 있기 때문이다. 흔히 농촌으로 도시를 포위하는 작전(农村包围城市)으로 일컬어지며, 이는 과거 마오쩌둥이 공산당을 이끌고 국민당과 맞서는 과정에서 수적 열세로 주요 도시는 점령할 수 없으니 주변 농촌부터 공략해서 중심지를 파고들고 결국 중국 전역을 통일한 전략이다. 앞서 논한 화웨이도 기존 글로벌 통신장비 기업이 진출하지 않은 농촌 및 소도시부터 진출한 것과 비슷하다.

우선 메이퇀은 중국 도시 350여 개를 S·A·B·C·D 5개로 구분 짓는다. S급은 북·상·광·심(베이징, 상하이, 광저우, 선전)의 초대형 1선 도시, A·B급은 각 성도 혹은 부성급 도시, C·B·D급은 3, 4, 5선 도시다. S급 도시는 요충지였으나 메이퇀은 처음부터 막대한 자금 투입으로 이들을 공략하기보다는 A·B급 도시를 우선 중점적으로 공략한다. 왜냐면 S급 도시는 다른 기업들도 포기할 수 없는 시장이므로 경쟁이 치열하여 공략에는 비용이 많이 들었다. 게다가 북·상·광·심의 인구는 다 합쳐 봐야 1억 정도밖에 되지 않았고, C·B·D급 소도시는 시장 규모가 작았고 아직 인터넷이 다 보급되지 않았으므로 광고를 통해 공동구매가 무엇인지에 대한 고객 교육이 필요했기 때문이다. 따라서 메이퇀은 대부분 자원을 A·B급 도시에 집중해서 점유율을 우선 확보하고 이후 S급과 C·B·D급에 진출한다.

그 외에도 여러 가지 소소한 전략들이 있었는데 메이퇀은 공동구매의 본질은 상점에 대한 광고이며, 공동구매로 절약한 광고비용을 상점과 고객에게 나눠주고 나머지를 메이퇀이 가져가야 한다고 생각했다. 그런데 당시 공동구매 서비스는 사용 기한이 있는데 이를 못 지켜서 폐기 처분되는 쿠폰들이 많았다. 다른 기업은 오히려 이를 주요 수익원으로 삼았으나 메이퇀은 업계 최초로 유통기한이 넘어도 고객들에게 전액 환급하는 정책을 발표한다. 이로써 업계에서 큰 파장을 일으키기도 한다. 소비자들에게 이익을 환원하자 훨씬 더 고객충성도가 높아지는 선순환을 가져왔다. 이는 직접적으로 소비자들의 이익을 보호해 줌으로써 그 어떤 광고보다 더 메이퇀의 입소문을 좋게 만들어 주었다. 또한 2012년 아직 대부분 기업이 PC 중심으로 운영하고 있을 때, 메이퇀은 과감히 PC에 대한 자원 투입을 끊고 이후 거의 모든 자원을 모바일로 집중한다. 이 결정은 매우 신속하고도 중요한 결정이었으며 고작 2년 후인 2014년에 메이퇀의 90%의 주문이 스마트폰에서 발생한다.

2014년 즈음에는 이미 대부분의 공동구매 기업이 파산, 인수합병 등을 거듭하며 메이퇀, 다중뎬핑, 바이두 누오미(糯米)와 기타 몇 개 기업밖에 남지 않았으며 결국 공동구매 대전은 업계 1, 2위의 메이퇀과 다중뎬핑의 합병으로 완전히 종전된다. 이 두 기업의 합병에 대해서는 밑에서 다룬다.

노란 유니폼의 상징, 메이퇀 음식배달 진출

메이퇀 와이마이(美团外卖, 음식배달)는 2013년 말에 처음 시작된 서비스로서 메이퇀 공동구매 분야보다 늦게 출발한 분야지만 출시 후 몇 년간 초고속 성장을 거듭하면서 메이퇀의 대표 사업으로 자리 잡은 상황이다. 2021년 기준 중국 전체 음식배달 시장에서 65% 이상의 점유율을 가지고 있을 정도로 압도적인 선도기업이다. 유일한 경쟁사인 어러머의 점유율에 두 배에 가깝다. 또한 중국 전역의 90%에 해당하는 약 2,000여 개의 현, 시, 구(县, 市, 区 중국 행정구획)를 커버하고 있으며 이는 어러머의 약 4배에 달한다.

2020년 통계를 보면 음식배달 분야는 메이퇀 총 매출의 57%(662억 위안, 약 102.6억 USD) 이상 차지하고 있는 주력 분야이자 캐시카우다. 음식배달로 매출 662억 위안을 찍으려면 도대체 몇 번의 주문을 받아야 하는 걸까? 2020년 메이퇀 음식배달 플랫폼 내에서의 총 거래액은 4,889억 위안(약 758.2억 USD)이고 총 거래 횟수는 약 101억 회이므로 평균 주문 단가가 약 48.2위안이다. (참고로 2020년 중국의 음식배달 총 거래 횟수는 약 171.2억 건으로 전년 대비 +7.5%, 총 거래액은 8,532억 위안으로 전년 대비 +14.8%, 코로나19 특수가 작용했다는 평가)

2021년 공시에 따르면 메이퇀 음식배달 플랫폼의 총 거래액은 7,021억 위안(약 1088.9억 USD, 전년 대비 +43.6%), 총 거래 횟수는 144억 회였다. 그렇다. 지난 1년간 약 144억 회의 음식 주문이 메이퇀을 통해서 들어갔고 144억 개 도시락을 들고 메이퇀 배달원들이 중국 전역을 누빈 것이다. 음식배달의 하루 평균 주문량이 약 3,900만 회라고 보면 더 직관적으로 보일 것이다. 하루에 최고 5,000만 회의 배달이 이뤄졌다. 사실 메이퇀은 공동구매 분야 외에는 늘 다른 기업보다 늦게 시작했음에도 마지막엔 업계에서 최강 지위를 놓치지 않았다. 음식배달, 호텔, 여행 등은 모두 후발 주자였음에도 결국 선두 주자를 꺾었다. 다만 모빌리티 분야에서만은 이미 시장을 완전히 장악한 디디추싱을 능가하지 못했다.

상기 언급한 바와 같이, 메이퇀 음식배달은 2013년 말에야 처음으로 사업을 착수했다. 당시 동종 업계의 어러머는 이미 2008년에 창업하여 5년 동안 꽤 좋은 성과를 내던 중이었다. 따라서 메이퇀은 어러머 창업자 장쉬하오(张旭豪)가 처음 음식배달 사업을 시작했고 어러머의 가장 많은 음식배달 주문이 발생하고 있던 상하이 교통대학을 연구하기 시작했다. 메이퇀은 상하이 교통대 학생 수와 음식 주문 수량을 비교해서 어러머에서의 인당 평균 주문량을 파악하고, 더 나아가서 중국 전체 대학생들의 음식배달 규모만 하더라도 하루 주문 200만 회 이상의 잠재 시장이 있다고 잠정적으로 결론 내렸다.

중국 전역에서 대학생이 가장 많은 곳은 예상외로 바로 베이징, 상하이도 아닌 우한(武汉, 후베이성 소재)이다. 우한에는 84개의 대학이 소재하지만 공교롭게 어러머는 아직 진출하지 않은 지역이었다. 왜냐면 어러머 자체 조사에 의해 우한의 대학생들은 음식배달을 좋아하지 않는다고 파악되었기 때문이다. 어러머에게는 매력적이지 않았던 우한이 메이퇀에게는 기회의 땅이 되었다.

그래서 메이퇀은 실제로 음식배달 시장이 자체적으로 조사한 바와 같이 시장성 테스트 및 시장 개척 차원에서 중국 내 1, 2선 도시의 GDP 규모 순으로 20개 도시에서 배달 사업을 출범시켰다. 물론 여기에는 당연히 위에 언급한 후베이성의 성도인 우한도 포함되었다. 그리고 이 20개의 도시 중 2곳에 GDP 규모와 무관한 산둥성의 웨이하이(威海)와 지닝(济宁)을 포함했다. 웨이하이는 당시 중국 도시 중 GDP 규모 100강 안에 드는 중소도시였고 지닝은 그보다도 뒤에 있는 도시였다. 이 역시 음식 사업을 시작할 수 있는 최소한의 GDP 규모를 알아보기 위한 시장 테스트 차원이었다.

막상 뚜껑을 열어 보자 앞의 18개 도시에서 좋은 결과가 나왔을 뿐만 아니라 뒤에 GDP 규모가 작은 웨이하이와 지닝에서 더 좋은 매출이 발생한 것을 파악했다. 이를 본 후 메이퇀은 음식배달 업계의 엄청난 잠재력에 대해 확신을 하게 됐고 이는 단순히 몇 개 대도시에서만 먹히는 사업이 아니라 중국 내 대부분 지역에서 충분히 먹힐 만한 경쟁력이 있는 사업이라고 판단한다. 게다가 그 시장 규모도 엄청날 것으로 예상한다.

따라서 메이퇀은 본격적으로 음식배달업에 뛰어든다. 먼저 아까 언급한 대학생 대상으로 한 시장부터 직장인 대상의 시장까지 종횡무진으로 사업을 확장한다. 그리고 이 과정에서 대학생들은 이미 어러머 학습 효과로 인해서 음식배달을 즐기지만, 직장인들은 아직 음식배달의 트렌드가 형성되지 않았을 뿐 아니라 근무 시간의 제약으로 인해 배송 시간에 상당히 엄격한 요구가 있다는 것을 발견하고 정시 도착이 가능한 배달에 착수한다. 이렇게 어러머가 아직 전부 다 장악하지 못한 대학생 대상 음식배달부터, 어러머가 닦아 놓은 길에 탑승해서 전부 잠식해 나가기 시작한다. 어러머는 창업 후 5년간 12개 도시에 진출했던 반면, 메이퇀은 설립한

지 1년도 안 된 2014년 10월에 이미 중국 내 200개 도시에 진출한다. 그야 말로 후발주자 메이퇀의 역습이 완벽하게 성공한 것이다.

지금 근무 중인 선전 사무실에서도 많은 경우 메이퇀, 어러머 등의 음식배달 플랫폼에서 도시락 주문을 한다. 처음에는 배달 음식을 어느 특정 구역에다가 두다가 점점 물량이 많아지다 보니 이제는 사무동 건물 1층의 숨겨진 구석에 음식배달 전용으로 별도의 집하 장소까지 생겨났다. 음식배달 집하 사물함은 택배 보관함과 달리 안쪽이 보이는 투명한 구조로 되어 있으며 24시간 내로 찾아가지 않으면 안에 들어 있는 내용물은 폐기된다는 점이 다르다. 해당 음식 사물함의 위챗 공중하오를 팔로우하고 위챗 스캔, 혹은 메이퇀 어플에서 바로 음식 사물함 열기를 누르면 주문한 도시락을 찾을 수 있다.

생존 전략: 텐센트 끌어들이기, 다중뎬핑과의 전격 합병

○ 메이퇀의 생존 전략(1) 텐센트의 지원사격

메이퇀 음식배달이 성공할 수 있었던 전략은 위에서 살펴본 것과 같이 후발 주자임에도 철저한 시장 조사, 테스트 마케팅, 신속한 행동 개시와 전국 규모로의 과감한 확장 투자 외에도 다양한 원인이 있다고 보인다.

먼저 메이퇀의 성공은 텐센트의 투자에 많은 도움을 받았다. 메이퇀이 뛰어난 업계 장악력을 보여 주었으므로 텐센트의 투자를 끌어낸 것이긴 하지만 어쨌든 텐센트와 메이퇀의 궁합은 절묘했다.

다른 업계의 플랫폼 전쟁도 마찬가지지만 음식배달업계도 역시 큰 자본금과 투자유치가 매우 중요하다. 왜냐면 처음에 신규 고객과 신규 상점(식당)을 유치하기 위해선 전국 단위의 보조금과 할인 혜택의 당근이 필요하며 이는 천문학적 금액이 소요되기 때문이다. 메이퇀과 경쟁자인 어러머 등이 서로 돈을 뿌리다 보니 심각한 제 살 깎아 먹기식의 출혈 경쟁이 끊이질 않았다.

초창기에 메이퇀은 원래 2011년 5,000만 USD, 2014년도 3억 USD의 알리바바 주도의 투자를 받았으나, 2015년 텐센트의 투자를 받은 다중뎬핑(大众点评)과 합병 후에 알리바바는 메이퇀에 대한 배신감과 분노(?)로 메이퇀의 지분을 모두 처분하고 음식배달 어플인 어러머와 커우베이(口碑) 등의 자금을 새롭게 집중투자 한다. 따라서 자연스럽게 메이퇀의 최대 주주는 텐센트가 되고 2016년에 1월에 메이퇀은 또 한 번 텐센트 주도의 33억 USD의 투자를 받고 2017년 10월 다시 텐센트 주도의 40억 USD를 유치했다. 이렇게 돈 많은 텐센트를 등에 업은 메이퇀과 역시 돈으로 밀리지 않는 알리바바를 등에 업은 어러머가 경쟁하고 있지만 이미 서로를 말려 죽일 수 없다는 것을 깨닫고 최근에는 보조금 경쟁은 초창기보다 많이 줄어서 지금은 거의 없다시피 하다.

메이퇀은 텐센트의 투자를 유치하면서 자금적인 면에서 든든한 뒷배를 얻었을 뿐만 아니라 텐센트 메신저인 위챗의 든든한 지원사격을 확보했다. 즉, 중국 국민 메신저이자 사회 인프라형 슈퍼 어플인 위챗 내의 지갑 기능에 바로 메이퇀으로 연결할 수 있는 어플 간 통로(미니프로그램 연결)가 생긴 것이다.

이는 메이퇀으로서 엄청난 홍보 효과일 뿐만 아니라 사용자 트래픽 확보 차원에서도 어러머를 비롯한 여타 유사 서비스보다 훨씬 우위를 점할 수 있었다. 즉, 텐센트에 대한 투자유치는 메이퇀의 자금 총알 확보 및 트래픽 확보 차원에서 커다란 도움이 됐다. 참고로 메이퇀은 2018년 9월 텐센트의 여러 차례의 투자를 바탕으로 홍콩증시에 성공적으로 상장했고 텐센트는 2021년 말 메이퇀의 지분 약 19.4%를 보유 중이다.

○ 메이퇀의 생존 전략(2) 경쟁자 다중뎬핑과 합병

메이퇀의 또 다른 커다란 전환점이 바로 맛집 평가와 공동구매 사업을 영위하던 다중뎬핑과의 전격적인 합병이다. 특이하게 이 둘은 합병 회사의 지분을 절반씩 나눠 갖는 방식으로 합병을 진행했고, 공동 CEO 형태로 독자적으로 운영하기로 합의한다. 합병된 2015년 기준으로 O2O 시장의 80% 이상을 차지하여 업계의 독점 공룡 기업으로 거듭날 수 있었다. 메이퇀과 다중뎬핑은 이로 인해 보조금 출혈 경쟁을 멈췄고 맛집 평가, 각종 티켓, 뷰티, 레저, 교육 및 음식배달 분야에서 합병의 커다란 시너지 효과가 나타났다.

다중뎬핑 사용자의 거대한 트래픽뿐만 아니라 다중뎬핑이 가지고 있던 수많은 사용자의 이용 평점, 피드백, 사진·동영상 리뷰 및 식당별로 소비되는 평균 소비액 등의 데이터를 메이퇀이 흡수하게 되었고, 이는 메이퇀 음식배달의 추가적인 점유율 상승을 이끌게 된다. 또한 양자가 불필요하게 과할 정도로 지급하고 있던 상점에 대한 보조금과 소비자들에 대한 할인 혜택도 크게 줄일 수 있는 계기를 마련했고 보조금 경쟁 전쟁을 끝냈다. 기업 입장에서는 수익 환경 개선의 좋은 발판이 마련된 것이다.

그 외에 메이퇀은 점점 변하고 있는 사람들의 본성을 잘 끄집어낸 기업이며 그 타이밍도 기가 막히게 좋았다. 최근 몇 년 사이로 모바일 인터넷과 코로나19로 인해서 중국 사람들의 생활 습관의 여러 가지 큰 변화가 생겼다. 요즘 사람들은 자의 반 타의 반으로 집콕을 선호하며, 사무실에서는 물론이고 집에서도 스마트폰으로 음식을 배달시켜 먹는다. 또 뭔가를 하면 사소한 것이라도 SNS에 공유하는 것을 좋아한다. 이런 최근의 트렌드가 음식배달, 각종 생활 편의 제공 및 각종 후기 남기고 평가를 공유하는 메이퇀이 집중하는 업종과 상당히 잘 맞는다고 보인다. 이러니 기업이 잘나갈 수밖에 없다. 메이퇀이 물론 잘한 것도 맞지만 이 전반적인 변화 트렌드에 편승한 면도 분명히 크다.

요즘 그렇지 않은 기업이 없긴 하지만 메이퇀도 AI, 빅데이터, 클라우드 기술에도 많은 투자를 하면서 기존 고객들의 재구매율과 신규 고객 유치를 위한 다양한 활동들을 하고 있다. 쉽게 생각할 수 있는 분야로는 중식, 한식, 양식, 일식 등 고객이 주로 시켜 먹는 카테고리에 대해서 다양한 할인 혜택을 전송해서 지속해서 구매를 자극하며, 분야별 새롭게 오픈한 식당에 대해서도 노출하며 호기심을 자극한다. 이는 음식 분야에만 한정되는 것은 아니고 숙박, 항공, 기차 등에 대해서도 개인별 과거 이력을 통해 미래 예측으로 우대권 등을 끊임없이 보내 준다.

인민의 흡혈귀 메이퇀? 음식배달 수수료 논란

2020년 초 광둥성 요식업 협회는 이곳 선전(深圳, 심천)을 포함한 여러 지역별 연합 성명서를 통해 메이퇀 음식배달 서비스가 독과점을 통해서 음식배달 관련 수수료를 지나치게 부과하여 요식업계가 돈을 벌지 못해서 떼죽임당하게 만든다고 주장하고 이를 현지 관할 감독국에 제소한 바 있다. 이에 대해서 메이퇀은 우리는 양심적인 기업으로서 식당으로부터 받는 수수료는 2020년에 평균 12.6%에 불과하며 이로 인해 2019년에 처음으로 흑자를 전환했다고 읍소 주장한다. 말은 순화되었지만 결국 식당이 돈을 벌고 안 벌고는 식당의 문제지 메이퇀의 문제가 아니라는 식의 해명을 두고 요식업계와 중국 네티즌들 사이에서 격렬한 갑론을박이 벌어진 바 있다.

쟁점은 여러 가지였는데 하나는 바로 메이퇀의 수수료가 과연 적정한지에 여부였다. 그리고 다른 하나는 왜 메이퇀은 알리바바나 텐센트 같은 여러 거대 플랫폼처럼 광고를 비롯한 다른 '세련된' 방법으로 간접적인 수익을 만들려는 노력은 안 하고 수수료 확보에 혈안이 되어 영세 식당업계의 고혈을 직접적으로 빨아먹는지에 대한 것이었다.

먼저 메이퇀의 수수료가 정말 너무 높은지, 그렇다면 왜 낮추지 않는지에 대해서 살펴보자. 메이퇀에 따르면 메이퇀 음식배달 플랫폼에 등록된 80% 이상의 식당에 대한 수수료는 10~20% 사이라고 한다. 실제 메이퇀이 발표한 지난 몇 년간의 수수료 평균값을 따져 보면 2016년 8.9%, 2017년 11.9%, 2018년 12.6%, 2019년 12.6%, 2020년 12%로 나온다.

물론 2020년의 평균 명목 수수료가 12%라고 했지만 메이퇀 입장에서는 배달원 비용을 제외하면 실질 수수료는 3~4% 내외에 불과해서 전자상거래 플랫폼 수수료보다도 낮다고 항변한다. 그러나 메이퇀 입점 점포들에게는 씨알도 안 먹히는 이야기 일뿐만 아니라 12%라는 평균치조차도 믿지 못한다. 즉, 실제 영세 식당 업주들에게 평균값은 아무 의미가 없다는 뜻이다. 10%면 10%고, 25%면 25%인 것이다. 여기 선전에 있는 여러 식당 주인들에게 물어보면 하나같이 메이퇀의 '악랄한' 수수료 갈취에 분노하는 모습을 쉽게 볼 수 있다. 그들은 메이퇀에서 떼가는 수수료는 최소 20~30%라고 생각한다. (추가로 과거 한창 플랫폼 간의 경쟁이 치열할 때는 각종 보조금 혜택으로 식당의 입점을 유도했으나 이제 보조금은커녕 오히려 메이퇀에서 입점 점포의 의사와 무관하게 반 강제적으로 할인 이벤트를 강행하여 식당들에게 부담을 주고 있다.)

문제는 메이퇀이 누군가에게는 상대적으로 낮은 수수료를 부과하고, 누군가에게는 더 많은 수수료를 부과한다는 사실이다. 메이퇀은 맥도날드(麦当劳), KFC(肯德基), 버거킹(汉堡王), 하이디라오(海底捞), 샤푸샤푸(呷哺呷哺) 같은 유명 프랜차이즈 식당에게는 낮은 수수료, 심지어 거의 부과하지 않기도 한다. 따라서 이 요식계의 강자들에게는 메이퇀의 수수료는 그다지 고려 대상이 아니다. 그렇다면 메이퇀은 왜 이들에게 낮은 수수료를 부과할까?

한국의 백화점과 쇼핑몰이 스타벅스·투썸플레이스 같은 유명 커피 프랜차이즈, 유니클로·H&M 같은 SPA 브랜드, 각종 대형 마트, 에르메스·샤넬·루이비통 럭셔리 3대장 앞에서 한없이 작아지는 이유와 똑같다. 그들이 있어서야 사람이 몰리고 모바일에는 트래픽이 집중되기 때문이다. 메이퇀 입장에서는 맥도날드, 버거킹 등이 플랫폼에 들어와 있어야 그 동네의 비슷한 햄버거, 닭튀김 등의 양식당이나 패스트푸드점도 메이퇀에 들어오려고 애를 쓴다. 이것이 영세한 동네 식당은 메이퇀의 '밥상'에 올라가는 과정이다. 그런데 이런 플랫폼 비즈니스 모델은 사실 매우 흔한 모델 중의 하나로서 이에 대한 왈가왈부에 대한 논쟁이 그렇게 크지는 않았다. 문제는 바로 코로나19였다. 과거 동네 식당들은 메이퇀 플랫폼에 등록하여 식당의 지명도를 높이는 동시에 전체 매출도 늘어나므로 광고 및 홍보 차원에서 수수료를 감수하면서 넘어갔다. 그러나 코로나19 사태 이후로 배달에 대한 수요가 엄청나게 증가했다. 과거에 식당에서 취식하는 인스토어 비율과 배달 비율이 평균적으로 7:3에서 8:2 정도였다면 코로나19가 정점을 찍을 때는 식당에서는 아무도 식사를 할 수 없었다. 따라서 거의 모든 매출에 대해서 메이퇀에서 떼어 가는 수수료가 뼈저리도록 아프게 다가올 수밖에 없던 것이다.

2020년은 특히 아직 중국에서 코로나19 발생으로 인해 큰 영향을 받았던 시기이므로 광둥성 요식업계의 공동 성명서는 그만큼 절박한 것이었다. 중국 요식업계의 평균적인 총매출이익률(毛利率, gross profit ratio)이 50% 정도고 여기에 인건비, 임차료, 수도 전기세 등을 제하면 20~30% 정도가 남는데 매출의 20%를 메이퇀에서 떼어간다는 것은 식당에겐 치명적인 일이었기 때문이다. 그러나 수수료가 과도하다는 요식업계의 공격에 대해서 창업자 왕싱은 오히려 피해자를 자처하며 메이퇀은 2014년부터 2018년간 연속 5년간 엄청난 적자를 보았고, 2019년에 처음으로 흑자 전환을 하였다고 밝혔다. 그의 말대로 만일 메이퇀이 최대한 많은 수수료를 떼어갔다면 이런 적자의 아픔을 5년 동안이나 겪지 않았을 것이다. 플랫폼 간 각종 보조금 출혈 경쟁으로 큰 비용을 쓴 것은 사실이지만 2020년 기준 메이퇀이 입점 점포에게서 평균적으로 거둬들인 12%의 수수료 수입인 585억 위안(약 90.7억 USD)은 도대체 어디로 간 것인지 의문이 들 수밖에 없다.

위험 요인: 수수료의 행방과 배달원 관리 문제

메이퇀이 걷어간 수수료가 어디로 갔는지에 답은 간단하다. 메이퇀의 통계에 따르면 자사 수수료 수입의 약 70~80%는 전부 배달원 임금 등 운영비용으로 사용된다. 그런데 이렇게 막대한 비용이 배달원에게 지급되었는데 왜 메이퇀 배달원들이 부자가 되었다는 말을 거의 못 들어본 것일까? 간단하다. 배달원 숫자가 어마어마하게 많기 때문이다.

여러 자료 검색 결과 2020년 메이퇀 배달원의 총규모는 작게는 약 200만 명에서, 많게는 950만 명까지 나오지만, 메이퇀의 2020년 공식발표 자료에 따르면 메이퇀 플랫폼을 통해서 수입을 얻은 배달원이 470만 명이다. 또한 동 자료에 따르면 2020년 메이퇀 음식배달 매출액 662억 위안의 약 88%인 585억 위안이 수수료 수입(나머지는 광고 수입 등)이고 상기 언급한 대로 이 수수료 수입의 83%인 487억 위안이 다시 배달원에게 지급됐다. 즉, 매출액의 약 73%가 연간 배달원 비용으로 지출됐다.

2021년에는 중국 당국의 플랫폼 기업 규제에 따른 여파로 음식배달 서비스 매출을 별도로 발표했으며, 메이퇀 공식 발표에 따르면 연간 배달원 비용 지출은 682억 위안으로 음식배달 매출액 963억 위안의 약 71% 차지했으며 메이퇀 플랫폼을 통해서 수입을 얻은 배달원은 527만 명이었다.

2021년 기준으로 682억 위안을 527만 명의 배달원이 나눠 가져갔으니 그들에게 연평균 약 13,000위안씩(약 2,016 USD)이 돌아갔다는 결론이 나온다. (이 금액은 메이퇀 배달원 총수입의 일부분일 뿐이다. 고객과 입점 점포에서도 음식 주문 시 배달비를 지불하기 때문이다.)

왜 이런 수치가 나오는지 확인해야 하는데 이를 위해선 먼저 메이퇀의 배달원들이 어떤 시스템으로 운영되는지 알아야 한다. 메이퇀의 배달원을 이루는 무려 527만 명의 배달 대군(大軍)은 상당히 여러 가지 구분이 있지만 크게 두 가지다. 하나는 전담 배달원(专送骑手), 또 하나는 크라우드 소싱, 즉 외주 배달원(众包骑手)이다.

간단히 설명하자면 전자는 메이퇀의 정규군이고, 후자는 아웃소싱 하는 용병이라고 생각하면 된다. 전담 배달원은 풀타임으로서 메이퇀의 관리를 받고 기본급과 각종 사회보험이 지급되며 입사 훈련, 아침 점호 등의 관리가 엄격한 편이며 근무 시에 우선하여 배달 주문을 받는다. 이들은 비가 오나 눈이 오나 출근해서 배달해야 하며, 심지어 화장실과 식사 시간에도 모바일로 상급 관리자에게 허락받아야만 잠시 쉴 틈을 가질 수 있다. 그렇지 않으면 끊임없이 쏟아지는 배달 주문을 적시에 처리할 수 없기 때문이다. 그리고 거리를 얼마나 뛰든 간에 건별 배송은 정액제이다. 기본급, 보험 가입, 주방 공적금 등의 일부 복리후생이 보장되는 동시에 우선적으로 배송 주문이 할당되고 월급제는 장점이지만 그만큼 빽빽한 구속을 당한다는 것은 단점이다. 또한 정시 도착, 고객 피드백 등에 따라서 인센티브, 벌금 등의 상벌 기제가 명확해서 對고객 서비스 태도에 무척 신경을 써야 하는 등 여러 제약 조건이 있다.

외주 배달원은 소위 말하는 파트타임 배달 아르바이트다. 다만 파트타임 배달 아르바이트라는 명색에 걸맞지 않게 이 분야 종사하는 사람들은 대부분 풀타임을 많이 뛴다. 조건만 맞으면 누구나 주문을 받고 배송을 할 수 있고 인력 아웃소싱 회사에서 주로 관리하며 기본급과 사회보험 없이 배달 건수에 따라 돈을 일급으로 받는다. 따라서 이들은 날씨가 안 좋으면 일을 안 나갈 수 있고, 원할 때만 주문을 받을 수 있는 장점이 있지만 전담 배달원과 달리 기본급, 사회보험이 없으며 주문이 전담에게 우선 배정되고 그 외 남은 주문이 들어오므로 그만큼 수입이 적을 수밖에 없다. 전담과 달리 거리에 따라서 건별 배달 지급액이 다르다. 또한 전담만큼 정시 배송, 고객 피드백에 영향을 받지 않으므로 상대적으로 대인 스트레스는 덜한 것은 장점이다. 참고로 직종마다 소폭 다를 순 있겠지만 2021년 기준 배달 1회당 평균적으로 7위안 정도의 수입을 올리는 것으로 나온다(따라서 보통 20위안 이하의 저가 배달에 대해선 플랫폼에서 보조금 지급이 필요). 두 가지 부류 직원 중에서 당연히 전담 배달원의 수입이 외주 배달원보다 훨씬 더 많은 것을 추측할 수 있다.

같은 배달 업계지만 택배업과 음식배달의 서로 다른 성질도 메이퇀의 인건비 축소와 배달 효율화를 어렵게 만든다. 택배 같은 경우 자동화된 물류 집중센터를 구축하고 모든 택배 상자를 효율적으로 재배치 후 한 택배원이 한 구역에 방문 시 전부 다 배송하는 시스템으로서 배송 비용을 큰 폭으로 낮출 수 있지만, 음식배달은 이런 식의 운영이 애초부터 불가능하다. 음식배달은 1:1의 서비스 영역이며 음식 신선도 유지가 생명이기 때문에 한 아파트에서 10명이 각기 멀리 떨어진 다른 10개의 식당에서 배달시키고 예를 들어 30분 이내에 배달하기 위해선 최소 3~4명 이상, 심할 경우 10명의 배달원이 필요할 수도 있다. 1명의 택배 배송 인원이 한 아파트, 아니 한 지역을 거의 다 커버할 수 있는 것에 비하면 천지 차이다. 게다가 택배업과 음식배달의 또 하나의 결정적인 차이점은 음식배달은 피크 타임이 존재한다는 것이다. 당연히 피크 타임은 점심과 저녁 시간이다. 이 두 시간대에는 정신없이 바빠서 밀려오는 주문을 다 소화하지 못할 수준이며, 이 시간을 제외하곤 배달원은 무료함을 달래야 할 정도로 일이 적다. 바로 피크 타임의 주문량을 맞추기 위해서 전체 시간에 모두 배달원을 준비시켜야 한다는 것은 당연히 비효율을 초래한다. (2022년 한국에선 배달비만 5,000원, 심지어 시간대에 따라서 1만원 이상 되는 경우가 예삿일이 되다보니 배달 공동구매까지 등장했지만 중국에선 여전히 배달비가 비교적 저렴해서 아직 그런 일은 벌어지지 않고 있다.)

이런 몇 가지 이유로 음식배달은 택배에 비해서 효율화시키기 매우 어렵고 이 부분이 메이퇀 음식배달이 음식배달 수수료를 내릴 수 없는 가장 큰 이유라고 꼽을 수 있다. 이런 여러 악조건에도 불구하고 메이퇀은 2019년부터 음식배달 분야에서 많은 수익을 내고 있으므로 과연 수수료가 적다고 할 수는 없겠다.

어쨌든 앞에서 '메이퇀과 식당·배달원이 서로 앓는 소리 하며 팽팽한 줄다리기를 하고 있지만, 중국 정부가 독과점으로 인한 불공정 경쟁이라는 이유로 철퇴를 때리지 않는 이상 메이퇀은 별로 신경 쓰지 않을 듯하다'고 글을 썼는데, 아니나 다를까 2021년 6월에 중국 정부는 사교육 규제안으로 교육 플랫폼 기업 주가 대폭락을 유발하더니 7월엔 배달 플랫폼 노동자에 대한 권익 보호 의견을 내놓으면서 메이퇀과 알리바바(어러머)의 주가가 폭락했다. 메이퇀과 어러머, 두 플랫폼에 소속된 배달원의 규모는 1,300만 명 이상으로 집계된다. 규제의 주요 내용은 배달원의 △최저 임금 보장 △사회보험 의무 가입 △노동 강도 낮추기 위한 주문량 분산 시스템 보완 크게 3가지다.

즉 이제 메이퇀의 경쟁력과 초고속 성장에 이면에 있던 건당 평균 7위안 가량되는 배달비는 이제 과거의 유물로 남게 될 확률이 커졌다. 그리고 이젠 크라우드 소싱으로 구하는 외주 배달 인력도 없이 사회보험까지 꼼짝없이 다 내주면서 최저 임금을 보장해줘야 하는 엄청난 인건비 상승 리스크를 앉게 된 것이다. 중국에서는 메이퇀이 부담해야 할 인건비가 10배 이상 증가할 것이라는 전망이 나오고 있다. 그래서 메이퇀의 주가는 이틀 만에 약 30% 가량 폭락했다(2021년 7월 23일 주당 273 HKD → 7월 27일 194 HKD), 그 짧은 시간에 약 한화 72조 원이 날아간 셈이다. 물론 이는 시장에서 일시적 충격으로 받아들여져서 2021년 11월 300 HKD 정도까지 회복했다가 2022년 초 기준으로는 다시 150 HKD 언저리에서 등락을 거듭하고 있다(3월 말 기준 52주 최저/최고 : 103.5/338 HKD로 롤러 코스터를 타는 중).

공유 경제와 각종 플랫폼에서 일하는 저소득층 배달원들의 불만은 체제 안정을 해친다는 중국 정부의 인식과 앞서 누차 이야기한 플랫폼 기업들의 거대 권력화를 막기 위한 철퇴로 해석할 수 있다. 따라서 이런 거대 플랫폼 기업에 대한 제재를 가하면서 플랫폼 노동자의 사회 불만을 잠재우고, 중국 정부의 권한에 도전하는 모든 이들은 언제든지 박살을 낼 수 있다는 것을 다시 한번 보여 주고 있다.

중국 당국의 기조에 따라 메이퇀 역시 얌전한 양 마냥 고분고분 수수료 인하를 감행한다. 아니, 정확히 이야기하면 수수료 인하에 적극 호응하는 모양새를 취한다. 메이퇀은 앞서 2017~2020년 사이 12% 내외의 평균 수수료를 거둔 것에 비해서 2021년에는 수수료를 평균 4.1% 거두었다고 보도 자료를 뿌렸다(바이두에 2021년 메이퇀 평균 수수료 4.1%이라는 제목의 기사가 많이 나온다). 총 거래액 7,021억 위안에서 수수료(技术服务费, 기술서비스 비용) 285억 위안을 걷었으므로 연간 평균 수수료가 약 4.1%라는 식이다. 메이퇀의 입장은 입점 점포가 음식 배달 주문을 받고 떼이는 수수료에는 기술서비스 비용에 배달원 비용까지 포함되며 두 가지를 하나로 인식하는 것은 불합리하므로 이를 분리해서 계산해야 한다는 것이다. 그래서 아예 배달비를 제외한 계산법을 채택하고 여론 몰이에 들어간 셈이다. 그러나 예전 계산법(수수료+배달비 포함)으로 따지면 2021년의 평균 수수료는 약 11.8%로 전년과 유사하다. 메이퇀이 중국 당국의 서슬 퍼런 규제에 떨면서 주장한 4.1%의 평균 수수료 역시 조삼모사 불과한 말장난으로 읽힌다. 그래서 4.1% 평균 수수료를 보도하는 현지 언론 기사에는 악플들이 꽤나 달리곤 한다.

메이퇀이 수수료에 집착하는 근본 원인

알리바바의 티몰 같은 상품 전자상거래의 플랫폼의 경우 업종이나 브랜드, 기업 규모에 따라서 다르지만 대략 3~5% 정도의 수수료를 가져가지만, 앞서 살펴본 대로 메이퇀은 영세 식당 대상으로 무려 음식 판매 금액의 20% 이상의 수수료를 걷어가기도 한다. (상기한 대로 2020년 발표된 수치는 12%이나 개별 영세업자에게 평균은 의미 없음) 이처럼 메이퇀 음식배달 플랫폼이 걷어 가는 높은 비중의 수수료가 식당으로 하여금 격렬한 저항을 일으킴에도 수수료를 낮추지 못하는(혹은 않는) 이유는 또 있다.

바로 메이퇀은 지역 기반의 음식을 비롯한 서비스 전자상거래 플랫폼으로서 알리바바나 텐센트처럼 플랫폼 내 광고를 통해서 수익을 창출하는 것이 어렵기 때문이다. 이는 상품 기반의 전자상거래와 지역 서비스 기반의 전자상거래의 비즈니스 모델이 다름에 연유한다.

알리바바를 이야기할 때 이미 한 번 다뤘지만 알리바바를 비롯한 상품 기반의 전자상거래 플랫폼은 기업의 입점 수수료도 주요 수입원이긴 하지만 기업이 자발적으로 게재를 희망하는 플랫폼 내의 광고 수입에 더 크게 의존한다. 광고를 희망하는 기업은 알리바바에 입주한 수많은 기업 가운데 더 많이 노출되거나 돋보이려고 어쩔 수 없이 광고라는 수단을 선택하는 것이다. 따라서 알리바바의 매출에서는 이 온라인 광고 수입이 큰 부분을 차지한다. 물론 메이퇀도 이 광고 매출이 없는 것은 아니지만 그 광고 수요가 상품 기반의 전자상거래보다 훨씬 약하다. 실제 메이퇀 총매출에서 광고 수입은 직접 거두는 수수료보다는 존재감이 미미하다. (다만 실제 메이퇀 입점 점포의 이야기를 들어보면 식당 입장에서는 광고를 안 할 수는 없다고 한다. 이 역시 점점 경쟁이 치열해져서 소비자에게 노출이 안 되면 주문이 안 들어오므로)

이유는 상품과 음식 유통 구조의 근본적인 차이에 존재한다. 상품은 기본적으로 전국 단위, 심지어 전 세계 시장에서 자신의 업종에 종사하는 누군가와 경쟁하는 시장이다. 따라서 특정 기업은 수많은 경쟁 기업의 방대한 상품 광고 등에 노출 기회조차 잡기 어려울 수 있다. 따라서 이 경쟁에서 앞서 나가기 위해서, 혹은 적어도 뒤처지지 않기 위해서 부득불 알리바바 등의 플랫폼에 광고비를 지출해서 자사를 홍보, 판촉, 마케팅 등을 진행할 수밖에 없다. 그리고 알리바바가 작은 수수료(혹은 무료 입점)를 받는 것은 많은 판매자가 자사의 플랫폼에 들어오기 쉽게 하기 위해서다. 진입 장벽을 없애야만 많은 판매자가 들어오고 경쟁이 치열해져서 광고에 대한 수요가 생겨나기 때문이다.

그런데 요식 업계는 완전히 상황이 다르다. 이는 전형적인 지역 기반의 서비스 영역이다. 대부분의 식당은 반경 3km, 넓게 봐도 10km 내외에서의 고객을 유치하는 국지적 경쟁이다.

전 세계의 동종 업계 모든 기업과 경쟁하는 것과 자기 식당 주변 반경 10km 내의 다른 식당과 경쟁하는 것, 어디가 더욱 경쟁이 치열할지는 자명하다. 따라서 식당들의 광고 수요는 상품 기반의 광고 수요보단 작을 수밖에 없다. 따라서 플랫폼 내의 광고비용도 알리바바보다 메이퇀에서 더 저렴한데도 광고 총매출은 알리바바에서 훨씬 더 많이 발생하고 있다. 따라서 메이퇀이나 어러머 같은 음식배달 업계에서는 알리바바처럼 수수료를 줄이는 대신에 광고 매출에 목숨을 걸 수가 없는 상황이다.

이것이 그들은 아무리 욕먹더라도 수수료는 결코 포기할 수 없는 이유다. 결국 지금까지 살펴본 대로 메이퇀 음식배달은 수수료를 포기할 수 없으므로 어쩔 수 없이 강자에게 약하고, 약자에게 강할 수밖에 없는 사업 구조이다.

메이퇀 호텔 예약 사업까지 섭렵

음식배달이 비록 메이퇀 전체 매출의 절반 이상의 큰 비중으로 차지하고 있지만 2014년부터 2018년까지 연속 5년간 적자를 면치 못했고, 2019년 처음으로 흑자를 냈다.

이에 비해서 식당·호텔·여행 등의 인스토어(온라인 예약 후 오프라인 매장 이용) 서비스는 2020년 기준으로 매출에 20% 미만의 적은 비중이지만 오히려 매출총이익에는 매출액에서 차지하는 비중보다 훨씬 크게 기여하고 있다. 인스토어의 수익 모델은 공동구매 쿠폰, 우대권, 할인권 등에 대해 메이퇀과 다중뎬핑이 오프라인 상점으로부터 거둬들이는 수수료다. 이 공동구매에 기반한 인스토어 수익은 메이퇀이 중국에서 거의 처음 시작했지만, 상기 언급한 대로 메이퇀은 원래 후발 전문이다. 메이퇀은 2013년 설립 이후 단 5년만인 2018년에 호텔 예약 분야에서의 잔뼈가 굵은 최강자인 셰청(携程)과 이룽(艺龙) 등을 제압하고 이제는 온라인 호텔 예약 건수로 셰청의 두 배를 소화하고 있다.

파란색 돌고래 로고로 유명한 셰청은 1999년에 설립되어 무려 20년 이상의 업력을 가진 기업이다. 셰청은 업무차 출장 가는 고객 위주의 사업을 운영 중이었다. 여행 업계에서 업무 출장은 비교적 수요가 확고하며 고빈도의 카테고리로 분류된다. 다만 이 고객군의 객단가가 높은 대신 전체적인 숫자가 많지는 않다. 업무차 여행을 다니는 고객 그룹은 연간 5회 이상의 출장을 다니며, 해당 고객군의 90%가 항공 티켓을 구매했으며, 45%가 호텔을 예약, 20%가 휴가용 여행상품은 구매했다. 이런 고객군은 다양한 특성을 보였는데 먼저 대부분 농촌의 소도시와 2, 3선 도시에서 북·상·광·심 등의 1선 대도시로 출장을 다니는 경향을 띠었으며 그 역방향 출장은 매우 적었다. 그리고 이 고객군의 활동 범위는 대부분 대도시의 도심을 비롯한 번화가 및 중심 지역이었다. 따라서 고객의 수요가 그러하니 셰청에서 제휴를 맺고 관리하는 숙박 시설도 대도시의 중심지에 소재한 중상급 이상의 호텔이었다. 셰청은 주요 타깃 고객에 따라서 자신들의 활동 범위를 넓혀갔고 여러 대도시를 개척하면서 성과를 얻었지만, 주요 고객에 한정해서 대응한 점은 셰청이 스스로 자사의 활동 범위를 제약한 것이다.

음식배달에서 선발주자인 어러머를 공략한 것과 같이, 메이퇀은 호텔 예약의 선발주자인 셰청을 공략하기 위해서 그들이 진출하지 않은 분야에 대한 철저한 조사를 통해 셰청이 대도시 위주, 고급 호텔 위주의 비즈니스 여행 고객 대상의 업무에 집중하고 있는 것을 발견한다. 그리고 셰청은 현지인이 현지에서 투숙하는 니즈와 현지인이 타지로 업무가 아닌 관광으로 투숙하는 니즈를 반영하고 있지 못하다는 사실을 알아낸다. 따라서 메이퇀은 리쟝(丽江, 윈난성 소재)을 테스트 마켓으로 활용한다. 리쟝은 생활 도시가 아닌 관광지로 유명한 곳이고 현지의 숙소는 대부분 게스트하우스나 관광호텔로 운영되고 있었고 대부분 아직 온라인 여행사(OTA, Online Travel Agent)와 제휴를 맺고 있지 않았기 때문에 메이퇀의 테스트 마켓의 경쟁자로는 적절하다고 판단되었다. 따라서 성탄절과 신정 휴일을 전후로 메이퇀은 제휴 맺은 여러 호텔의 숙박 상품을 집중적으로 판매한다. 그 결과 예상보다 훨씬 더 큰 매출이 발생한다.

이를 통해서 이 분야의 시장성이 있다는 것을 깨닫고 현지인들을 위한 현지 호텔과 여행용으로 적합한 도시의 호텔들과의 제휴를 늘려간다. 3선 이하의 지방 중소도시의 현지인들이 현지에서 필요로 하는 이런 숙박 니즈는 특히 성급(星级, 보통 5성급이 가장 상급 호텔) 구분이 아예 없는 저가 숙박 시설에 집중됐다. 예를 들면 병원 부근에서 환자를 간호해야 하는 사람들이 묵는 임시 호텔, 혹은 대학 부근의 저렴한 호텔, 시간 단위를 빌리는 숙박 시설 등이었다. 여러 가지 과정에서 고객들이 좋아하는 호텔 유형과 가격대를 파악한 데이터베이스를 누적시킨다. 이렇게 셰청과 호텔 예약에 있어서 분명한 차별화 전략을 펼쳐나갔다.

2015년부터 메이퇀 어플 내에서 호텔을 예약할 수 있는 시스템이 구현되어서 홈페이지 등이 구축되지 않은 여러 호텔의 온라인 예약 문제를 해결해 주었고, 2016년 셰청이 호텔 예약 분야에서 최강의 자리를 굳혀갈 때도 메이퇀의 시장점유율은 떨어지지 않고 오히려 상승했다. 음식배달의 점유율이 높아지면서 더 많은 신규 고객들이 메이퇀 플랫폼에 들어왔으며 메이퇀 호텔 예약에도 크게 기여했기 때문이다. 당시 메이퇀 호텔 예약 이용자의 약 70%가 셰청 어플을 사용하지 않았고, 80%가 메이퇀에서 음식배달이나 영화 예매를 한 적이 있는 고객이었다. 이 80%의 고객은 메이퇀을 통해서 호텔을 예약할 수 있다고 인지한 이후로 더 이상 셰청 어플을 이용하지 않았다.

이렇게 메이퇀은 공동구매, 음식배달, 영화표 구매한 현지인 대상으로 침투해서 현지인들이 메이퇀에 대한 고빈도, 고의존도 구조를 호텔 예약으로 흘러들어올 수 있도록 충분히 활용했다. 또한 셰청의 1선 도시의 비즈니스 여행 위주의 주 고객군과 달리 메이퇀의 주 고객군은 2~5선 도시와 1선 도시의 저소득자 위주를 주로 타기팅했다. 이런 방식으로 중소도시와 농촌부터 점유율을 늘려서 결국 1선 도시에도 진출한 메이퇀은 여러 호텔에 대해서도 강력한 가격 협상력을 기반으로 이 저렴한 가격을 통해서 더욱 빠르게 높은 점유율을 확보해 나간다.

호텔 외에 다른 생활 서비스 분야는 일찌감치 메이퇀의 손바닥 안이었고, 2018년 결국 메이퇀이 호텔 분야에서도 셰청의 자리를 빼앗고 왕좌에 오른다.

메이퇀, 모빌리티 서비스로의 사업 확장

알리바바, 텐센트, 샤오미 그리고 메이퇀 같은 중국을 이끌고 거인들의 공통점은 만족을 모르고 끊임없이 자신의 사업 영역을 확대하고 신사업을 개발한다는 것이다.

메이퇀은 이미 먹고, 마시고, 자고, 즐기는 데 필요한 것을 다 마련했지만 이동에 관련된 차량 호출 등 모빌리티 분야는 아직 진출하지 못한 상황이었다. 그러나 늘 왕싱의 마음속엔 이 분야까지 손에 넣으면 자신의 생활 O2O 서비스 플랫폼이 수직 계열화처럼 완성된다는 열망을 갖고 있었고, 실제로 이제 어느 정도 사업이 궤도에 오르자 이를 할 수 있다는 자신감을 느끼게 되었다.

메이퇀은 2021년 기준으로 자체적으로 800만 개 이상의 입점 점포와 약 6.9억 명이 넘는 사용자 풀을 가지고 있다. 대부분 고객은 소비 활동을 할 때 대부분 차량을 불러서 관련 상점으로 이동하곤 한다. 따라서 메이퇀은 관련 상점이나 식당으로 하여금 그들의 매장에 방문하려고 하는 고객들을 위해서 차량 이동의 보조금을 내도록 유도할 수 있다. 예를 들어 어떤 식당까지 고객이 오는 비용이 20위안이 든다고 치고, 식당에서 100위안을 사용한다고 치면 식당은 충분히 고객이 사용하는 이동 비용인 20위안에 대해서 일부를 보조할 의향이 있을 것이다. 그들에게도 확실히 이득이기 때문이다.

따라서 예를 들어 메이퇀이 입주한 800만 개의 상점이 매일 100위안의 차량 보조비를 지급해서 고객들을 자신의 매장으로 오게끔 만든다면 매일 메이퇀은 운영 가능한 8억 위안의 차량 보조비가 생기고, 1년이면 약

3,000억 위안 규모다. 현재 차량 호출의 최강자인 디디추싱의 비즈니스 모델은 기사와 승객 양쪽에서 수수료를 받는 방식이다. 그런데 메이퇀이 만일 상점으로부터 차량 보조비를 받음으로써 기사와 승객 양쪽에게서 수수료를 부과할 필요가 없어진다면 어떨지에 대해서 왕싱은 대담한 가설을 내어본다.

비록 디디가 이 업계의 90% 이상의 점유율을 가지고 있는 독점 공룡이지만 차량 호출 업계의 진입 장벽은 비교적 낮은 편이므로 쉽게 무너질 수 있다는 것이다. 즉, 메이퇀은 차량 호출 업계를 지탱하는 양측인 기사와 승객 양측에게 이익을 보지 않는 방법으로 디디의 주요 이익을 뺏어올 수 있다. 이는 디디에게 큰 위기였다. 비록 디디 플랫폼에서 매년 수천억 위안에 달하는 거래액이 발생하고 있지만 디디의 수익 창출 능력은 여전히 취약하기 때문이다. 업계의 독점 기업임에도 불구하고 아직도 많은 보조금을 지급하고 있는 형국이다.

따라서 만일 왕싱이 정말 상점의 차량 보조금으로 디디의 사업 영역을 파고든다면 이론상으로는 분명히 승산이 있다고 보였고 새로운 차량 호출의 다크호스가 될 수 있었다. 이것이 메이퇀 왕싱이 모빌리티 사업에 진출하면서 그렸던 큰 그림이며 전략적 근거였다. 그러나 이론과 실제는 다른 법, 진출하는 분야마다 늦게 진출했음에도 불구하고 엄청난 저력을 발휘하면 최강의 자리에 올라섰던 메이퇀은 차량 호출 쪽에서는 아직까지 영 신통치 않은 모습이다.

먼저 메이퇀은 수요자인 상점과 사용자는 손에 있었지만, 문제는 공급자인 기사가 없었다. 따라서 메이퇀은 10억 위안의 현금으로 기사들에게 엄청난 보조금을 살포했다. 참고로 기사들은 차량 호출 플랫폼에 별로 충성도가 없다. 1차량 1플랫폼 정책이 시행되기 전에 오늘 디디가 보조금 많이 주면 디디의 차량 호출 주문을 받고, 내일 메이퇀이 보조금을 더 주면 바로 메이퇀 주문을 받는 식이다. 그래서 늘 메이퇀은 만성적인 기사 부족에 시달려왔다. 기사가 적으니 부를 수 있는 차량도 적으니 이용객도 주는 악순환 반복이다.

따라서 메이퇀 플랫폼 내에서 차량 이동의 수요는 있었지만 이를 소화할 수 있는 기사 공급이 안 되는 상황을 지속해서 겪고 있다. 즉, 무려 10억 위안을 보조금으로 지급했으나 전혀 기사들의 충성도를 가져올 수 없었다. 따라서 현금 살포 후에도 메이퇀은 여전히 공급자인 기사를 안정적으로 확보하는 데 어려움을 겪었다. 이런 모빌리티 시장에서 수요와 공급의 불일치는 메이퇀의 약점이었다.

또 다른 문제는 메이퇀이 이 업계에 진출한 이후로 한동안 정부 정책의 견제로 인하여 처음에 난징에서 서비스를 시작하고 나중에 상하이로 확장한 후에 계속해서 베이징이나 선전 같은 1선 도시에 진출할 수 없었다는 것이다 (2021년 기준으로 선전은 메이퇀 차량 호출은 이미 진출). 이는 이미 해당 지역에서 운행하고 있는 택시에 대한 수입 보장 등의 생존권이 걸려있다는 것이 정부의 우려가 섞인 결정이었다. 시장에는 이미 디디라는 업계의 독점 공룡 때문에 이미 택시 업계는 죽을 맛이었는데 여기에 강력한 경쟁자가 나타나면 피 터지는 보조금 전쟁이 일어날 것이고 그렇게 되면 택시 업계는 더더욱 나락에 떨어지리라는 것은 불 보듯 뻔했다. 확실히 메이퇀의 차량 호출 시장 진출은 단순한 비즈니스가 아니라 대규모 택시 업계의 취업과 생존 문제와 직결되기 때문이다. 바로 이런 이유로 메이퇀의 차량 호출 사업은 시간이 가도 그다지 빛을 보지 못하고 있다.

메이퇀의 공유 자전거 사업 진출, 버리지 못한 모빌리티의 꿈

이렇게 메이퇀은 비록 공유 차량에서 디디추싱의 독주를 막기엔 역부족이었지만 공유 자전거 분야에서만큼은 성공해서 전체적인 모빌리티 시장에서는 디디와 어느 정도 대등한 관계를 유지하며 디디에게 긴장하라는 신호를 주고 싶은 듯하다. 그래서 메이퇀이 공유 자전거 기업인 모바이크를 인수한 것으로 보이지만 이는 공유 차량에 대한 큰 그림을 그릴 때보다는 전략적 접근의 근거가 빈약해 보인다. 차량 호출 업계 진출할 때 메이퇀의 큰 그림은 기사 수급 애로 등의 몇 가지 제약으로 제대로 실행이 안 됐으나 의도 자체는 상당히 높이 살 만한 것과 대조를 이룬다. 왜냐하면, 공유 차량과 공유 자전거 둘 다 모빌리티 분야인 건 맞지만 서로 겹치지 않는 완전히 다른 분야의 이동 산업이기 때문이다.

선전처럼 30도 이상의 여름이 반년 이상 지속되는 곳에서 많은 직장인이 지하철에서 내려서 목적지까지 갈 때 지하철 출구 혹은 버스 정거장 부근에 세워져 있는 공유 자전거를 타고 가는 경우가 많다. 따라서 선전에서 공유 자전거는 목적지까지 마지막 약 0.5~1km의 거리 공백을 채워주는 이동 수단으로 여겨진다.

공유 자전거 자체가 시장성이 있어서 진출했다면 다른 이야기겠지만 공유 자전거 시장 접수를 통해서 디디의 모빌리티 사업을 견제한다는 생각은 모순이 있어 보인다. 그런데 메이퇀은 2018년 4월 모바이크를 약 27억 USD(약 3.1조 원)에 인수했지만 처음부터 계속 적자를 보고 있다. 다만, 공유 자전거 사업에 뛰어듦으로써 다량의 신규 사용자 확보와 이로 인해 메이퇀 타 사업 분야로 많은 트래픽이 몰리게 된다는 플러스 요인도 분명히 고려해야 할 것이다. 또한 최근 메이퇀은 차량 호출, 공유 자전거 외에 공유 전동차(전기 오토바이)까지 뛰어든다고 하니 차량 공유에서 못다 이룬 꿈을 모빌리티에서 어떻게든 이루고 싶어 하는 것이 분명해 보인다.

메이퇀이 비록 계속 적자를 보고 있긴 하지만 개인적으로 선전이 매우 더워서 공유 자전거를 많이 타고 다니면서 공유 자전거의 편리함을 충분히 체감하고 있으므로 이 사업의 전망은 나빠 보이진 않는다. 참고로 예전 2010년 초중반에 중국에서 급성장했던 공유 자전거 사업은 자전거 분실, 관리 소홀 및 자전거 주차 관리 어려움으로 인해 급속도로 성장 동력을 상실하고 관련 기업들이 도산 및 인수합병됐다. 이런 상황이다 보니 최근 메이퇀의 공유 자전거를 보면 관리가 상당히 철저하다. 공유 자전거 위에다가 덕지덕지 붙은 각종 광고 스티커까지는 어떻게 못 하고 있지만, 이제는 GPS 기술과 자전거 잠금 기술이 발전해서 잠금장치를 메이퇀 어플로 열어야 하는 것은 당연하고 자전거 사용을 종료하고 자전거를 다시 잠가야 할 때도 지정된 자전거 주차 위치가 아니면 아예 자전거가 잠기지 않는다. 만약 수동으로 잠그면 관리비를 5위안에서 최대 20위안을 요구한다. 2022년 기준으로 메이퇀 공유 자전거 사용하는 금액이 대략 1개월 세트 기준으로 15~20위안 정도인데, 5~20위안이면 사실 꽤 많은 벌금을 부과하는 셈이다. 몇 년 전 공유 자전거 기업들이 자전거 관리 부실로 경영 악화한 것을 타산지석 삼아 메이퇀은 확실히 자전거 관리를 엄격하게 하고 있다.

이렇듯 메이퇀은 실생활 관련된 거의 모든 분야에 진출해서 점유율을 1위를 달성하다 보니 어느새 시가총액은 2022년 초 기준 약 1조 HKD 내외를 등락하며 중국 민영 테크기업 중 텐센트, 알리바바, 닝더스다이(CATL,

중국 최대 배터리 기업)에 이은 4위까지 올라왔다. (3위까지 올라갔으나 메이퇀 주가는 고점 대비 60% 이상 폭락하여 닝더스다이에게 추월당함)

2018년 홍콩증시 상장 후 한동안 헤매는 모습을 보여 주더니 최근 2년 간의 매출액과 순이익 증가는 상당히 좋은 수치를 보여 주고 있다. 2018 년 매출액 652억 위안, 매출총이익 -1,155억 위안, 플랫폼 사용자 4.04 억 명, 입점 점포 440만 개를 기록했다. 심한 적자 이유는 당시 메이퇀 의 신사업 부진, 모바이크(공유 자전거) 인수로 인한 것이다. 2019년 매 출 975억 위안, 매출총이익 22억 위안, 플랫폼 사용자 4.5억 명, 입점 점 포 580만 개를 기록했다. 그리고 2021년 3월 발표 자료에 따르면 2020년 매출 1,147억 위안(전년 대비 +17.7%), 매출총이익 47억 위안(전년 대비 +110% 증가) 사용자는 5억 1,000만 명(전년 대비 +13.3%) 입점 점포 680 만(전년 대비 +10.1%)로 크게 좋아진 실적을 보여 주고 있다. 플랫폼 이 용자의 연평균 거래 횟수는 약 27회에 달한다.

2022년 3월의 공시에 따르면 2021년 메이퇀 플랫폼 사용자는 약 6.9억 명, 입점 점포는 880만개, 매출액은 1,791억 위안(약 277억 USD, 전년 대 비 +56%)을 기록했다. 그러나 이런 외형적 성장에도 불구하고 235억 위 안(약 36억 USD, 전년 대비 +47억 위안)의 순손실을 기록하여 다시 적자 로 돌아섰다. 이는 밑에서 살펴볼 중국 정부의 플랫폼 기업 규제에 따른 반독점 과징금 납부, 배달원 보조금 증가가 주된 이유다.

앞서 메이퇀의 모빌리티 사업을 언급하면서 관련 분야 최강자인 디디추 싱 이야기가 많이 나왔고 서로 견제한다는 등 언급이 많았는데 다 이유가 있다. 메이퇀 창업자 왕싱과 디디추싱 창업자 청웨이(程維) 이 둘의 웃픈 인연과 끝나지 않은 이야기는 바로 다음 디디추싱 편에서 계속해 보자.

제8장

디디추싱(DIDI)

부르면 온다, 우버를 집어삼킨 중국의 디디추싱

1990년대 말은 언급할 필요도 없고, 2010년대 초만 해도 중국 산둥성의 칭다오에서 밖을 나설 때 자차가 없으면 힘들게 택시를 잡아타야 했고, 아무리 기다려도 택시가 잡히지 않으면 할 수 없이 버스를 타고 돌아다니곤 했다. 중국에선 택시가 수요에 비해 공급이 적은 편이라 늘 택시 잡는 것은 고역이었다. 그래도 택시를 못 타고 버스를 종종 타다 보니 버스에서 신박한 광경을 목격한 적도 있다.

2014년만 하더라도 칭다오에 지하철 개통되지 않은 시절이라 버스란 버스는 거의 늘 만원 버스 상태로 앞뒤 문 안 가리고 사람들이 끼여서 탑승을 하곤 했는데, 버스 뒷문에는 카드 태그기가 따로 없을 때도 있었다. 인상 깊었던 장면은 버스 카드를 태그 하지 못한 승객들이 앞에 같이 끼어 있는 사람에게 본인의 버스 카드를 건네서 '이것 좀 앞으로 전달해서 찍어 주세요.'라고 넘겨서 결국 운전사 쪽의 카드 태그기를 찍고 다시 역순으로 카드를 돌려받는 장면이었다. 때때로 동시에 여러 장의 버스 카드가 손에 손을 타고 이동해서 부메랑처럼 카드 주인에게 무사히 다시 회수되는 장관을 보면서 감동해 버렸다. 아무도 귀찮아하지 않고 두말없이 받아서 또다시 자기 일인 양 앞사람에게 부탁하며 전달했다가 다시 돌려주는 '별것 아닌 부분'에서 난데없이 중국 중산층의 무임승차를 거부하는 양심, 협업 정신을 봤다고 해야 할까, 아니면 원래 남 일에는 일절 참견하지 않고 도와주지도 않는 중국 사람들의 새로운 모습을 발견해서 그랬던 것일까.

이제는 칭다오의 버스 안에서 이런 진풍경을 거의 볼 수 없을 것 같다. 지하철 개통으로 교통량이 분산되어 버스 탑승 인원이 다소 줄었기도 하고 택시를 비롯한 각종 차량 호출이 언제 어디서나 가능해졌기 때문이다. 바로 당시 뜨겁게 떠오르고 있던 디디다처(滴滴打车)와 콰이디다처(快的打车) 등의 여러 차량 호출 플랫폼 덕분이다. 사람들은 스마트폰으로 언제 어디서나 차량을 손쉽게 부를 수 있고, 좋은 서비스에 다양한 할인 혜택까지 주는 디디 등의 여러 플랫폼의 출현에 열광했다.

칭다오 근무 당시 사무실 현지 직원과 함께 처음으로 디디좐처(滴滴专车)를 불러서 기업 방문을 한 적이 있는데 사용하면서 속으로 깜짝 놀랐다. 참고로 2008년 베이징 올림픽 개최 시기에 맞춰서 교체된 이력이 있는 칭다오 택시 대부분은 고작 6~7년 만에 심각하게 노후화된 외관과 까무잡잡한 회색으로 변한 흰색 시트의 끔찍한 내관을 자랑했다.

이에 반해 디디좐처의 차량은 몹시 훌륭한 내·외관 컨디션의 중형 세단이었다. 그래서 이미 타기도 전에 놀랐는데 더 놀라운 것은 기사의 서비스 태도였다. 운전 중에 담배를 꼬나물고 창밖으로 가래를 캭 뱉으면서 앞 차에게 빨리 가라고 클랙슨을 미친 듯이 누르는 동시에 험한 욕을 입에 달고 있는 택시 기사를 봐도 그냥 그러려니 했던 시절이다. 그런데 교육받은 매뉴얼대로 하는 것이 느껴질 정도로 살짝 어색하지만 '디디촨처를 이용해 주서서 감사합니다. 안전벨트를 메시면 출발하겠습니다. 목적지까지 안전하게 모시겠습니다. 뒤편에 있는 꽂아 놓은 생수는 무료이므로 편하게 드셔도 됩니다' 같은 살살 녹은 멘트에 그야말로 정신이 혼미해질 지경이었다. 심지어 운전도 급가속, 급브레이크 없이 얌전히 하려고 노력하는 모습이었다. 이렇게 무사히 목적지에 도착하고 나서 우리 직원이 따로 현금 지급 없이 내리면서 스마트폰 어플로 이미 결제했고 이번엔 심지어 디디에서 할인 행사해서 무료로 탔다는 말은 마지막으로 나를 충격으로 빠뜨렸다. 그날 일정을 끝내고 사무실로 복귀해서 당장 스마트폰에 디디다처 어플을 설치했다.

이것이 벌써 8년 전이고 칭다오 근무를 마치고 한국에 갔다가 다시 선전으로 돌아와 보니 그 사이에 디디는 콰이디다처(快的打车)와 차량 호출 원조 기업인 우버 등 국내외의 경쟁자들과 피 터지는 보조금 전쟁과 인수 합병을 통한 평화 협정을 통해 시장점유율 90%를 자랑하는 독점 플랫폼 기업이 되어 있었다. 그리고 현재는 계속해서 끊임없이 생기는 신생 경쟁자들에게서 시장점유율을 뺏기지 않도록 필사적으로 노력 중인 상태다. 중국 사람들한테 디디 없던 시절로 돌아가라고 한다면 사람들은 돌아갈 수 있을까? 아마 십중팔구는 고개를 절레절레 저을 것이다.

흥미로운 것은 이렇게 14억 중국 인구의 이동을 책임지고 있는 독점 플랫폼 기업인 디디는 당연히 엄청난 점유율과 많은 이용자 수에 따라 큰 수익을 올리고 있을 것으로 예상되지만 실상은 그렇지 않다. 지금까지 디디는 설립 이후 제대로 된 수익을 내본 적이 없다. 처음부터 빚으로 시작해서 빚으로 운영되고 빚으로 유지되고 있는 회사다. 이렇게 아직 수익을 내지 못하고 있음에도 불구하고 높은 기업 가치를 자랑하고 있다.

창업자 청웨이와 초창기 디디의 처절한 생존기

○ 디디추싱의 창업자 청웨이

디디추싱(滴滴出行)의 창업자 청웨이(程维)는 1983년생으로 장시성 출신이다. 그는 2005년 베이징 화공대 졸업 후 알리바바에 입사 후 B2B 담당 자회사에서 영업 및 마케팅을 담당하면서 경력을 쌓았고, 이후 입사 6년 만인 2011년 알리페이 B2C 분야의 최연소 부총경리(부사장)까지 올라간다. 누가 봐도 청웨이는 이미 알리바바에서 잘 나가는 전도유망한 젊은이였다.

그는 알리바바에서 근무하던 중 앞서 언급한 수천 개의 소셜커머스 기업 난립에 따른 '공동구매 대전(千团大战)'에서 악전고투하던 메이퇀의 왕싱을 만나게 된다. 왕싱은 시리즈 B의 알리바바 주도 5,000만 USD 규모의 투자를 유치 중이었는데 당시 알리바바에서 메이퇀 관련 투자 담당자가 청웨이였던 것이다. 이렇게 서로 알게 된 왕싱(1979년생)과 청웨이(1983년생)는 급격하게 친해지고 서로 호형호제 하는 사이가 된다. 왕싱은 청웨이에게 언제까지 마윈 밑에서 남 좋은 일이나 시켜 주고 살 것이냐면서 창업을 적극적으로 권유했고, 청웨이 역시 마음속에 생각하고 있던 사업 분야가 있었는데 그것이 바로 택시 호출 사업이었다. 즉, 청웨이가 알리바바를 나오고 디디를 세우는 데 큰 영향을 미친 사람 중의 하나가 바로 메이톈의 왕싱이었다. 이들의 찐한 우정은 2017년까지 고작 6년 정도밖에 유지되지 않는데 그 이유는 밑에서 살펴보자.

메이톈이 수천 개의 기업과 공동구매 대전(千团大战)을 통해서 살아남은 잡초 같은 생명력을 지닌 기업이라고 하지만, 치열한 생존형 싸움으로 치자면 디디야말로 누구에게도 뒤지지 않는 'Man vs Wild'에 출연하는 생존 전문가 '베어 그릴스'급 기업이라고 할 수 있다.

○ 디디, 고난의 사업 초기

2012년 6월 6일, 직장을 박차고 나온 청웨이는 과거 알리바바 시절 상사인 왕강(王刚)에게서 마련한 70만 위안의 앤젤투자자금과 자신의 10만 위안을 창업 자금으로 베이징샤오쥐커지유한공사(北京小桔科技有限公司)를 정식으로 등록한다. 그는 베이징 중관춘의 컴퓨터 판매장 창고 구역에서 저렴하고 가성비 좋은 사무실을 빌려서 사업을 시작했고 이 회사는 미래 디디다처(嘀嘀打车)의 전신 회사로서 주요 업무는 택시를 호출하는 소프트웨어 개발이었다. 주로 택시 기사가 빈차 상태로 승객을 찾는 과정과 승객들이 택시를 잡기 어려운 두 가지 문제를 동시에 해결하기 위함이었다. 초창기 청웨이의 가장 큰 어려움은 바로 택시 기사들에 대한 차량 호출 서비스 및 관련 어플에 대한 홍보였다.

당시 베이징에 189개의 택시회사가 있었는데 어느 한 곳의 택시회사도 계약을 맺기 희망하지 않아서 청웨이가 좌절하고 있을 때 베이징 창핑구(昌平区, 베이징 북서쪽 6환 부근)의 작은 택시회사에서 구원의 손길을 내밀었다. 사실 이 회사는 택시가 겨우 70대밖에 되지 않는 작은 회사였고 디디가 어떤 소프트웨어인지도 전혀 알지 못했지만, 그 전날에 디디팀과 진탕 술을 마시고 얼떨결에 한 번 해 보겠다고 했기 때문이다. 하지만 어쨌든 시작이 좋았다.

회사 내의 70명의 택시 기사 중 고작 약 20%만 스마트폰을 보유하여 첫날 16명의 기사에게 어플을 설치하고 서비스를 시작했는데, 다음 날 8명의 기사만 남았다. 대부분의 기사는 호출을 하나도 못 받았기 때문이다. 괜히 비싼 스마트폰 데이터만 쓰느니 쓸모없는 어플을 지워버린 것이다. 그래도 청웨이와 그 팀원들은 이를 바탕으로 다른 택시회사의 문을 계속 두드리며 설득을 시작하며 파트너를 늘려가지만, 호출 주문은 쉽게 증가하지 않았다. 그래서 호출 주문을 늘리기 위해서 디디 전 직원들이 나서서 어플로 호출을 하며, 택시를 타고 목적지도 없이 베이징 시내를 하염없이 돌아다녔다고 한다. 이런 어려움을 겪다가 2012년 12월 어느 날 베이징에 엄청난 폭설이 내린 날 디디의 일 주문량이 1,000건 이상으로 폭증한 것이다. 점점 상황이 급변하다 보니 많은 경쟁자가 호출 시장으로 들어오기 시작한다.

디디의 첫 번째 강적은 야오야오자오처(搖搖招車)였다. 당시 디디와 비교했을 때 야오야오의 가장 큰 강점은 바로 자금이 충족했다는 것이었다. 그들은 충분한 자금으로 베이징 공항과 직접 택시 공급 계약을 맺고 독점적으로 공항의 택시 호출 배정받고 있었다. 디디는 자금 부족으로 어쩔 수 없이 베이징서역·남역(北京西站·南站) 등에서 택시 기사들에게 오프라인으로 전단지 배포, 면대면 등의 홍보에 나섰다.

디디의 오프라인 홍보팀은 택시 기사 상황을 두 가지로 가정하여 기사가 스마트폰이 없는 경우에는 전단지 한 장을 창문으로 쑤셔 넣어 주고, 있으면 30초 내로 디디의 필요성을 설명한 후 1분 내로 기사들의 스마트폰에 차량 호출 어플을 설치하는 식으로 기사를 확보해 갔다. 게다가 디디는 자신들의 소프트웨어에 검출 기능을 추가해서 만일 스마트폰에 이미 야오야오가 설치되어 있다면 디디 어플 설치 후 팝업창이 떠서 야오야오를 삭제 여부를 물어 보았다. 디디 홍보팀은 당연히 야오야오를 보면 무조건 즉결 사형(?) 처분했다.

그리고 야오야오는 기사 모집을 위해서 당시 매달 30만 위안 이상의 TV 광고비를 지출하면서 자신들의 어플을 광고로 소개하고 관심 기사들을 야오야오 플랫폼 설명회에 초청했다. 디디는 이 광고 바로 뒤에 최소한의 비용으로 '지금 바로 ○○○으로 전화 주시면 바로 어플 다운로드가 가능하다'는 자신들의 광고를 짤막하게 실었다. 뭐가 뭔지 헷갈리는 기사들은 일단 야오야오인 줄 알고 전화 걸었는데 자기도 모르게 디디의 어플을 깔게 되는 셈이었다. 중국 기업들 살아남는 거 보면, 정말 살기 위해선 무슨 짓을 못 하랴 싶다.

보조금 살포로 치닫는 극한의 경쟁

○ 경쟁, 경쟁 그리고 끝없는 경쟁

각종 권모술수와 허를 찌르는 전략으로 결국 디디는 힘겹게 야오야오를 퇴출시켰지만 훨씬 더 세고 지독한 녀석이 나타나니 바로 그것은 바이미 택시(百米出租车)였다. 바이미는 베이징 택시 호출 시장을 점령하기 위해 큰 비용을 감수하며 택시에 7인치 태블릿 PC를 무료로 설치해 준다. 이 대담한 조치를 통해 무려 베이징 택시의 절반을 순식간에 점령해 버린다.

청웨이는 또 궁지에 빠지고 살 방법을 곰곰이 궁리하던 차에 이번에는 과감한 역발상을 준비한다. 오프라인 특별팀을 조직해서 온종일 바이미 택시 찾아다니면서 바이미가 택시에 제공한 태블릿 PC에다가 디디의 호출 어플을 설치하고 다닌 것이다. 지금으로선 도저히 상상이 안 되는 행위지만 당시만 하더라도 기사 중엔 컴맹이 많았는지 이런 거의 범죄(?)에 가까운 활동이 어느 정도 먹혔고 결국은 경쟁자인 바이미를 눕혀버린다. 이런 식의 죽기 아니면 까무러치기의 작전과 술수를 보면 역시 중국이 삼국지의 고향이 맞긴 맞다는 생각이 든다. 목숨 걸고 사업하는 건 한국이나 중국이나 매한가지다.

그리고 어느덧 2013년, 베이징에서 시작된 디디와 달리 항저우에서 2012년 설립된 디디의 경쟁자 콰이디다처(快的打车)는 상하이를 중심으로 세력을 확장해서 지역 대장 노릇을 하고 있었다. 그리고 콰이디 뒤에는 역시 항저우 본사를 둔 알리바바 마윈이 쩐주 노릇을 하고 있었다.

디디는 상하이에 진출하기로 마음을 먹고 텐센트에게 원래 수백만 위안을 지원받아서 점유율을 높일 생각이었으나 마화텅은 청웨이의 계획을 듣고 수백만 위안이 아닌 수천만 위안의 투자를 결심한다. 결국 2013년 4월 디디는 시리즈 B에서 텐센트 주도의 1,500만 USD 투자를 받게 되고 이 두둑한 자금과 텐센트의 위챗과 큐큐 메시지 서비스를 통한 디디 차량 호출 서비스 창구 연결이라는 든든한 측면 지원은 디디의 차량 호출 주문량을 폭발시켰다. 이는 경쟁사 콰이디를 자극하기에 충분했다.

이처럼 엄청나게 보조금을 날려대며 고객들을 끌어모으던 디디가 보조금을 중단하기로 한 전날, 알리바바의 지원으로 콰이디 역시 보조금 폭탄을 투하하기 시작하며 주도권을 자신들 쪽으로 되찾아오려고 한다. 양 사는 각각 알리페이와 위챗페이의 모바일 결제 기능을 탑재하며 스마트폰 결제 시장도 급속도로 같이 성장한다. 이리하여 차량 호출 시장에서 핫하디 핫한 보조금 전쟁이 정식으로 시작된 것이다. 디디가 10위안을 보조하면 콰이디가 11위안, 디디 12위안 이런 식으로 밑도 끝도 없는 보조금을 통해서 택시비는 거의 공짜에 수렴해갔다. 예전에 장 보러 갈 때 버스 타는 것도 아까워서 걸어 다니던 알뜰한 할머니들도 택시를 타기 시작했다. 이렇게 차량 호출이 폭증하자 디디의 40여 대의 메인 서버가 다운될 정도였다.

장장 1년에 걸친 보조금 대첩은 2014년 5월 17일에 비로소 종결되었다. 이 보조금 혈투에서 텐센트·디디 연합군은 14억 위안(약 2.1억 USD)을 지출했고, 알리바바·콰이디 연합군은 10억 위안(약 1.5억 USD)을 고스란히 태워 먹었다. 그 외 40여 개가 넘던 거의 모든 차량 호출 플랫폼은 보조금 대첩 1년이라는 시간 동안 고스란히 자금줄이 말라 고사했다. 그 당시 디디는 68%, 콰이디는 30%의 점유율로 시장을 양분했다. 그러나 하늘에 두 개의 태양이 있을 수 없는 법, 이 두 회사가 존재하는 한 전쟁은 언제든지 일어날 수 있었다.

2015년 1월, 디디와 콰이디의 핵심 경영층과 투자가들이 저녁 자리에 다 같이 모였다. 이들은 이 자리에서 디디의 CEO 청웨이와 콰이디의 CEO 뤼촨웨이(呂传伟) 쌍방이 결론을 내기를 희망했고 결론이 날 때까지 계속 술자리가 이어진다. 결국 합의에 도달하여 디디가 콰이디를 합병하기로 하고 청웨이와 뤼촨웨이가 공동 CEO를 맡기로 한다. 그리고 다음

달 2월 14일 정식으로 합병을 발표한다. 시장점유율 98%에 달하는 초특급 차량 호출 유니콘의 탄생이었다. 다음 달 뤼찬웨이는 2선으로 물러나고 청웨이가 합쳐진 디디콰이디(滴滴快的)의 일인자가 된다. 밸런타인데이의 '아름다운' 한 쌍의 결합이었다.

그렇게 피 터지게 치고받으며 서로 못 잡아먹어 안달이던 디디와 콰이디의 빠른 태세 전환의 배후에는 당연히 보조금 폭탄으로 인한 재정적 내상도 있었지만, 또 다른 주요 요인은 차량 호출의 원조 우버(Uber)의 중국 상륙 때문이다. 이미 우버는 태생지인 북미는 물론이고 유럽, 아프리카, 남미, 동남아, 대만까지 진출한 상황이었다. 그리고 이 거대한 중국 시장을 먹기 위해 모든 준비를 하고 있었다. 중국 토종과 미국산 거인의 전쟁은 순식간에 불이 붙었다.

○ 중국 토종 디디와 우버의 생사 결전

디디(滴滴)와 콰이디(快的)의 내전이 기껏해야 서로 총과 대포, 그리고 미사일 정도 깔짝깔짝 쏘아대는 수준이었다면, 디디와 우버의 전쟁은 거의 핵전쟁 수준이었다. 기술이면 기술, 인력이면 인력, 자본이면 자본 바로 직전의 전쟁보다 모든 수치가 상향 조정되었기 때문이다. 우버는 20억 USD(약 129억 위안)를 장전하고 중국 시장에 들어왔고 2015년 상반기만 15억 USD(약 97억 위안)를 소진했다. 돈다발 태우기라면 이미 이골이 난 청웨이도 이에 지지 않고 2015년 9월 디디의 대오를 정렬하여 애플의 투자를 포함해서 30억 USD를 유치했다.

2016년에 우버는 이미 자신만만하게 손에 들고 있던 20억 USD 이상을 소진했으나 여전히 디디를 제압하지 못했을 뿐 아니라 오히려 자기의 점유율을 잠식당했다. 여기에 중국 정부가 원가 이하의 보조금 지급을 금지하는 정책을 발표하자 더 이상 중국에서 버티기 어렵다고 판단했다. 이때 디디와 우버의 공동투자자이자 중국 투자계에서 약방의 감초 같은 소프트뱅크 손정의가 나서서 이 둘을 중재했으며 우버의 브랜드, 인력, 설비, 업무, 데이터, 채널 등 모두를 디디에게 매각하고 우버는 디디의 주식 지분 일부를 양도받는 평화 협정에 다다른다.

디디는 현재 동남아의 그랩(Grab), 인도의 올라(Ola), 브라질의 99, 유럽 및 남아프리카의 택시파이(Taxify), 중동의 카림(Careem), 그리고 북미의 우버(Uber)와 리프트(Lyft)와 제휴 및 협력하고 있다. 우버와는 중국 내에서는 인수합병을 통해 지분 관계가 서로 얽혀있지만 글로벌 시장에서의 경쟁은 여전히 우버와 멈추지 않고 있다.

디디의 지난 발전 과정을 보면 그야말로 끊임없는 진흙탕 싸움의 최종 생존자였다. 앞에서 살펴본 어떤 인터넷 및 IT 관련 기업도 이토록 처절하게 싸우면서 생존해 온 바가 없다. 이제 천하통일을 하고 디디의 세상이 된 것만 같지만 또 그렇지 않다는 데에 차량 호출 시장의 매력이 있다. 여전히 지역적으로, 세부 분야별로 끊임없이 경쟁자들이 출현하고 호시탐탐 디디의 자리를 엿보고 있다. 이렇게 이야기하면 너무 단순화시키는 것일 수 있으나 디디가 살아남을 수 있었던 가장 큰 요인은 가장 많은 보조금을 살포했기 때문이며 이는 가장 많은 투자유치를 했기에 가능했다.

이 배경에는 청웨이의 역할은 물론이고 청웨이가 어렵사리 모셔온 류칭(柳青) 총재의 역할을 빼놓을 수 없다. 그녀는 중국 PC 업계의 대부인 레노보(联想, Lenovo, 렌샹)의 창업자 류촨즈(柳传志)의 딸로서 골드만삭스에서 최연소 아시아 지역 총경리(사장)를 지냈을 정도의 재원이자 콰이디, 우버 등에 투자한 바이두, 알리바바 등의 핵심 투자가들과 긴밀한 관계를 맺고 디디의 연속된 인수합병에 커다란 공헌을 한다. 그 이후로도 자신의 혈연, 지연, 학연, 업연 등의 인맥을 총동원해서 디디의 투자유치에 앞장서고 있었다. 실제로 류칭 영입 후 디디는 자금난을 심하게 겪지 않았다. 어디의 누구를 데려오느냐가 기업 입장에선 정말 천군만마를 얻는 것과 같은 효과를 낼 수 있다. 결국 다 사람이 하는 것이기 때문이다.

디디추싱 청웨이와 메이퇀 왕싱, 인연에서 악연으로

위에서 언급한 대로 왕싱의 지속적인 창업 권유는 청웨이가 알리바바 퇴사 후 창업 결심을 하게 만든 중요한 요인 중의 하나였다. 2012년부터 업무로 만난 인연은 개별적인 만남으로 계속되었고 서로 사적인 이야기는 물론 비즈니스 인사이트를 같이 나누곤 했다. 그리고 시간이 흐르고 흘러 청웨이의 디디는 창업 초창기의 어려움을 극복하고 콰이디와 내전, 우버와의 전쟁에서 잇따라 한판승을 거둔 후 이제 더 이상 차량 호출 시장에 군소 경쟁자들 외에는 이렇다 할 위협적인 경쟁자가 보이지 않았다.

2017년 2월 14일, 여느 때와 다름없이 청웨이와 왕싱은 같이 식사하며 이런저런 얘기를 나누고 헤어졌는데, 자리가 파한 후 집에 가는 길에 청웨이는 메이퇀이 난징에서 차량 호출 사업을 시작한다는 뉴스를 접한 것이다. 청웨이는 식사 자리에서 일언반구 없더니 자신의 사업 분야에 진출한 왕싱에 대해서 당연히 큰 배신감을 느꼈을 것이다. 중국 언론에서는 두 전도유망한 젊은 사업가의 6년간의 우정이 돈 앞에선 이렇게 무용지물이라고 야단법석을 떨면서 청웨이를 자극했다.

2017년 12월, 시간이 흐른 후 청웨이는 중국 언론 차이징(財经)과의 인터뷰에서 칭기즈칸의 유명한 명언을 빌어서 당시의 각오를 토로한다. '얼야오잔, 비엔잔!' (尔要战, 便战. 싸우고 싶다면 오라, 얼마든지 상대해 줄 터이니) 딱 다섯 글자의 간명한 문장이지만 충분히 당시 청웨이의 감정을 읽을 수 있다. 메이퇀의 공격을 받고 청웨이는 즉각 디디 플랫폼에서 메이퇀으로 연결되는 모든 연결 창구(窗口) 링크를 전부 다 삭제하고, 2017년 12월 메이퇀의 핵심사업 분야인 음식배달 사업에 뛰어든다고 선언하고 이듬해 3월부터 실제로 서비스를 론칭하여 장군 멍군 응전 태세를 갖춘다.

앞서 메이퇀 편에서 언급했듯이 메이퇀 생태계에서는 차량 호출 사업이 먹고, 마시고, 즐기고, 노는 데에 있어서 모든 과정의 시작과 종결을 해주는 폐쇄형 플랫폼 완성의 마지막 퍼즐 같은 존재였다. 즉, 어딘가로 가서 무언가를 하고 다시 집으로 돌아올 수밖에 없는 사람들의 특성상 이동 수단이 반드시 필요하기 때문이고 해당 서비스를 제공하는 상점(음식점, 노래방, 영화관, 마사지, 피부관리, 관광지 등) 입장에서도 고객의 이동을 지원코자 하는 수요가 있기 때문이다. 그래서 메이퇀의 차량 호출 사업 진출은 논리적으로 명확하게 수긍이 된다.

이와 달리 디디의 음식배달 사업은 자다가 봉창 두드리는 사업이다. 생각해 보자. 언뜻 보면 디디 기사들이 기동력이 좋으니까 음식 수령과 배달과도 시너지 효과가 있을 것도 같다. 그런데 일단 디디는 전부 자동차고, 자동차는 주차 문제 때문에 아무 데나 세워 놓고 음식점에 가서 음식을 수령하기도 불가능하고 음식을 배달하기는 더욱 어렵다. '고객님, 여기 주차가 안 돼서요. 도시락은 집 앞 건너편에 두고 갈 테니까 알아서 가져 가세요'는 말이 되지 않는다. 따라서 음식배달 사업은 디디가 기존에 가지고 있는 강점과 거의 연동이 되지 않으며, 따라서 시너지 효과와 확장성도 없다. 어차피 배달원은 다 따로 모집해야 하기 때문이다.

이걸 조금만 숙고해 보면 똑똑한 청웨이가 몰랐을 리도 없고, 디디의 임직원 보좌진들도 몰랐을 리가 없는데 결국 이 사업에 뛰어든 것 단 하나의 이유로밖에는 설명이 되지 않는다. 메이퇀의 왕싱에 대한 사적인 노여움이다. 관우가 죽고 이성을 잃고 손권에게 복수하러 가는 유비를 보는 제갈량의 마음이랄까. 임직원들이 이걸 어떻게 말릴쏘냐. 이미 메이퇀이 이 분야 시장을 그렇게 꽉 잡고 있는데, 정확한 현황 분석과 본래 사업과의 시너지 효과 없이 순수한 '원한과 분노'로 시작된 사업이 잘될 리가 없다. 2019년 2월 시작한 지 채 2년도 안 돼서 디디는 음식배달 서비스를 폐지하고 관련 부문의 인력 2,000여 명을 축소한다.

디디가 약 90%의 점유율을 차지하고 있지만 이렇게 끊임없이 메이퇀을 비롯한 새로운 기업이 진입하고 있는 이유는 중국 모빌리티 시장에서 2021년 12월 기준 약 4.5억 명의 차량 호출 사용자들이 있고, 약 83.2억 회의 주문량이 기록됐으며 연간 3,581억 위안(약 555.4억 USD) 이상의 시장 규모를 가지고 있기 때문이다. 그래서 작은 기업이라도 규모에 맞게 작게만 먹어도 충분히 먹고살 만하다는 견적이 나온다. 게다가 이 기업은 꼭 중국 전역에서 디디를 이길 필요도 없고 어느 한 지역에서만 디디가 가진 시장 파이를 같이 나눠 먹어도 그것으로 충분히 유지가 되는 수준이다.

디디추싱이 제공하는 모빌리티 서비스 종류

○ 디디의 모빌리티 관련 주요사업 분야

현재의 디디추싱(滴滴出行)은 원래 과거에는 디디다처(滴滴打车)였다. 다처(打车)는 원래는 차(주로 택시)를 잡아탄다는 뜻으로 과거 디디의 첫 출발은 택시 호출에만 중점을 두고 시작했다. 그런데 나중에 사업을 택시 호출 외에 개인 등록 차량 호출, 카풀, 대리운전, 공유 자전거 등 다방면으로 확장하면서 사명도 훨씬 더 큰 개념을 담았다.

추싱(出行)은 한국어로 출행·외출·이동 등을 포괄하는 뜻으로서 사람의 이동과 관련된 모든 것을 다 포함하는 개념이다. 그리고 과거 다처(打车)가 고객 입장에서 택시를 부르는 행위였다면, 추싱은 이동과 관련된 소비자와 공급자(기사)까지도 같이 포함하는 양면적 개념이라고도 할 수 있다. 즉, 승객뿐만이 아니라 기사까지 배려한 포괄적이고 일반적인 좀 더 좋은 사명이라고 할 수 있다. 그들의 슬로건인 '이동을 더욱 아름답게(让出行更美好)'를 보면 단순히 승객의 이동뿐 아니라 기사의 입장도 고려한 부분이 느껴진다.

현재 디디의 모빌리티 관련 핵심사업 분야만 해도 여러 가지로 세분되어 있다. 매년 바뀌고 업그레이드 중이므로 2022년 기준으로 보자면 △택시 호출(快的出租车), △개인 등록 차량 호출 서비스인 콰이처(快车, 일반차량)/리청좐처(礼橙专车, 고급차량)/하오화처(豪华车, 럭셔리 차량)/상우처(商务车, 7인승 밴), △카풀 서비스인 순펑처/핀처(顺风车/拼车), △대리운전(代驾), △렌트/중고차구매, △공유 자전거 서비스인 칭쥐치싱(青桔骑行), △대중교통(버스·지하철), △내비게이션 등으로 구성되어 있다.

복잡해 보이지만 차량 호출은 나의 현재 위치와 목적지만 설정하고 나면 택시, 일반 차량, 카풀 등 무엇을 선택할지 설정할 수 있다. 최적 경로가 나온 후 선택지에는 각각 예상 금액이 얼마나 나올지도 같이 표시해 준다. 이제 원하는 옵션을 누르고 호출을 누르면 가장 먼저 주문을 받는 기사가 배정된다. 물론 승객/기사 모두 일정 시간 내에는 바로 호출 취소도 가능하다.

○ 디디추싱의 모빌리티 서비스 내용 살펴보기

그럼 하나하나 구체적으로 살펴보자. 택시 호출은 콜택시 개념으로 실시간으로 내가 있는 장소로 택시를 부르거나 지정된 시간과 장소로 예약을 하는 서비스다. 다만 과거 한국의 콜택시는 전화로 어디 있는지 설명하고 부르는 개념이라면 이는 어플을 통해서 나의 위치를 알려 주고 어플 내에서 채팅이나 혹은 일반 전화로도 소통할 수 있다. 현재 한국의 카카오 택시와 큰 차이는 없다. 아직 한국에서는 법적 문제로 시행되지 않는 개인 등록 차량 호출은 차량 종류와 서비스에 따라서 구분이 된다.

콰이처(快车)는 준중형~중형, 즉 B 세그먼트에 해당하는 차종으로 구성되어 있는 개인 차량이다.

리청좐처(礼橙专车)는 보통 중형, 즉 B~C 세그먼트에 해당하는 상위 차종으로 구성되어 있으며 전반적으로 콰이처보다 가격이 더 높은 차량 브랜드와 상위 모델로 구성된다. 또한 콰이처와 달리 차량의 색상에 대한 기준도 있으며 일반 차량 호출 서비스인 콰이처에서 일정 기간 이상의 경력 및 평점을 받은 기사만 좐처 기사를 하겠다고 신청할 수 있다. 즉, 좐처를 타면 한층 더 좋은 차량과 좋은 서비스를 기대할 수 있다. 전화 혹은 채팅 우선 소통, 최소한의 필요 외에 목적지까지 기사가 말은 건네는 등의 방해 금지, 뒷좌석 자리 확대(앞 좌석 접이 및 축소), 승객 짐 옮겨주기 등의 각종 서비스를 미리 신청할 수 있다.

하오화처(豪华车)는 럭셔리 차량 브랜드의 중형 이상 차종으로 벤츠 E 클래스, 아우디 A6, BMW 5시리즈, 테슬라 등으로 구성되어 있으며 개인 선호 차량 브랜드를 사전에 등록할 수도 있다. 좐처의 기본 옵션 외에 영어 구사 가능 기사, 최고 서비스 평점 기사 등의 선택도 가능하다. 당연히 가격은 콰이처, 좐처, 하오화처 순으로 쭉쭉 올라간다.

혹시 탑승 인원이 다수일 경우 상우처(商务车)를 호출하면 기사 제외하고 6명까지 탑승 가능한 밴을 이용할 수 있다. 이렇게 디디에 등록된 개인 차량은 모두 차량 호출 서비스 정식 자격증을 갖춘 기사들만 할 수 있는 영역이다.

카풀 서비스는 순펑처/핀처(顺风车/拼车) 두 가지로 나뉜다. 다만 이 중에서 순펑처만 진정한 의미의 카풀이라고 할 수 있다. 즉, 순펑처의 차주이자 기사는 본디 대다수 전업 기사가 아니며 원래 가야 하는 목적지가 있는 자로서 가는 길에 누군가를 태워서 가는 개념이다. 그러나 핀처는 위에 콰이디, 좐처 등의 차량 호출 서비스에 종사하고 있는 기사로서 자신의 목적지에 가는 것이 아니라 승객의 목적지에 가는 것이며 이 승객이 가는 길이 다른 승객의 목적지와 겹치면 두 사람을 태워서 가는 것이다. 즉, 핀처는 카풀이라기보단 합승에 가깝다고 이해하면 편하다. 순펑처도 전업 기사는 아니지만 차주 등록 시에 신분증, 면허증, 휴대폰, 자동차 번호, 차 사진 등 여러 가지 확인 절차를 거쳐야만 카풀 차주로서 신청할 수 있다. 디디는 과거 카풀 승객 살인 사고로 인해서 승객 안전성 확보를 위한 여러 가지 노력을 하고 있다.

대리운전(代驾)은 단순히 한국에서처럼 술자리 이후의 거리에 따라 가격을 책정하는 1회성 이용뿐 아니라 관광, 출장, 출퇴근 등 여러 목적으로 기사를 채용할 수 있다. 2022년 기준으로 4시간 300km 이내 기본요금 236위안, 1일 600km 이내 496위안부터 시작해서 추가 요금이 붙는 식이다. 대중교통(버스·지하철)은 내 위치에 따라서 목적지까지 가장 빠르게 갈 수 있는 버스 번호별 경로와 관련 지하철 노선도 등을 알려준다. 공유 자전거, 렌트·중고차 구매, 내비게이션 등은 따로 특이한 사항은 없다.

디디의 핵심 영역은 확실히 모빌리티 분야로 생각하면 되고, 음식배달 시장에 들어갔다가 성과 없이 나왔음에도 불구하고 생활, O2O 관련된 여러 가지 서비스를 계속 들고나오고 있다. 2020~2021년에 걸쳐서 디디에서 가장 강력하게 밀고 있는 것은 신선 제품 전자상거래 플랫폼이자 지역 사회·동네 공동구매 플랫폼 청신여우쉬엔(橙心优选)이다. 간단하게 서비스를 소개하자면 디디의 온라인 플랫폼에서 소비자가 저렴한 가격으로 물건(과일, 채소 등 신선 제품 및 일반 소비재 등 다양)을 주문하면 자신이 사는 지역에서 가장 가까운(보통 100~300m 반경 내) 곳에 있는 공동구매 단장(보통 작은 슈퍼나 다른 여러 업종에 종사하는 상점주)이 고객들의 수요를 모아서 대량 구매로 저렴한 가격으로 상품을 받아온다. 추후 소비자는 공동구매 단장의 상점으로 직접 가서 물건을 들고 오는 식의 비즈니스 모델이다. 소비자는 저렴한 가격에 사고 공동구매 단장은 일부 수수료를 자기 몫으로 받는다.

그 외에도 현재 디디는 잡다하게 대출·재테크, 물류 서비스(滴滴运

貨)·이사, 주유소·충전소 탐색 및 이용, 심부름 서비스(跑腿, 배송·구매 대행) 등의 서비스를 제공하고 있다.

현재 디디는 모빌리티 사업에서 축적한 빅데이터와 AI 기술 등으로 미래 먹거리를 준비하고 있는 것으로 알려져 있으며 최근 비야디와 손잡고 만든 차량 호출 전용 모델인 D1을 공개한 바 있다. 또한 디디는 재테크 등 금융 서비스와 동시에 디디 모바일 페이도 론칭하여 교통비를 디디 페이로 지불하면 여러 가지 할인 혜택을 주고 있다.

디디추싱의 미래 먹거리, 운행 관련 빅데이터

디디는 다른 중국 인터넷 거두들과 마찬가지로 다양한 첨단 기술 분야에 많은 자원을 투입하고 있다. 빅데이터, 클라우드, 안면인식, 인공지능 등은 디디 모빌리티 분야에서 빼놓을 수 없는 부분이기 때문이다. 디디가 모빌리티 사업에서 잔뼈가 굵어질수록 이 분야에서 얻는 빅데이터는 무궁무진하다. 현재의 모빌리티 사업의 수수료 징수 모델보다는 바로 빅데이터가 향후 디디의 주요 수익 분야가 될 수 있다는 것은 대체로 일치된 견해다.

좁게 보면 디디 기사들이 승객의 목적지까지 가는 경로, 도착시간 등을 교통량, 운행 지역, 운행 시간 등에 따라 정확하게 예측할 수 있고, 어떤 기사에게 어떤 승객의 호출을 매칭 시키는 것이 가장 효율적인지에 관한 판단을 시스템 자체적으로 할 수 있도록 빅데이터와 AI를 활용한다. 더 나아가서는 지난 며칠, 몇 주, 몇 달, 길게는 몇 년간의 차량 호출 추세를 파악하여 어떤 지역에서, 좁게 보면 어떤 사무용 건물에서 평균적으로 몇 명의 사람들이 어느 시간에 차량 호출을 했으므로 금일 특정 시간대에 OOO건의 차량 호출이 예상된다는 미래 예측까지 하고 필요할 경우 미리 이를 디디 기사들에게 공유하기도 한다.

사실 이미 디디 기사들이 사용하는 어플에는 현재 어느 지역에 이동인구가 많은지, 차량 호출이 집중되는지 대한 지도 정보(热力图, 이동인구가 많은 곳은 지도 상 붉은 색으로 표시됨)를 디디로부터 실시간으로 받고 있으며 호출을 못 받고 있을 때 기사들은 호출 주문을 받기 위해 해당 지역으로 이동한다.

이런 빅데이터는 디디 내부적으로도 쓰이지만 향후 더 많은 분야는 디디 밖에서 쓰일 것으로 보인다. 구체적으로 보면 중국 전역에서 디디가 운행되고 있으므로 어떤 성에서 어떤 차종의 디디 개인등록 차량의 수량이 가장 많은지, 얼마만큼 운행되었는지, 또 어떤 차량이 가장 많은 수입을 얻었는지 등의 데이터는 큰 의미가 있다. 따라서 각 자동차 제조 기업 모두 디디가 가지고 있는 이런 빅데이터에 관심이 매우 많고, 높은 가격을 주고서라도 구입하려고 한다.

차량 정보만 파악이 되는 것이 아니라 교통량과 차량 호출 주문 시간에 따른 각종 사회적 현상까지도 파악이 된다. 예를 들어서 베이징에서 야근이 가장 극심한 장소는 베이징 중관춘 소프트웨어 파크(中关村软件园)이며, 업종으로도 따지면 인터넷 업종 종사자들이며, 두 번째로는 금융업이다. 금융업이 가장 많이 올려있는 곳에서 야간에 엄청난 차량 호출이 발생하기 때문이다.

그리고 차량 이동과 호출량에 따라서 도시별 인구 이동을 비롯한 지역별 가장 인기 있는 관광지, 쇼핑센터 등이 파악이 되므로 이를 귀납 및 정리하면 관광 업계, 부동산 업계, 운수 업계 등에 매우 귀중한 자산이 된다. 이뿐만 아니라 향후 국가와 정부 차원에서 스마트시티를 구축하는데 도로 상황, 신호 관리, 차량 분배 등을 담당하는 중요한 교통 브레인의 위상도 가질 수 있다.

보안 빅데이터 측면에서 디디 기사들은 운행 시작 전에 반드시 디디의 어플 내에서 안면인식을 통과한 후에 신분 확정이 된 후에만 호출받을 수 있다. 이는 2018년 사고 이후 디디 탑승객의 안전사고 발생을 줄이는 방안으로 안면인식, 음성 인식 등으로 기사의 신분 확인을 수행하고 있다. 그리고 만일 여성 고객이 심야 시간에 디디 탑승 후 원래 출발지와 목적지 사이의 최적 경로와 심하게 다른 경로로 움직이게 되면 플랫폼에 경고가 들어오게 된다. 그러면 디디는 관련 공안 부문과 연동해서 차량에 문제가 있는지 정보를 공유하게 된다. 디디는 승객의 안전뿐 아니라 기사들의 안전 확보를 위해서 기사용 어플에 GPS와 각종 센서를 연결해서 해당 기사의 운전 습관을 파악할 수 있도록 급가속, 급감속, 코너링 시 가속도 등을 기록하게 해 놓았다. 그리고 이런 운전 습관이 안 좋다고 판단되면 기사에게 경고 조치 등을 가한다.

마지막으로 디디가 기사와 승객들이 차량 호출과 각종 이동 경로 조회 등으로 만들어 내는 데이터양은 엄청나다. 2020년 기준으로 하루평균 차량·승객 위치 요청 데이터 150억 회, 경로 탐색 400억 회 등의 요청으로 하루 처리 데이터는 약 4,800TB(테라바이트) 정도라고 한다. 이런 엄청난 규모의 데이터를 유지하기 위해 서버 관리와 관련 클라우드 기술은 디디가 가지고 있는 큰 장점 중의 하나일 수밖에 없다. 따라서 디디는 자사의 클라우드 서비스를 디디윈(滴滴云)으로 운영 중이다. 이들은 기존에 알리바바 클라우드, 텐센트 클라우드에 이어서 새롭게 클라우드 사업에도 뛰어들었다. 이렇게 많은 데이터 때문에 디디추싱의 미국 상장 이후 중국 정부가 정보 유출 위험성을 빌미로 트집 잡기 시작했을 수 있지만 잘 이해되지 않는 것은 디디추싱의 서버는 모두 중국 내 존재해서 미국에서 당장 어떻게 하기는 쉽지 않다는 사실이다.

연례 행사였던 디디의 상장 루머와 상장의 결과

디디는 2012년 6월 설립 후 2015~2016년 국내외 경쟁자들과의 합병을 통해서 독점 플랫폼으로 거듭난 후 매년 기업 공개 및 상장할 것이라는 소문이 무성했으나 늘 마지막엔 아직 상장 계획이 없다고 공식 발표한 바 있다. 2021년 상반기까지도 디디는 비상장 상태였다. 상장에 대해서 디디의 신중한 태도에는 다양한 이유가 있겠지만 가장 큰 이유는 실적 발표에 대한 부담감이 아닐까 싶다. 실적이 공개되면 그 수치가 분명히 좋지 않을 가능성이 꽤 크기 때문이다.

디디의 2021년 증시 상장에 관해서는 매년 그렇듯 여러 가지 추측들이 나왔었는데 먼저 상장 시 기업 가치는 약 600~800억 USD 정도로 추정됐었다. 중간값인 700억 USD로 계산해도 사실 이미 엄청나게 큰 금액이다. 한화로도 약 68~92조 원 가까이 되니 말이다. 그런데 이 수치는 자본 시장에서 디디를 상당히 낮게 평가하는 것으로 해석된다. 왜 이 수치가 디디의 저평가로 보이는지 3가지 측면에서 나눠볼 수 있다.

먼저 디디는 2012년 설립 후 지금까지 약 20회에 걸친 투자 유치를 받았다. 투자자들이 내놓은 현금만 해도 이미 200억 USD가 넘는다. 그리고 디디는 2017년에 이미 소프트뱅크 손정의의 40억 USD의 투자를 받고 추정 기업 가치가 이미 560억 USD 이상으로 평가된 이력이 있다. 마지막으로 디디가 BAT(바이두, 알리바바, 텐센트)의 계승자인 TMD(터우탸오·바이트댄스, 메이퇀, 디디)의 하나지만 바이트댄스는 2021년 기준 약 2,500억 USD 정도의 추정 가치(미상장)를 인정받고 있고, 메이퇀은 이미 홍콩증시에 상장되고 2022년 초 기준 시가총액 약 1조 HKD(약 1,287억 USD) 내외를 기록하고 있다.

그간 엄청나게 끌어들인 투자 자금(빚)과 약 5년 전인 손정의 투자 당시의 기업 가치에 비교해서 그다지 늘지 않은 추정 기업 가치, 그리고 상대적으로 훨씬 잘 나가는 다른 TMD를 보고 있자면 디디의 현재 추정 가치인 700억 USD를 보면 그다지 크게 보이지 않을 수밖에 없다. 최근 다른 인터넷 기업이 크게 발전하고 몸값이 치솟을 때, 디디는 오히려 몸값이 퇴보하고 있는 느낌이다.

디디 같은 플랫폼 기업이 상장해서 꾸준히 가치를 유지하기 위해선 최소 조건들이 필요하다. △해당 업계의 성장 가능성, △수익 창출의 발전 가능성, 혹은 △플랫폼의 확장 가능성 등이다.

먼저 디디가 개척한 중국 차량 호출 업계는 이미 10년 업력의 비교적 성숙한 시장으로 시장 규모가 2017년 2,120억 위안, 2018년 2,715억 위안, 2019년 3,460억 위안, 2020년 3,114억 위안, 2021년 3,581억 위안(약 555.4억 USD)으로 등락을 거듭하며 증가하고 있지만 초창기만큼 폭발적인 증가는 아니다. 비록 증가율이 줄었다고 하나 시장 규모 자체로는 먹을 게

워낙 많은 시장이므로 신생 기업과 타 업종 출신 대기업 경쟁자들이 끊임없이 시장에 진입하면서 계속 디디의 점유율을 잠식하고 있다. 디디는 이 시장에서 이미 독과점 위치에 있으므로 성장은커녕 지금의 점유율만 지켜내도 다행이다. 즉, 디디에게는 시장 자체가 획기적으로 성장하지 않는 이상 잘해야 본전인 상황이다.

게다가 수익 창출 관련해서는 디디는 설립 후 2012년에서 2018년까지 390억 위안의 누적 적자를 보았고, 그중 2018년에만 109억 위안의 적자를 보았다. 2019년에는 상황이 좋아져서 핵심 영역인 차량 호출에서 드디어 흑자를 보고 있다고 디디의 류칭(柳青) 총재가 2020년에 밝힌 바 있으나 당시에 그 구체적인 숫자는 밝힌 적이 없어서 진위 여부 파악을 할 수 없었다. 지금까지 한 번도 보조금 없이 운영된 적이 없는 플랫폼이어서 수익을 내기 위해서 보조금을 큰 폭으로 줄였을 때 과연 여전히 기사와 승객이 계속 디디 플랫폼 머무를지도 고민이다. 디디와 유사한 경쟁 플랫폼에서도 카풀 서비스(顺风车) 정도만 영업이익이 나고 있다. 게다가 카풀 분야에선 디디가 아닌 디다추싱(嘀嗒出行. DIDA)이라는 다른 차량 호출 플랫폼이 오히려 2019년 시장점유율 66.5% 이상으로 디디를 능가하고 있다.

그리고 플랫폼의 확장 가능성으로 따지면 디디는 메이퇀의 음식배달 업계에 진출했으나 변변찮게 죽만 쑤다가 퇴장한 바 있고, 오히려 메이퇀을 비롯한 여러 기업의 차량 호출 사업 진입에 쫓기는 상황이다. 디디는 지속해서 조금씩 떨어지는 점유율 방어하기 위해서 자체 차량 호출 서브 브랜드인 화샤오쥬(花小猪)를 론칭했고, 비야디와 협업으로 차량 호출 전용차 D1 제작, 공유 자전거와 신선식품 공동구매 등에 다양한 분야에 진출하고 있지만, 이로 인한 실적 개선은 아직 미지수다. 그리고 디디의 빅데이터는 무궁무진한 잠재력이 있는 것은 사실이나 지금 당장 눈에 보이는 비즈니스 모델을 만들어 내진 못한 상황이다.

이런 상황에서 2021년 6월 30일 디디는 미국 뉴욕증권거래소에 상장이 완료되었다. 상장 직후 주당 가격이 18 USD에 달했으나 반년도 지나지 않은 2022년 초 기준으로 2~3 USD 내외에서 등락을 거듭하고 있다. 이는 시가총액 150억 USD 수준으로 초창기 시장 예측인 600~800억 USD보다도 훨씬 낮은 시가총액을 보여 주고 있다(당연히 디디의 뉴욕증시 상폐 소식에 영향 받은 부분이 큼). 시장이 디디추싱의 비즈니스 모델의 수익성, 향후 확장성에 대해서 의구심을 보내고 있다는 뜻으로 해석이 가능하며 미국 증시에 상장하면서 중국 정부와 큰 내홍을 겪으며 각종 규제를 받고 있는 디디의 중국 내 사업적 안정성에도 물음표를 제기하고 있는 것으로 보인다. 그리고 급기야 2021년 12월에 디디는 중국 당국의 압박에 굴복하여 뉴욕 증시에서 상장 폐지를 결정했다. 이와 관련된 리스크는 디디의 위험 요인 분석에서 다시 언급한다.

위험 요인(1) 사랑은 움직이는 거야 (처참한 플랫폼 충성도)

디디는 분명히 이동의 수요자인 고객과 이동 수단의 공급자인 기사·차량을 이어 주는 플랫폼임이 분명하다. 분야를 막론하고 수요·공급을 이어 주는 양면 시장인 플랫폼이 설립되고, 유사 플랫폼 간의 경쟁을 통해서 살아남은 플랫폼은 거대한 기업 가치를 인정받는다. 앞서 살펴본 알리바바, 텐센트, 메이퇀 모두 플랫폼 기업으로 살아남아 동종 업계의 최대

거인으로 성장했다. 그런데 상기 기업의 분야인 전자상거래, 인스턴트 메시징, 생활 O2O 사업 분야와 디디의 핵심 비즈니스 영역인 차량 호출 서비스에는 결정적인 몇 가지 차이점이 있다.

첫 번째로 디디의 가장 큰 약점은 수요자인 고객과 공급자인 기사 양쪽 모두 플랫폼에 대해 충성도가 매우 낮다는 점이며, 양면 시장의 참가자를 플랫폼에 잡아 둘 만한 유인이 작다는 것이다. 더 직관적으로 이야기하자면 디디는 자신의 사업 영역을 공고히 지켜줄 수 있는 보호막이 다른 플랫폼에 비해서 형편없이 부족하다. 플랫폼의 참가자들이 다른 곳으로 떠나지 못하도록 하는 락인(Lock-in) 효과를 가져오는 보호막이란 무엇인가? 디디의 차량 호출 플랫폼과 다른 분야의 플랫폼을 비교하면서 알아보자.

전자상거래 분야를 보면 특정 사이트에 많은 수요자와 양질의 공급자가 몰릴수록 다른 플랫폼은 일반적인 방법으로 이와 유사한 경쟁력(수요자와 공급자의 양적·질적 확보)을 확보하는 것이 매우 어렵다. 그런데 알리바바는 이 정도의 수준으로 끝낸 것이 아니라 자사 플랫폼에 챠이냐오 물류, 알리바바 클라우드 및 앤트그룹의 금융까지 다양한 유무형의 부가 서비스를 덧씌워서 자사의 전자상거래 플랫폼에 성벽을 둘러치고 방어 능력을 극한으로 끌어올렸고, 이를 기반으로 누구도 침범하기 힘든 방대한 폐쇄적인 비즈니스 생태계 자체를 구축해 버렸다. 징동닷컴도 설립 초기부터 장기간에 걸쳐 큰 비용을 들여서 자사의 빠르고 안정적인 물류 체계를 구축하고 징동에서 구입한 제품은 100% 정품이라는 시장의 신뢰를 얻음으로써 남들이 단기간에 저비용으로 쉽게 따라오지 못하는 단단한 방어 갑옷을 둘렀다.

메이퇀의 음식배달도 4만여 명의 전담 배달원과 수백만 명의 외주 배달원을 탄력적으로 운영함으로써 음식배달시장의 압도적 우위를 유지했다. 또한 메이퇀은 여러 생활 서비스를 지역 기반으로 지속 확대하는 동시에 다중뎬핑을 합병하여 가장 많은 선택지, 정보, 할인 혜택 등을 제공함으로써 고객이 떠나지 못하도록 잡아두는 유인책을 마련했다.

텐센트의 위챗 메신저 서비스는 대부분 사람이 쓰는 서비스를 어쩔 수 없이 따라 쓸 수밖에 없으므로 자연스러운 네트워크 효과를 누리면서 지속적인 신규 고객 확보가 가능했다. 여기에 위챗 내의 SNS, 게임, 음악, 동영상, 모바일 결제 서비스와 각종 미니프로그램 등의 부가 서비스를 입혀줌으로써 고객들이 한 번 들어가면 빠져나오거나 쉬이 갈아탈 수 없는 거대한 락인 효과를 만들었다. 정리하자면 위에서 다룬 플랫폼은 모두 고객을 잡아두는 다양한 기능과 유인책이 있으며 경쟁 기업이 단기간에 보조금 지급만으로는 기존 고객을 빼가기 어려운 구조를 만들었다.

그런데 이와 달리 차량 호출 플랫폼은 고객과 기사 모두 꼭 디디를 선택해야 할 유인이 많지 않다. 즉, 승객과 기사를 잡아둘 유인이 별로 없다. 수요자인 고객으로서는 지금까지 디디를 주로 사용했기 때문에 습관적으로 디디로 차량을 호출하는 경향이 크지만 만일 보조금 혹은 할인 혜택을 많이 주거나 피크 타임에 호출 시 차량이 더 잘 잡히는 다른 플랫폼이 있다면 갈아타는 데 아무런 망설임도, 장애물도 없다.

기사 입장에서도 수수료 적게 떼 가고 보조금 많이 주고 호출 주문량이 많은 플랫폼이 나타난다면 마다할 이유가 없다. 따라서 이 분야는 결국 보조금에 살고 보조금에 죽는 시장이다. 디디가 지금까지 살아남은 단 한 가지 이유만 꼽으라면 가장 많은 투자유치를 받고 가장 많은 보조금을 뿌렸기 때문이다. 그리고 더욱 디디에 뼈아픈 것은 이런 장기간 보조금 살포의 후유증으로 고객과 기사 모두 점점 가격에 대해서 민감도가 높아졌다는 점이며, 지금까지 디디가 뿌린 보조금으로 어렵사리 사람들에게 차량 호출 시장에 대한 인식을 심어놨는데 이 교육의 후광 효과를 등에 업고 다른 후발 경쟁자가 상대적으로 쉽게 진입한다는 사실이다.

2017년 4월 메이퇀은 디디추싱이 시장점유율 90% 이상을 차지하고 있던 압도적인 독점 상황에서 난징(南京)에 난입해서 10억 위안의 보조금 살포와 당시 디디의 12%(이때만 해도 수수료가 지금보다 낮았다) 수수료보다 훨씬 낮은 8% 수수료와 초기 3개월 수수료 면제 등을 미끼로 기사를 모집해서 순식간에 난징에서 차량 호출 점유율 높인 것이 대표적인 실제 사례다.

물론 디디 입장에서는 메이퇀에게 일시적으로 점유율을 뺏겼지만, 메이퇀 역시 이런 식의 보조금 살포를 지속하기는 어려웠으므로 다시 디디가 어느 정도 점유율을 되찾아왔다. 물론 이는 언제든지 재발할 수 있는 상황이다. 따라서 아무리 디디가 독점 플랫폼이라지만 안정적인 수익 구조 확보가 쉽지 않다. 실제로 끊임없이 새로운 경쟁자들이 시장에 지속해서 발을 담그고 있다. 전자상거래나 모바일 메신저 분야에서 새로운 서비스 제공자의 등장이 흔치 않은 것에 비하면 중국을 천하 통일한 디디 차량 호출 제국에서는 국지적인 반란 세력이 고빈도로 끊임없이 계속 발생하고 있는 셈이다.

디디 플랫폼에 충성도가 낮다는 것은 고객과 기사 모두 매한가지지만 현재 차량 호출 시장에서 고객보다 기사의 운신 폭은 훨씬 좁다. 2018년 5월 그리고 8월 연속으로 여성 승객이 디디 플랫폼에 등록된 카풀 기사에게 성폭행 및 살해되는 사건 등을 이유로 정부는 디디 차량에 대해서 관리·감독을 강화했다. 그 와중에 2019년 디디는 승객 안전 확보를 위해 자사 플랫폼 등록된 차량의 철저한 관리를 강조하며 對정부 로비를 통해 1차량 1플랫폼(一车一平台) 정책을 쟁취했다. 그러나 이는 일선에서 일하는 기사들이 느끼기에 승객을 위한 안전 확보라기보단 기사들이 타 플랫폼으로 이탈하는 것을 막으려는 방편일 뿐이다. 본디 공유경제 관점에서 차량의 유휴율을 최대한으로 낮춰서 차량 활용도를 최대한 늘리겠다는 디디 설립 취지와 정반대의 모습이 바로 1차량 1플랫폼 원칙이다. 기사들의 플랫폼에 대한 낮은 충성도를 제도적으로 묶어 보겠다는 디디의 얄팍한 의도가 보인다.

상식적으로 한 차량이 다양한 플랫폼을 통해서 호출받으면 당연히 더 많은 이동 수요를 해소할 수 있다. 다만 이렇게 되면 디디의 점유율이 낮아질 뿐이다. 법적으로는 디디에 등록된 개인 차량은 다른 플랫폼을 통해서 차량 호출을 받을 수 없지만, 음성적으로는 다수의 스마트폰과 다른 명의의 다수 '온라인 차량 호출 자격증(网约车资格证)'으로 여러 플랫폼을 통해서 호출 주문을 받곤 한다. 실제로 디디 탑승 시 경쟁 업체인 서우치(首汽约车), 차오차오(曹操出行), 메이퇀 등 다른 플랫폼에서 호출 받는 것을 여러 번 본 적이 있다.

위험 요인(2) 살인적인 수수료 징수에 분노하는 디디 기사들

디디의 두 번째 취약점은 차량 호출 시 고객과 기사 양쪽으로부터 수수료를 징수해야만 하는 수익 모델이다. 현재 디디는 기사들의 매출액 중

20%에서 심하면 60% 이상을 수수료를 각종 명목으로 떼어 가고 있다고 한다. 물론 60%라는 상상을 초월하는 수수료 비율은 특잇값이긴 하다. 예를 들어 디디는 리덩좐처(礼橙专车, 고급차종) 기사가 비 피크 타임에 2020년 하반기에 개시한 '청이단(橙意单)'이라는 서비스를 통해서 호출받으면 고객은 30% 할인, 기사는 20% 할인 가격으로 정산을 받는다. 즉, 100위안의 교통비가 나오면 고객은 70위안 지불, 기사는 80위안을 수령하고 나머지 10위안은 디디에서 기사에게 보조금으로 메꿔 주는 형태로 비 피크 타임에 더 많은 주문이 들어올 수 있도록 지원해 주는 것이다.

그런데 청이단을 통해서 약 40% 이상의 수수료를 나왔다는 다수의 온라인 제보가 있었다. 사실 디디 기사는 자기가 실제 손에 쥐는 금액 외에 승객이 플랫폼에 얼마를 지불했는지 물어 보기 쉽지 않다. 민감한 돈 문제라서 그렇기도 하고 승객이 불쾌할 수도 있기 때문이다. 비록 디디에 수수료 산출 공식이 있긴 하지만 호출 형태, 차량 등급, 기사 등급, 운행 지역, 운행 시간대에 따라서 결과는 천차만별이라는 의견이 분분하다. 전반적으로 수수료가 평균 30%는 된다는 게 디디 플랫폼 기사들의 생각이다. 따라서 디디 기사들은 앞서 언급한 메이퇀의 음식점 혹은 배달원들처럼 불만이 가득하지만 마땅한 대체 플랫폼도 없고 1차량 1플랫폼 제약으로 이러지도 저러지도 못하는 상황이다.

2021년 5월, 디디 기사들과 중국 정부의 압박으로 인해 디디가 공개한 평균 수수료율을 보면 디디 기사 입장에서는 최소 20% 이상의 수수료를 떼어 가는 것이 확실해 보인다(승객이 100위안 내면 기사가 가져가는 것은 79.1위안). 게다가 이는 평균값이므로 기사들이 주장하는 30% 정도의 수수료율 체감은 결코 착각이 아니었다(원래 사람은 손해 본 것을 또렷

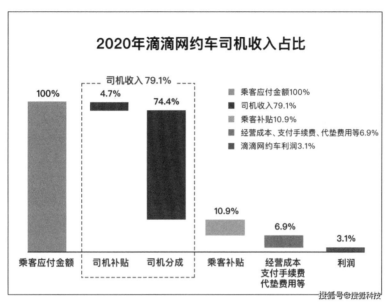

2020年滴滴网约车司机收入占比

司机收入 79.1%

100%
4.7%
74.4%

- 乘客应付金额100%
- 司机收入79.1%
- 乘客补贴10.9%
- 经营成本、支付手续费、代垫费用等6.9%
- 滴滴网约车利润3.1%

10.9%
6.9%
3.1%

乘客应付金额　司机补贴　司机分成　　乘客补贴　经营成本 支付手续费 代垫费用等　利润

搜狐号@搜狐科技

2021년 5월, 기사와 고객을 비롯해서 디디의 수수료 비율 논란이 끊이지 않자
디디는 '비판을 겸허히 수용하고 수수료율을 투명하게 공개' @디디

하게 기억하는 편이므로). 나중에 평균 체감 수수료율이 40%가 넘어가는
상황이 되면 전국의 차량 호출 플랫폼 기사들이 단합해서 망이·망소이처
럼 죽창 봉기라도 일으키지 않을까 싶다. 앞서 본 메이퇀이 음식점에 부
과하는 평균 12% 수수료는 디디에 비하면 애교 수준으로 보일 지경이다.
이렇듯 기본 수수료율이 높지만 디디는 수수료율을 낮추기보단 기사들에
게 꾸준하게 보조금을 지급하는 방식으로 플랫폼에 잡아두고 있다. 왜냐
면 수수료율은 한 번 낮추면 추후 다시 올리는 데 너무 큰 저항이 있기 때
문이다. 보조금으로 손해를 메꿔줌에도 높은 수수료는 많은 기사들로 하
여금 점점 디디 플랫폼을 이탈하게 만들고 있으며 이는 디디의 잠재적인
위험으로 인식될 수밖에 없다.

더구나 지금까지는 디디 설립 후 지난 7년간 390억 위안의 누적 적자로 운영됐고, 2018년부터 2020년까지 각각 149억 위안, 97억 위안, 105억 위안의 순손실을 보았다고 공개했다. 만일 적자에서 흑자로 전환한 이유가 높아진 수수료와 줄어든 보조금 영향이라고 명시된다면 디디 기사들은 높은 수수료에 더 큰 불만을 품게 될 것이다. 이 경우 1차량 1플랫폼 정책에 대해서 본격적으로 불만을 제기할 수 있으며, 디디가 독점적 지위를 이용해서 기사들의 생존 권리를 침해하고 있으므로 기사의 사회보험과 주방 공적금(향후 중국 내 주택 구입에 사용될 수 있는 적금) 등을 내달라고 단체 행동을 할 수도 있다. 지금까지는 디디 기사들과 디디는 직접적인 노동 계약을 체결한 고용과 피고용의 관계가 아닌 파트너·가맹 관계(合作·加盟)이므로 디디는 이들에게 어떠한 복리후생 혜택을 제공하지 않고 있다.

알리바바 마윈이 촉발한 주요 플랫폼 기업에 대한 반독점 규제 트렌드에 따라서 혹시라도 3,000만 명에 달하는 디디 플랫폼 기사의 복리후생을 일부 보장하라는 정부 정책이 나온다면 디디는 또다시 적자의 구렁텅이에서 한참 동안 헤어 나올 수 없을 것이다. 참고로 2021년 7월 말, 메이퇀은 배달원 복리후생을 높이라는 중국 정부 권고로 이틀 만에 주가가 약 30% 폭락한 바 있다. 마찬가지로 미국 증시에 상장 직후 폭락한 주가가 회복 못하고 횡보를 거듭하고 있는 디디 역시 차량호출 업계의 최대 플랫폼 기업으로서 언제든지 이런 플랫폼 노동자 리스크에 직면하고 있는 셈이다.

비록 우버 기사들과 중국 디디 기사들과 상황은 다를 수 있지만, 2019년 5월 우버가 나스닥에 상장했을 때 우버 기사들은 수수료를 인하하라는 항의의 뜻으로 우버 어플을 동시에 꺼버린 적이 있다. 즉, 우버 상장이라는 우버의 가장 큰 축젯날에 우버의 든든한 우군이어야 하는 우버 기사들이 오히려 단체로 우버에게 불만을 명확하게 전달했다. 디디도 같은 일을 겪지 말라는 법은 없다. 금전적 유인 부족에 따른 기사 이탈 가능성은 디디의 큰 위험 요인 중 하나다.

위험 요인(3) 여전히 먹을 게 많은 모빌리티 시장

○ 인터넷 거두들이 고객 확보 차원으로 호시탐탐 노리는 영역

또 하나의 디디의 위험 요인이라면 알리바바, 텐센트, 메이퇀, 바이두, 가오더(高德) 등의 인터넷 거두들과 여러 자동차 관련 기업이 최근 모빌리티 서비스를 고객 확보 차원의 게이트형(入口型, 입구형) 사업으로 인식하고 있다는 점이다. 점점 디디가 현재의 독과점 지위를 유지하기가 쉽지 않아 보인다. 여러 대기업이 호시탐탐 노리고 있는 게이트형 사업은 모빌리티, 모바일 페이(移动支付), 장보기(买菜), 지역사회·동네 공동구매(社区团购) 같은 고빈도, 탄탄한 수요와 넓은 고객 저변이라는 특징을 가지고 있으며 그 자체로 수익을 내기보단 해당 서비스를 이용하게끔 유도해서 결국은 자사의 핵심 업무로 끌어들이는 목적이 있다. 따라서 많은 기업이 차량 호출 시장에서 애초에 수익을 내려는 의도보다는 보조금 살포 형태로 고객 확보에 집중하고 있으므로 디디는 보조금을 뿌리는 여러 상대들을 대응하며 시장점유율을 방어하는 동시에 수익까지 창출하는 것이 여간 어려운 일이 아니다.

○ 차량 호출 사업에 진입한 기업의 3가지 대분류

이러한 이유로 2022년 기준 모빌리티 사업에는 많은 경쟁자가 점점 모여들고 있다. 이들은 크게 3가지로 구분할 수 있다.

먼저 상기 언급한 메이퇀을 중심으로 하는 종합 인터넷 기업이다. 메이퇀 외 텐센트와 광치자동차(广汽汽车)가 합작하여 루치추싱(如祺出行)을 광둥 지역에서 운영 중이다. 바이두와 가오더는 각각 중국에서 바이두 지도(百度地图)·가오더 지도(高德地图)을 운영 중이며 이는 한국의 네이버 지도·카카오맵처럼 가장 많이 쓰인다. 이 지도에서 목적지를 입력하면 자동으로 차량 호출 서비스와 연계가 된다.

두 번째로는 전통적 자동차 관련 기업이다. 중국디이자동차(中国第一汽车), 동펑자동차(东风汽车), 충칭창안자동차(重庆长安汽车) 3개 자동차 회사는 공동 합작으로 T3추싱(T3出行)을 내놨고 또 다른 자동차 제조 기업인 이치자동차(一汽汽车)는 이치추싱(一汽出行)을 운영 중이다. 70년 역사를 자랑하는 차량 종합서비스(운수, 판매, 수리, 렌트 등) 국유 기업인 베이징서우치(北京首汽)의 셔우치웨처(首汽约车) 플랫폼도 이 분류에 넣을 수 있다. 이미 차량 호출 및 차량 공유로 인해 일반 소비자의 차량 구매가 필연적으로 줄어들고, 앞으로는 더욱 이런 추세가 공고히 될 것으로 예상되므로 완성차 기업도 목숨 걸고 이 시장에 들어오는 것임을 추측할 수 있다.

마지막으로 각 분야에 특화된 모빌리티 플랫폼들이다. 선저우좐처(神州专车), 차오차오추싱(曹操出行), 디다추싱(嘀嗒出行), 하로어추싱(哈啰出行), 이따오용처(易到用车) 등의 차량 호출 전문 플랫폼들은 비록 작은 시장점유율이지만 자신들이 뿌리내린 지역에서 꾸준히 운영 중이다.

위험 요인(4) 특색이 부족한 디디의 모빌리티 서비스

디디 외의 다른 차량 호출 서비스들은 각자 나름의 특색이 있는 것에 비해서 디디의 서비스는 최초의 차량 호출 서비스로써 중국 내에서 최고의 인지도를 갖고 있다는 것 외에는 사실상 명확한 특색을 갖고 있지 않다.

예를 들어 가오더 지도(高德地图)와 바이두 지도 어플에서 차량 호출의 특징은 현재 위치 기반에서 사용 가능한 다양한 차량 호출 플랫폼에 있는 모든 차량을 다 부를 수 있다는 것이다. 즉, 디디뿐만 아니라 셔우치웨처(首汽约车), 차오차오추싱(曹操出行) 등 위에서 언급한 차량 호출 플랫폼 중 호출이 가능한 차량을 동시에 부를 수 있어서 선택의 폭이 넓고 주변에 부를 수 있는 차량이 많다. 메이퇀 같은 경우는 디디보다 저렴한 가격으로 가성비가 좋다고 평가되고 있다. 참고로 2021년까지만 해도 디디 플랫폼에서는 오직 디디 등록 차량만 부를 수 있었으나, 2022년부터는 디디 플랫폼에서도 제 3자가 제공하는 각종 차량 플랫폼의 차량도 호출이 가능하도록 변경되었다. 디디 역시 점유율을 지키기 위해 몸부림치는 것을 알수 있다.

하로어추싱(哈啰出行) 같은 경우에는 차량 호출도 운영 중이긴 하지만 공유 자전거 등에 강점을 가지고 디디의 공유 자전거 서비스인 칭쥐치싱(青桔骑行)의 점유율을 바짝 쫓고 있다. 게다가 디디보다 훨씬 저렴하다.

디다추싱(嘀嗒出行, DIDA) 같은 경우는 카풀 영역에서의 디디를 능가하는 최강자이다. 그리고 선저우좐처 같은 경우는 전반적으로 친절하고 수준 높은 서비스로 나름의 명성을 쌓았다. 이런 식으로 현재 모빌리티 시장의 여러 군소 경쟁자들도 브랜드 차별화와 각자의 포지셔닝을 가지고 있다. 디디는 차량 호출 시장의 개척자로서 가장 유명하다는 것과 높은 점유율을 가지고 있다는 것 말고 다른 플랫폼과 구분 짓는 특징이라고 할 것이 명확하게 드러나지 않는다.

그래서 디디는 궁여지책으로 자사의 서브 브랜드인 화샤오쥬(花小猪)를 별도로 론칭하고 저렴한 가격을 내세워서 젊은 층 공략을 시도하고 있으나 시장의 반응은 아직까진 미지수다. 우선 이 브랜드 장점으로는 디디가 업계 독과점 기업으로 정부의 감시와 각종 사고 발생 시 영업 정지 등의 위험 부담을 분산할 수 있다는 점이 있고, 기존의 디디보다 저렴한 가격으로 농촌 및 3~4선 지방 도시에서의 시장점유율을 높일 수 있다는 점이다. 또한 이미 저렴한 가격으로 디디와 경쟁하는 유사 차량호출 플랫폼에 대응할 수 있다.

그런데 화샤오쥬는 디디에 등록된 기사들만 이용할 수 있는 별도의 차량 호출 플랫폼이지만 대부분 승객은 디디와 화샤오쥬를 잘 구분 못 하고 사실 별 관심도 없다. 그저 저렴한 새로운 플랫폼이라고 하니 보조금 지급으로 기사가 많을 것이라는 기대를 하고 아침저녁 피크 타임에 차를 빨리 잡고자 화샤오쥬 플랫폼으로 차를 부르는 경우가 많다. 왜냐면 피크 타임에는 디디를 사용하면 차가 잘 잡히지 않았기 때문이다. 그런데 이는 디디가 애초에 화샤오쥬를 론칭하면서 기사들에게 선전한 내용과는 다르게 흘러가는 모양새다. 즉, 아침저녁 출퇴근 피크 타임에는 가격을 많이 받을 수 있는 디디를 통해서 주문을 받고 평상시에는 저렴한 화샤오쥬로 주문을 받으면 더 많은 승객을 태울 수 있기 때문이다. 이렇게 기사는 기사대로 분산된 2개 플랫폼에서 주문을 받고, 승객은 승객대로 2개의 플랫폼에서 호출하다 보니 오히려 예전에 하나의 플랫폼일 때보다 기사 입장에선 주문이 덜 들어오고, 고객은 차가 더욱 잘 안 잡힌다는 평이 있다. 원래 간단했던 것을 굳이 복잡하게 만들었어야 하나라는 의문이 드는 것은 사실이다. 디디의 서브 브랜드 창설 의도와는 달리 스텝이 꼬이고 있는 느낌이다.

여기에 디디가 상기 3가지 대분류의 여러 모빌리티 플랫폼과 경쟁의 부담을 가중하는 것은 역설적으로 이미 중국 전역에서 독과점 위치를 갖고 있기 때문이다. 디디는 중국 전역의 기사 네트워크를 운영하고 있으므로 어느 한 지역에서 누군가가 보조금 전쟁을 촉발하면 해당 지역에서의 우위를 점하기 위해서 디디도 같이 보조금 살포로 응수해야 하는데 그럼 그 혜택에 포함되지 않은 인접지의 기사들이 이에 대해 불만을 제기하며 자신들도 보조금을 올려달라고 요구하는 일이 생길 수도 있다. 그러면 자연스럽게 경쟁자보다 훨씬 더 많은 보조금 지출이 생기는 것이다. 이는 전국적으로 높은 점유율을 가지고 있으므로 발생하는 리스크다. 디디는 이 시장에서 이미 독과점의 위치에 올라와 있으므로 점유율 상으로 더 이상 올라갈 길은 별로 없고 잘해야 현상 유지, 잘 안되면 밑으로 내려갈 길만 남아 있다. 이래저래 디디의 애로사항이 많아지고 있다.

디디는 지금까지 숱한 경쟁과 전쟁 속에서 살아남아서 그 존재 가치를 증명한 대단한 기업이긴 하지만 최근에 핵심 분야인 모빌리티에서 지금까지 성장의 그늘에서 묻혔던 여러 가지 문제점과 콰이디와 우버 인수합병 이후에 새롭게 나타나고 있는 여러 경쟁 기업들로 인해 다소 삐거덕대는 모습을 보여 주고 있다.

따라서 핵심 분야에서 시장점유율 유지를 위해 콰이디신추주(快的新出租 콰이디 택시 호출) 재론칭하고 서브 브랜드인 화샤오쥬도 내놓으면서 심기일전하고 있으며 사업 다각화로 다양한 분야에서 발을 담그고 있지만, 지금까지 괄목할 만한 성과는 보여 주지 못하고 있다. 그럼에도 불구하고 디디가 지금까지 이 분야에서 살아남기 위해 습득한 다양한 빅데이터와 AI, 클라우드 기술을 어떻게 활용해서 실질적인 수익을 창출할 것인지도 중요한 관전 포인트다.

위험 요인(5) 상장 이후 급부상한 정부 리스크

비록 마지막에 언급하지만 디디추싱의 가장 커다란 위험 요인 중에 하나가 바로 중국 정부의 디디에 대한 인식과 정책 변화다. 디디가 2021년 6월 30일 미국 뉴욕증시에 상장한 이후 연일 중국 정부 압박의 강도가 점점 심해지고 있다. 2021년 7월 초에 중국 사이버보안 당국은 디디추싱 관련 무려 25개 어플을 앱스토어에서 삭제하라는 행정명령을 내렸다. 데이터 보안 위험에 대비하고 국가안보와 공공이익을 지키기 위해서 디디추싱에 대한 보안 조사를 진행 중이라고 한다. 그러면서 디디추싱의 신규 고객 유치까지 금지해 버렸다. 누가 봐도 명백히 대놓고 딴죽을 건 셈이다. 그러자 디디는 중국 당국의 압박으로 인해 경영이 어려워졌다는 등의 언론플레이를 함으로서 더더욱 당 중앙의 심기를 거스르는 실수를 저지른다. 중국 당국은 디디 기사들의 사회보험 혜택 제공 등의 노동 조건 개선과 디디 기사의 노동 조합을 만들라는 압박을 가한다(중국 최근 기조인 공동부유의 구호에 맞춰 디디에는 실제로 노조가 설립됨). 이렇게 되면 위에서 살펴본 바와 같이 디디의 사업 모델을 송두리째 바꿔야 하는 상황에 이르는 것이다. 게다가 2021년 7월부터 어플 다운로드 금지 조치가 6개월 정도 풀리지 않자 디디는 그야말로 백기를 든 것이다. 그리하여 2021년 12월 초에 디디는 전격적으로 미국 뉴욕증권거래소에서 상장 폐지를 결정한다. 디디의 원치 않던 자체적 상장 폐지 결정의 여파가 얼마나 강력했는지 이 소식에 알리바바, 비리비리 등 해외에 상장한 중국 기업의 주가도 덩달아 급락했다.

중국이 이토록 디디를 압박한 이유는 여러 가지 있겠지만 첫 번째로 디디가 중국 시장에서 독점적인 지위로 번 돈이 엉뚱하게 미국 주주들에게 돌아갈 수 있다는 국부 유출에 대한 우려의 시각이 존재한다. 알리바바가 2014년 미국 증시에 상장했을 때도 중국 정부는 2015년 1월에 자국 기업인 알리바바에서 파는 제품 중 정품 비율이 37%밖에 되지 않는다는 통계치를 발표하면서 알리바바의 주가 폭락을 유발했던 지금과 비슷한 신경질적 모습을 보인 적이 있었다. 2021년 기준으로 미국 증시(뉴욕 및 나스닥)에 상장된 중국 기업은 약 250여 개가 있는데 대부분 중국 내수 시장을 기반으로 성장한 기업이지만 결국 미국 주주들의 배를 불렸다는 중국 내의 시각이 존재한다. 따라서 미국 증시보다는 중국 증시에 상장을 독려하는 차원에서 중국 정부는 2019년 7월 상하이증권거래소에 커촹반(科创板, 과학창업판, 신생 과학기술 혁신기업을 대상으로 한 중국판 나스닥)을 출범시키고, 선전증권거래소에는 촹예반(创业板, 커촹반과 유사)을 개설했다.

두 번째로는 디디가 상장과정에서 중국에서 민감하게 여기는 데이터 미국 측에 제공했다는 의심 정황들이 발견되었기 때문이다. 물론 디디추싱 측에서는 악의적인 소문이라면서 일축했으나 중국 정부 의심의 눈초리를 피할 수 없게 되었다. 게다가 중국 정부 측에서 상장 몇 주 전에 기업 공개를 연기할 것을 제안했으나 디디추싱이 상장을 강행했기 때문에 당분간 중국 정부의 디디추싱 때리기는 계속 이어질 것으로 보인다.

어쨌든 이를 계기로 중국에서는 아예 자국 기업이 해외에 상장할 때 정부의 허가를 의무화하는 법 개정까지 추진 중이다. 예를 들어 디디와 관련해서는 지금은 중국 증권감독관리위원회(증감회) 승인만 받으면 해외 상장이 가능하지만, 앞으로는 중국 인터넷안보판공실 등 보안을 담당하는 주요 부처의 승인까지 받도록 법제화하겠다는 뜻이다. 특히 중국은 최근 안보 이슈를 핵심 의제로 선정해서 〈네트워크 보안법〉, 〈국가보안법〉, 〈데이터 보안법〉의 안보 관련 법률을 지속적으로 개정 및 보완하고 있다. 예를 들어 〈데이터 보안법〉 초안에는 교통 분야가 빠졌으나 중국 내의 테슬라의 자율주행 데이터가 미국으로 유출될 우려가 생기자 이 분야까지 새롭게 추가됐다. 당연히 디디의 주행 데이터 역시 모두 이 〈데이터 보안법〉의 범위를 벗어날 수 없다. 표면적으로는 디디의 '시건방짐'을 혼내 주려는 중국 정부의 모습도 읽을 수 있지만, 궁극적으로는 미국에 대한 일종의 퍼포먼스가 아닌가 하는 생각이 든다. 즉, 중국은 각종 법안으로 철저하게 보안을 지키고 있으니 미국 증시에 상장된 중국 기업을 가지고 중국 안보에 해가 되는 행동을 할 생각은 꿈에도 생각 말라는 시위다.

즉, 주로 돈과 관련된 첫 번째 이유가 주로 서방 국가에서 보는 디디 사태의 본질이지만, 중국에서는 돈보다는 국가 안보와 관련된 정보를 훨씬 더 중요하게 생각하여 이에 대한 해외 유출을 극도로 꺼리기 때문에 이런 사달이 났다고 보는 경향이 크다. 최근 중국 정부는 알리바바, 텐센트, 메이퇀, 디디를 비롯한 플랫폼 기업 및 테크 기업들에게 정보보호 준수를 엄격하게 할 것을 요구했지만 그들은 크게 신경 쓰지 않았다. 이런 와중에 대장격인 알리바바 마윈이 상하이 금융서밋에서 '정부는 기업에게 간섭하지 말라'는 취지 발언으로 촉발된 중국 주요 테크 기업에 대한 안보 관련 손봐주기가 적용한 면도 있다.

특히 앞서 디디의 미래 먹거리가 바로 빅데이터 활용이라고 손꼽았을 만큼 디디 입장에서는 이 분야의 향후 성장 잠재력이 크다. 그러나 그만큼 중국 정부 입장에서는 디디는 민감한 정보를 많이 갖고 있으므로 더욱 마음을 놓지 못하는 부분이 크다. 간단한 예시로 만일 누군가가 중국 정부 내의 정치·군사·경제 분야의 주요 인사의 주소지 혹은 주요 출장지를 파악하고자 한다면 해당 인사의 가족들의 디디 이용 내역을 추적한다면 어느 정도 쉽게 파악할 수 있다. 정부는 주요 인사에 대해서는 이동 차량을 제공하지만 그의 모든 가족에 대해서 지원하지는 않는 경우가 많기 때문이다. 즉, 특정인의 디디 이용 내역을 입수할 수 있다면 그 사람의 거주지, 근무지, 출장지를 비롯하여 자주 가는 동선과 위치 등을 모두 파악할 수 있다. 따라서 중국 정부는 디디가 가지고 있는 각종 빅데이터는 누군가에게 충분히 악용될 소지가 있는 민감한 정보라고 판단하고 있다. 이런 부분이 앞서 중국 정부가 추진하고 있는 안보 관련 법 개정의 여러 원인 중 하나다. 여기에 중국 정부는 단순히 법 개정만으로는 부족하다고 느꼈는지 아예 베이징 소재의 여러 국유 기업을 통해서 디디의 지분을 대량으로 취득하여 디디에 대한 지배력을 강화하려는 움직임도 보이고 있다. 결국은 디디의 빅데이터로 인해 발생할 수 있는 각종 안보 관련 리스크를 사전에 모두 차단하겠다는 강력한 의지로 읽힌다.

최근 중국의 민영기업 관련된 일련의 규제와 길들이기 행동을 보면 중국 정부의 정책적 패러다임이 확실히 바뀌었다는 것을 알 수 있다. 그중 최근 시진핑 정부가 적극적으로 주창하고 있는 공동부유(共同富裕)라는 개념이 가장 극명하게 이를 반영하고 있다. 즉, 과거의 성장 일변도의 정책에서 이제는 다 같이 잘살자는 분배 위주의 정책을 정부가 적극적으로 밀고 있다. 이 큰 변화를 전제한다면 현재 중국 정부의 각종 플랫폼 및 민영기업에 대한 규제의 속내를 읽을 수 있다. 먼저 정부에 못지않은 정보와 권력을 가진 플랫폼 기업의 힘을 최대한 빼서 현 주도권을 중국 정부 쪽으로 가져오는 동시에 음식배달, 차량 호출 플랫폼 노동자의 권익을 최대한 높여서 일반 대중들의 불만을 잠재우려는 움직임을 보인다. 또한 사교육이 빈부격차를 더 벌린다는 의견에 따라 사교육을 규제하고, 나날이 높아지는 부동산 가격으로 인하여 혼인율과 출산율이 준다는 연구 결과가 나오자 이제는 부동산 보유세 및 거래세를 올려서 부동산 버블을 잡으려고 한다. 선전의 거대 부동산 기업인 헝다그룹 역시 이런 일련의 부동산 버블 제거 정책의 일환으로, 만약 그들이 파산하더라도 직접적인 구제는 이뤄지지 않을 것이라는 전망이 우세하다. 모두 성장보다는 분배를 강조하는 공동부유라는 키워드로 설명이 가능하다. 하여간 G2가 된 중국은 외부적으로는 최대 경쟁자인 미국도 상대하고, 내부적으로는 공동부유 슬로건에 따라 빈부격차 해소하는 동시에 자국의 플랫폼 기업도 길들여야 하고 무척 바빠 보인다.

마지막으로 디디는 2021년 12월 공식 심사를 받지 않은 간략 재무보고서를 발표했다. 이는 디디가 상장 이후 처음 발표한 자료다. 이 자료에 따르면 디디 2분기 매출액은 482억 위안(약 74.7억 USD, 그중 모빌리티 부문 매출 448억 위안), 순손실은 244억 위안을 기록했다. 또한 3분기 매출액은 426.7억 위안(약 66.1억 USD, 전년 동기 대비 -2%), 순손실은 306억 위안(약 47.4억 USD)을 기록했다. 그중 앞서 언급한 디디에서 새롭게 집중하고 있는 신사업인 신선 제품 전자상거래 플랫폼이자 지역사회·동네 공동구매 플랫폼 청신여우쉬엔(橙心优选)에서 3분기 기준 208억 위안의 순손실을 기록하며 3분기 전체 순손실 중 약 67%를 차지했고 다른 분야도 상황이 좋지 않았다. 본업인 모빌리티 분야에서 순손실 2,900만 위안을 기록한 것이 그나마 괜찮은 부분이었지만 이 전년 동기에 21.2억의 순이익을 냈던 것과 비교하면 상황이 좋진 않다. 전체적으로 위기감이 느껴진다.

이상으로 IT 기반형 생활·콘텐츠 관련 혁신기업인 바이두, 바이트댄스, 메이퇀과 디디추싱을 살펴보았다. 이제 마지막으로 IT 기반형 유통기업인 징동과 핀둬둬를 알아보자.

제4부

★ ★ ★ ★

IT 기반형 유통
테크 기업

징동, 핀둬둬

제9장

징동(JD)

징동, 고객 신뢰 하나만 보고 갑니다

○ 알리바바 전자상거래의 호적수, 징동닷컴

중국은 끊임없이 변하고 있는데 외부에서 보는 중국에 대한 이미지는 쉽게 변하질 않다 보니 아직도 2000년 초반처럼 중국에 온갖 짝퉁 제품이 넘쳐 날 것이라고 으레 생각하는 사람들이 많다. 온라인 전자상거래에선 좋든 싫든 이 분야의 원조 할머니 격인 알리바바의 타오바오(淘宝)가 이런 인식에 크게 기여했다. 지금은 알리바바의 B2C 기업 상점인 티몰에는 기본적으로 짝퉁이 없다 보면 되고, C2C인 타오바오에서도 대놓고 파는 짝퉁은 거의 찾기 힘들다. 그러나 과거 타오바오의 엄청난 성장의 이면에는 짝퉁 사이트로 낙인찍혔던 그늘이 존재한다.

타오바오에서 정품을 기대하고 샀는데 짝퉁이 배송해 오면 아주 골치 아프다. 우선 판매자와 실랑이부터 시작해서, 끝까지 정품이라고 시치미

떼면 고객들은 판매자 피드백 별점 테러 밖에는 딱히 선택지가 없다. 반품을 받아준다고 할지라도 반송 택배비는 누가 부담할지, 택배 기사와는 어떻게 연락하고 택배물 수거 시간은 언제로 정할지 생각만 해도 피곤하다. 이런 전자상거래에서 피하기 힘든 불편함과 불안의 틈새를 적절히 파고든 것이 바로 징동닷컴이다.

타오바오를 비롯한 기타 전자상거래 플랫폼과 달리 징동은 정품만을 취급하여 안심 구매로 차별화를 시도했다. 의심 많은 중국 소비자들도 징동 제품은 정품으로 인정하고 짝퉁일지에 대해선 대체로 크게 걱정하지 않는다. 비록 가격이 다른 사이트에서 비해서 비쌀 수도 있지만 정품이 확실하기에 징동에서만 구입을 고집하는 충성 고객들도 생겨났다. 여기에 징동은 자체적으로 물류 시스템을 구축하면서 빠른 배송 능력까지 키우면서 점점 오늘날의 징동그룹의 기초를 다진다. 그리고 징동닷컴의 플랫폼이 커지면 커질수록 가격 경쟁력도 제고되었다.

2000년대 초반부터 알리바바에게 전자상거래 분야에서 유일하게 비벼볼 수 있는 기업이 바로 징동이었다. 그러다가 갑자기 공동구매를 앞세운 저렴한 가격으로 등장한 핀둬둬 때문에 지난 몇 년간 '징동'등절한 상태로 2018년 이후 처음으로 연간 누적 이용고객 수가 3위로 내려가는 치욕을 겪었다.

과거 알리바바와 징동이 1강/1중 체제를 이룬 것과 달리 이제는 핀둬둬가 가세해서 전자상거래 삼국지가 펼쳐지는 와중에 온갖 비전통적 전자상거래 기업(메이퇀, 바이트댄스, 샤오홍슈, 디디추싱 등)들이 전부 나름대로 전자상거래 플랫폼을 구성하면서 소위 말하는 만인의 만인에 대한 투쟁 상태 같은 전자상거래 춘추전국시대에 접어들고 있다.

징둥의 주요사업 분야

○ 창업자 류창둥

징둥(京东)의 창업자인 류창둥(刘强东)은 1974년생으로 쟝수성 출신이며 중국 인민대를 졸업했다. 입학은 사회계열로 했으나 대학교 2학년 때 컴퓨터 프로그래밍에 빠져서(출세하려면 결국 코딩인가보다) 밤낮없이 코딩 공부에 매진했으며, 대학 시절부터 부업으로 다양한 프로그램을 만들었다. 1996년 대학 졸업 후 외국인 투자 기업에서 2년간 컴퓨터 관리 및 물류 업무 등을 익힌다. 1998년 6월 18일 베이징 중관촌에서 징둥을 창업했고, 설립 당시 창업 파트너이자 같은 중국 인민대 출신의 연인이자 첫 번째 부인인 공샤오'징'(龚晓'京')과 류창'둥'(刘强'东')의 이름 마지막 글자를 따서 기업명을 지었다. (그러나 2003년 이혼)

초창기에는 전자부품 대리상으로 시작해서 점차 사업이 확장되어 2001년 중국의 가장 큰 CDROM, DVD 관련 부품 대리상으로 성장했으며 전국 각지에서 십여 개의 자회사를 세웠고 당시 유명 오프라인 전자가전 유통망인 궈메이(国美), 수닝(苏宁)의 비즈니스 모델을 채용해서 IT 전자·가전 유통망을 구축하고자 했다.

2003년 당시 징둥의 유통 체인점은 12개소를 운영 중이었고 갑자기 중국에 퍼진 사스(SARS, 중증급성호흡기증후군)의 영향으로 직원 안전을 고려해 일시 영업 중단 이후 전자상거래에 길이 있다고 생각하고 모든 오프라인 매장을 폐점한다. 그리고 2004년 완전히 전자상거래 기업으로 전환한다. 전자상거래에 시작 초기에는 기존에 집중하던 디지털 제품(3C产品, 컴퓨터류 Computer, 스마트폰을 비롯한 통신부품류 Communication,

각종 소비자 전자제품 Consumer) 위주의 상품 판매에 머물렀다.

2007년 징동은 스스로 물류 시스템을 구축하기로 대외적으로 공표하며 기존 디지털 제품 쇼핑몰에서 종합쇼핑 전자상거래 플랫폼으로 전환한다. 그리고 점차 알리바바에 유일한 대항마로서 전자상거래에서 자신만의 확고한 위치를 구축해 나간다.

2014년 5월 징동닷컴은 미국 나스닥에 성공적으로 상장했으며 같은 해에 알리바바 전자상거래 제국을 견제하고 싶은 텐센트의 대규모 투자유치를 받고 18.1%의 지분을 넘긴다. 텐센트는 전자상거래 영역에서 알리바바와의 전면전을 피하고 징동닷컴의 지분을 인수하면서 자사의 전자상거래 플랫폼 파이파이왕(拍拍网), 큐큐왕거우(QQ网购) 등을 전부 양도한다. 따라서 현재 징동의 최대 주주는 텐센트다. 2대 주주는 창업자 류창동의 15.8%이며, 그 외 월마트(2016년 투자)는 10.1%, 가오링캐피털(高领资本, 중국 유명 투자자 장레이[张磊]의 투자회사)은 6.8% 지분을 보유중이다. 비록 류창동이 15.8%의 지분밖에 없지만 표결권이 약 80%에 달한다. 징동닷컴의 주식은 A · B류로 분리되어 있고 류창동이 가지고 있는 주식은 B류로서 A류 보통주보다 20배의 표결권을 가지고 있어서 류창동의 경영권은 누구도 간섭할 수 없다. 최대 주주지만 경영에 간섭하지 않는(하고 싶어도 표결권 부족으로 불가능) 텐센트는 위챗페이(微信支付)의 시작 화면의 쇼핑 아이콘은 바로 징동닷컴으로 연결해 놓고 끊임없는 트래픽 지원을 하고 있다. 월간 활성 사용자 수 12억에 달하는 중국 국민 메신저 위챗의 지원은 언제나 든든하다.

최근 징동닷컴은 주력 분야인 전자상거래에서 기존 경쟁자인 알리바바(2020년 연간 활성 고객 7.79억 명) 외에 2015년에 설립된 신흥 전자상거래 기업인 핀둬둬(2020년 연간 활성 고객 7.88억 명)에 밀려서 2018년부터 사용자 수에서 3위로 밀리는 수모를 겪으면서 업계 우려를 샀다. 핀둬둬의 소셜커머스 전략과 왕홍 경제 트렌드에 따른 변화에 다소 대응이 늦어서 생긴 변화이지만 징동은 징동만의 강점이 명확하게 있는 기업으로 장기적인 성장세에 있어서는 업계에서 긍정적인 평가를 받고 있다.

○ 징동의 주요사업 분야

현재 징동 그룹의 사업 영역은 전자상거래 플랫폼인 징동닷컴(京东商城, jd.com)과 자회사인 징동물류(京东物流, JDL), 징동헬스(京东健康, JDH), 징동디지츠(京东数科, JD Digits, 구 징동파이낸스), 다다지퇀·징동따오지아(达达集团·京东到家, 동네 기반의 배송 플랫폼으로 마트·편의점 등 소매점 배송, 음식·신선 제품 배송, 각종 B2C·C2C 대행 서비스) 등으로 구성되어 있다. 조금 더 세부적으로 알리바바와 비교해 보자.

△징동닷컴은 알리바바 타오바오(淘宝)·티몰(天猫, 텐마오)에 대응, △7Fresh는 오프라인 마트로 알리바바 허마셴성(盒马鲜生)에 대응하고 있고, △징동물류는 알리바바 차이냐오(菜鸟) 플랫폼과 경쟁 중이고, △라스트 마일 배송으로 다다·징동따오지아(达达·京东到家)를 운영하면서 알리바바 어러머·펑냐오(饿了么·蜂鸟)를 대응하고 있으며, △징동디지츠는 알리페이(阿里支付)를 운영하는 마이지퇀(蚂蚁集团, 앤트그룹)에 대응 중이고, △알리클라우드(阿里云)에 대응한 징동클라우드(京东云)를 운영 중이다.

알리바바와 징동닷컴의 시가총액을 생각하면 당연한 결과지만 물류와 온라인 의료 분야 말고는 알리바바에게 전반적으로 많이 밀리는 것은 부정하기 힘들다. 그러나 앞서 이야기한 징동의 자회사들이 전부 상장해서 징동 그룹을 전체로 놓고 본다면 또 이야기가 달라질 수도 있다.

이미 징동닷컴, 다다지퇀, 징동헬스가 성공적으로 미국 나스닥 및 홍콩 증시에 상장됐고 징동물류 역시 2021년에 홍콩증시 상장이 완료되었으며, 징동디지츠의 상하이 증시 상장은 미끄러지긴 했지만, 이 역시 언젠간 상장이 기대된다.

2020년 포브스 발표 중국 최대 부호는 1위 마윈이 보유 자산 4,377억 위안, 2위 마화텅 3,683억 위안 그리고 류창동이 1,354.5억 위안으로 17위였지만 앞으로 상장할 징동의 유니콘 기업은 대부분 류창동이 최대 주주이자 향후 발전 가능성이 큰 기업들이므로 류창동이 중국 부호 1위를 넘볼지도 모르는 일이다. 2019년 포스브가 집계한 류창동의 자산은 447억 위안으로 1년 만에 무려 3배가 뛰었기 때문이다. 징동의 기나긴 투자 끝에 이제는 본격적인 수익 타이밍이 왔다고 기대해 볼 수 있다.

징동에게는 뭔가 특별한 것이 있다

'징동' 하면 중국 사람들이 일반적으로 가장 먼저 떠올리는 대략 두 가지 정도의 느낌이 있다.

1) '정품 보장', 그리고 정식 영수증(화표) 발행
2) '빠르고 정확하고 친절한 배송'

물론 여기서 정품 보장이라 지칭하는 것은 징동이 직접 사입 후 판매하는 징동 직영(京东自营) 상점의 제품이다. 징동의 직영 상점이 아닌 제삼자 상점은 옥석 가리기가 필요한 부분이 확실히 존재하며 정품이 아닌 짝퉁을 판매하다가 적발된 경우도 존재한다. 그럼에도 불구하고 타오바오보다 짝퉁 문제는 훨씬 양호하다.

정품을 보장할 수 있었던 것은 징동에서 직접 제대로 된 곳에서 정품을 사 왔기 때문에 가능한 것이며, 또한 훌륭한 배송 시스템은 징동이 10년 이상 스스로 어마어마한 자금을 투여해서 물류시스템을 구축했기 때문에 가능한 것이었다. 이렇게 징동은 남의 손을 거치지 않고 스스로 착실하게 하나하나 쌓아나가는, 느리고 조금 고리타분하지만, 소처럼 우직한 느낌을 주는 기업이다.

○ 올드한 첫인상을 주는 전통적인 사입형 비즈니스 모델

누차 강조한 대로 징동닷컴의 주요 비즈니스 형태는 스스로 상품을 매입(사입) 후 직접 온라인으로 판매하여 차익을 얻는 모델이다. 쉽게 말해 전자상거래 직영(自营, 스스로 운영) 모델이다. 즉, 엄청나게 싸게 구매한 후에 적당하게 저렴하게 팔아야 이득이 남는 누구나 생각할 수 있는 전통적인 사업 모델이라고도 할 수 있다. 초창기 디지털 제품으로부터 시작한 징동의 사업 범위는 이미 크게 확장되어 종합 전자상거래 플랫폼으로 확고한 자리를 잡았다.

2022년 기준으로 징동은 디지털, 의약 건강, 스마트폰, 가전, 신선식품, 식품, 도서, 육아, 가구, 스포츠, 패션, 화장품, 위생용품, 사무용품, 반려동물, 자동차, 공업품 등 타오바오에 못지않은 광범위한 분야를 취급한다.

이제는 취급 분야가 넓어지다 보니 모두 징동 자체적으로 운영하기 어려워서 제삼자가 징동 플랫폼에서 판매하는 오픈마켓의 비중도 늘어 가고 있다. 2020년 기준 징동 직영으로 판매 중인 상품 비율은 약 80% 이상이다. 특정 분야, 예를 들어 디지털 제품 같은 경우에는 심지어 징동 직영의 비율이 90% 이상을 기록하고 있다. 즉, 이 외 나머지는 알리바바식의 오픈마켓으로 운영된다.

징동의 직영 상점의 경우 상품 차익으로 매출 총이익률이 10% 내외인 것에 비해(100위안짜리 물건 팔아서 원가 빼고 10위안 이익 남김), 제삼자에게 제공한 오픈마켓의 비즈니스 모델은 알리바바와 유사하게 입점·판매·광고 수수료이므로 직영 상점보다 매출 총이익률이 훨씬 크다. 다만 지금까지 징동 직영 상점으로 정품 보장과 빠른 배송을 강점으로 차별점을 가지고 있었는데 만일 오픈마켓 비중이 지나치게 커진다면 징동 전자상거래 플랫폼이 지금까지 쌓아온 정체성에 혼란이 올 수 있다는 잠재적 위험 요인은 있다.

알리바바의 마윈은 이런 전통적이고 몸이 무거운(?) 사입형 모델은 안 된다고 여러 번 강조하면서 알리바바 플랫폼의 오픈마켓 모델이 훨씬 선진적이라고 대놓고 이야기하고 다녔다. 그래서 알리바바는 물류도 직접 안 하고 차이냐오(菜鸟)라는 플랫폼을 통해서 알리바바의 몸을 가볍게 만드는 것에 주력했다. 그런데 이에 반해 마윈의 말은 신경 안 쓰고 류창동은 하여간 착실하게(혹은 고리타분하게) 사업을 운영해왔다. 전자상거래의 사입형 운영 스타일도 그렇고 물류에 있어서도 스스로 창고·차량·인력까지 직접 만들고, 운영하고, 고용하는 것을 보면 마윈과는 정말 성향이 다르다.

○ 예상을 초월한 징동의 높은 효율: 대량 구매와 물류 최적화

표면적으로 본다면 징동의 강점은 정품 보장, 빠른 배송이며 이것은 직접 제품을 관리할 수 있는 직영 상점과 자체적인 물류 시스템을 구축했기 때문에 가능했다. 그러나 겉에 드러나지 않은 것은 징동이 궁극적으로 효율 극대화를 추구하고 있다는 것이다.

알리바바는 별로 기억하고 싶지 않겠지만 과거 타오바오 역시 징동을 모방코자 징동과 비슷한 직영 상점을 구축했던 경험이 있다. 2017년 타오바오신쉔(淘宝心选)을 론칭하고 운영해 보지만, 예상외로 전자상거래의 최강자인 천하의 알리바바가 별 성과 없이 슬그머니 이 사업을 접어 버린다. (다만 2022년 2월 기준으로 다시 알리바바는 톈마오 내에서 마오샹[猫享]이라는 플래그십 스토어를 은근슬쩍 런칭했다. 이는 징동의 모델과 같은 자체 운영 상품의 직영 방식이다.)

접은 이유는 간단하다. 직영 상점을 운영하는 것이 생각보다 복잡한 비즈니스 모델이기 때문이다. 스스로 매입과 판매를 해서 차익을 남기기 위해서는 전체적인 매입과 판매 프로세스 상 고도의 효율화가 필요하다. 이런 효율성이 담보되지 않은 상황에서는 팔면 팔수록 오히려 손해인 경우가 많다. 즉, 사입형 비즈니스는 매입가와 판매가의 차익을 먹는 전통적 비즈니스 모델이므로 누구나 할 수는 있는 것처럼 보이지만 오히려 그렇기 때문에 이를 유지하기 위해 남들과는 차원이 다른 효율성 추구가 필요하다. 비록 타오바오에서는 실패했지만, 알리바바는 최근 근 3~4년간 티몰과 타오바오를 비롯한 전자상거래의 성장률 정체가 극심해서, 티몰에서 사입형 비즈니스 모델을 다시 추진하고 있다. 알리바바도 오픈마켓의 성장률이 거의 멈춘 것에 대해 큰 위기감을 느끼고 있다.

2017년 당시 타오바오는 실패했고, 징동은 성공한 직영 상점의 운영 효율 극대화는 대량 구매 및 물류 최적화 전략이라는 두 가지 요인에 기인한다. 우선 첫 번째로 징동은 수많은 국내외 유명 브랜드의 총판(总代理, 총대리상) 담당을 맡는 동시에 이들로부터 대량 구매를 실행하고 있다. 예를 들어서 2020년 초 중국 유명 가전업체인 메이디(美的)는 징동과 파트너십을 맺고 향후 3년간 징동 플랫폼을 통해 1,500억 위안의 매출액 목표를 발표했다.

또한 징동은 인텔, 로지텍, ADM 같은 디지털·IT 글로벌 브랜드의 중국지역 총판을 담당하고 있다. 그 외에도 국내외의 많은 기업이 징동에게 중국 내 총판을 맡겨서 제품을 대량으로 공급하고 있다. 따라서 징동은 이런 제조 기업들로부터 정품 보증이 가능한 대규모의 제품 구매가 가능하다. 당연히 대량 구매는 규모의 경제 효과에 따라서 매입 단가가 아주 저렴하며, 제조상으로부터 바로 건네받은 물량이므로 정품 보장, 품질 관리, 사후 관리까지 모두 커버할 수 있다.

두 번째가 바로 그간 징동이 무리할 정도로 엄청난 자본을 투자해서 구축해 놓은 징동의 자체 물류 시스템이다. 징동은 2007년부터 자체적인 물류 시스템을 구축하기 시작했다. 초창기 업계에서 자체적인 물류시스템 구축은 자본이 너무 많이 소요되는 분야로서 그 전망을 밝게 보지 않았지만 2019년까지 무려 13년간 연속 적자를 감수하면서도 징동은 끝까지 버텨냈다. 그 결과 징동물류는 2020년 17억 위안의 순이익을 기록했다. 그리고 이 물류 투자는 이제 거의 마무리되어 가는 중이므로 그 빛이 발할 차례가 서서히 다가오고 있다.

징동물류를 다른 전자상거래 경쟁사인 두 곳(알리바바, 핀둬둬)과 비교하면 더욱 그 값어치가 높게 보인다. 알리바바는 비록 수백억 위안을 들여서 차이냐오(菜鸟) 물류 플랫폼을 설립하고 사통일달(四通一达: 申通快递, 圆通速递, 中通快递, 百世汇通, 韵达快递 '통' 자 돌림 4개 사와 '달' 자 돌림 1개 사, 총 5개의 민영 택배 기업)에 해당하는 5개의 물류 기업을 끌어 앉았다. 이를 통해서 타오바오 초창기에 비해 배송 효율 제고 및 소요 시간 축소 등의 큰 진전을 이뤘지만, 여전히 타오바오의 배송 서비스에 대해서 불만을 표하는 고객들은 상당히 많다. 또한 핀둬둬 같은 신흥 전자상거래 플랫폼도 지속해서 발전하기 위해서 자체적인 배송 서비스가 필요하다. 왜냐하면 타오바오가 핀둬둬에 대한 여러 견제 전략 중 하나가 차이냐오 플랫폼 같은 물류배송에 대한 협조 배제이기 때문이다. 따라서 핀둬둬도 스스로 지투(极兔)라는 물류기업을 잡아서 자신들의 물류 기업으로 육성하고 있다. 징동물류는 대단한 부분이 많으므로 별도로 분석한다.

징동과 알리바바는 도대체 무엇이 다른가

○ 소수정예 징동, 최강 물량 알리바바

2000년 초반부터 아직까지도 치열한 경쟁을 거듭하고 알리바바 vs 징동 경쟁의 모습을 보면 점유율 싸움도 관전 포인트지만 서로 비즈니스 모델까지도 완전히 상반되는 모습을 보여 주기 때문에 더욱 흥미롭다. 따라서 징동을 알아보려면 알리바바의 타오바오와 비교하면 감이 눈에 잘 들어온다.

우선 알리바바 타오바오의 최고의 장점을 보면 첫째로 상점의 숫자가 누구와도 비교할 수 없을 정도로 많다는 것이고, 둘째로 상품이 전 종류가 골고루 갖춰져 있다는 것이다. 공식 통계를 명확하기 찾기는 어려워서 여러 가지 자료를 종합해 보면 타오바오 1,000만 개 이상 상점이 입주했고 이 중 절대다수가 개인 판매자이다. 그중에 티몰에 입주한 상점, 즉 기업 상점은 60만 개사에 불과하다. 전체에서 대략 0.6% 정도밖에 안 되는 기업이 타오바오에 등록해서 제품을 판매 중이다. 또한 타오바오에서 판매 중인 상품 종류는 무려 8억 개 이상이라고 하니 중국에서 구할 수 있는 모든 것을 다 찾아볼 수 있을 듯하다.

이와 달리 징동에는 개인 판매자는 없으며 오직 기업만 입점할 수 있다. 그래서 타오바오에 비해서 징동은 입점 상점 수도 형편없이 적고, 상품 종류는 당연히 더 적다. 이 점에서는 징동이 절대로 타오바오의 상대가 될 수 없는 것은 사실이다. 그러나 80% 이상의 제품이 징동의 직영으로 운영되고 있으므로 고품질에 정품과 정식 영수증이 보장되고, 배송 속도도 엄청 빠르다는 장점이 있다. 즉, 알리바바보다는 훨씬 소수정예라고 할 수 있다. 다만 타오바오의 징동에 대한 이 우위는 전자상거래의 다크호스 핀둬둬의 등장으로 인해서 다소 불확실해졌다. 수많은 타오바오의 개인 영세 상점들은 더 이상 타오바오에서 버티기 어렵게 되면서 핀둬둬로 갈아타고 있기 때문이다.

여기에 추가로 시간이 흐를수록 징동의 상품 종류도 끊임없이 확장되고 늘어나고 있다. 넘사벽인 타오바오와 비교해서 상점 수와 상품 종류가 적다는 것일 뿐 징동닷컴도 약 500만 개 이상의 SKU를 운영 중이다(코스트코 같은 대형 마트가 고작 5,000 SKU 내외를 운영 중인 것을 생각하면 절대 작지 않은 숫자).

○ 징동과 알리바바가 트래픽을 대하는 태도

징동과 타오바오가 다른 부분이 또 있다면 그것은 서로 다른 비즈니스 모델에서 유발된 방문자 트래픽(방문자수, 보통 중국에서 유량으로 설명 流量)에 대한 민감도이다. 전자상거래 사이트인 타오바오와 징동 모두 트래픽 증감에 무척 민감할 수밖에 없지만, 민감 정도의 차이가 확실히 있다.

결론부터 말하자면 타오바오가 훨씬 더 징동에 비해서 트래픽 민감도가 높다. 위에서도 언급한 대로 이미 중국에서 타오바오가 다루지 않는 분야는 거의 없다고 할 정도로 이미 의, 식, 주, 이동, 오락 등 모든 카테고리에서 영향력을 발휘 중이다.

이렇게 타오바오가 담당하지 않는 것이 없을 정도로 많은 사업 영역을 가지고 있는 것은 바로 트래픽을 끊임없이 늘려야 되는 필요성 때문이다. 타오바오에게는 트래픽 자체가 돈이요 자금줄이다. 그런데 이미 2021년 2분기 기준 중국의 인터넷 쇼핑 인구가 총 9억여 명인데 타오바오의 연간 활성 사용자 수가 이미 7.7억 명 정도로 이미 성장 여력이 많이 남아 있지 않다. 실제로 앞서 언급했듯이 이미 타오바오의 최근 3~4년간의 성장률 정체는 전자상거래 분야에서 알리바바의 가장 큰 위험 요인이다.

상점들이 수익 감소로 인해 핀둬둬 같은 다른 플랫폼으로 옮겨가는 양상이 펼쳐지면 입점 상점이 지불하는 광고비와 수수료 등으로 먹고사는 알리바바는 타격을 입을 수밖에 없다. 타오바오의 트래픽 증가는 마치 굴러가는 자전거 바퀴처럼 끊임없이 돌아가지 않으면 넘어질 수 있는 구조다.

그러나 징동은 약간 다르다. 물론 트래픽 감소에 대한 우려는 징동에게도 당연히 있지만, 징동은 직영 상점을 통해 제품의 매입-매출 차액으로 이익을 창출하고 있으므로 실제로 트래픽이 늘지 않는 상황을 가정하더라도 누군가 징동의 플랫폼에서 제품을 구입하기만 한다면 반드시 일정 부분 이상의 수익을 볼 수 있다. 다만 많이 팔리느냐 적게 팔리느냐의 차이로 수익의 크기가 차이가 날 뿐이겠다. 따라서 트래픽 증가에 대한 목마름은 상대적으로 타오바오에 비해서 덜하다. 게다가 징동의 연간 누적 구매자는 2021년 기준 아직 6억 명도 안 되는 수준이므로 아직도 성장 여력이 많이 남아 있다.

○ 건물주 알리바바, 건물주이자 플레이어 징동

마지막으로 우리가 만일 타오바오와 징동을 모두 쇼핑센터(혹은 쇼핑몰)라고 가정한다면, 타오바오는 각 매장이 입점해 있는 쇼핑센터의 건물주(?)에 가깝다. 즉, 쇼핑센터 안의 모든 상점은 자체적으로 운영 중이며 타오바오는 쇼핑센터 방문 고객들의 유입량 보장 내지 고객 분배를 책임지며 중간에서 매장 임차료와 광고비를 수익으로 삼는다.

그런데 징동도 똑같이 건물주로서의 역할도 하지만 중요한 차이점은 다른 입점한 매장과 마찬가지로 쇼핑센터 안에 자체적으로 상품을 진열하고 판매하는 매장을 운영한다는 점이다. 이 상점이 바로 징동 직영 상점이며 스스로 상품을 판다는 것은 상품의 매입가와 매출가의 차이만큼을 수익으로 가져가는 모델이다. 미국에서는 아마존이 징동과 유사한 비즈니스 모델이며, 이베이가 타오바오와 유사하다고 볼 수 있다.

중국 전자상거래 배송의 최강자, 징동물류

징동물류는 10년 이상 장기간의 자본 투입과 그동안 거쳐 온 프로세스 효율화를 통해 현재는 현존 중국 최강의 물류 기업이라고 할 수 있는 순평(順丰) 정도의 물류 배송 능력을 갖췄다. 징동물류는 현재 중국 92%의 도시 지역과 83%의 지방 소도시 및 농촌에서 24시간 이내의 배송 시스템을 갖추었다. 말로 하면 감이 잘 안 올 수 있지만 거의 중국 대부분 지역을 24시간 내 배송 범위로 만들었다는 것은 엄청난 일이다. 구체적인 수치로 징동물류의 효율성을 살펴보자면 재고 판매일수(存货周转天数, 제품이 창고에 입고한 날로부터 출하한 일자, 일반적으로 수치가 작을수록 창고 회전율이 높고 평균 재고량이 적다는 의미)를 들 수 있다. 2020년 12월까지 징동의 재고 판매 일수는 33.3일로 전 세계 최고 수준의 운영 효율을 보여 주고 있다. 이는 징동닷컴 상장 이후 가장 좋은 수치이며 동종 업계와 비교하자면 미국 아마존의 재고 판매 일수가 39일이며, 전 세계 소매업계에서 효율화 벤치마킹 대상인 코스트코가 징동과 비슷한 33일 전후이다. 다만 더욱 놀라운 것은 코스트코는 대량 구매와 적은 종류의 상품위주의 운영으로 고작 5,000여 개의 SKU를 관리하는 수준인 것에 반해 징동에서는 약 500만 개의 SKU와 900여 개의 물류 창고를 운영하고 있다는 사실이다.

이런 압도적인 물류 효율을 자랑하는 징동물류는 2021년 5월 28일에 홍콩증시에 단독으로 상장됐다. 기업 시가총액은 2022년 초 기준으로 약 시가총액 1,200억 HKD(약 154억 USD) 내외 등락하고 있다. 무려 13년간 연속 적자 후 처음으로 2020년 17억 위안의 순이익을 냈지만 2021년에는 다시 12억 위안의 순손실을 기록했다. 그럼에도 불구하고 투자자들은 징동물류의 전망을 상당히 긍정적으로 평가하고 있다. 2021년 12월 기준 징동물류의 데이터를 보자면 1,300개가 넘는 창고를 운영 중이며, 여기에 징동 클라우드 창고를 포함한 창고 면적은 2,400만 ㎡에 달해 업계 선두이다. 총 30만 명 이상의 직원 중 60%가 넘는 직원이 자신들의 고향에서 근무하고 있으며 평균 12만 위안 가량 연봉을 받았으며 이는 업계 평균 수준을 한참 상회하는 수치였다.

2007년에 설립된 징동물류는 초창기에 징동닷컴의 배송만을 담당하는 징동 전속의 물류회사였다. 왜 류창동은 이렇게 초창기부터 자사의 물류 시스템을 구축하려고 했을까? 이유는 생각보다 간단하다. 류창동이 보기에 당시 믿고 맡길 만한 제대로 된 물류 기업이 없었으므로 이럴 바엔 스스로 물류 시스템을 만들어 보자는 것이었다. 예를 들어 징동 초창기에 자신의 물류회사가 없으므로 사통일달의 5개 민영 택배 회사 등에게 주로 배송을 맡겼는데 징동의 택배 물품이 가장 심각하게 도난을 많이 당했다. 그 이유는 징동은 당시 디지털 제품을 주로 취급했고 게다가 100% 정품으로 소문난 플랫폼인 관계로 평균적으로 배송되는 제품의 단가가 가장 비쌌기 때문이다. 타오바오 택배 상자를 뜯으면 고작 50~100위안짜리 제품인데 징동 택배를 뜯으면 2,000~3,000위안 상당의 고가 제품이었기 때문이다. 그렇다고 물류 시스템을 자체 구축한다는 것은 마치 대학을 못 간 사람이 아예 자기가 갈 대학을 스스로 설립하고, 타고 다닐 버스가 없어서 스스로 운수 회사를 차린 느낌이다.

어찌 보면 상당히 무모하게 시작된 징동물류의 발전사를 보면 몇 가지의 중요한 사건이 있다. 한 가지는 바로 2010년에 징동이 발표한 그 유명한 '211' 배송정책으로 징동에서 구입하면 빠른 배송을 보장해 주겠다는 것이고, 또 한 가지는 2014년 상하이에서 최초로 '아시아 1호'라는 B2C 물류에서 아시아 최대 규모이자 최고의 자동화된 스마트 물류창고를 구축한 것이다. 이는 각종 첨단 기술로 배송 효율을 극대화하겠다는 강력한 의지의 표현이었다.

징동은 2021년 12월까지 아시아 1호 창고를 총 33개 도시에 43개까지 늘렸다. 축구장 면적 수십 개 규모의 거대한 창고에 근무 인력이 거의 없을 정도로 각종 컨베이어 벨트와 로봇팔, 무인 운반기들이 제품을 분류, 보관, 이송, 사진 촬영, 코드 스캔, 포장, 출하까지 알아서 끝낸다.

징동물류가 징동으로부터 독립하며 내놓은 통합물류 서비스

2017년 4월에 징동물류는 징동 소속에서 벗어난 독립 운영을 선포하며 징동닷컴 물량 외 외부 고객을 대상으로 물류 서비스를 제공할 것을 밝히면서 새로운 전환점을 맞는다. 대외 개방을 선언하며 독립에 나선 징동물류 서비스에서 가장 중요한 것은 통합물류 서비스(一体化供应链物流服务, 일체화공급망물류서비스)였다.

2021년 2월 16일, 징동물류는 홍콩 증권거래소에 상장을 위한 투자설명서를 제출하면서 그 안에도 통합물류 서비스라는 단어가 무려 100여 차례나 언급할 정도다. 징동물류가 향후 중점적으로 고객들에게 제공하겠다는 통합물류 서비스는 무엇인가?

중국 테크 기업의 모든 것

징동물류의 통합물류 서비스란 △징동 공급망(供应链, Supply Chain) △창고 및 배송 관리(仓配) △콰이디·콰이윈(快递·快运, B2C·B2B 물류 배송) △콜드체인(冷链, 냉동·냉장물류) △클라우드 창고(云仓) △크로스보더(跨境, 국경 간 물류) 등 징동물류 핵심 서비스의 결합을 지칭한다. 또한 징동물류는 각 산업·제품에 대한 세심한 통찰로 업종별 물류 솔루션을 마련하고, 산업·제품 기반으로 재고 관리, 창고 운영 및 물류 배송의 관리 서비스를 개발하여 이를 빅데이터로 관리한다.

징동물류 홈페이지 가 보면 패션, 가구, 신선식품, 가전, 3C디지털, 소비재, 자동차 A/S 등 각종 업계를 위한 각종 물류 관련 솔루션을 준비하고 있다고 홍보 중이다. 핵심 서비스 각 내용을 간단히 살펴보자.

공급망 관련하여 징동은 중국 최대의 직영(사입형) 전자상거래 기업으로서 14년 이상 쌓아 온 상품 선별, 구매, 가격 산정, 재고·창고 관리, 집하·출하, 소비자 배송, 판매 데이터 관리 및 수요 예측 등 노하우가 있으며 그 외에도 기업이 제품 생산 시에 필요한 원부자재 공급 배송을 포함한 모든 물류 서비스를 지원하겠다는 것이다. 쉽게 말해 생산부터 고객 배송까지 원스톱 지원으로 이해하면 된다.

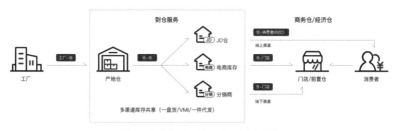

창고 및 배송 관리(仓配) @징동물류

창고 및 배송 관리(仓配)는 크게 세 부분으로 나눠진다.

1) 공장에서 생산지 창고로 이동(工厂-仓)
2) 생산지 창고에서 징동물류 자사 창고·전자상거래 B2B 창고·도소매
   유통상 창고로 이동(仓-仓)
3) 징동물류 창고에서 징동닷컴에서 구매한 소비자에게 바로 직배송
   (仓-消費者), 나머지는 각 창고에서 다시 매장으로(仓-门店) 배송하
   여 오프라인에서 소비자에게 직접 판매하는 방식

간단히 말해서 애초에 공장에서 생산된 제품을 고객의 손에 들어갈 때
까지 원스톱으로 전부 다 관리해 주겠다는 뜻이다.

징동물류에서 제공하는 서비스는 살펴보자. △콰이디(快递)는 주로
B2C 택배로 최종적으로 소비자에게 전달하는 소량의 가벼운 물품의 배
송이며, △콰이윈(快运)도 택배와 기본적으로 유사한 업무지만 개인 고
객보다는 B2B 느낌으로 기업 공장에서 물류 거점, 혹은 물류 거점에서
타 물류거점으로 이동하는 작게는 20킬로그램에서 크게는 3톤, 혹은 그
이상의 고중량 물품과 대규모 배송을 지칭한다. △클라우드 창고는 징동
의 오랜 전자상거래 운영 노하우가 축적된 창고 관리 시스템과 인력 운
영을 기반으로 외부기업 소유의 물류창고를 대신 운영해 주는 플랫폼이
다. △콜드체인은 이름 그대로 저온 보관이 필요한 제품에 대한 물류 관
리 솔루션이며, △크로스보더는 징동이 향후 중국 내 배송만 노리는 것
이 아니라 글로벌 물류 기업으로 성장하고 싶다는 의지를 보여 주고 있
다.

징동의 통합물류 서비스 지원에 힘입어 징동물류의 외부 고객에 대한 물류 서비스 매출 비중은 2018년 29.9%, 2019년 38.4%, 2020년 3분기까지 43.4%로 점진적으로 증가했다. 즉, 징동물류는 거의 절반 가까운 매출을 징동 외의 기업 고객들에게서 올리고 있다. 이는 여전히 징동닷컴(京东商城)이나 징동따오지아(京东到家) 등에서 징동 자사의 배송 물량이 징동물류 매출액의 50% 이상을 차지하고 있다는 뜻이었다. 늦어도 2022년에는 외부 고객에 대한 물류 서비스가 징동그룹 자체 배송 물량을 추월할 것으로 예상되었고 실제로 2021년 기준으로 외부 고객에 대한 매출이 591억 위안(약 91.6억 USD, 전년 대비 +72.7%)으로 총 매출의 56.5%를 차지했다.

2021년 징동물류의 총 매출은 1,047억 위안(약 162.3억 USD, 전년 대비 +42.7%)이고, 그 중 통합물류 서비스 매출은 711억 위안(약 110.2억 USD, 전년 대비 +54.7%)을 기록했다. 또한 기업 고객은 안타, 볼보자동차, 무인양품, 샤오미 등 30만 개사를 넘었다. 이 중 징동물류의 통합물류 서비스를 사용 하는 외부 기업 고객은 7.4만 개사(전년 대비 +41.7%)였으며 객단가는 34만 위안 이상이었다.

정리를 하자면 징동물류는 모기업인 징동에서 독립된 회사로 성장하는데에 있어서 물류가 필요한 기업에게 자신들의 통합물류 서비스를 제공하여 여러 다양한 분야의 기업 고객을 만족시키고 최고의 물류 회사로 거듭하겠다는 의지를 표방하고 있다.

알리바바가 넘을 수 없는 사차원의 벽, 징동의 '창고 직배송'

○ 알리바바의 네트워크 택배 모델(网络快递模式)

한 가지 주목해야 할 것은 같은 물류 기업이더라도 징동물류와 사통일
달의 5개 물류기업은 배송 방식에 근본적인 큰 차이점이 있다. 이는 알리
바바와 징동의 비즈니스 모델이 달라서 생긴 차이점이며, 알리바바는 오
픈마켓이라는 플랫폼 구조상 이를 근본적으로 바꿀 수가 없으므로 차이
점을 살펴볼 필요가 있다. 알리바바의 판매자들이 주로 사용하는 차이냐
오(菜鸟) 물류 플랫폼의 실질적인 일꾼인 물류 기업은 '네트워크 택배 모
델'을 쓰고 있다.

타오바오는 C2C 모델로서 개인 상점이 소비자에게 물품을 보내는 방식
이 대다수이다. 즉, 제삼자인 택배 회사가 판매자의 상품을 판매 공장 혹
은 창고 등에서 수거(揽件)한 후 특정 물류창고에 택배물을 전부 취합 후
재분류를 통해서 다른 물류 허브로 보낸 후 지역별 배송 영업점에서 다시
최종 소비자에게 보내는 식이다. 즉, 거꾸로 생각하면 택배 회사는 배송
을 두 번 해야 하는 셈이다. 판매자에게 가서 수거, 이를 또 구매자에게 가
서 전달하므로 두 번이다.

류창동의 과거 발언에 따르면 중국에서는 평균적으로 제품이 소비자에
게 최종적으로 전달되기까지 평균 7번의 이합집산의 과정을 거쳐 배송되
기까지 보통 2~3일이 소요된다. 이런 과정에서 시간이 지체되는 경우를
피하기 힘들다.

○ 징동의 창고 직배송 모델(倉配模式)

이에 비해 징동물류는 '창고 직배송 모델'을 고집하고 있다. 이는 기본적으로 징동이 직접 물품을 사입하고 바로 발송함으로써 가능한 모델이다. 즉, 제조 기업으로부터 대량으로 구입한 상품을 받아서 징동 자사 창고 혹은 타사의 클라우드 창고에 넣어 놓고 그 창고에서 바로 소비자에게 직배송하는 모델이다. 평균 7번에 달하는 이합집산을 하는 네트워크 택배 모델과 비교하면, 2~3번의 중간 영업지점 간 전달을 통해 배송이 끝나므로 당연히 빠를 수밖에 없다. 이렇게 해서 물건이 보통 하루면 도착한다. 판매자의 물건을 수거할 필요가 없는 것도 시간 절약에 큰 부분을 차지한다.

실제로 징동에서 주문해 보면 징동의 특정 핵심 창고에서 분류 센터로 이동 후 바로 지역별 배송 영업점에서 배송되는 것을 조회해 볼 수 있다. 창고 직배송 모델이 네트워크 택배에 비해 단점이라면 자사의 창고 구축 및 운영에 필요한 거대한 자금 소요다. 위에 언급한 바와 같이 징동은 1,300개 이상의 창고를 운영 중이며 30만 명의 배송원을 물류에 투입하고 있다. 새로운 물류창고의 설립, 배송 인프라 구축과 운영 관련 인력 채용은 징동물류가 13년간 적자를 봤던 이유기도 하다. 아울러 징동의 이 많은 인력은 대다수 징동과 직접 계약한 정규직으로 급여·사회보험 및 복리후생 인건비가 징동 지출의 많은 부분을 차지고 있다.

징동은 이렇게 징동물류를 통해 지역을 넘나드는 물류 시스템을 구축하는 동시에 2016년 4월 동네(同城) 기반 배송 플랫폼인 다다지퇀(达达集团, 다다그룹)의 지분을 인수한다. 동시에 기존의 유사업무 플랫폼인 징동따오지아(京东到家)를 다다에게 넘기면서 라스트 마일 배송 시스템을 더욱 강력하게 구축했다. 다다는 예전부터 크라우드 소싱 배달원(众包, 크라우드+아웃소싱으로 외부 일반인들이 기업 내부 인력 대체)을 활용하고 있었으므로 배송 피크 타임에는 징동물류 배송원들의 부담도 덜어 주는 역할까지 도맡았다.

게다가 2022년 3월 징동은 더방물류(德邦物流)의 지분 66%를 취득하며 더방과 전략적 협력 관계를 맺었다. 징동물류가 물류 분야 중에서 구조적으로 가장 취약한 분야가 바로 화물 네트워크다. 애초에 징동물류 자체가 징동닷컴이라는 전자상거래 플랫폼을 위한 일반적인 소형 '택배'업으로 사업을 시작했기 때문이다. 그런 상황에 화물 분야 강점을 갖고 있으며 2020년 기준 연간 매출 106.5억 위안(약 16.5억 USD)으로 순펑익스프레스에 이어 2위 자리를 차지하고 있는 더방물류를 인수한 것이다. 더방물류는 징동물류 화물 분야의 약점을 커버해줄 수 있을 것으로 예상되며 중국 택배업계 왕좌를 지키고 있는 순펑익스프레스와 징동이 중국 물류업계 최강을 두고 치열한 공방을 벌일 것으로 보인다.

징동물류의 위엄은 여기서 끝이 아니다. 이어서 징동의 진정한 소름 돋는 물류와 빅데이터의 결합에 대해 살펴보자.

징동물류의 외침, '이것이 바로 빅데이터다'

○ 징동의 번개같이 빠른 배송

누차 강조하지만, 징동에서 제품을 구매했을 때 가장 만족스러운 점은 배송이 정말 빠르다는 것이다. 징동물류는 위에서 언급한 바 있는 '211' 배송정책을 2010년부터 시행 중이다. 이 정책은 하루에 두 번 있는 2번의 11시를 기점으로 나누어서 '211'이라고 명명되었다. 즉, 오전 11시 내로 주문이 완료되면 당일 배송, 오후 11시 내로 주문이 완료되면 다음 날 15시까지 배송해 주는 시스템이다(제품 성격에 따라서 오전 11시 이전 주문은 당일 오후 내로, 오후 11시는 다음 날 오전까지).

징동의 물류 배송의 효율성으로 놀랍게도 징동의 본 배송정책 이행률은 90% 이상이다. 또한 징동은 이 서비스를 일부 극히 제한된 지역에서만 시행하는 것이 아니라 중국 전역 내 무려 300개 이상의 도시에서 이 배송정책을 실현 중이다. 300개 도시라는 것은 중국 내 북·상·광·심의 1선 도시는 물론이고 대부분의 2, 3선와 일부 4선 도시(지방 소도시와 농촌)까지 포함한다. 이는 전 세계에서 가장 선진적인 물류 배송 시스템으로서 미국의 전자상거래의 최고 존엄인 아마존도 단지 몇 개의 도시를 테스트베드로 활용하고 있을 뿐 결코 이 정도까지는 구현해 내지 못하고 있는 것으로 알려져 있다.

이미 중국 전역에서 24시간 배송을 목표로 하는 징동은 2020년 솽스이(11. 11.) 기간에 92%의 도시 지역(区县, 구와 현)의 소비자들과 83%의 농촌지역(乡镇, 향과 진)의 소비자들은 징동의 24시간 배송 약속을 이행한 바 있다. 이런 징동의 강력한 배송 능력은 주요 도시는 물론이고 아직 물류 인프라가 상대적으로 약한 지방 소도시 및 농촌 소재 소비자를 끌어들이는 큰 유인책이 되고 있다. 앞서 언급한 대로 2021년에 순 증가한 1억여 명의 징동의 신규 고객 중 약 70%의 숫자가 바로 지방 소도시 및 농촌 소재의 소비자였다는 사실이 징동에게는 매우 고무적이다.

전자상거래 플랫폼의 상품 배송 속도가 빠르면 빠를수록 소비자들에게 좋은 구매 경험을 줄 수 있을 뿐 아니라 해당 플랫폼에 대한 신뢰와 감탄을 아끼지 않게 된다. 또한 믿을 수 있고 예측 가능한 제품 수령 일정으로 인해 보증받는 기분까지 더해지게 된다. 특히 급하게 무언가가 필요할 때 오프라인 구매가 어렵다면 더더욱 찾을 수밖에 없는 온라인 전자상거래 플랫폼이 되는 것이다. 최근 소비자 경험을 중시하는 트렌드에 따라서 똑같은 제품일지라도 소비자에게 더 좋은 느낌, 더 만족스러운 기분을 선사한 플랫폼의 재구매율이 높을 수밖에 없다.

○ 물류와 빅데이터의 진정한 결합

전자상거래 자체는 본디 지역을 넘나드는 사업이므로 판매자와 구매자의 거리가 멀수록 배송에 지체되는 시간이 길 수밖에 없다. 그런데 징동은 어떻게 이런 미친 배송 속도를 가질 수 있는지 살펴보자.

징동은 지역별로 최신 스마트 설비를 갖춘 대규모의 핵심 창고를 설립하고 자체적으로 운영하고 있다. 이들 창고는 대부분 각종 로봇으로 운영 중이며 고도로 스마트화되어 상당한 수준으로 자동화되어 있다. 이를 징동의 핵심 창고(核心仓库)라고 한다.

이런 핵심 창고를 중심으로 징동은 주변 지역에 소규모의 2급 창고를 만들어 놓는다. 이 2급 창고가 위치하는 지역은 보통 작게는 '동' 단위(한국으로 치면), 크게는 '구' 단위 정도다. 2급 창고의 주요 목적은 제품의 보관이 아니라, 핵심 창고에서 미리 제품을 이동시켜놓고 실제 주문 발생 시 소비자에게 빠르게 전달하기 위한 중간 다리 역할이다. 즉, 전진 포스트라고도 할 수 있다. 징동은 지역마다 여러 개의 이런 2급 창고를 운영하고 있다.

중국 지명은 낯설 수 있으니 한국의 종로구 삼청동에서 사는 김 모 씨를 예로 들어 보자. 김 모 씨가 PC나 스마트폰으로 노트북을 구매하기 위해 징동에 접속했다고 가정해 본다. 그럼 특정 브랜드나 모델명 등 관련 검색어를 치고 여러 노트북을 비교할 것이다. 그럼 징동에서는 IP를 기반으로 종로구 삼청동에 누군가가 노트북을 검색하고 있다는 정보가 수집된다.

온라인 쇼핑 경험이 있다면 알 수 있듯이 관심 있는 품목이라면 해당 페이지에서 체류 시간이 길 것이고, 아니라면 바로 다른 상품 페이지로 넘어가게 될 것이다. 이런 점을 고려해서 징동은 특정 상품 페이지에 3분 이상(상품마다 해당 시간은 다름) 체류한 고객은 해당 제품에 관심이 있는 고객으로 분류한다. 징동은 빅데이터에서 고객들이 어떤 제품에 관심이 있는지를 분석하고 또한 이를 동 단위 등의 지역 기반으로도 분석한다. 김 모 씨의 활동이 징동에게는 삼청동의 누군가가 여러 노트북에 대해서 관심을 보인 것으로 저장이 되는 것이다. 징동의 빅데이터는 이런 각 지역을 기반으로 독립적인 분석 및 예측을 수행한다. 매 지역 인구의 연령, 성비, 소득 수준, 관심 분야 등이 모두 다르기 때문이다. 그리고 또 이를 시간으로도 나눠서 분석한다. 왜냐면 '211' 배송정책은 오전 11시와 오후 11시로 분리되기 때문이다. 예를 들어 김 모 씨가 오전 11시 이전에 노트북을 검색한 것인지 아닌지를 수집한다.

그리고 징동은 고객에 대해서만 분석을 하는 것이 아니라 징동에 모든 등록된 제품에 대한 빅데이터 분석을 병행한다는 점이 매우 중요하다. A라는 노트북이 이번 달 훌륭한 사양으로 고가에 출시되었다고 치자. 그럼 징동은 A 노트북이 징동 쇼핑몰에 상품으로 등록된 순간부터 단종돼서 징동 쇼핑몰에서 사라질 때까지의 기록을 모두 수집한다.

징둥에서 가장 중요하게 분석하는 내용은 해당 상품에 대해서 진정 관심을 보인 고객의 숫자와 실제로 판매된 숫자이다. A 노트북은 첫 출시 이후 비록 최고급 사양이지만 비싼 가격 때문인지 그렇게 많이 팔리지 않는다. 따라서 3분 이상 체류하며 A 노트북 상세 페이지를 살펴본 고객이 100명이고 실제 구매자는 2명이었다면 이 상품의 전환율은 2%이다. 그리고 출시 후 반년이 지나고 가격이 낮아지니 가성비가 좋아져서 200명이 관심을 가졌고 실제 구매자가 20명이었다면 전환율은 10%가 된다. 즉, 징둥은 이런 식으로 특정 상품에 대한 전환율을 지속해서 트래킹 한다.

자, 여기서 문제. 이 시점에 종로구 삼청동에서 오전 11시 이전까지 김 모 씨를 비롯한 50명이 A 노트북에 대해 관심을 보인 것이 징둥의 빅데이터에 수집되었다 치자. 징둥은 어떻게 할까?

그렇다. 징둥은 징둥물류에게 현재 A 노트북의 전환율인 10%에 해당하는 물량인 5대의 노트북을 핵심 창고에서 삼청동 부근의 2급 창고로 미리 옮기라는 주문을 내린다. 즉, 고객들이 실제로 주문하기도 전에 이미 제품들이 고객 부근으로 가서 대기를 하는 것이다. 단순히 노트북에만 해당하는 것이 아니라 삼청동에 사는 소비자들이 징둥에 접속해서 관심을 보인 모든 물품을 이렇게 미리 옮겨 두는 것이다.

징둥의 배송은 어떻게 그렇게 빠를 수 있는가? 농담이 아니고 징둥은 정말 소비자 가까운 코앞 동네에서 제품을 준비시키고 대기 중이다. 소비자들이 징둥에서 검색하고 상품을 둘러보는 동안 이미 징둥은 물류 시스템에게 각종 지시를 통해서 소비자가 살지도 모르는 물건들을 사전에 그 동네로 옮기는 중이며, 소비자가 진짜로 주문 및 결제했을 때 그 물건은 이미 거의 문 앞에 와 있던 셈이다. 이런 일이 중국 전역의 300개가 넘는 도시에서 징동에 등록된 약 500만 개의 SKU에 대해서 이뤄지고 있다고 생각하면 소름 돋지 않는가.

물류 사전 예측 시스템은 알리바바와 징동 모두 쇼핑 축제 기간인 쐉스이(11. 11.), 618(징동 창립 기념일) 시즌에 다 하는 일이지만 배송은 알리바바가 징동에 비해서 비효율적일 수밖에 없다. 아무리 알리바바의 차이냐오가 수평적으로 지평을 넓힌 선진적 물류 플랫폼으로서 물류 정보를 관련 회사와 다 같이 공유한다고 하지만 그래도 징동이 한 회사로서 같이 운영하는 징동물류에 비해서 당연히 비효율이 생길 수밖에 없기 때문이다. 또한 위에서 언급한 네트워크 택배 모델과 창고 직배송 모델의 배송 방식 차이로 인해 물류의 열세는 극복하기 어렵다.

또한 알리바바, 핀둬둬 모두 주로 제삼자 물류를 활용하고 있으므로 징동 수준의 정확한 사전 예측을 통한 배송도 달성하기 어렵다. 물론 징동의 이런 빅데이터를 활용한 예측 배송이 당연히 100% 맞을 수는 없다. 공식적인 통계는 따로 구할 수 없었지만 '211' 배송정책 이행률이 90%에 달한다고 하니 대략 90% 정도로 예측 배송이 맞는다고 볼 수 있다. 이 정도만 해도 나를 비롯한 많은 고객에게 큰 만족감을 선사하고 있다.

자체적인 물류배송 시스템 구축이라는 하드웨어와 빅데이터를 통한 소프트웨어적 지원을 결합한 징동물류의 잠재력은 어마어마하다. 따라서 징동은 전자상거래 기업일 뿐만 아니라 명실상부한 물류 선도기업이기도 한 셈이다. 전자상거래와 물류, 이 두 가지를 결합하니 업계를 넘나드는 거물이 되었다. 게다가 징동 그룹의 전체적인 경쟁력은 바로 이런 물류배송 시스템을 기반으로 급속도로 다른 분야로도 뻗어 나가고 있다. 앞으로 볼 징동헬스도 징동 물류시스템 덕을 톡톡히 보고 있다. 전자상거래 초창기 업계 대다수가 징동이 스스로 물류 시스템을 구축하는 일에 대해 미련한 일이라고 폄하는 경우가 많았는데 징동의 판단은 틀렸다고 보기 힘들다.

징동 댁의 장성한 셋째 아들, 징동헬스

징동헬스는 징동디지츠(과거 징동금융), 징동물류에 이은 징동 그룹이 키워 낸 세 번째 유니콘 기업이다. 징동물류가 징동닷컴의 폭발적인 성장과 궤를 같이했다면 징동헬스는 순전히 징동닷컴과 징동물류의 비옥한 토양에서 애지중지(?) 옥이야 금이야 육성된 기업이라고 할 수 있다.

징동헬스(京东健康)의 사업 분야는 온라인 의료 서비스 및 의약품 판매다. 징동헬스 어플 내 첫 페이지의 주요 서비스는 다음과 같다.

1) 급행 진찰(极速问诊): 온라인 채팅으로 증상 상담 → 의사 배정·선택 → 온라인 의사 진찰(사진·전화·영상 등을 통한 진찰 선택 가능) → 약 처방으로 이어짐
2) 의사 찾기(找医生): 세부 진료과별로 의사 목록 확인 가능
3) 병원 예약(去挂号): 지역별로 병원에 미리 예약 거는 기능
4) 전문 진료과 찾기(找科室): 심장, 산부인과, 남성, 호흡, 이비인후과, 치과, 노인의학, 정신과 등의 세부항목
5) 징동대약방(京东大药房): 징동헬스 직영 의약품 상점
6) 긴급 약배송(京东药急送): 주문시 30분~1시간 내로 배송 서비스
7) 건강검진·의료미용(体检医美), 전염병 전문센터(코로나 대응)

참고로 한국에서 이제야 원격 진료 및 약국 원격 서비스 관련 스타트업의 활약이 서서히 드러나고 있는 상황인 것에 반해, 중국은 코로나19 이전에도 원격 진료가 활성화되었으며 팬데믹 이후에는 급격하게 확대되고 자리를 잡았다. (한국은 원격 진료 및 의약품 판매 관련 규제가 상당히 촘촘한 편이지만 중국은 오히려 정부에서 관련 산업을 적극 육성 및 장려하는 상황)

1. 징동헬스 첫 화면, 좌측 상단의 급속문진(极速问诊)을 누르면 곧바로 AI 챗봇과 실시간 1:1 대화 연결

2. AI 챗봇에게 증상을 이야기하고 상태를 사진 등으로 전달하면 의사와 채팅 혹은 전화연결 가능(과금)

3. 모기로 추정되는 벌레에 물렸는데 반년 이상 낫지 않아서 증상 부위의 사진을 찍고 피부과 의사 상담(6위안)

4. 의사는 내복약 및 바르는 약을 추천해주고 바로 징동대약방에서 주문 가능한 약의 구매 링크 송부

5. 의사가 추천해 준 처방약 링크를 타고 들어가니 징동대약방에 해당 약을 비롯한과 유사 약의 구매 페이지 나옴(3.5위안)

6. 약 선택 후 신상정보(나이, 신분증, 알러지)를 입력하고 처방을 신청하면 온라인에서 승인 후 배송 @징동헬스

상기 사진 캡처는 징동헬스를 통해서 직접 겪은 온라인 진찰(증상 사진 송부) → 피부과 의사 진단 → 바르는 약 처방 → 징동대약방에서 약 처방 신청 → 구매까지 일련의 과정이다. 채팅을 통한 사진진단 비용 6위안, 약 값 3.5위안까지 총 10.5위안, 한화로 약 1,900원 정도 소요됐다. 그리고 물류는 당연히 징동물류이므로 처방 약은 다음 날 오전 바로 집으로 배송됐다. 그리고 1주 정도 약을 바르니 나를 반년 이상 괴롭히던 중국 남부 지역의 흡혈 날파리(?)에게 물린 고통에서 벗어날 수 있었다. 과장을 안 보태고 신세계를 만난 기분이었다.

최근 코로나19 등을 이유로 온라인 원격 의료 및 관련 업종이 계속 스포트라이트를 받고 있다. 특히 온라인 진찰(问诊) 및 의약품 구매에 대한 급격한 수요 증가와 중국 의료정책의 개방과 맞물려서 온라인 의료 기업군의 가치를 계속 상승시켰다. 위에서 살펴본 대로 써보니 정말 신세계다. 간단한 진료를 받을 때 유용한 어플이 아닐 수 없다.

이런 추세에 발맞춰서 징동헬스는 2020년 8월 시리즈 B의 9억 USD 투자유치에 성공했고 기세를 몰아서 드디어 2020년 12월 홍콩증시에 상장됐다. 상장 직후 급등을 반복하며 시가총액이 2021년 1월 최고 약 6,000억 HKD(약 772억 USD)까지 치솟은 주가는 최근 중국 증시의 전반적인 내림세로 2022년 초 기준 시가총액으로 약 1,900억 HKD(약 244억 USD)를 넘나들고 있다. 최고치와 비교했을 시 1/3 토막 수준이다.

中 온라인 의료 3대장, 징동헬스·알리헬스·핑안굿닥터

비록 설립된 지 얼마 되지 않았지만 징동헬스는 이미 상장된 지 꽤 시간이 흐른 알리헬스(阿里健康)와 핑안굿닥터(平安好医生)와 어깨를 나란히, 아니 이미 이 두 기업을 추월했다고 봐도 크게 무리 없다고 할 만큼 발전된 모습과 데이터를 보여 주고 있다.

2022년 초 기준 알리헬스의 시총은 800억 HKD 내외(약 103억 USD, 모기업인 알리바바와 마찬가지로 최근 하락폭이 매우 큼), 핑안굿닥터가 약 300억 HKD 내외(약 39억 USD)로 징동헬스가 가장 앞서 있으며 비단 시가총액뿐만 아니라 징동헬스의 매출과 순이익이 3대장 중에서 가장 높다는 점도 주목할 만하다.

징동헬스 매출액은 2018년 81.7억 위안, 2019년 108.4억 위안, 2020년 193.8억 위안, 2021년 306.8억 위안으로 2021년에는 전년 대비 58.3%의 성장률을 기록했다. 또한 순이익도 다른 두 개 회사보다 높은 수준으로 2017년 2.1억 위안, 2018년 2.5억 위안, 2019년 3.4억 위안, 2020년 7.5억 위안, 2021년 14억 위안 연속 5년째 흑자를 기록 중이다.

그에 비해 알리헬스는 2020년 96억 위안의 매출을 올렸고 2020년 상반기에 드디어 5년 만에 처음으로 적자에서 흑자로 전환해서 당해 순이익 2.6억 위안을 달성했다. 2021년의 매출액은 155억 위안(전년 대비 +61.7%)을 기록했다.

핑안굿닥터는 2020년 매출 68.6억 위안(전년 대비 +35.5%)을 달성했으나 9.4억 위안의 순손실을 보고 있으며 이는 전년 대비 27% 증가한 것이다. 2021년에는 매출 73.3억 위안(전년 대비 +6.8%)을 달성했고 여전히 순손실 15.39억 위안을 기록했다. 핑안은 아직 한 번도 흑자 맛을 본 적이 없다.

따라서 현재만 놓고 보면 징동헬스는 이미 중국 내 온라인 의료 및 의약품 플랫폼 중 왕좌에 가장 먼저 올랐다고 봐도 무방하다. 비록 징동그룹이 전자상거래와 금융 분야에서 알리바바를 헐떡이며 부지런히 쫓아가는 것에 비해서 온라인 의료 및 의약품 부문에서는 앞서고 있다.

최근 코로나19 등의 영향으로 최근 상장한 징동헬스만 뜬 것이 아니라 알리헬스와 핑안굿닥터 역시 2019년 대비 2020년에 높은 주가 상승을 보여 준 바 있지만 2021년 하반기 다시 엄청난 조정을 받고 최고점 대비 약 1/3 수준으로 털썩 주저앉았다. 아무래도 최근 중국 정부의 플랫폼 기업 때리기로 인해 모기업인 알리바바나 징동 자체의 충격이 전해져 온 부분이 있다고 보이며, 직접적인 원인은 2021년 10월 경 중국 보건 당국이 발표한 인터넷진료 관리감독 세칙 초안에 원격진료 의사 자격 강화, 의사 대신 인공지능(AI)의 진료 처방 금지 등의 직접적인 규제 내용이 들어가 있기 때문이기도 하다. 이런 규제는 원격진료 시장 내의 불량 기업을 솎아 내서 추후 건전한 발전을 일으킬 것이라는 측면에서 긍정적인 면도 있지만 당장 단기적으로 징동헬스, 알리바바, 핑안굿닥터 등에게는 당연히 부담될 수 있는 내용들이다. 이런 규제의 배경에는 코로나19를 계기로 각종 인터넷병원이 우후죽순으로 생겨나며 부작용이 속출하기 때문이었다.

현재 온라인 의료 및 의약품 플랫폼 3대장인 징동헬스, 알리헬스, 핑안굿닥터 모두 온라인에서 의약품, 특히 처방전 불요한 상비약 및 건강보조식품 판매가 주요 수입원이다. 징동헬스의 의약품 매출은 지난 5년 간 총 매출의 약 86~7%(2017년 88%, 2018년 89%, 2019년 87%, 2020년 87%,

2021년 85%)을 차지하고, 알리헬스도 약 70%, 핑안굿닥터도 약 60%를 차지하고 있다. 공교롭게도 이 순서대로 시가총액, 매출액, 순이익 순위를 반영하고 있다. 징동헬스는 이 분야에서 나오는 안정적인 매출로 인해서 업계 1위를 유지하고 있다. 따라서 이런 매출 구조로부터 징동헬스를 비롯한 관련 온라인 의료·의약품 기업을 폄하고자 한다면 거창하게 온라인 의료니, 뭐니 했지만 결국은 그저 전부 온라인 약판매상(드럭스토어)이 아닌가 생각할 수도 있다.

징동헬스도 이 점에 대해서 지금 당장 딱히 반박하기는 어렵다. 하지만 온라인 의료 및 의약품 판매 시장은 이제 중국에서 막 태동 단계를 거치고 있으며 본격적인 발전 단계라고 보기는 어려운 만큼 징동헬스를 비롯한 알리헬스, 핑안굿닥터 모두 향후 미래 목표는 온라인 의약품 판매에 그치는 것이 아니다.

온라인 의료 건강서비스(医疗健康服务)인 온라인 진찰(问诊), 만성질환(慢性疾病) 관리, 홈닥터(家庭医生), 건강검진(体检) 서비스 등의 다양한 영역이야말로 이들이 노리는 미래 거대 시장이다. 아직 이 분야는 3대 기업 모두에게 상당히 작은 비중이긴 하다. 비록 비중은 작지만 징동헬스 플랫폼에서 활동하는 의사 수와 하루 평균 온라인 진찰 횟수 모두 엄청난 성장세를 보이고 있다. 활성화 고객에서도 징동헬스는 타 기업에 비해 우세를 점하고 있다.

통계를 살펴보면 2020년 초 코로나19로 인해서 징동헬스 플랫폼 일 평균 진료 수량은 동기 대비 6배 이상 증가했다. 또한 2021년 연간 사용자 수가 1.23억 명을 초과하여 전년 대비 3,356만 명이 증가하였다.

또한 의약품 판매는 온라인 의료 서비스에 고객 트래픽을 가져다주고,

온라인 의료 서비스는 의약품 판매에 수요를 창출해 주는 선순환이므로 의약품 판매를 그저 온라인 약팔이라고 생각하는 것은 결코 이치에 맞지 않지 않는다.

따라서 향후 분명히 더욱 커질 것으로 예상되는 의료 서비스를 잡기 위해선 현재 온라인 의약품 플랫폼으로서의 선도적 기업 이미지 구축도 매우 중요하므로 각 기업은 당장 성과를 낼 수 있는 분야인 의약품 판매에 최선을 다하면서 다가올 미래 온라인 의료 시장을 준비하고 있다.

추가적으로 언급할 것은 온라인 의료 분야의 3대장 모두 의료 서비스와 의약품 판매가 연계된 폐쇄적 비즈니스 모델을 추구한다. 즉, 간단히 말해 징동, 알리바바, 핑안의 각각 온라인 의료 플랫폼에서 의사 배정, 온라인 진찰, 약 처방, 약 구매까지 모두 원스톱으로 끝낼 수 있도록 만들어서 굳이 제삼자의 도움이 필요 없는 생태계를 구축하겠다는 의지다.

모기업 징동에 빨대 꽂은 징동헬스 화려한 실적

○ 징동헬스, 왜 그렇게 잘 나가는가?

징동헬스가 무난하게 의약품 판매 1위를 달성하고 있는 것 같지만 백조가 우아하게 호수를 떠다니기 위해서 물속에서 열심히 물갈퀴 질을 하고 있듯이 징동헬스도 이런 안정적인 매출을 올리기 위해 갖은 노력을 하고 있다.

즉, 징동헬스가 알리헬스와 핑안굿닥터에 비해서 의약품 판매 분야에서 선전하고 있는 이유는 다른 두 기업에 비해 모기업인 징동그룹의 강점을 제대로 활용하여 시너지 효과를 내고 있기 때문이다. 징동헬스는 의약품, 전자상거래, 물류의 경계를 허물어 버리고 3가지를 전부 합쳐 버렸다. 단지 메인 아이템이 의약품이 됐을 뿐, 기존에 하던 전자상거래와 물류 강점을 그대로 가져왔다는 점은 부정하기 힘들다. 실제로 징동헬스에 재직 중인 최고 경영진의 면면을 보면 의료계, 의약품 관련 출신은 하나도 없고 전부 징동닷컴 및 관련 기업 출신들로서 전자상거래의 유전자가 깊숙이 박혀있다.

첫 번째로 징동헬스는 징동닷컴의 여러 자원을 십분 활용한다. 징동헬스 어플 내에서는 물론이고 징동닷컴(JD.com) 어플 내에서도 의약품 카테고리가 생겨서 감기약, 안약, 비타민 등을 검색하면 징동에서 직영하는 징동대약방(京东大药房)의 제품들을 바로 구입할 수 있다. 또한 징동닷컴의 자체적인 공급망 강점을 등에 업고 징동헬스는 이미 중국 전역의 여러 의약품 제조 기업과 협력 관계를 맺는 동시에 의약품 유통상과 온·오프라인의 약국 등의 수요를 사전에 파악해서 대량 구매를 통한 가격 협상 능력을 확보했다. 이를 통해 징동헬스는 고객들에게 더 많은 종류와 더 저렴한 가격의 의약품과 건강보조식품을 제공한다.

또 다른 측면으로 의약품 제조 기업, 유통상, 온·오프라인 약국 모두 징동헬스의 도움으로 온라인 고객 트래픽 증가로 마케팅 비용 절감이 가능해졌고 구매자들의 제품 선호 빅데이터를 통해서 의약품 연구·개발과 홍보 측면에서 더 좋은 성과를 이뤄 낼 수 있도록 지원한다.

징동헬스는 징동대약방 카테고리에서 총 세 가지 모델로 의약품을 판매하고 있다. 1) 징동헬스 직영 상점, 2) 온라인 플랫폼(오픈마켓) 3) 온·오프라인 통합 유통망 구축(全渠道布局)이다. 앞에 두 가지는 뭔가 익숙하다. 그렇다. 직영과 오픈마켓은 모기업인 징동닷컴의 비즈니스 모델을 그대로 가져와서 적용한 것이다. 징동닷컴에서 징동 직영 상점과 제삼자 기업 상점들이 플랫폼에 입점해서 자체적으로 상품을 판매하는 것처럼, 징동헬스에서도 징동 직영하는 징동대약방과 중국 유명 약국인 동인당(同仁堂) 등의 제삼자 의약품 관련 기업이 들어와서 자신들의 상품을 온라인으로 판매한다. 2021년 기준 징동헬스 플랫폼에 제삼자 의약품 관련 약국 및 상점 9,000여 개가 입점해 있다. 그리고 온·오프라인 통합 유통망 구축이라는 것은 징동의 자체 물류 시스템 강점을 활용해서 오프라인의 각종 의약품 매장을 연계시키는 것이며, 쉽게 얘기해서 의약품 관련 O2O 서비스라고 생각하면 된다. 오프라인에서는 징동 직영 약국(京东自营药房), 징동헬스 연맹약국(联盟药房), 무인 의약품 자판기(无人售药机) 등의 판매 루트를 보유하고 있으며 이 오프라인 약국들은 의약품 재고를 관리하고 징동헬스에서는 온라인 판매와 실제 배송을 맡은 것이다.

두 번째로는 징동헬스는 징동의 물류 시스템을 제대로 활용 중이다. 앞에서 이야기한 대로 징동은 배송이 엄청 빠르다. 건강이나 질병에 관련된 의약품은 다른 상품에 비해서 가격 민감도가 떨어지며 배송 속도에 대한 민감도는 상당히 높다. 사람이 아픈데 언제 2박 3일간 감기약이나 해열제를 기다리고 있단 말인가. 제품을 빨리 받을 수 있다면 가격이 높아도 감수할 수 있다.

징동의 자체적인 물류 시스템 구축은 이런 긴급 배송 처리에 큰 플러스 요인으로 작용한다. 이 물류배송 분야에서의 징동의 강점은 비단 징동헬스에만 해당되는 것이 아니라 앞으로 징동 그룹이 육성 및 배양해 나갈 수 있는 잠재적 사업 범위를 엄청나게 확장해 준 셈이다. 즉, 빠르고 정확한 배송이 필요한 모든 사업 분야에서 일단 징동은 타 기업보다 무조건 한 걸음 앞서 나갈 수 있는 기본 인프라를 가지고 있는 것이기 때문이다. 음식배달과 의약품 외에 또 어떤 서비스가 이런 빠른 배송에 대한 절대적인 니즈를 가지고 있을지 생각해 보면 향후 징동이 어디까지 손을 뻗칠 수 있을지 예상할 수 있다.

물류 분야를 조금 더 세부적으로 살펴보면 징동헬스는 중국 내 200개 이상의 도시에서 온·오프라인 통합 유통망을 구축해서 운영 중이다. 즉, 여기 해당하는 200여 개의 도시에서는 당일 배송, 익일 배송, 30분 내 배송의 서비스가 가능하며, 100여 개가 넘는 도시에서는 라스트 마일 배송 (즉, 상품이 이미 소비자 근처에 보관 중으로 빠르면 30분 내 배송)이 가능한 경물류(轻物流) 시스템을 구축하였으며 향후 커버하는 도시 수를 계속 늘려갈 계획이다. 이 경물류는 앞서 이야기한 동네 기반의 배송 서비스 플랫폼인 다다(达达)·징동따오지아(京东到家)의 지원을 받는다.

○ 아직 알리바바에 빨대를 다 못 꽂은 알리헬스

징동헬스가 이처럼 모기업의 각종 인프라에 제대로 활용하는 것에 비해, 알리헬스는 아직은 모기업인 알리바바의 강점을 십분 활용하지 못하고 있다. 당연히 알리헬스도 타오바오, 티몰을 통해서 전자상거래 플랫폼을 충분히 활용하고 있고 차이냐오·펑냐오(菜鸟·蜂鸟) 등의 물류 인프라도 이용하고 있는 것은 사실이지만 중요한 것이 하나 빠졌다. 바로 금융 분야다. 알리페이와 화베이를 대표주자로 한 알리바바의 금융 서비스는 징동 금융과는 상대가 안 될 정도로 넓은 사용자 기반과 거대한 운용액을 자랑하고 있는데 말이다. 아마 최근 마윈이 스스로 문제도 그렇고 알리바바 금융 기업인 앤트그룹 상장도 무산되고 해서 차마 여기까지 신경 쓸 처지가 못 되나 싶다.

결론을 내려 보자면 징동헬스는 의약품 및 건강보조식품 판매에서 알리헬스를 살짝 앞서고 있지만, 온라인 의약품 판매보다는 온라인 의료서비스에 대한 본격적인 경쟁이 시작된다면 알리헬스가 정신 차리고 징동을 따라잡을 가능성이 있다. 의약품 판매 분야에서는 물류 강점이 있는 징동이 앞서 나갔지만, 향후 온라인 의료가 메인이 되면 알리헬스가 기존의 인프라(전자상거래, 물류)와 금융(대출·할부 등) 서비스까지 결합해서 조금 더 매력적인 서비스를 내놓을 수도 있기 때문이다. 지금은 경쟁의 초창기라서 누가 승자가 될지 예단하기는 조금 이르다. 물론 이는 중국 정부가 알리바바 그룹을 적당히 봐주고 넘어갔을 때를 전제하는 것이다.

징동의 금융 유니콘, 징동디지츠(京东数科)

징동디지츠는 다다그룹(2016년 상장), 징동헬스(2020년 상장), 징동물류(2021년 상장)에 이어서 징동 그룹이 야심 차게 상장을 계획했던 유니콘 기업이다. 그러나 2021년 4월에 기업 추정가치 2,000억 위안에 달하던 징동디지츠는 돌연 상하이 증권거래소 상장 신청을 잠정 포기 서류를 제출했다. 따라서 상하이 증권거래소는 징동디지츠의 커창반(科创板, 중국판 나스닥으로 첨단기술 기업 중심 종목) 상장 심사를 중단했다. 순조롭게 상장한 징동헬스, 상장예정인 징동물류와 달리 징동디지츠에게는 무슨 일이 생긴 것인가? 크게 두 가지 이유로 이런 결정이 내려진 것으로 보인다.

첫 번째로 2021년 3월 12일 중국 정부는 14차 5개년 규획(十四五规划)을 발표하면서 커촹반의 하드코어 테크놀로지(硬科技, Hard & Core Technology) 특색을 강조하겠다는 계획을 밝혔다. 이 기술들은 인공지능, 우주항공, 바이오, 반도체, 정보, 신재료, 신재생에너지, 스마트 제조 등으로 대표되는 최첨단 분야를 가리킨다. 즉, '첨단 기업 코스프레'하는 어중이떠중이 기업은 커촹반에 들어올 생각도 하지 말라는 중국 정부의 강력한 의지가 읽힌다.

징동은 사실 최근까지도 징동디지츠의 상장을 포기하지 않았는지 2021년 3월 원래 다른 곳에 속해 있던 AI(머신러닝, 딥러닝, 이미지 인식, 컴퓨터 비주얼, 음성 및 자연어 처리) 업무와 징동 클라우드(京东云) 업무를 징동디지츠로 이관하여 징동디지츠에 최대한 '첨단 기술 기업 냄새'를 가미해 보고자 했으나 결국은 이렇게 무산됐다. 어떻게 포장을 하든지 간에 2020년 9월에 제출한 투자설명서(招投书)에 따르면 결국 징동디지츠의 주요 수입은 결국 금융업이기 때문이다. 확실히 그들의 실제 업무와 주요 수입원을 보았을 때 커촹반에 진입 가능한 하드코어 테크놀로지를 주로 다루는 기업이라고 보기에 적합하지 않기 때문이다.

징동디지츠는 과거의 징동파이낸스(京东金融)로 금융기관, 상점·기업, 정부 및 기타 고객들에게 전방위적 '디지털 솔루션'을 제공하는 기업이라고 자기들을 소개한다. 기업 소개조차 첨단 기술 느낌을 주고자 상당히 노력한 티가 나지만 '디지털 솔루션'이라는 모호한 설명은 도대체 뭘 하는 기업인지 알 수 없게 만든다. 실상 징동디지츠의 재무 보고서를 살펴보면 징동디지츠 대부분의 수입은 금융 서비스에서 온다. 금융 서비스라 함은 커지은행(科技银行, 하이테크 기업 전용 대출은행으로 쉽게 말해 벤처캐피털), 대출, 보험, 신탁, 금융리스, 주식 업무 등을 지칭한다. 매출액은 2019년 182억 위안, 2020년 상반기까지 103억 위안이며 그중 두 가지의 신용대출 상품인 징동진탸오(京东金条)와 징동바이탸오(京东白条)이 각각 27억 위안, 18억 위안을 차지하면서 전체 매출의 약 4할을 차지하고 있다.

징동진탸오, 징동바이탸오는 각각 알리바바의 지에베이(借呗), 화베이(花呗)에 해당하는 금융 서비스로서 전자는 무담보 현금 신용대출 서비스고, 후자는 상품 구매에 필요한 무담보 신용대출 서비스(신용카드 느낌)다. 알리바바 편에서 대출 서비스인 지에베이를 다룰 때 이야기한 것처럼 각종 빅데이터를 활용해서 고객 신용도 체크에 활용하지만 그렇다고 이를 하이테크 기업이라고 하기엔 조금 약하다.

그리고 두 번째 이유는 마윈 사태 이후로 IT 독과점 거두들에게 대한 깐깐한 심사와 제약이 커지고 있는 상황 때문이다. 그리고 알리바바의 금융 플랫폼인 앤트그룹(蚂蚁集团) 역시 상장이 전부 중단된 상황에서 규모는 작지만 거의 똑같은 업무 범위를 가지고 있는 징동디지츠만 상장시키기는 쉽지 않았을 것이다. 중국 정부가 보기에 알리바바의 앤트그룹이나 징동디지츠가 얼마나 선진기술을 활용하든지 간에 결국은 돈놀이(대부업)하는 기업과 똑같다고 보면 된다. (참고로 징동의 금융에 대해서 깊이 다루지 않았던 것은 알리바바의 각종 금융 사업과 근본적으로 큰 차이가 없어서임)

비록 징동그룹은 징동디지츠의 상장에 실패했지만 그렇다고 징동디지츠가 어디 없어지거나 하는 건 아니므로 크게 우려할 부분은 아니라고 보인다. 언젠간 또 기회가 올 것이며 앤트그룹에 묻어서 비슷한 시기에 상장을 다시 노릴 것으로 예상한다.

○ 나 징동, 아직 죽지 않았다

핀둬둬 등장 이후 수세에 몰리는 것처럼 보이던 징동의 2022년 3월 발표된 2021년 재무 보고서를 보면 여러 항목이 시장의 기대 수준을 초과하여 새로운 기대감을 자아내고 있다. 그중 몇 가지는 짚어 보고 갈 만하다.

첫 번째로 연간 누적 구매자 숫자가 5.7억 명으로 2020년의 4.7억 명과 2019년 3.6억 명에 비해서 매년 약 1억 명씩 증가했다는 점, 이미 인터넷 인구가 포화인 상태에서 이런 순증가율의 달성은 쉽지 않은 것을 감안할 때 주목할 만하다. 게다가 1억 명 이상의 순증가 소비자의 70% 이상이 대부분 지방 도시 및 농촌(下沉市场)에서 유입되었다는 것도 유의 깊게 살펴볼 만하다.

두 번째로 발표에 따르면 2021년 징동의 매출액은 9,516억 위안(약 1,475억 USD, 전년 대비 +27.6%)이다. 2020년 매출액은 7,458억 위안(약 1,156억 USD, 전년 대비 +29.3%)으로 전반적인 전자상거래 업계의 성장률이 완만해지는 최근의 상황에 비춰 봤을 때 징동의 비즈니스 모델이 틀리지 않았음을 방증한다.

세 번째로 징동 계열 및 비상장 기업의 직원 수가 2020년 무려 36만 명에 달했다는 것이고 이는 동기 대비 무려 10만 명이나 증원된 것으로서 중국 사회에 대량의 취업 자리를 창출해냈으므로 이 점도 높이 살만하다. 본 재무 보고서에 발표되자 업계에서 상당한 파장을 일으켰으며 현재의 사용자 숫자와 시장 가치로 봤을 때는 징동은 확실히 알리바바와 핀둬둬에 뒤처지는 모습을 보여 주고 있지만, 징동의 비즈니스 모델과 발전 가능성이 결코 낮지 않음을 암시하고 있다.

다만, 징동 역시 최근 중국 당국의 빅테크 규제로 인해 2021년 4분기 영업손실이 52억 위안에 달해서 대규모 감원에 나섰다는 기사도 뜨고 있다. 논란이 됐던 것은 해고 직원에게 징동 졸업을 축하한다는 표현을 사용해 사회적 질타를 받았다는 것이다. 해고 직원에게 졸업 축하 증서를 주는 것 선을 넘은 게 아닌가 싶다. 특히, 직원들에 대한 파격적인 복지와 처우에 대해 많은 홍보를 한 징동의 이런 행보는 다소 의외라고 생각된다.

마지막으로 2022년 4월 초 징동 창업자인 류창동은 징동그룹 핵심 계열사인 베이징징둥스지(京東世紀)의 법정대표, 집행이사, 총경리직에서 사임했다. 앞서 다룬 알리바바 마윈, 바이트댄스 장이밍, 핀둬둬 황정처럼 회사 운영 전반에서 물러나는 행보로 보인다. 다만 여전히 회사의 의사결정권은 보유 중으로 막후에서 영향력을 행사할 것으로 예상된다.

제10장

핀둬둬(PDD)

논란과 모순이 가득한 가성비 기업, 핀둬둬

알리바바의 타오바오는 전자상거래 퍼스트 무버로서 가지고 있는 최고의 인지도와 닿지 않는 것이 없는 광범위한 사업 분야(상품 종류)를 장점으로 가지고 있다. 그에 맞서는 징동은 앞서 살펴본 바와 같이 존재하는 전자상거래 플랫폼 중 유일하게 자사의 물류 시스템으로 최고로 신속하고 정확한 배송과 정품을 보장하는 높은 신뢰도를 자신만의 강점으로 갖고 있다.

이런 전자상거래 플랫폼의 양강 구도는 마치 영원할 것처럼 보였지만 이런 생각을 정면으로 반박하면서 새로운 전자상거래 플랫폼의 역사를 빠른 속도로 써 나가고 있는 기업이 있다. 바로 핀둬둬이다.

핀둬둬는 뭐랄까, 중국 내에서도 늘 논란의 중심에 서 있다. 모순의 집합체라고 해야 할 정도로 극심하게 평이 갈린다. 누구는 사용해 보니 가성비가 너무 좋다고 하며, 또 누구는 최악의 쓰레기 플랫폼이라고 한다. 이렇게 저가, 짝퉁, 쓰레기 같은 일부 극히 안 좋은 편견에 곳곳에 깔려있음에도 불구하고 설립된 지 단 5년 만에 총거래액 1조 위안(약 177조 원)을 찍어 버린 핀둬둬. 2021년 초 이미 시가총액 2,000억 USD를 돌파했던 전력의 전자상거래 신흥 강자는 우리가 모두 공부해 보고 관심을 가져 볼 만한 기업임이 분명하다. 2022년 초 기준, 창업자 황정의 사임, 중국 정부의 플랫폼 기업 때리기 등을 비롯한 다양한 이유로 주가가 큰 폭으로 빠져서 주당 40 USD를 등락 중이며, 시가총액 500억 USD 내외를 기록하고 있다. 이는 핀둬둬의 52주 최고가인 주당 212 USD에 비교하면 약 1/5 수준이다.

2015년에 설립된 핀둬둬는 고작 1년 만에 누적 사용자 수 1억 명을 돌파했고, 월 거래액 1억 위안을 초과했다. 2018년에 이르자 핀둬둬 사용자 수는 3억 명을 돌파했고 7월 26일 미국 나스닥에 상장한다. 2018년 7월 295.8억 USD의 시가총액을 기록한다. 설립 후 상장까지 고작 2년 11개월이 걸려서 중국 인터넷 기업 중 가장 빨리 상장한 회사로 기록을 세운다. 그렇게 성장을 거듭한 핀둬둬는 2018년부터 난공불락으로 보이던 알리바바와 징동의 쌍두마차 시대를 종식하면서 전자상거래 3대장으로 거듭났다. 이제는 2018년 미국 나스닥에 상장한 핀둬둬의 시가총액은 징동을 훨씬 능가할 정도로 거대해졌고, 이제 고작 7년 남짓 된 신생 플랫폼이긴 하지만 사용자 규모 차원에서 다른 주요 플랫폼을 모두 능가해서 더 이상 신흥 세력이라고 부르기도 다소 민망한 상황이 되었다.

2020년 핀둬둬의 누적 사용자 수는 7.88억 명으로 같은 해 7.79억 명의 알리바바 그룹과 4.7억 명의 징동을 모두 제치고 이미 사용자 수 1위의 플랫폼 왕좌를 차지했다. 2022년 공식 발표에 따르면 2021년 핀둬둬의 누적 사용자 수는 8.69억 명에 달했으나, 알리바바 그룹의 8.8억명에게 다시 1위를 내주었다. 핀둬둬 플랫폼 내 입점한 활성 상점 수로 860만 개로 동기 대비 69% 증가했다. 징동이 핀둬둬에 밀려났을 때만 하더라도 핀둬둬에 대한 주목도 컸지만 징동의 쇠약함이 드러난 것이 아닌가 하는 시장의 우려가 있었는데, 핀둬둬가 이젠 알리바바 그룹까지 제치며 엎치락뒤치락 하니 오히려 징동의 마음이 약간 편안해 보일 지경이다.

핀둬둬는 모든 메이저 전자상거래 플랫폼 중에 동일 제품의 평균 가격이 가장 저렴하다. 그리고 급한 배송이 필요하지 않거나, 크게 신경 안 써도 될 만한 저관여 제품들을 살 때 매우 유용하게 사용된다(비닐봉지, 옷걸이, 휴지 등). 다만 핀둬둬에서 살 때는 저렴한 가격을 보고 사는 것이다 보니 실제로 제품의 높은 품질은 보장하기 힘들다.

뭘 해도 술술 잘 풀리던 핀둬둬 창업자 황정

○ 인복 많던 창립자 황정의 여정

핀둬둬는 2015년에 황정(黃峥)이 설립했다. 1980년생인 그는 마윈과 같이 저장성 항저우(浙江杭州) 출신이다. 문화 및 교육 수준도 높지 않았던 그의 부모님은 공장에서 근무했지만 황정은 어렸을 적부터 공부를 좋아했고 특히 수학에 특출한 재능을 보여 주었다. 1998년 수재들만 갈 수 있는 항저우외국어학교 졸업 후 저장대학교의 주커전학원(쓰可桢学院)의 컴퓨터 공학과에 입학한다. 2002년 졸업 후 미국 위스콘신 대학교에 합격하여 미국에서 컴퓨터 공학석사를 취득한다. 그리고 2004년에 졸업 후 마이크로소프트, IBM 등 여러 미국 IT 대기업에서 일자리를 제안 받았으나 당시 스타트업인 구글에 입사한다. 참고로 황정은 평범한 집안 환경에 비해서 인복이 많은 편으로 저장대학교에서 공부 중일 때 163.com 등으로 유명한 왕이(网易, 넷이즈)의 창립자인 딩레이(丁磊)가 그에게 컴퓨터 관련 기술적 문제 해결을 요청한 적이 있었고 이를 계기로 두 사람은 좋은 관계가 됐고, 이후 황정이 미국으로 유학을 결정한 것을 알게 되자 딩레이는 자기 회사인 왕이에 200만 USD를 투자한 돤용핑(段永平)을 황정에게 소개해 준다.

돤용핑은 일찍이 어린이 학습용 게임기, 교육용 전자제품으로 유명한 샤오빠왕(小霸王), 뿌뿌까오(步步高, BBK)를 중국 유명 브랜드로 성장시킨 기업가로 유명하다. 중국 유명 스마트폰 기업인 오포(OPPO)와 비보(VIVO) 모두 뿌뿌까오전자유한공사(步步高电子有限公司)에서부터 분리된 기업이다. 이런 성공 후에 돤용핑은 투자업무를 목적으로 미국으로 가서 활동한다. 2006년 돤용핑은 유명한 워런 버핏과의 점심을 62만 USD에 낙찰받고 미국에서 근무 중이던 26살짜리 애제자 황정을 데리고 같이 참석한다. 워런 버핏과의 식사 자리에서 황정은 어느 주식에 투자하면 좋을지 같은 건 일절 물어 보지 않고 황금은 왜 비싼지, 비싼 것들은 왜 비싼지 등을 물었다고 한다. 버핏과의 식사 자리에서 사물의 표면이 아닌 본질을 파악하란 말과 상식의 힘에 대해서 감명 깊게 들었던 황정은 이후에 핀둬둬를 운영하면서 사업의 본질, 본분(本分)에 대해서 자주 강조한 바 있고 이는 돤용핑과 같이한 버핏과의 점심이 그에게 미친 영향이라는 전언이다. 비록 버핏과의 만남은 일회성이었지만 돤용핑은 황정의 멘토, 혹은 스승 역할로 10년 이상 황정에게 큰 영향을 미쳤다. 향후 핀둬둬와 물류 배송에 있어서 긴밀한 관계를 맺고 있는 물류 기업인 지투택배(极兔速递)의 창업자인 리제(李杰) 역시 과거 돤용핑의 데리고 있던 직원일 정도로 황정 주위에는 돤용핑의 그림자가 짙게 드리워져 있다.

황정이 당시 마이크로소프트, IBM 등의 대기업을 마다하고 스타트업이었던 구글을 선택한 것도 바로 돤용핑의 조언이었다. 게다가 돤용핑은 최소 3년간 구글에서 일해 보라고 권유했다. 돌이켜 보면 구글을 선택한 것도 훌륭한 선택이었지만 입사 시기는 더할 나위 없이 좋았다. 구글에서 일한 지 얼마 되지 않아 회사가 상장하면서 수백만 USD의 스톡옵션으로 돈방석에 앉게 된 것이다. 그리고 2006년 구글 차이나 대표인 리카이푸(李开复)와 같이 중국으로 파견 나와서 구글 중국 법인사무소를 개설한다. 이듬해인 2007년 돤용핑이 조언한 3년이라는 시간을 채우고 황정은 구글을 퇴사한다. 알리바바가 파란을 일으키며 전자상거래가 새롭게 붐을 일으키고 있을 때였으므로, 구글 퇴사 후 처음에는 돤용핑의 뿌뿌까오의 전자상거래 업무를 돕다가 이후 황정은 뿌뿌까오의 제품과 소비자 가전 등을 판매하는 오쿠(欧酷)라는 전자상거래 상점을 오픈한다.

몇 년 하다 보니 역시 징동닷컴을 이기기에는 역부족이라는 것을 알고 2010년 6월에 란팅그룹(兰亭集团)에 매각한다. 그리고 오쿠의 인력들을 데리고 러치뎬상(乐其电商)을 설립한다. 전문적으로 유명 브랜드를 대상으로 하는 타오바오 · 티몰 내의 대리 운영상으로서 과거 오쿠의 전자상거래 운영의 풍부한 경험이 있어서 러치뎬상는 금방 수익을 낸다. 2013년에 이미 1억 위안의 매출을 올렸고 회사는 점점 커졌다. 그 외에 황정은 회사 내부적으로 주로 스마트폰 게임, 웹 게임 위주의 상하이쉰멍(上海寻梦)이라는 게임 회사를 설립했다(2022년 기준 핀둬둬에서 상품을 결제하면 여전히 상하이쉰멍 회사로 자금이 들어간다). 이 회사를 통해 또 황정은 많은 돈을 벌었다. 다양한 이력의 창업자들이 있지만 황정처럼 뭘 해도 술술 풀리는 케이스는 매우 드물다.

○ 핀하오워(拼好货)와 핀둬둬 설립

황정은 알리바바와 징동을 필두로 하는 전자상거래 모델은 여전히 소비자들이 검색을 통해서 상품을 찾아서 구매해야 하는 과정이라는 것을 발견하고, 당시 운영 중인 상하이쉰멍이라는 게임 회사의 경험을 바탕으로 소비자들이 구매하는 과정을 조금 더 재미있게 할 수는 없을지 고민을 하기 시작한다. 그리하여 2015년 4월, 소셜 기능과 전자상거래를 결합한 핀하오훠(拼好货)를 설립하고 서비스를 개시한다. 이는 사람들을 모아서 공동구매 하는 모델로서 소비자들은 매우 저렴한 가격으로 과일, 채소 등 각종 신선 제품을 구매할 수 있었다. 가격이 매우 저렴했으므로 수많은 고객이 신속하게 유입되고 주문량도 급증한다.

핀하오훠의 성장세가 심상치 않자 이를 본격적으로 진행하기 위해 황정은 관련 투자가들을 총동원한다. 위에서 언급한 뿌뿌까오의 돤용핑과 왕이의 딩레이를 비롯해서 순펑 물류의 왕웨이(王卫), 타오바오의 사장과 총재를 역임했던 손통위(孙彤宇) 등이 800만 USD의 자금을 대주었다. 알리바바 타오바오의 시작과 발전을 책임졌던 손통위는 핀둬둬의 저가 정책에 상당한 영향을 끼쳤다. 타오바오 역시 초창기 전자상거래로 중국을 통일했을 때도 역시 이 방법을 사용했기 때문이다. 이렇게 해서 2015년 9월 핀둬둬가 설립된다. 서비스 개시 후부터 핀둬둬는 폭발적인 성장세였다. 단 2주 만에 위챗 공식계정의 팔로워가 100만 명을 돌파하고 4개월 반 만에 하루 거래액이 1,000만 위안을 돌파했다. 2016년 9월 핀둬둬 설립 1년 후 이미 누적 사용자 수는 1억 명을 돌파했고, 월 거래액이 1억 위안을 초과했다. 이렇게 핀둬둬의 성장이 급속도로 진행되자 황정은 아예 핀둬둬와 핀하오휘를 합병해 버리면서 두 합병된 회사의 CEO가 된다. 2018년에 이르자 핀둬둬 사용자 수는 3억 명을 돌파했고 7월 26일 미국 나스닥에 상장한다. 2018년 7월 295.8억 USD의 시가총액을 기록한다. 설립 후 상장까지 고작 2년 11개월이 걸려서 중국 인터넷 기업 중 가장 빨리 상장한 회사로 기록을 세운다.

그렇게 성장을 거듭한 핀둬둬는 2018년부터 난공불락으로 보이던 알리바바와 징동의 쌍두마차 시대를 종식하면서 전자상거래 3대장으로 거듭났다. 핀둬둬의 2020년 재무 보고서에 따르면 누적 사용자 수 7.88억 명으로 타오바오(7.79억 명)와 징동(4.7억 명)을 모두 제치고 사용자 수 1위의 플랫폼 왕좌를 차지했다. 그리고 앞서 언급한 대로 2021년 핀둬둬의 사용자 수는 8.69억 명에 달했다. 최근 월스트리트저널(WSJ)의 발표에 따르면 알리바바의 중국 전자상거래 소매시장 점유율은 2015년 78%에서 2021년 51%로 하락했다. 핀둬둬의 급격한 약진에 따른 알리바바의 점유율 하락인 셈이다.

현재 핀둬둬의 사업 범위로는 B2C, B2B 전자상거래 위주이며 아직은 알리바바처럼 전자상거래, 물류, 금융, 클라우드 서비스 등 전자상거래 관련 전체의 공급망 사슬을 구축하고 있지는 않다. 그럼에도 불구하고 핀둬둬는 알리바바의 큰 위협으로 성장했다. 핀둬둬는 어떻게 이렇게 급성장할 수 있었을까? 게다가 어떻게 기존 타오바오와 징동이라는 두 거인의 틈바구니에서 초고속 성장을 할 수 있었을까?

외부 탄생 요인(1) 기존 플랫폼에서 갈 길을 잃었던 저가 제품

○ 타오바오와 징동이 있는데 어째서 핀둬둬가 튀어나왔을까

사실 이건 질문 자체가 잘못된 듯하다. '타오바오가 있는데 왜 핀둬둬가 나왔을까'가 아니라 '타오바오가 있었기 때문에 비로소 핀둬둬가 태어날 수 있었다'고 할 수 있기 때문이다. 크게 타오바오는 핀둬둬가 성장할 수 있는 세 가지의 큰 외재적 기반을 만들어 주었다고 할 수 있다. 그래서 핀둬둬는 사실 타오바오에게 감사해야 한다. 타오바오가 핀둬둬에게 제공한 주요한 탄생 여건 중에 첫 번째로 꼽을 수 있는 것은 타오바오가 스스로 저가 상품의 숨통을 막아 버린 것이다.

결론부터 이야기하자면 타오바오(징동도 마찬가지)가 자신의 플랫폼에서 취급하는 상품 포지셔닝을 전반적으로 상향 조정했기 때문에 기존에 타오바오 내에서 존재하던 저가 상품의 시장(공급과 수요 양단 모두에게)에 공백을 가져왔다. 흔히들 가난함이 상상력의 제약을 가져온다고 하는데 이 상황에선 오히려 부유함(고급화)이 전자상거래 두 거두의 상상력을 구속한 게 아니었을까 하는 생각이 들 정도다.

바로 이런 저가 시장 공백 상황에서 정확한 타이밍에 핀둬둬의 황정이 나타나서 저가 상품의 공급과 수요의 관계에 대해서 재정립을 시작했고, 이를 위해서 저가 상품의 수요가 비교적 많은 지방 도시 및 농촌지역부터 공략을 시작한 것이다. 즉, 1~2선 도시 같은 중심부가 아닌 3~5선 도시 같은 주변부에서부터 시작해서 저가 상품 수요자와 저가 상품 공급상을 연결 및 매칭을 이뤄 주었다.

예를 들어 2015년 타오바오는 짝퉁 상품 단속기간에 플랫폼 내 24만여 개의 상표권 침해로 의심되는 상점을 단칼에 정리해 버렸고, 징동도 이와 유사하게 과거 텐센트로부터 합병한 중고 거래 플랫폼인 파이파이왕(拍拍网)을 정리해 버렸다. 이렇게 한순간에 각종 저가 상품(노브랜드를 비롯한 짝퉁, 비정품)을 주로 생산하던 중국 전역의 전통적 생산 공장들은 급격하게 판로를 잃었다. 타오바오는 이렇게 대놓고 저가 제품들을 진열대에서 내린 것 외에도 지속적인 의도를 가지고 자사 플랫폼 내에서 저가 상품 지우기와 차별을 시작했다. 타오바오가 어떻게 했는지 밑에서 살펴보자. 똑같은 전자상거래 플랫폼인데 타오바오와 핀둬둬의 가장 큰 차이점은 무엇인지를 알아보아야 한다.

많은 사람이 핀둬둬에는 저렴하고 저품질 상품들만 있다고 생각하는데 절대 그렇지 않다. 핀둬둬에도 비싸고 고급스러운 상품들이 있다. 다만 핀둬둬는 저렴하고 후기가 좋은 상품을 주로 첫 페이지나 상단에 배치하거나 소비자에게 추천 및 노출을 하고, 각 상점의 개별 페이지로 들어가도 저렴한 물건을 상위 추천 상품으로 보여 준다. 그런데 타오바오는 이와 달리 가장 저렴한 물건은 잘 안 보이는 저 목록의 맨 밑으로 내리고(혹은 아예 안 보이게 해 놓고) 상점에서 파는 중간 가격대 이상의 상품을 우선하여 보여 준다. 따라서 두 가지 전자상거래 플랫폼의 가장 큰 구분은 상품을 추천 메커니즘이 완전히 다르다는 것이다. 즉, 타오바오의 가격 '장난질'이 핀둬둬에게 커다란 기회를 가져왔다고 할 수 있다.

실제 타오바오에서 특정 아이템, 예를 들어 브랜드를 지정하지 않고 스마트폰 케이스(手机壳)를 검색한다고 가정해 보자. (2022년 초 기준, 매월 검색어 경매 광고에 따라 실제 검색 결과가 달라짐) 타오바오에서는 검색 결과 상단에 30위안(한화 약 5,300원) 이상의 각종 스마트폰 케이스가 가장 상단에 표시되고 100위안(한화 약 17,700원) 이상의 케이스도 쉽게 찾을 수 있다. 반면에 핀둬둬에서는 동일한 검색어를 입력하면 3~15위안 전후의 스마트폰 케이스가 가장 많이 나온다. 30위안이 넘는 케이스도 있긴 하지만 수량이 상당히 적다. 즉, 타오바오가 추천하는 상품이 핀둬둬에 비해서 전반적으로 3~5배 이상 비싸다. 품질이 어떤지 같은 궁금증은 일단 넣어두자. 가격 차이가 있다는 것은 분명하다.

이건 단순한 느낌이 아니고 똑같이 검색된 스마트폰 케이스를 각 플랫폼에서 낮은 가격순으로 정렬시켜 보면 타오바오는 최저 약 4위안 정도, 핀둬둬는 1.01위안으로 나온다. 최저가도 4배 정도 차이가 난다. 핀둬둬의 1.01위안은 놀랍게도 배송비 포함이다. 한화 약 177원에 배송비 포함해서 스마트폰 케이스(거의 모든 스마트폰 모델 구비 중)를 살 수 있다.

세상에, 중국에서 무엇이든 가능할 줄 알았던 만능 타오바오가 어째서 4위안 이하의 스마트폰 케이스도 팔고 있지 않단 말인가? 아니, 타오바오는 말 그대로 거의 만능이므로 그럴 리 없다. 타오바오에서도 저렴한 상품은 얼마든지 찾을 수 있다. 단순히 가격을 오름차순으로 할 것이 아니라 세부 설정에 들어가서 예를 들어 1~2위안 사이의 가격을 설정하고 제품을 검색하면 된다.

그러면 심지어 핀둬둬보다도 저렴한 1위안짜리 휴대폰 케이스가 봇물 터지듯이 검색 결과에 나온다. 그런데 좀 이상하다. 이런 저렴한 물건이 생각보다 판매량이 많지 않기 때문이다. 참고로 타오바오 섬네일에서는 실제로 판매된 수량을 동시에 볼 수 있다.

왜 그럴까? 간단하다. 타오바오에서 일부러 이런 저렴한 가격의 제품을 '감춰' 놓았기 때문이다. 세부 설정을 변경하지 않고 단순히 스마트폰 케이스로 검색하면 최저 가격 4위안짜리가 나오기 때문에 소비자들은 더 저렴한 제품이 있는지 보지 못하는 경우가 대부분이고 제품 자체가 노출되지 않으니 당연히 판매량도 적을 수밖에 없다. 즉, 고객들이 보지 못해서 판매가 안 된 것일 따름이다. 이렇게 저가품은 '숨겨' 놓고 중간 이상의 가격대의 상품을 쉽게 볼 수 있도록 노출하는 것이 바로 위에서 이야기한 타오바오의 가격 '장난질'이다.

○ 타오바오가 저가 상품을 숨기는 이유

첫 번째로 이런 저가 상품을 감춰놓은 것은 일정 부분에서는 제 살 깎아 먹기의 악성 가격 경쟁을 줄일 수 있으므로 전체적인 시장의 건전한 발전에 이바지할 수 있다. 만일 시장이 장기간 최저가 상품에 의해서 점령당하면 공급자들은 모두 다 목숨 걸고 생산 원가, 마케팅 비용 등을 줄여나가려고 노력할 것이며 높은 가격의 고품질 상품은 전혀 살아남을 수 있는 공간 자체가 생겨나질 않는다. 마치 악화가 양화를 구축하듯 좋은 물건은 전부 사라지고 저품질의 싼 제품만 살아남게 되는 결과를 가져올 것이다. 그것은 타오바오 같은 종합 전자상거래 플랫폼에게 좋은 일이 결코 아니다.

두 번째로 타오바오는 저가 상품을 검색하기 어렵게 해 놓음으로써 플랫폼 내의 회당 거래 평균 객단가를 높일 수 있다. 상품이 더 높은 가격으로 팔려 나가면 플랫폼에서 떼어갈 수 있는 수수료도 높아지며 객단가가 높아질수록 판매자의 이윤도 높아질 수밖에 없다. 판매자가 많은 돈을 벌수록 더욱더 플랫폼 내의 광고비 지출을 아까워하지 않으므로 타오바오의 광고비 매출도 덩달아서 증가하게 된다. 즉, 이렇게 저가 상품을 감춰 놓는 것은 타오바오에게 여러 가지 이점을 가져온다.

문제는 저가 상품을 숨겨 놓는 것이 타오바오에게는 경제적, 이미지상 이득이 되지만 되려 소비자들에게는 그렇지 않다는 것이다. 먼저 타오바오가 우선적으로 소비자들에게 중가 및 고가의 제품만 소개해 주지만 안타깝게도 그 가격대의 상품들이 중상 이상의 품질을 보장하지는 않기 때문이다. 만일 핀둬둬에서 5위안짜리 열쇠고리가 타오바오에서 똑같은 물건임에도 불구하고 30위안에 팔리고 있다면 타오바오 소비자들은 앉은 자리에서 25위안짜리 바가지를 쓰고 있는 것이기 때문이다(만일이라고 썼지만 실제 이런 사례는 비일비재하다). 또한 저가 제품을 일부러 검색 결과에서 숨겨놓는 것은 중국에서 아직도 큰 비중을 차지하고 있는 저소득층, 가격에 매우 민감한 소비자 혹은 고소득이지만 가성비 쇼핑을 즐기는 사람들이 저렴한 물건을 사지 못하도록 명백하게 방해하는 셈이다. 타오바오는 이런 사람들의 수요를 놓쳐 버렸다고 봐도 무방하다. 따라서 이와 상반되게 저가 상품 정책 노선을 취한 핀둬둬는 바로 이런 사람들의 수요를 정확하게 만족시켜줬다고 할 수 있다. 핀둬둬가 떠오른 한참 후에 타오바오에서는 타오바오 특가판(特价板)을 내놓고 부랴부랴 저가 시장을 공략 중이다.

중국 시장에서 저가 상품으로 유통되는 것들은 유명 브랜드 로고를 쓰지만 실제로는 해당 브랜드에서 직접 제조하지 않은 대놓고 상표권을 침해하는 짝퉁(假货)도 많고, 유명 브랜드와 유사하지만 이름 살짝만 변경해서 쓴 제품들도 많다. 이런 식의 제품은 모두 짝퉁이라고 할 수 있지만,

그 외의 일반적인 저가 상품들은 상표권 침해가 없으므로 업계 내에서는 비정품이나 노브랜드 제품(非正品, 白牌)으로 부른다. 이 비정품 상품은 품질, 원료, 기술 등이 유명 브랜드와 다소 차이가 나지만, 품질 등의 차이보다도 훨씬 압도적으로 큰 차이가 바로 브랜드 로고가 붙어 있지 않다는 것이다.

핀둬둬는 바로 이런 저가 생산 공장들의 뒤에 있는 커다란 비즈니스 기회를 포착한 것이다. 바로 이런 비정품 노브랜드 제품을 브랜드 인지도를 중요하게 생각하지 않는 3~5선 도시 거주자들과 매칭시켜 주고 거기서 소비자들이 실질적인 가격적 혜택을 볼 수 있도록 도와준 것이고 기업에는 판로를 새롭게 개척해 주는 동시에서 악성 재고 및 재고 누적의 문제를 해결해 준 것이다.

2020년 기준 중국 6억 이상의 인구가 여전히 월수입 1,000위안 미만이다. 즉, 아직도 중국에는 저소득, 저소비 인구가 엄청나게 많다고 할 수 있다. 타오바오가 자사 플랫폼의 수준을 전반적으로 업그레이드하면서 소홀히 하고 제대로 주의를 기울이지 않아서 놓친 인구가 이렇게 많다고 할 수 있다.

핀둬둬가 저가 상품에 대한 숨통을 틔워 주는 것으로부터 출발했기 때문에 6년이라는 짧은 기간 동안 2021년 기준 거의 9억 명에 달하는 사용자를 모을 수 있었다. 타오바오가 더 안정적으로, 그리고 더 높이 날기 위해서 펄럭거린 날갯짓의 나비 효과가 저가 상품 시장을 공백을 가져왔고 핀둬둬 등장을 위한 완벽한 무대를 만들어 주었다.

외부 탄생 요인(2) 승자독식이라는 전자상거래 게임 법칙

타오바오가 핀둬둬에게 부여한 두 번째 탄생 여건은 플랫폼 내에서 잘 나가는 상점만 계속 잘 나가는 승자독식 현상이다. 타오바오 내에서 각 상품 카테고리별로 상위 10%, 넉넉하게 잡아도 20% 이내의 판매자들이 분야별 매출의 대부분을 차지하고 있으며 나머지 수많은 상점은 들러리 역할밖에는 못 하고 있다. 문제는 영세 개인 상점들도 이걸 뻔히 알면서도 옮길 수 있는 다른 플랫폼이 없었다는 점이다. 이것이 핀둬둬가 탄생할 수 있었던 또 다른 이유다.

2003년부터 2015년에 이르기까지 크고 작은 각종 분야별 전자상거래 플랫폼이 수백, 수천 가지 이상 존재했는데 결국 주요 전자상거래 플랫폼은 결국 알리바바와 징동 계열을 대표적으로 극소수밖에 남지 않았으며 사람들이 자주 사용하는 전자상거래 플랫폼은 평균적으로 3개 이상을 넘지 않는다.

이는 모바일 시대의 플랫폼 비즈니스 경쟁은 승자독식이라는 것을 극명하게 나타낸다. 문제는 플랫폼만 이런 승자독식이 아니라 플랫폼에 입점한 상점들도 승자독식의 경향이 강하게 나타난다는 것이다.

네트워크 효과(网络效应, 특정 상품에 대한 어떤 사람의 수요가 다른 사람들의 수요에 의해 영향을 받는 효과)와 파레토 원칙(头部效应, 20:80 법칙)에 의해서 스마트폰 케이스, 남성 티셔츠, 이불, 아동복 등 각 상품 세부 카테고리별 상위 20% 정도에 자리매김한 상점들이 대부분의 매출을 올리게 된다.

즉, 이런 상위권에 들지 못하는 분야별 후 순위의 수천, 수만 개의 상점은 아무리 열심히 노력해도 그다지 높은 매출을 올리기 어려운 상황에 맞이하게 되는 것이다. 타오바오에는 1,000만 개 이상의 상점들이 존재하고 단순하게 생각해도 200만 개는 괜찮은 매출을 올리지만 800만 개는 매년 경영난에 시달리고 있다고 볼 수 있다. 이런 상황이 되면 상위 랭크를 차지하지 못한 후 순위 기업은 이 플랫폼에서 계속 열심히 노력해 보거나 그게 아니라면 상위 랭크를 차지하기 위해서 다른 플랫폼에서의 기회를 탐색할 것이다. 핀둬둬는 바로 타오바오와 징둥에 입점한 수많은 기업이 이런 기회를 찾고 있을 때 등장한 것이다.

징둥을 이야기할 때도 타오바오를 이야기하면서 비교했고, 핀둬둬를 이야기하면서도 타오바오를 언급할 수밖에 없는 이유는 타오바오가 중국 전자상거래의 원조 격이라서 어쩔 수 없다. 역시 핀둬둬를 이해하려면 반드시 타오바오를 짚고 넘어가야 하므로 잠깐 타오바오를 살펴보자.

초창기 타오바오는 지금의 핀둬둬와 매우 닮았다. 2003년 타오바오가 막 떠오르기 시작했을 때 스스로의 포지셔닝은 C2C 전자상거래 플랫폼이었다. C2C는 개인 간 거래 모델로서 개인 판매자가 개인 소비자한테 파는 것이다. 즉, 온라인 벼룩시장이라고 할 수 있다. C2C 모델의 장점으로는 온갖 종류의 제품이 다 있다는 것과 저렴한 가격이지만 단점으로는 상품 품질이 복불복이라는 것이다. 이에 대해서 모두 잘 알고 있으나 가격이 워낙 저렴하다 보니 그래도 많은 사람이 타오바오를 이용했다. 따라서 지금의 핀둬둬는 당시의 타오바오와 흡사하다고 할 수 있다. 다만 한참 뒤에 태어난 전자상거래 플랫폼으로서 저가 상품 정책 노선을 당시의 타오바오보다 훨씬 정교하게 설정했다는 점에서 차이가 있겠다.

타오바오 설립 초기에 당시 미국 이베이를 이기기 위해 첫 번째 전략이 바로 수수료 무료 전략이었다. 모두 타오바오에서 무료로 상점을 열 수 있었고 수수료도 받지 않았다. 이 전략의 최고의 장점은 이베이를 아주 빠르게 중국 시장에서 몰아낸 것이지만 반대급부로 타오바오 스스로 딱히 수익을 낼 수 있는 방법을 찾지 못했다는 것이다. 그래서 2003년부터 2008년까지 6년 정도 타오바오는 30억 위안 이상 누적 적자에 허덕였다. 그리고 타오바오는 2008년에 B2C 모델의 티몰을 설립하고 그 이듬해에 적자를 면했고 그 이후에는 계속 흑자를 보고 있다. 한 마디로 티몰은 설립되자마자 타오바오의 적자를 해소해야 하는 부담을 품고 태어난 존재였던 셈이다.

알리바바의 티몰은 어떻게 돈을 벌었는가? 알리바바 편에서 이미 다뤘으나 너무 중요한 부분이라 잠깐 다시 살펴본다.

알리바바는 간단하고 거친 방법을 사용했다. 기존 타오바오의 트래픽을 거의 전부 티몰에게 몰아준 것이다. 즉, 타오바오 어플에서 특정 검색어를 입력하면 타오바오에 등록된 상품과 티몰에 등록된 상품 모두 검색이 되는데 티몰 상품을 상위에 훨씬 더 많이 드러내는 전략이다. 당연히 트래픽이 몰려서 상품이 노출되면 거래액이 생기고 거래액이 클수록 플랫폼의 수수료 수입은 늘어날 수밖에 없다.

이렇게 티몰에 트래픽이 몰리고 성장세가 거침없는 것을 본 많은 타오바오 개인 상점들은 속속 기업형으로 전환해서 티몰로 몰려가기 시작한다. 따라서 타오바오와 달리 티몰은 무료 입점이 아니었으므로 알리바바는 거대한 입점 수수료, 보증금 수입 등을 거둬들이게 된다. 티몰의 기업형 상점이 많아지면 많아질수록 경쟁은 점점 더 치열해지고 당연히 상점 간의 광고비 경쟁이 시작되면서 티몰은 광고 수입까지 급증하게 된 것이다. 따라서 거래 수수료, 입점 수수료·보증금과 온라인 광고비 수입이 티몰의 3대 수입원이 된다.

알리바바의 비즈니스 모델을 요약하자면 먼저 수수료 무료 정책으로 수많은 판매자와 구매자를 타오바오 플랫폼으로 유혹해서 불러 놓은 다음, 시기가 무르익자 판매자와 구매자의 트래픽을 티몰로 몰아줘서 궁극적으로는 티몰에서 수익을 내는 것이다.

'아낌없이 주는 나무'와 '수수료 무료인 영세 상점의 친구' 역할을 자처했던 타오바오가 대부분 트래픽을 티몰한테 몰아주자 타오바오에 있던 개인 상점들은 그야말로 낙동강 오리알 신세가 된 것이다. 특히 티몰 입점은 여러 가지 서류(사업자등록증, 상표등록증 및 브랜드 수권 계약서) 제약이 있으므로 영세 개인 상점들은 모두가 입점할 수 있는 것은 아니다.

게다가 서류가 완비됐다고 쳐도 연간 입점 비용과 보증금은 업종별로 다르지만 10~20만 위안이 필요하므로 영세 개인 상점에게는 큰 부담이 아닐 수 없다. 그럼에도 불구하고 간신히 티몰에 입점을 한다고 쳐도 그게 끝이 아니다. 추가적으로 광고비를 투입해서 자기 제품의 노출 순위를 위로 끌어올리지 않는다면 거의 매출이 일어나지 않기 때문이다. 트래픽 위주의 알리바바에서는 각종 비용을 끊임없이 집어넣어야만 돈이 돌아간다. 개미지옥이 따로 없다.

설사 타오바오가 트래픽을 티몰한테 몰아주지 않았더라도 타오바오에 등록된 판매자만 하더라도 이미 1,000만여 개다. 이미 그 경쟁이 얼마나 심할지는 상상에 맡기겠다. 위에서 언급한 대로 진짜 돈 벌 수 있는 판매자는 10%, 많이 쳐 봐야 20%일 것이며 그 외의 판매자들은 거의 생계유지 정도만 간신히 하는 셈이다.

이렇듯 오랜 기간의 경쟁을 거쳐 타오바오는 일부 경쟁력을 가진 판매자들만 살아남은 고인물의 전자상거래 플랫폼으로 변질하여 버렸다고 할 수 있다. 바로 이런 타오바오 내의 영세 중소 상점들의 오도 가도 못하는 상황을 지금으로부터 7년 전인 2015년에 황정이 눈여겨보았다.

황정은 핀둬둬 설립 이전에 이미 타오바오·티몰에서 판매자를 대신해서 상점을 운영하는 대행사인 러치뎬상(乐其电商)를 운영해 본 경험이 있었기 때문에 판매 상위 20% 안에 못 드는 영세 개인 상점들은 타오바오에서 발전 가능성이 없다는 것을 알지만 딱히 갈 만한 플랫폼도 없어서 고민하는 것을 잘 알고 있었다. 다시 무료로 상점을 열 수 있게끔 도와준 핀둬둬가 영세 개인 상점을 다 받아 준 것이다.

실제로 핀둬둬에 입점한 상점들은 대부분 타오바오나 징동 등의 중국 유명 전자상거래 플랫폼에서 넘쳐흘러서 나온 상점들이 대부분이며 핀둬둬에 입점한 기업의 제품을 보면 타오바오에도 등록이 되어 있고, 징동에도 중복 입점하여 있는 경우가 대다수이다. 상점들 입장에서 오버플로우(overflow) 효과라고 할 수 있다.

앞서 굳이 징동을 얘기하지 않은 것은 징동은 직접 자기들이 사입해서 판매하는 직영 전자상거래 플랫폼으로서 타오바오와는 확연히 다른 모델이다. 물론 징동도 제삼자에게 징동의 플랫폼을 오픈하고 있긴 하지만 그 개방 품목이나 개방 정도로 따지자면 전자상거래 업계 대세에는 영향을 크게 주지 못할 수준이다.

외재적 탄생요인(3) 텐센트와 알리바바의 경쟁으로 인한 이득

타오바오가 핀둬둬에게 제공한 세 번째 기회는 타오바오가 알리바바의 적자(嫡子)라는 사실이며, 그로 인해 핀둬둬는 타도 알리바바를 외치던 경쟁자인 텐센트의 전폭적 지원을 얻어냈다는 점이다.

그렇다. 플랫폼 내 과잉 경쟁으로 인해 갈 곳을 잃은 도태 직전의 많은 상점과 타오바오 포지셔닝 상향 조정으로 인해 설 곳이 없어진 저가 상품, 앞서 이야기한 두 가지 원인은 모두 타오바오가 생존 및 발전하는 과정에서 터져 나온 부작용이라고 할 수 있다. 하지만 아무리 그렇다고 해도 핀둬둬라는 존재가 이렇게 급작스럽게 클 수 있었던 것이 타오바오가 정책적 판단 오류를 저질렀고, 핀둬둬가 그 빈틈을 제대로 파고들었기 때문만은 아니다. 결국 알리바바의 적자인 타오바오와 텐센트의 방계 혈족쯤 되는 핀둬둬의 '잘못된 만남'으로 인해 알리바바가 원하지 않던 방향으로 전자상거래의 업황이 통째로 뒤흔들렸다는 것은 아무리 강조해도 지나치지 않는다.

본디 늘 호시탐탐 알리바바의 전자상거래 제국을 무너뜨리고 자기 영향력을 넓히고 싶었던 텐센트는 전자상거래 2위인 징동에 대한 투자를 통해서도 이 분야의 갈증을 제대로 해소하지 못하고 있었다. 그러다가 핀둬둬라는 신흥 세력을 보고 '그래, 이놈이다. 너라면 내 꿈을!'이라는 직감으로 거액을 투자하고 중국 국민 메신저 위챗의 트래픽을 몰아주는 등 엄청난 무기와 총알을 핀둬둬에게 모두 건네주었다. 즉, 타오바오의 아버지가 알리바바라는 사실이 그에 대항하는 핀둬둬의 탄생과 급격한 발전을 촉진했다고 봐도 심한 비약은 아니다.

텐센트가 타오바오와 티몰에 대해서 얼마나 경계하고 있는지는 아주 사소한 부분에서도 쉽게 나타난다. 타오바오 제품에서 공유 버튼을 누르고 위챗 친구에게 전송하면 제품 상세 페이지 링크가 제대로 작동하지 않는다. 무슨 상품인지 텍스트는 읽을 수 있지만 눌러볼 수가 없도록 나와서 결국 상품 페이지 방문이 불가능하다. 그러나 징둥과 핀둬둬 계열의 온라인 진열제품은 위챗으로 공유하면 아주 자연스럽게 제품 이미지와 함께 링크가 떠서 누르면 바로 해당 제품의 상세 페이지로 연결이 된다. 행동 하나하나에 생사가 걸린 냉혹한 비즈니스의 세계다.

핀둬둬가 본격적으로 사람들의 관심을 받기 시작한 2016년에 타오바오의 사용자 수는 대략 2억 명이었고, 위챗 사용자 수는 대략 8억 명이었다. 즉, 단순 계산으로 위챗은 쓰고 있지만 타오바오를 쓰고 있지 않던 6억 명의 사용자가 존재했다는 것이다. 이 6억 명의 인구도 조만간 모바일로 상품을 구입하게 될 것이었다. 게다가 이 6억 명의 인구는 이제 막 스마트폰과 모바일 인터넷을 사용한 지 얼마 안 되는 스마트폰 신생 집단이었다.

한국에서도 많은 사람이 처음 스마트폰을 구입하고 가장 먼저 하는 것이 카카오톡을 설치하는 일이듯이 중국에서도 일단 스마트폰을 산 사람들은 우선 위챗부터 깔고 모바일 세계에 입문한다. 그리고 위챗을 시작하자마자 온갖 친지와 지인들로부터 핀둬둬의 공동구매 링크를 위챗 단체 채팅방과 개별 채팅창으로 받아 보면서 엄청나게 저렴한 가격으로 각종 농산물과 일용 소비재를 살 수 있다는 것을 깨닫게 된 것이다.

위챗에는 이미 2016년부터 미니프로그램이라는 소소하지만 걸출한 혁신이 존재하고 있었기 때문에 별도의 어플 다운로드도 필요 없이 이 신생 모바일 인구들은 클릭 몇 번으로 핀둬둬에서 물건을 사기 시작했다. 핀둬뒤 초창기에는 다른 플랫폼처럼 장바구니도 존재하지 않았다. 링크를 통해서 들어가 보고 마음에 들면 바로 사게끔 빠른 의사 결정을 유도하는 셈이었다. 이들은 온라인 모바일 쇼핑을 애초에 핀둬둬로 배운 사람들이라서 핀둬둬를 써본 다음에 비로소 타오바오와 징동 같은 또 다른 전자상거래 플랫폼이 있다는 것을 알게 된다. 이런 발전 과정을 보면 핀둬둬가 3~5선 지방 도시 및 농촌에서부터 흥하기 시작됐다는 말은 틀린 말이 아니다.

데이터상으로 봐도 핀둬둬가 갑자기 혜성처럼 등장해서 엄청난 숫자의 사용자를 끌어모았음에도 불구하고 결코 타오바오와 징동의 매출액, 거래액과 사용자는 줄거나 전반적인 실적이 전혀 감소하지 않았다. 왜냐면 상기 언급했다시피 핀둬둬의 고객은 예전에 타오바오와 징동을 사용하던 소비자들이 옮겨간 것이 아니라 지방 도시 및 농촌에서 새롭게 모바일 쇼핑에 발을 담근 신생 고객군이었기 때문이다.

여기에 추가로 대부분의 3~5선 도시 사람들은 위챗에 딸린 위챗 지갑이 있으므로 위챗페이(微信支付)로 핀둬둬 내의 모바일 결제가 가능했으나 오히려 알리페이(支付宝)를 사용하고 있지 않은 사람들도 대부분이었다는 것도 핀둬둬에게 큰 힘을 실어 주었다.

그리고 텐센트 편에서 다뤘던 것처럼, 2015년부터 중국에서는 위챗 홍빠오(红包) 뿌리기가 유행이 되었고, 2016년 춘절의 홍빠오 나눠주기와 더불어서 핀둬둬에 유입되는 인구는 폭증했다. 많은 소비자가 핀둬둬에서 물건을 사들인 이유 중의 하나는 홍빠오 나눠주기 유행으로 사람들의 위챗 지갑에 잔액이 많이 쌓였는데 오프라인에서는 아직 소비가 가능한 곳이 다양하게 갖춰지지 못한 상황이었다. 당시만 하더라도 모바일 페이 초창기라 많은 상점은 아직 위챗페이를 받지 않았다. 따라서 핀둬둬는 이런 사용자들을 위해서 위챗 지갑에 있는 돈을 소비할 수 있는 채널을 하나 열어준 셈이었다. 당연히 사람들은 다른 곳에 사용할 수 없으니 핀둬둬에서 쇼핑을 시작했다.

이렇게 타오바오의 몇 차례 헛발질과 타오바오에 이를 갈던 텐센트의 지원사격으로 핀둬둬는 엄청나게 성장한 것이다. 한국에서 흔히들 이야기하는 핀둬둬 성공 요인으로 공동구매를 통한 초저가 판매 전략, 지인들과 함께하는 게임적 요소, 3~5선 도시 및 농촌 공략 등도 어느 정도 다 일리가 있는 분석이지만 핀둬둬 탄생의 근본적인 배경에는 결국 전부 타오바오가 존재하고 있음을 간과해서는 안 된다.

생존 전략(1) 트래픽 강박증에서 너희를 자유롭게 하리라

앞서 타오바오의 존재로 인해서 핀둬둬가 태어나고 발전할 수밖에 없었던 요인들을 살펴보았다. 이는 비록 타오바오라는 외부 존재가 핀둬둬를 태어나게 했으나 그동안 수많은 전자상거래 기업이 있었는데 그중에 핀둬둬만 성공했다는 것은 이런 외부적인 탄생요인 이외에 당연히 핀둬둬만이 갖고 있던 강점이 있었기 때문이다.

크게 한 3가지 정도 꼽을 수 있다.

1) 전통적 전자상거래 공식의 파괴 : 광고를 통한 트래픽 구매가 아닌 고객의 네트워크를 활용한 지인 불러오기

2) AI 상품추천 : 先검색 后구매가 아니라 핀둬둬는 先추천 后구매

3) 게임적 요소 가미

○ 트래픽 위주의 기존 전자상거래 공식 파괴

타오바오와 징동의 전반적인 업그레이드, 고급화 전략과는 별개로 핀둬둬는 기존의 전자상거래 공식을 곧이곧대로 받아들이지 않았다. 전자상거래 공식이란 매출액(销售额) = 트래픽(流量, 유량/방문자수) ＊ 전환율(转化率, 구매율) ＊ 객단가(客单价)이다.

객단가부터 보자, 이는 고객 1명에게 판매되는 제품의 평균 가격이므로 이를 순식간에 높이는 것은 거의 불가능하다. 위에서 예를 든 스마트폰 케이스를 보통 10~30(약 1,770~5,310원)위안이면 살 수 있는데 럭셔리 브랜드를 덧씌우면 모를까 객단가를 높이겠답시고 갑자기 1,000위안(17.7만 원)에 판다면 팔릴 리가 없기 때문이다. 전환율(구매율) 역시 각 업계, 혹은 상품별 평균적인 데이터를 따라가는 경향이 크므로 플랫폼이나 플랫폼 내 입주 상점들은 특별히 큰 폭의 할인 이벤트 등을 통하지 않고서는 갑자기 전환율(구매율)을 상승시키는 것 역시 어렵다.

그렇다면 전자상거래 플랫폼이나 플랫폼 내의 상점이 그나마 통제권을 행사할 수 있는 것은 오직 트래픽(방문자수) 뿐이다. 따라서 이들은 각종 광고, 보조금 지급을 통해 트래픽을 확보하기 위해서 안간힘을 쓰고 자기도 모르게 트래픽 위주의 사고방식과 선입견에 빠지곤 한다. 이는 타오바오와 징동을 비롯한 기존의 전자상거래 플랫폼들이 모두 똑같이 생각하는 부분이었다.

타오바오, 징동 등 모두 전자상거래 플랫폼들이 트래픽 확보를 위해서

돈을 지불하고 광고에 투입하다 보니 트래픽은 점점 더 귀중한 자원이 되어 버려서 위에서 언급한 대로 2017년에 타오바오는 고객 1명을 끌어오는 위해서 평균적으로 무려 280위안을 지출할 정도가 되었다. 그리고 징동 편에서도 이야기했듯 중국 인터넷 쇼핑 인구가 9억 명 남짓인데 이미 8억 명에 가까운 사람들이 타오바오에서 쇼핑하고 있으니 사실 더 끌고 올 사람도 많지 않은 상황이다.

핀둬둬가 텐센트의 위챗을 통해서 트래픽 지원을 받은 것은 사실이지만 그것이 다는 아니다. 과거 텐센트는 자신들이 운영한 쇼핑몰에도 위챗과 큐큐의 트래픽을 몰아주려고 했지만 성공하지 못한 경험이 있다. 왜냐면 텐센트 역시 타오바오와 징동과 마찬가지로 사람이 상품을 찾는(人找貨) 검색 방식에 의존하면서 전통적 전자상거래 공식에서 벗어나지 못했기 때문이다.

즉, 아무리 텐센트가 가진 트래픽 자원이 많다고 하더라도 그것은 단지 메신저를 사용하는 인구였으며 텐센트의 전자상거래 플랫폼이 가지고 있는 자기만의 큰 차별점이 없었으므로 메신저에서 쇼핑몰로 넘어가는 트래픽은 많지 않았다. 이렇게 '트래픽이 최고'라는 논리로 맞섰던 텐센트는 도저히 기존 전자상거래 강자인 타오바오와 징동을 이길 수 없었다.

○ 상품이 사람을 찾아다니도록 설계한 핀둬둬의 역발상

핀둬둬는 똑같은 방식의 트래픽 확보 싸움으로는 타오바오와 징동을 결코 이길 수 없다는 사실을 잘 알고 있었다. 그래서 핀둬둬는 소비자가 검색을 통해서 상품을 찾는 모델이 아닌 상품들이 사람을 찾아다닐 수 있는(貨找人) 역방향 모델을 생각해 낸 것이다.

우리는 앞서 바이트댄스의 진르터우탸오(今日头条)와 더우인(抖音)이 각각 사람들이 뉴스와 콘텐츠를 검색하면서 먼저 찾아다니도록 설계된 것이 아니라, 뉴스와 콘텐츠가 오히려 사람들을 찾아다니도록(혹은 사람들에게 자동으로 노출되도록) 역방향으로 설계되어서 큰 성공을 거둔 것을 살펴본 바 있다.

핀둬둬는 바로 이와 유사하게 상품이 사람들을 찾아다니게끔 자사의 플랫폼을 설계했으므로 핀둬둬가 최고로 관심을 두는 것은 바로 핀둬둬가 온오프라인 광고 등을 통해서 스스로 트래픽을 얼마만큼 확보했는지가 아니라 핀둬둬의 고객이 자신의 네트워크 내에서 다른 누군가에게 얼마만큼 많이 핀둬둬 내의 상품을 추천 및 소개해 주었는지다. 사람들은 자신의 지인 중 누가 이 해당 상품에 관심이 있을지 꽤 정확하게 예측할 수 있으므로 지인을 통한 확산은 적중률이 상당히 높다.

중국에서 스마트폰 사용자 중 핀둬둬를 사용하지 않는 사람들은 있을수 있지만 위챗을 사용하지 않는 사람은 정말 드물다. 따라서 핀둬둬를 사용하지 않는 사람들이라도 하더라도 지인, 친지를 통해서 핀둬둬의 공동구매를 통한 가격 할인 링크를 채팅으로 받아 본 경험은 대부분 있다.

이렇게 사람의 손을 통해서 상품이 다른 사람에게로 끊임없이 퍼져나가는 것이며 중요한 것은 만일 학생이라면 자신이 필요한 학용품에 대한 링크를 자기 친구들에게 뿌릴 것이며, 가정주부라면 자신이 필요한 가정용 필수품을 주변의 동일한 상황의 친구들에게 정확하게 뿌린다는 것이다. 적중률이 높을 수밖에 없다. 설사 잘못된 예측으로 상대방이 구매 의사가 없다고 해도 지인의 부탁이므로 굳이 거절하지 않는 경우도 많다.

이런 지인 추천 메커니즘은 상기 언급한 대로 고객이 공동구매 링크, 공짜로 가져가기(砍价免费拿) 이벤트 참가 등을 통해서 다른 고객을 끌어오게 만드는 것이 주요 확산 모델이다. 물론 그 기반을 마련해 준 것이 위에서 언급한 텐센트의 메신저인 위챗이다. 그렇게 지인의 추천으로 핀둬둬에 고객이 된 신규 고객은 또 자신의 네트워크를 통해서 새로운 지인을 끌고 와서 자기가 원하는 제품을 싸게 구입하여 기하급수적인 사용자 수 증가 기록이 창출된 것이다.

생존 전략(2) AI 상품 추천 + 게임적 요소 가미

○ AI 위주의 상품 추천

이렇게 사람 간의 소셜 관계를 이용해서 상품이 사람을 찾는 장면을 연출한 것과 별개로 핀둬둬는 AI도 적극적으로 활용하고 있다. 핀둬둬를 써 본 사람들은 잘 알겠지만, 핀둬둬는 AI를 통한 빅데이터 분석을 통해서 소비자들이 상품을 검색하기 전에 미리 자신들이 상품을 골라서 소비자들에게 추천한다.

핀둬둬 내에선 이런 AI를 통한 상품 추천을 통한 매출액이 훨씬 크다. 이런 역방향 설계로 인해서 다른 전자상거래 플랫폼(타오바오, 징둥)과 달리 핀둬둬에서는 소비자의 제품 검색을 통해 판매되는 매출액 비중이 상당히 낮다.

2016년만 하더라도 텐센트의 위챗은 지금처럼 무엇이든 할 수 있는 그런 엄청난 슈퍼앱은 아니었다. 또한 많은 중국 사람들은 지금처럼 언제 등록했는지 기억도 잘 나지 않는 사람들이 위챗 친구 목록에 수두룩하게 등재되어 있는 시기도 아니다. 친한 사람들 위주로 위챗 네트워크가 구성되어 모멘트(朋友圈)에 공동구매 링크 하나 공유하면 즉시 다른 친지 지인들이 '으쌰으쌰' 반응해서 같이 공동구매단이 꾸려질 시기였다. 채팅으로 공유된 핀둬둬 링크를 통해 주문하는 것도 매우 간단했고, 여러 명이 모이자 제품 가격이 내려가는 것도 실제로 일어나는 일이었다. 이런 공동구매단이 꾸려져서 지인들을 위챗 채팅을 통한 링크로 초청하고 사람이 모이면 모일수록 정말 신기하게 가격이 쭉쭉 내려가는 것을 보고 이제 갓 전자상거래를 시작한 사람들은 열광하기 시작했다.

○ 가격 깎는 것을 게임적 요소로 승화

실제로 여러 사람이 온라인 게임 형식으로 여러 명이 파티(사냥 원정대)를 짜서 악당 보스를 사냥하러 가듯이 '공짜로 가져가기'(砍价免费拿) 이벤트에 참가할 수 있었고, 이벤트에 참가인원이 많아지면 많아질수록 원래 가격의 90%, 95%, 99% 이런 식으로 가격이 내려가고 24시간 이내에 특정 인원수를 다 모으면 정말로 100%까지 가격이 내려가서 믿을 수 없게 배송비까지 포함한 제품을 공짜로 받을 수 있는 것이었다. 물론 마지막에 99%부터는 1명이 더 달라붙는다고 해도 깎이는 폭이 점점 작아져서 99.98%까지 깎여도 최소 10명 이상은 추가로 불러 모아야 100%로 완전 무료로 제품을 받을 수 있곤 했다. 마지막에 때려도 때려도 죽지 않는 게임의 최종 끝판왕 보스를 잡는 느낌으로 이미 지인들을 모을 만큼 모은 사람들은 마지막 순간에 지금까지 투입한 게 너무 아까워서 끝까지 사람들을 더 불러서 원하는 바를 이루면서 공짜 제품의 획득과 성취감까지 느낀다.

핀둬둬가 코스트코(Costco) + 디즈니(Disney)를 합친 비즈니스 모델이라는 평가를 받는 것도 저렴한 가격으로 상품을 구매할 수 있는 동시에 즐거운 게임적 요소를 적절히 혼합했기 때문이다. 도대체 핀둬둬는 왜 이런 무모한 공짜 이벤트를 할까 싶은데 이는 핀둬둬 입장에서는 인위적인 광고를 통해서가 아닌 고객이 다른 고객을 끌어옴으로써 트래픽을 증가시키는 극도로 효율적인 방법이었다.

핀둬둬의 황정은 단순히 상품 판매 고수라고 생각할 수 있지만 사실 그의 특기는 자기가 의도한 대로 사람들의 행동을 몰아가는 데에 있다. 또한 고객이 다른 고객을 끌어오는 비용은 낮으면 낮을수록 좋다. 통계에 따르면 2017년 핀둬둬의 1명의 고객을 끌어오는 비용은 7위안에 불과했다. 동 기간 타오바오의 비용은 280위안으로 무려 40배의 격차를 보였다. 타오바오는 진르터우탸오(今日头条), 바이두 등 포털 사이트, 각종 소셜 어플 등을 통해 대규모 광고와 자금 살포를 통해서 트래픽을 획득했다. 그러나 핀둬둬는 공동구매 후 할인 혹은 무료로 주는 방식으로 사용자들이 스스로 자신의 네트워크 통해서 핀둬둬에서 물건을 살 만한 사람들은 끌어오게끔 했다.

소비자들은 실제로 공동구매를 통해서 작게는 3~5위안, 무료 이벤트의 경우에는 30~50위안까지도 이익을 보는 때도 있다. 그러나 가장 큰 이익을 보는 자는 두말할 것도 없이 엄청난 광고비를 절약한 핀둬둬 자신이다. 핀둬둬는 사람들의 본성이 모두 이익 보는 것을 좋아하고 또한 지인의 요청을 쉽게 거절하지 못할 것이라는 점을 이해하고 십분 활용했다. 그래서 핀둬둬는 이처럼 짧은 시간에 징동과 타오바오의 사용자 수를 초월하고 2021년 기준으로 중국 내 사용자 수가 가장 많은 플랫폼으로 부상할 수 있었다.

더우인(틱톡), 디디추싱, 핀둬둬 이 모두 종사하는 분야는 다르지만 이런 역발상 매칭을 통해서 업계의 거두로 성장했다.

최강자 알리바바가 핀둬둬에게 속수무책으로 당하는 이유

핀둬둬가 이렇게 타오바오 목 끝까지 칼을 겨누고 밥그릇을 계속 뺏고 있는데 어째서 알리바바는 별다른 조처를 하지 않는 것일까? 결코 그렇지 않다. 당연히 그들도 핀둬둬의 공세에 바싹바싹 속이 탈 것이다. 위에서 잠깐 언급한 대로 타오바오는 핀둬둬의 저가 공습에 대응코자 타오바오 특가판(淘宝特价板)을 별도로 내놨다. 이 어플은 타오바오에서 가성비를 추구하는 제품들 위주로 새롭게 론칭한 저가 상품 위주의 전자상거래 플랫폼이다. 그런데 타오바오 특가판은 막상 알리바바 입장에서 대놓고 키워 주기도, 그렇다고 완전히 독자생존을 추구하게끔 방치하는 것도 모두 진퇴양난인 상황이다.

만일 알리바바가 정말 핀둬둬를 때려잡고자 타오바오 특가판에다가 기존 타오바오의 트래픽을 몰아준다면 타오바오 특가판이 단숨에 핀둬둬를 때려잡는 특공대로 부상할 수도 있다. 그런데 이렇게 되면 멀쩡하게 잘 운영되고 있던 타오바오는 어떻게 될까?

트래픽을 대폭 잠식당해서 기존의 타오바오 고객들이 타오바오 특가판으로 분산되는 것을 피할 수 없다. 타오바오의 트래픽이 줄면 덩달아서 티몰의 거래액도 줄 것이므로 실제로 알리바바의 주요 수입원인 티몰이 고꾸라질 수도 있다. 타오바오와 티몰은 알리바바 제국의 가장 밑바탕을 이루는 기본 요소이므로 이 두 플랫폼이 망가지는 일은 알리바바가 가장 피하고자 하는 시나리오다. 게다가 지금까지 타오바오가 얼마나 심혈을 기울여서 저가 이미지를 탈피하고 객단가를 높이는 데 주력해왔던가? 따라서 타오바오 특가판에서 트래픽 몰아주기는 자책골과 다를 바 없다. 그렇다면 타오바오 특가판은 스스로 트래픽을 만들어 내서 9억 명 가까운 사용자를 보유하고 있는 핀둬둬와 경쟁해야 하는데 이는 타오바오 특가판 입장에서는 정말 쉽지 않은 도전이다.

게다가 핀둬둬의 저가 상품에 대한 폭발적 성장으로 곤란한 것은 타오바오뿐만이 아니라 알리바바의 1688도 마찬가지다. 1688은 알리바바의 중국 내 온라인 도매 시장으로서 알리바바 그룹 전자상거래의 B2B 업무의 주요 영역 중 하나이다. 그런데 핀둬둬의 소매 판매 가격이 1688의 도매가격이랑 비슷하거나 심지어 더 싼 경우도 생김으로써 많은 소매상이 상품 소싱을 1688에서 핀둬둬로 바꿔 버리는 일이 자주 발생하고 있었다. 이미 핀둬둬만으로도 대응이 어려운 상황인데 최근 핀둬둬에서 B2B 둬둬도매(多多批发) 어플을 정식으로 출시함으로써 대놓고 알리바바의 1688 사이트의 목을 죄어오고 있다. 즉, 핀둬둬보다도 저렴한 온라인 도매 플랫폼을 출시함으로써 B2B 영역에서도 완전히 알리바바를 따라잡겠다는 의욕을 감추지 않고 있다.

알리바바 입장에서는 핀둬둬로 인해 기존에 거의 경쟁상대가 없었던 B2C, B2B 영역에서 모두 커다란 곤욕을 치르고 있는 셈이다. 기억해야 할 것은 핀둬둬는 이제 기껏해야 생긴 지 6년 차의 신생 기업이라는 것이다. 전자상거래에서의 본격적인 경쟁은 이제 시작된 것이며 단기간에 끝날 것으로 보이지 않는다. 따라서 이 전쟁의 결과는 예단할 수 없지만 알리바바 입장에서는 징동과는 완전히 다른 성질과 전략을 추구하는 외계 생명체와 조우한 느낌이 들 것으로 생각된다.

핀둬둬와 저가 상품의 환상적인 찰떡궁합

○ 저가 상품 공급상을 매료시킨 핀둬둬의 매력

핀둬둬의 여러 가지 탄생 요건과 성공 요인에 대해서는 알아봤으니 그럼 핀둬둬에 대해서 궁금한 것들에 대해서도 생각해 보자.

우선 중국 내에서 수많았던 저가 상품 상점이 다 어디로 갔는지 생각해 보자. 예전 중국에 2위안 숍, 10위안 숍(兩元店, 十元店)이 엄청 많았는데 요즘은 거의 다 사라졌다. 예전에 다이소 등이 등장하기 전 한국에서도 유행했던 천원 숍이랑 비슷한 개념의 매장이다. 당연히 여기 입점한 저가 제품이니 브랜드도 없고 품질도 그저 그렇다. 이런 가게는 과거 중국 1~2선 도시에서도 많았지만, 지금은 도시 지역에선 사실상 전멸했고 3~5선 도시 및 농촌지역에서는 아직도 이따금 발견할 수 있다. 이 가게들은 왜 다 없어졌을까?

먼저 실제 중국인들의 소득과 소비 수준이 높아지면서 이런 디자인도 별로고 품질도 별로인 저가, 저품질의 제품은 더 이상 일부 소비자들을 만족시킬 수 없게 되었다. 즉, 실제 일부 소득이 늘어난 소비자들은 이런 제품에 대한 수요가 줄었다고 볼 수 있다. 다만 이것은 일부 계층에 국한되는 것이며 모두가 이런 제품들이 필요 없어진 것은 아니다. 대부분 사람은 여전히 저소득에 머무르고 있다는 것을 결코 잊으면 안 된다. 위에서 강조했다시피 중국 인구 6억 명 이상이 월수입 1,000위안 이하이다.

두 번째로 이런 저가 상품은 후진 디자인, 극히 낮은 브랜드 인지도, 심지어 브랜드가 아예 없는 경우도 많다. 브랜드가 없으면 높은 가격을 받는 것이 거의 불가능하므로 모든 제조상은 자기 독자 브랜드를 갖는 것이 꿈일 정도로 브랜드는 중요하다. 그래서 이 2위안 숍, 10위안 숍에 납품되는 저가 제품들은 예나 지금이나 가격을 높게 올려 받을 수가 없는 상황인데 외부 여건은 점점 악화되고 있었다. 예를 들어 상품 가격 상승분과는 비교도 안 될 정도로 상가 임차료와 인건비는 매년 상승한다. 즉, 2위안 숍의 상품 가격은 못 올리고 비용은 계속 올라가고 매달 순이익이 임차료 부담할 수 없을 정도가 되니 전부 문을 닫아 버릴 수밖에 없었다. 종합하자면 저가 상품에 대해 일부 계층의 수요 감소와 상품 가격을 올릴 수 없어서 발생하는 순이익 감소, 매년 증가하는 임차료, 인건비 증대로 2위안 숍은 우리 주변에서 종적을 감춘 것이다.

따라서 오프라인에서 이런 상품들이 필요한 소비자들은 점점 주변에서 이런 가게를 찾기 어려운 상황에 직면하게 된다. 동시에 중국 전역의 저가 상품을 생산하는 수많은 전통적 공장들도 먹고살아야 하고 그렇다고 갑자기 본업을 그만둘 수도 없으니 하던 대로 생산을 지속해야만 하는 상황을 맞이한다. 다만 과거 그나마 오프라인의 2위안 숍을 통해서 물건을 공급했으니 이들도 점차 도산하니 수많은 저가 상품들은 점점 판로를 잃고 매출 근심이 쌓여갈 수밖에 없었다. 게다가 오프라인 2위안 숍의 쇠퇴와 더불어 타오바오 등의 온라인 플랫폼 역시 자체적인 고급화 전략으로 짝퉁 시장에 대한 일제 단속, 저가 상품에 대한 의도적인 차별로 판매량 감소로 그야말로 이런 중국 내 전통적 생산 공장은 사면초가의 지경에 빠지게 된다.

문제가 있는 곳에 기회가 있는 법, 핀둬둬는 바로 이런 상황에서 정확한 타이밍에 등장에서 문제를 해결하기 시작한 것이다. 바로 2015년에 핀둬둬는 무료로 플랫폼을 개방하면서 거의 순식간에 저장성의 이우(浙江义乌)를 능가하는 중국, 아니 전 세계 최대의 일상 잡화(小商品, 각종 소비재)의 집결지로 급부상했다. 따라서 핀둬둬는 오프라인 2위안 숍의 역할을 온라인으로 대체해 주었다고 이해하면 어느 정도 맞다. 이렇게 핀둬둬는 저가 상품 제조상의 숨통만 틔워 준 것이 아니라 이들 입장에서 늘 골치 아프던 세 가지 문제에 도움을 주었다.

먼저 생산 효율이다. 핀둬둬 플랫폼에는 빅데이터가 쌓이고 있어서 생산 공장에서는 지난달, 지난주의 판매 데이터를 보고 다음번의 생산 계획을 세울 수 있다. 예전처럼 사장이나 공장장의 감으로 이번 달은 얼마나 생산, 다음 달은 얼마나 생산하자는 식으로 갈 필요가 없어졌다. 이를 통해서 재고 누적의 리스크도 줄일 수 있었다. 또한 핀둬둬는 공동구매가 주도하는 C2M 플랫폼이므로 특정 제품에 대해 공동구매를 희망하는 충분한 인원이 결집하면 생산 공장은 소비자들의 기호에 맞는 맞춤형 제품을 만들어서 재고를 줄이는 것도 가능했다.

둘째, 유통 효율이다. 상품 생산 후 바로 플랫폼 진열대에 올리고 팔린 제품은 바로 소비자에게 발송한다. 여러 대리상을 거칠 필요 없이 바로 소비자에게 발송할 수 있다. 오프라인 매장으로 납품할 때처럼 1~2선 도시로 보냈다가 남는 것들을 3~4선 도시로 보내고 또 마지막으로 농촌지역으로 보내는 등의 비효율을 제거할 수 있게 되었다.

셋째, 자금 회전 효율이다. 과거에는 생산 공장에서 출하해서 대리상 손까지 옮겨가고 대금은 외상으로 결제해서 짧으면 1개월, 길면 반년이 다반사였다. 이 기간에 대리상이 망하거나 잠적해 버리면 그 외상 대금은 날리는 셈이다. 그러나 핀둬둬에서 기존 대리상에게 넘기는 것과 달리 주로 일반 소비자 대상으로 판매하므로 모든 거래 대금은 핀둬둬 플랫폼에서 보장해 주며 대금은 짧으면 2~3일, 길어도 15일을 초과하지 않는다. 한국도 마찬가지지만 수많은 중국 공장들은 대금 부도로 인해 도산하는데, 핀둬둬를 통한 판매는 외상 결제의 부도 리스크를 줄였을 뿐 아니라 자금 결제 주기가 짧아져서 공장의 현금 회전 능력을 크게 높여 주었다. 즉, 이렇게 핀둬둬를 통한 판매는 생산, 유통, 자금 회전 효율 차원에서 생산 공장으로서 큰 장점이라고 할 수 있으므로 대량의 저가 제품이 핀둬둬로 몰려가고 있다.

다시 정리를 해 보자면 1) 전통적 오프라인 매장(2위안/10위안 숍)의 쇠퇴 2) 전자상거래 플랫폼인 타오바오의 고급화 전략으로 저가 상품의 노출 기회 축소로 중국 전통적 공급상의 판로가 점점 축소되는 상황이었으므로 활로를 열어준 핀둬둬로 수많은 저가 상품들이 옮겨 가게 된 것이다. 만일 최소한 타오바오가 고급화 전략의 이면에 저가 상품에도 일말의 퇴로를 열어 놓았다면 핀둬둬가 성장할 기회를 잡기 어려웠을 것이다.

○ 말도 안 되는 초저가에 제품을 날리는 핀둬둬 공급상의 속사정

정답은 핀둬둬에서 일반적으로 저렴한 가격으로 판매하는 대다수 기업은 아닐 수 있겠지만, 누가 봐도 말도 안 되는 초저가 상품을 판매하는 공급상들은 상품 제조원가와 판매가의 차익으로 돈을 벌려는 목적으로 입점한 것이 아니다.

중국경제는 한참 발전하기 시작한 시점부터 이미 공급 과잉에 시달리고 있었다. 세계 공장의 역할에 부합하게 뭐든지 많이 만들어서 팔려고 했기 때문에 최대 생산능력에 비해서 수요가 턱없이 부족한 상황이었다. 이는 중국 내에서 거의 업종을 불문한 공통된 현상이었다. 크게는 철강, 조선, 자동차 등의 국가 기간산업도 공급 과잉으로 인한 산업별 구조조정이 중국경제의 최대 화두였고 작게는 최근 코로나19로 인해 한때 모자랐던 마스크가 엄청난 공급 과잉에 이르기까지 공급 과잉 현상은 중국에서 매우 보편적이었다.

문제는 공급 과잉은 늘 공급자로 하여금 만성적인 재고 누적과 이에 따른 현금흐름 부족 상황에 시달리게 만든다. 그리고 공급과잉이 아닌 업종에서도 정상적 기업 운영을 하다 보면 제때 팔지 못한 계절성 상품, 약간의 하자가 있는 상품, 비싼 가격으로 시장 수요를 잘못 예측해서 남는 재고 등이 생기지 않을 수 없다. 공급 과잉으로 인해 필연적으로 재고와 정상적 기업 운영에 따른 재고 모두 기업의 현금 흐름에 안 좋은 영향을 미칠 수밖에 없다.

바로 이런 상황에서 '눈물의 재고떨이'는 기업으로서 너무나 필요한 상황이 된다. 그리고 이 재고 소진의 목적은 당연히 위에서 언급한 대로 상품 제조원가와 매출가에 대한 차익을 통한 이익 실현 목적이 아니다. 가급적 신속하게 이 악성 재고를 처리해서 현금 흐름을 만들고 기업 경영에 필요한 자금을 만들어야 하는 숙명을 안고 있는 재고 떨이인 셈이다.

차익을 실현하면 당연히 좋겠지만 그렇게 할 수 없는 상황이니 일단 살고 봐야 하니 핀둬둬 같은 플랫폼을 통해서 초저가로 최소한의 원가 비용만 회수하자는 차원에서 재고를 싹 날려 버리는 것이다. 심지어 급한 상

중국 테크 기업의 모든 것

황에서는 제조원가보다도 저렴한 가격으로 재고를 처리해 버리기도 한다. 그래서 그런 말도 안 되는 초저가 상품이 등장할 수 있는 것이다. 사실 이런 판매 자체가 돈은 버는 목적이 아니라고 하긴 했지만 이렇게 손해를 보면서 판매하는 것도 결국은 돈을 버는 일이긴 하다.

기업은 예전에 아까 언급한 2위안 숍, 오프라인 시장, 길거리 좌판 등에서 조금씩 자신들의 악성 재고를 소진하곤 했지만 이제는 핀둬둬가 바로 이런 악성 재고를 비교적 손쉽게 처리할 수 있는 기업의 숨통 구멍이 되어 주고 있다.

핀둬둬에서 신발 1켤레 3위안, 양말 10켤레 2위안, 곽휴지 10통 5위안, 가죽 벨트 1개에 3위안 등 상상을 초월하는 미친 가격을 내세워서 판매량 1만 개, 혹은 10만 개 이상 판매된 초히트 상품들은 대부분 이런 재고떨이 상품이라고 볼 수 있다. 공급상 입장에서 이런 제품들로 돈을 벌었다기보단 오히려 손해를 보았지만 그래도 최소한의 현금흐름이라도 확보해서 그나마 만족한다는 것으로 이해할 수 있다. 따라서 기업으로서는 손해는 손해지만 실질적으로 손해는 아닌 셈이다.

그리고 핀둬둬에서 이런 초저가로 판매가 가능한 또 다른 이유는 초저가의 배송이 가능하기 때문이다. 일반인들이 택배 배송을 맡기면 최소 8~10위안으로 시작하지만, 핀둬둬 같은 전자상거래 플랫폼에 입점한 기업은 발송 물량이 많다면 물류회사와 협상을 할 수 있어서 건별 배송 단가가 급격하게 하락한다.

예를 들어 저장 이우의 소상품 시장의 판매자들은 보통 건당 배송 단가는 2~3위안으로 중국 전국 배송이 가능하다. 한 달에 수만 건에서 10만 건 이상 발송하는 훨씬 더 규모가 큰 판매자의 수치를 보면 건별 배송 단가가 심지어 1위안 이하로 떨어지기도 한다.

이런 배송 단가를 생각해 보면 초저가에 심지어 배송비 포함이 가능한 이유를 짐작할 수 있게 된다. 머리끈 1개에 1.5위안(약 265원)에 배송비 포함으로 나오는데 1위안이 배송비라고 치고 0.5위안 중 제조원가가 0.1위안이라고 치면 하나 팔아서 0.4위안(약 70원)이 남고 이게 월간 10,000개 팔리면 4,000위안(약 70만 원)이 이익으로 남는 것이다. 그야말로 엄청난 박리다매다.

박리다매 우습게 보는가? 중국 이우에 얼마나 중국의 신흥 부자들이 많이 사는 줄 알면 깜짝 놀랄 것이다. 아이템 하나씩 대박 칠 때마다 수백만 ~수천만 위안(한화 수억 원에서 수십억 원)씩 1~2달 만에 챙겨가는 사장들이 수두룩하다. 중국 이우의 사장들도 해당 아이템을 지지부진하게 길게 들고 갈 생각도 안 한다. 왜냐면 1~2달이면 똑같은 카피 제품이 나오는 것을 너무나 잘 알고 있기 때문이다. 따라서 짧은 기간에 걸쳐 해당 아이템을 집중적으로 팔고, 새로운 아이템을 다시 발굴하고 개발해서 다시 수익을 창출하는 것이다. 끊임없는 연구개발을 통해서 신기술, 신제품을 만들어 내고 구세대 제품은 다른 곳에 넘겨 버리는 하이테크 기업들의 행보와 다를 바 없다.

저가 시장에만 갇히고 싶지 않은 핀둬둬

○ 이미지 변신의 시작, 100억 위안 보조금(百亿补贴) 마케팅

핀둬둬도 저가 시장에 머물러 있으면서 각종 짝퉁 제품으로 인해 여러

가지 어려움을 겪은 바 있다.

특히 2018년 상장 이후 바로 짝퉁 제품으로 큰 홍역을 치르면서 주가가 곤두박이치는 아찔한 경험을 한 바 있다. 알리바바의 타오바오도 상장 후에 짝퉁 유통 책임 문제로 똑같이 한 차례 난리가 났던 것과 판박이다.

따라서 핀둬둬는 글로벌 브랜드의 유명 상품을 자신들의 플랫폼으로 대거 초청해서 일정 부분 이미지 쇄신에 나선다. 애플 아이폰, 나이키 운동화, 다이슨 드라이기 같은 중국에서 선호되는 유명 브랜드를 정품으로 다른 곳보다 저렴하게 판매를 시작했는데 바로 그것이 최근에 핫한 핀둬둬의 백억 보조(百亿补贴, 백억 위안의 보조금 지급, 약 한화 1.77조 원의 보조금) 전략이다. 핀둬둬는 핀둬둬에 대한 광고에 비용을 쓰기보다 차라리 그 비용을 소비자에게 직접적인 혜택을 주고, 이를 통해 고객이 유입되는 것을 훨씬 선호한다.

핀둬둬는 늘 논란의 중심에 서 있으므로 소비자들은 핀둬둬의 보조금 지급이 그냥 말로만 하는 건지 진짜로 지급하는 것인지, 만약 진짜라면 어떻게 그런 거대한 보조금을 살포하면서 계속 살아남을 수 있는지에 대해서 궁금해하고, 그리고 그렇게 판매하는 제품들이 진짜 정품이 맞긴 한건지에 대한 의견이 분분하다.

2020년 3분기 핀둬둬 재무 보고서를 보면 설립 5년 만에 4억 위안의 첫 흑자 전환에 성공한다. 아마존이 20년 이상, 징동은 13년 이상, 알리바바도 6년 이상 적자에 허덕였는데 핀둬둬는 단 5년 만에 흑자로 돌아선 것이다. 당시 시장의 컨센서스를 웃도는 이 재무 보고서가 공개되자 핀둬둬 주가는 순식간에 20%나 상승한다. 게다가 20년 3, 4분기 보조금 및 홍보 비용으로 각 101억, 103억 위안을 지출했다는 수치가 명확히 나와 있었다. 2020년 전체로 보면 368억 위안 정도의 보조금을 지출했다(백억 보조라고 했지만 실제로는 100억 위안보다 훨씬 더 많이 쓴 셈이다). 상기 재무 보고서가 허위가 아닌 이상 핀둬둬의 마케팅 형식의 보조금은 사실이다. 백억 위안의 막대한 보조금 지급은 핀둬둬를 망하게 하기는커녕 오히려 흑자 전환까지 이뤄냈다는 것을 알 수 있다.

그래도 핀둬둬의 보조금이 진짜 의심스럽다면 글로벌 브랜드의 여러 가지 동일한 모델명을 가진 제품을 백억 보조금 이벤트 중인 핀둬둬 상품과 타오바오, 징둥 등에서 검색해서 비교해 보면 된다. 가격 비교 시에는 타오바오와 징둥의 일부 판매자들이 싼 가격을 대문(섬네일)에만 써놓고 실제로 들어가서 구매 옵션을 누르면 비싼 가격으로 바뀌는 경우도 많고, 저렴한 가격 제품은 항상 매진되어 비싼 제품만 남아 있는 경우가 많으므로 실제로 구매 가능한 가격을 가지고 비교해야 한다.

다만 보조금을 준다고 해도 사실 엄청나게 저렴해지는 수준은 아니고 실제로 백억 위안 보조금 이벤트 중인 상품은 타오바오, 징둥 내의 실제로 주문 가능한 제품보다 적게는 수십 위안, 많게는 수백에서 천 위안 이상 정도 저렴한 상품도 존재한다. 원가에 따라서 할인 폭도 달라진다고 할 수 있다. 전체적으로 약 3~5% 정도 징둥 등 타 전자상거래 플랫폼 최저가보다 저렴하다고 보인다.

수많은 판매자가 있는 만큼 짝퉁이 하나도 없다고 할 순 없겠지만 거의 정품이 유통될 것으로 생각된다. 상품마다 약간씩 조건은 다르지만 만일 짝퉁일 경우 보험 회사에서 최대 25만 위안까지 손해배상을 해 준다.

○ 1~2선 소비자들의 긍정적 반응을 끌어낸 보조금 마케팅

그렇다면 핀둬둬가 이런 조 단위의 막대한 보조금을 남발하는 이유는 무엇일까? 지금까지 지겹도록 얘기했다시피 핀둬둬는 타오바오, 징동이 놓쳐 버린 저가 시장을 공략해서 지금의 탄탄한 입지를 구축했고 이제 3~5선 도시 외에 1~2선 도시의 소비자들도 공략해야 하는 시기가 왔다. 그러나 핀둬둬가 저가 시장에서 확고한 위치를 확립한 만큼 1~2선 도시 소비자들의 마음속엔 이미 핀둬둬는 짝퉁과 저가 상품을 취급하는 플랫폼 이미지가 너무 확고하게 박힌 것이다.

이런 저렴한 이미지는 1~2선 도시의 주류 소비자들의 마음을 사기 어려웠다. 따라서 이런 소비자들을 공략하기 위해선 뭔가 다른 방법이 필요했다. 핀둬둬 경영층도 고심을 거듭하다가 이번에는 어쩔 수 없이 '돈 태우기(보조금 지급)' 작전을 선택한 것이다.

그래서 2019년 6월 처음으로 백억 보조금 정책이 등장했다. 1~2선 도시 주류 소비자들이 선호하는 아이템 대상으로 막대한 보조금을 뿌리면서 가격 혜택과 정품 보장을 선언했다. 예를 들면 애플 아이폰·에어팟, 닌텐도 스위치 게임기, 다이슨 드라이기·청소기, SK II, 에스티로더 화장품, 나이키 운동화 등등에 대해서 말이다. 실제로 이런 엄청난 보조금 지급으로 인해서 1~2선 소비자들의 비중이 크게 증가했다. 2020년 상반기 신규 고객의 약 절반이 1~2선 도시에서 유입되었고, 이 1~2선 도시 고객이 전체 매출의 약 48% 비중을 차지하고 있다.

단순히 1회성 보조금이라는 열매만 따 먹고 더 이상 핀둬둬을 거들떠보지 않는 것이 아니라 이런 소비자들의 재구매율 역시 높다는 데 핀둬둬의 추가적인 상승 여력이 보인다고 할 수 있다. 또한 이런 보조금 지급 정책에 따라서 2020년 3분기의 동기 대비 각각 연간 활성 고객 36%, 월간 활성 고객 50%, 매출액 89%, 총거래액 73%씩 증가했다. 다른 플랫폼들이 트래픽 구매에 허비하는 막대한 광고비를 지인 추천의 소셜 방식으로 엄청나게 아끼고 절약해서, 1~2선 도시의 소비자들을 공략할 때 아낌없이 쓰고 이런 좋은 성적을 거두는 핀둬둬의 전략에 혀를 내두를 지경이다. 핀둬둬는 온·오프라인 광고를 거의 하지 않는다. 불특정 다수를 대상으로 돈을 허공에 뿌리느니 그걸 알뜰살뜰히 모아서 실질적으로 핀둬둬 플랫폼에서 구매하는 소비자들에게 주겠다는 정책을 고수 중이다. 그것이 바로 효율적으로 사용된 백억 위안 보조금의 실체다.

이런 백억 위안 보조금 지급에도 불구하고 2020년 핀둬둬의 평균 고객 확보 비용이 약 100위안이며, 알리바바는 약 400위안이다. 비록 2017년의 평균 1명의 고객 확보 비용이 '7위안 vs 280위안'으로 약 40배의 격차가 났긴 시절과 비교하면 많이 줄었지만 여전히 핀둬둬가 훨씬 저렴하다. 만일 핀둬둬의 백억 위안의 보조금 마케팅 정책이 없었다면 핀둬둬는 1~2선 도시 소비자들 심중에서는 여전히 온라인 벼룩시장 정도의 위상이었을 것이다.

위험 요인: 저급한 이미지, 경영진 리스크, 새로운 경쟁자 등

당연히 저가 상품, 가성비의 플랫폼에서 시작된 만큼 짝퉁, 저가, 쓰레기 상품 등의 이미지는 아무리 탈피하고자 노력해도 쉽게 바뀔 수 없다. 핀둬둬도 짝퉁 논란으로 인한 위기를 타개하고자 2018년에 1,070만여 개의 문제가 되는 상표권, 특허권 침해 상품을 핀둬둬 플랫폼에서 내린 바 있다. 아무래도 핀둬둬도 점점 플랫폼 운영 기간이 늘어나고 사용자도 증가하면서 점점 규범적인 모습을 보여 주려고 하고 있지만 짝퉁과 저품질 제품 문제는 핀둬둬를 언제든지 나락으로 떨어뜨릴 수 있는 가장 큰 리스크이다.

또한 초창기에는 위챗 사용자 간의 소셜 마케팅으로 인해 사용자가 급증했지만 이제는 핀둬둬의 공동구매 링크 등이 와도 누르지 않는 사용자들이 꽤 많다. 사람 간의 링크 전달 외에도 핀둬둬 어플 내에서도 AI를 통해 끊임없이 상품 추천이 핀둬둬 어플 혹은 위챗 공식계정 등을 통해서 채팅으로 들어오는데 이 역시 모든 알람을 다 꺼 버리거나 핀둬둬 어플 자체를 삭제해 버리는 경우도 많다. 소셜로 흥한 자, 소셜로 망할 수도 있다는 점을 핀둬둬는 잊으면 안 된다.

그리고 핀둬둬의 창업자 황정이 한동안 원맨 플레이어로 이사회 의장(董事長), CEO, CFO를 모두 겸직하는 특이한 인사 구조로 되어 있었다. 연 매출 1억 원짜리 작은 기업도 아니고 시가총액 무려 2,000억 USD를 넘었던 기업에서 저런 중요한 3가지 역할을 한 사람이 전부 맡고 있다는 것 자체가 사실 상식적이지 않은 일이다. 최근 2020년 7월 천레이(陈磊)가 CEO를 이어받고, 2021년 3월 이사회 의장까지 이어받긴 했지만 그래도 황정에 크게 의존하는 경영 시스템은 다소 리스크가 있다. 황정은 회사 전면에서는 이제 빠지는 모양새를 갖추긴 했으나 여전히 물 밑에서 핀둬둬의 중요한 사안에 있어서는 강력한 입김을 작용할 것이다.

핀둬둬의 기업 문화는 고효율, 고압박, 고속 성장이라는 삼고(三高)로 이뤄져 있다. 따라서 직원들이 극심한 스트레스와 과로에 시달리다가 자살하는 기사가 언론에 종종 나오곤 한다. 2021년 1월 9일 직원의 자살에 대해서 핀둬둬의 즈후공식계정(知乎官方账号)은 '서민들의 삶을 보면 어느 누가 목숨을 걸고 일하지 않는지, 이것은 자본의 문제가 아니라 사회의 문제이며 지금은 목숨 걸고 일하는 시대다. 안일한 일상을 보낼 수도 있지만 그렇다면 안일함이 가져오는 결과도 가져가야 한다. 우리는 모두 스스로 노력을 조절할 수 있다'라는 코멘트를 올렸다. 핀둬둬가 직원의 극단적 선택에 대해 책임을 회피한다는 후폭풍에 시달리자 코멘트를 삭제하고 해당 계정 관리 소홀에 대해서 사과하면서 홍보 부서와 상관없는 직원이 코멘트를 달았으며 이는 핀둬둬의 공식 입장을 대변하지 않고, 공식 입장은 오히려 이와 정반대라고 밝혔다. 그러나 이미 중국 내 여론은 상당히 악화됐고 그 김에 핀둬둬 내에서 근무 시간에 너무 바빠서 화장실도 못 간다는 등의 다양한 근무 여건에 대한 증언들이 나왔다. 이런 부분도 핀둬둬의 또 다른 축의 리스크라고 할 수 있다.

마지막으로 타오바오와 징둥 외에 메이퇀 같은 원래 전자상거래 분야가 아닌 기업이 영역으로 들어와서 핀둬둬의 시장점유율을 야금야금 뺏어 가려고 노력 중이다. 메이퇀은 2020년 8월경 전자상거래 플랫폼인 퇀하오휘(团好货)를 론칭했다. 이미 메이퇀 본연의 음식배달 등 현지 생활 O2O 서비스 분야의 업무가 성장할 만큼 했기에 새로운 분야 진출을 꾀하고 있으며, 상품을 매우 저렴한 가격으로 내놓고 명확하게 핀둬둬의 영역을 빈자리를 노리고 있다. 메이퇀에 배달원 500만여 명의 가용 자원이 있기에 현지 배달에도 큰 강점이 있다. 이미 메이퇀 전자상거래 플랫폼에도 100만여 개의 상점이 입주했을 정도로 빠르게 성장하고 있으며 매출액도 큰 폭으로 성장하고 있다.

또한 초창기에는 대량의 보조금으로 핀둬둬에게서 고객들을 뺏어갈 터인데 보조금 전술로 따지면 디디추싱의 청웨이와 메이퇀의 왕싱이 아마 중국 내에서 누구보다 노련하다는 것은 의심할 여지가 없다. 핀둬둬가 타오바오와 징둥의 저가 시장의 빈자리를 채워서 급속도로 성장했고 최근 백억 위안 보조금으로 1~2선 도시 소비자까지 공략하려고 노력 중인데 그렇다면 메이퇀이라고 보조금으로 핀둬둬의 빈자리를 채우지 말란 법은 없다.

마지막으로 2022년 실적 발표에 따르면 핀둬둬 2021년 매출액은 939.5억 위안(약 145.6억 USD, 전년 대비 +58%), 사용자의 연평균 소비액은 2,810위안(약 435.8 USD, 전년 대비 +33%)이었다. 2021년 총 거래는 2.44조 위안(약 3,784억 USD, 전년 대비 +46%)으로 큰 폭으로 증가했다.

— 맺음말

1
중국 VS 한국

앞서 살펴본 10개의 중국 테크 기업은 중국인의 삶에 가장 깊숙이 자리하고 있는 최고의 민영기업으로서 각 기업을 책 여러 권의 분량으로 심층 분석해도 지면이 부족한 기업들이다. 상기 10개 기업을 살펴보면서 스스로 세운 가장 큰 원칙은 최대한 직접 경험해서 알고 있는 부분을 위주로 서술하자는 것이었다. 따라서 전체 내용은 중국을 하나의 유기체로 바라보는 거시적 분석의 내용을 일부 포함했지만 미시적 분석이 주를 이룬다. 또한 기업별로 가장 중요하다고 판단한 부분은 누락되지 않도록 다뤄 보려고 노력했음에도 개인적 경험, 견문 및 지식 부족으로 빠진 부분이 적지 않다고 생각한다. 그래도 한국인의 관점에서 이들의 발전 과정과 전망을 비롯한 기업의 생존 전략을 살펴보며 우리가 최소한으로 알아야 할 부분을 다뤘다는 것에 의의를 두었다. 따라서 중국에서 살아가야 하는 한국 기업과 한국인, 혹은 중국과 연을 맺고 있는 그리고 앞으로 연이 맺어질 분들에게 참고가 되는 부분이 있을 것으로 믿는다.

책에 담긴 내용에 대해서 꼼꼼히 읽어 본 독자라면 느꼈겠지만 이미 주요 중국 테크 기업의 수준은 우리의 기대 이상이다. 따라서 한국 기업뿐 아니라 글로벌 유수의 기업이 여러 중국 기업을 벤치마킹하는 시대까지 왔다.

문제는 중국 기업의 높아진 수준 이상으로 중국 정부와 기업을 비롯한 일반적인 중국인은 자국에 대한 자부심이 매우 커진 상황이다. 그래서 중국에 대한 비판적 시각을 가진 미국 등의 서방 국가가 중국에 대해 견제를 하는 이유는 중국에 대한 일방적인 시기와 질투라고 생각하는 경향이 크다. 공산당의 적극적인 홍보·선전 그리고 언론 관리(만리장성 인터넷 방화벽 포함) 때문이기도 하지만 자신들이 세계에서 어떤 이미지로 비치고 있는지에 대한 객관적인 분석이나 자각의 정도는 중국의 경제적인 외형이 성장한 것에 비해서 상대적으로 미흡하다고 보인다. 그래서 국제무대에서 자신이 생각하는 만큼 대우받지 못한다고 생각하면 몹시 불쾌하게 여기고 목적을 달성하기 위해서 거친 방법(군사, 경제, 외교적 수단)을 사용하는 것을 망설이지 않는 모습을 보여 주고 있다. 그것이 한국을 비롯한 여타 국가들에 얼마나 중국에 대한 적개심과 반중 정서를 키우는지에 대한 조심성은 찾기 힘들다. 오히려 중국이라는 전통적인 강대국이 100년 만에 다시 이렇게 강하고 부유해졌는데 주변 약소국들인 너희가 나를 어찌하겠느냐는 모습이다. 2021년까지만 해도 미국에 대해 약간의 눈치를 보는 척이라도 했으나 2022년에 들어서면서 어차피 반도체 제재 등 기술패권 경쟁이 심해지면서 미중 갈등을 피할 수 없다는 결론이 나왔는지 이제는 미국도 안중에 없이 중국만의 마이웨이를 가겠다는 강력한 신호를 경제, 외교, 군사 등을 비롯한 많은 분야에서 동시다발적으로 내뿜고 있다.

머리말에서도 언급했다시피 지정학적으로 중국 바로 옆에 있는 한국으로서는 지난 30여 년간 발전하는 중국으로 인해 일부 경제적 혜택을 받았으나 이제는 그만큼 중국 리스크에 가깝게 노출된 셈이다. 한반도를 통째로 들어다가 다른 지역으로 옮기지 않는 한 피할 수도 없다. 피할 수 없으면 즐기라고 하지 않았던가? 우리는 좋으나 싫으나 중국을 피할 수가 없으므로 기꺼운 마음으로, 그것이 정 어렵다면 울며 겨자먹기식이라도 중국을 공부하고 그들에 대비해야 한다. 그리고 그렇게 파고들다 보면 기회는 또다시 찾아오기 마련이며 오직 준비된 자들만 그 기회를 잡을 수 있을 것이다.

2
중국 VS 중국의 테크 기업

첫 번째 기업인 알리바바에 관한 이야기를 2020년 10월 마윈의 상하이 금융서밋에서의 공식 발언으로 시작한 바 있다. 그는 중국 금융 당국이 '전당포 수준의 후진적인 규제'를 하고 있다며 민영 기업에 대해 탈간섭 및 탈규제를 요구한 바 있다. 이는 중국 공산당 지도부를 격노하게 만들었으며 이로 인한 알리바바와 앤트그룹에 대한 중국 정부의 압박은 단지 시작에 불과한 것이었다. 이 책에서 다룬 거의 대다수 테크 기업은 이미 중국 정부의 요주의 목록에 들어가 있으며 일부 기업에 대해서 실제로 다양한 법률, 규정과 해석 등을 공식적으로 발표하면서 기업 운영과 수익 창출에 막대한 영향을 끼치고 있다. 알리바바를 비롯하여 텐센트, 메이퇀, 디디추싱 등에 대한 중국 정부의 압박은 한국 언론에서도 대서특필할 정도로 비중 있게 다뤄지고 있다. 우리는 새삼 잊고 있었지만 중국 공산당의 기본 이념이었던 '공동부유'에 대한 이념적 재점화와 시진핑 체제 하에서의 중국의 전반적인 '좌향좌'의 움직임은 중국 테크 기업과 경영진을 바싹 긴장시키고 있다. 여기서 다룬 대다수 중국 테크 기업들의 지난 1~2년간의 큰 폭의 주가 하락세를 보면 이에 대한 시장의 우려가 얼마나 큰지 쉽게 짐작할 수 있다.

과거 중국 공산당이 해당 기업의 발전을 적극적으로 독려하며 이들의 성장과 중국 국가 자체의 성장을 동일시하던 시대는 확실히 지나갔다. 이제는 오히려 해당 기업의 발전 과정에서 쌓은 각종 데이터, 기술력, 자금 및 인력이 중국 사회·경제·외교에 미치는 부정적인 영향력에 대한 공산당의 우려가 확실하게 느껴진다. 그런 부정적인 효과가 국가의 기반을 흔들 수도 있다는 위기감이 더 이상 중국 정부가 이들 기업에 대한 이익을 대변하지 않고 각종 규제를 통해 이들을 길들이고 탈 권력화하며 정부의 입맛대로 움직이도록 종용하는 것이다.

권력 유지와 체제 안정이라는 지상 과제를 실현하기 위한 국가와 정부의 움직임은 동서고금을 막론하고 항상 강력했지만 단 한 번도 역사의 큰 물결은 막지 못했다. 자국 빅테크 기업에 대한 전방위적 중국 정부의 압박이 또 어떠한 결과로 돌아올지 살펴보는 것은 또 다른 관전 포인트라고 하겠다. 다만 최근 중국 테크 기업의 전반적인 부진한 모습과 중국 경제 발전의 하방 압력이 커지고 있는 상황이라 '공동부유'의 속도 조절이 예상된다. 그리고 '공동부유' 보다는 오히려 제로코로나 정책의 후유증이 더 중국 정부와 중국 테크 기업에게 더 커다란 영향을 미칠 것 같은 생각이 든다.

3

중국 VS 나

2020년 8월 말, 산둥성 칭다오에 이어서 광둥성 선전으로 두 번째 해외 파견 근무를 나오게 되었다. 그리고 코로나19 방역 조치로 인해 중국에 도착하자마자 2주간 시설 격리로 인해 작은 모텔방에 꼼짝없이 갇혔다. 그렇게 감금된 상황에서 아버지가 위암 말기 판정을 받았다는 소식을 들었다. 안 그래도 아들이 중국으로 또다시 파견 나가는 길에 마지막 배웅도 못 나올 정도로 급격하게 몸이 안 좋아지셔서 걱정하던 차에 청천벽력 같은 소식이었다. 격리당한 김에 푹 쉬려고 했으나 매일같이 잠을 설쳤다. 차라리 조금만 더 빨리 발견됐으면 같이 병원도 모시고 가고 수술 후에도 조금이라도 더 같이 시간을 보낼 수 있었을 텐데, 머나먼 타국 땅에 와서 감금 상태로 아무것도 할 수 없었고 게다가 격리가 끝난다고 해도 바로 귀국할 수 없는 상황이 원망스러웠다. 아버지를 위해서 무엇을 할 수 있을지 생각해 봤으나 전화 통화와 마음속으로 쾌유를 비는 것 말곤 아무것도 할 수 있는 것이 없었다.

그때 해외 파견을 피할 수 없는 직업 선택에 대해 통렬한 후회를 했다. 그나마 내가 할 수 있는 것을 곰곰이 생각하다가 결국 아버지에게 직접 쓴 책을 안겨 드리기로 마음을 먹었다. 중국에 파견을 나온 것도 애초에 중국 파견 주재원이었던 아버지를 따라서 중국에서 학교를 다니며 중국어를 배웠기 때문이었고, 아버지의 생명이 위중해도 귀국조차 못 하는 것도 중국에서 발생한 코로나19와 그들의 단호한 격리정책 때문이었다. 아무리 생각해도 이 사달의 모든 시작과 귀결점은 결국 다 중국이었다. 아이러니한 것은 나를 중국과 처음 연을 맺어준 것도 바로 아버지였다는 사실이다. 그래서 책의 주제는 처음부터 우리 부자와 얽히고설킨 중국이 될 수밖에 없었다. 그렇게 2020년 8월 말부터 주말마다 집에서 두문불출하며 진지한 마음으로 중국 테크 기업에 대해 평소에 접하며 깨달았던 여러 내용을 써 내려갔다. 1~2페이지 분량의 토막글을 쓸 때는 몰랐는데 명확한 목적의식을 가지고 반드시 완성해야겠다는 사명으로 장편의 글을 써 내려가는 게 이렇게 고통스러운 일인지 몰랐다. 매 편을 마무리 지을 때마다 성취감은 있었지만 새로운 기업은 또 어떻게 써야 할지에 대한 고민이 훨씬 더 컸다. 그래도 아버지가 병마와 사투를 벌이는 것보다는 힘들진 않을 것이라는 생각으로 꾸역꾸역 버텼다.

아무도 알아주지 않을 나만의 각오와는 별개로 글을 완성하지 못한 2021년 2월 21일, 아버지는 즐겨 부르시던 녹색지대의 〈준비 없는 이별〉처럼 준비 안 된 우리 가족과 이별했다. 미리 한국으로 귀국해서 아버지의 임종은 지켰으나 그 외에는 내 뜻대로 흘러간 것은 정말 아무것도 없었다. 이 또한 하늘의 뜻이리라.

자나 깨나 늘 아들 걱정이신 어머니와 남편이 중국으로 가 버리고 왕래도 못 하는 상황에서 혼자서 어린 딸 채영을 돌보느라 고생했고 또 중국 선전에 와서도 코로나 때문에 더 힘든 시간을 보낸 아내 은혜에게 깊은 감사와 사랑의 마음을 전한다. 그리고 뒤늦게나마 아버지의 영정에 이 책을 바친다. '아버지, 아버지 덕분에 부족한 아들이 여기까지 왔습니다. 이제 아프지 않은 곳에서 편히 쉬세요. 고맙습니다. 사랑합니다. 그리고 잊지 않겠습니다.'

마지막으로 언젠가 이 책을 읽게 될 수도 있는 사랑하는 딸 채영에게 해 주고 싶은 말이 있다. 인생은 새옹지마다. 살다 보면 고달프고 힘든 일을 피할 수 없으나 그것이 자양분이 되어 새로운 길이 열린다는 사실을 잊지 말아라. 단언컨대 고통 없는 인생은 없다. 고통이 바로 살아있다는 증거다. 그 고통과 삶의 굴곡에도 불구하고 엄마·아빠는 어떤 상황에서도 너를 사랑하고 응원한다는 것을 기억하길 바란다. 우리 부모님이 우리에게 그랬듯이 삶이 허락할 때까지 언제든지 세상이라는 망망대해 속에 너의 안식처가 되어줄 테니 훨훨 날아가 네 꿈을 펼치고, 남이 원하는 모습이 아닌 네가 원하는 삶을 살기를 간절히 기원한다.

중국 테크 기업의 모든 것

참고문헌

〈국내 서적〉

김진희 최명철, 《WHY 화웨이?》㈜박영사, 2020

레베카 A, 패넌, 《중국이 세계를 지배하는 날》 한스미디어, 2020

박승찬, 《더 차이나, 중국이 꿈꾸는 반격의 기술을 파헤치다》 KMAC, 2020

윤재웅, 《차이나 플랫폼이 온다》 미래의창, 2020

이승훈, 《중국 플랫폼의 행동 방식》 와이즈베리, 2020

중앙일보 중국팀, 《중국의 반격》 틔움, 2020

한우덕 정용환 외, 《차이나 인사이트 2021》 올림, 2020

김종성, 《중국 비즈니스 인사이트》 토트, 2019

김현주 김정수 박문수, 《중국 디지털 마케팅 트렌드 2020》 e비즈북스, 2019

김만기 박보현, 《중국의 젊은 부자들》 앳워크, 2019

다나카 미치아키, 《미·중 플랫폼 전쟁 GAFA vs BATH》 세종서적, 2019

안희곤 박문수, 《차이나 디지털 마케팅 트렌드》 리텍콘텐츠, 2019

유한나, 《지금 중국은 스마트 인 차이나》 북네스트, 2019

임정훈 남상춘, 《알리바바가 온다》 더퀘스트, 2019

김희종 유채원, 《중국 스타트업처럼 비즈니스 하라》 초록비책공방, 2018

설명남, 《중국 마케팅, 리셋하라》 이은북, 2018

에드워드 체, 《중국은 어떻게 세계를 흔들고 있는가》 알키, 2018

조상래, 《미래를 사는 도시, 선전》 스리체어스, 2018

MBN 중국보고서팀, 《무엇이 중국을 1등으로 만드는가》 매일경제신문사, 2018

한우덕, 《중국 함정》 올림, 2018

강효백, 《중국의 슈퍼리치, 그들의 생각과 전략》 한길사, 2016

리따치엔,《비야디 왕촨푸, 혁신의 지혜》린, 2016

안종경,《14억 소비시장, 중국에서 창업하라》황금시간, 2016

홍춘욱 유동원 강준혁,《중국주식 선강퉁》스마트북스, 2016

전병서,《중국의 대전환, 한국의 대기회》참돌, 2015

천펑취안,《텐센트 인터넷 기업들의 미래》이레미디어, 2015

이중엽,《중국 소싱 노하우》e비즈북스, 2015

허옌 외,《샤오미 Insight》예문, 2014

김난도 전미영 김서영,《트렌드 차이나》오우아, 2013

김용준 외,《중국 일등기업의 4가지 비밀》삼성경제연구소, 2013

곽대중,《우리에게 중국은 무엇인가》시대정신, 2012

신동원,《나는 중국에서 자본주의를 만났다》참돌, 2012

천둥성,《바이두 이야기》마더북스, 2011

임선영,《중국경제 미래지도》상상출판, 2010

김영우,《중국사업, 진출에서 성공까지》세창미디어, 2008

〈중국 서적〉

丁西坡,《长期有耐心：美团的成长与进化逻辑》中信出版社, 2021

陈启文,《为什么是深圳》海天出版社, 2020

段慧勇,《拼多多运用与营销全攻略》中华工商联合出版社, 2020

马立安 乔纳森巴赫,《向深圳学习》2020

任泽平,《新基建，全球大变局下的中国经济新引擎》海天出版社, 2020

孙文,《5G智联万物》海天出版社, 2020

腾讯智慧零售,《超级链接》中信出版社, 2020

袁国宝,《新基建，数字经济重构经济增长新格局》中国经济出版社, 2020

张笑恒,《张一鸣让字节跳动的创业哲学》中国经济出版社, 2020

豆大帷,《新制造, 智能+赋能制造业转型升级》中国经济出版社, 2019

周导,《新商业模式》哈尔滨工业大学出版社, 2019

周导,《逆向盈利》中国商业出版社, 2019

李开复,《AI, 未来》浙江人民出版社, 2018

刘润,《新零售》中信出版社, 2018

燕鹏飞,《全网营销》广东人民出版社, 2018

马化腾 腾讯研究院,《数字经济 中国创新增长新动能》中信出版社, 2017

孙力科,《华为传》中国友谊出版公司, 2017

吴晓波,《腾讯传》浙江大学出版社, 2017

朱建良 王廷才,《数字经济, 中国经济创新增长 新蓝图》人民邮电出版社, 2017

李志刚,《创京东:刘强东亲述创业之路》中信出版社, 2015

林画,《为梦想出发, 滴滴出行价值千亿的创业智慧》石油工业出版社, 2010

중국
테크 기업의
모든 것

ⓒ 고성호, 2022

초판 1쇄 발행 2022년 5월 24일

지은이	고성호
펴낸이	이기봉
편집	좋은땅 편집팀
펴낸곳	도서출판 좋은땅
주소	서울특별시 마포구 양화로12길 26 지월드빌딩 (서교동 395-7)
전화	02)374-8616~7
팩스	02)374-8614
이메일	gworldbook@naver.com
홈페이지	www.g-world.co.kr

ISBN 979-11-388-0961-0 (03320)